Dean RADIN

Préface de Deepak Chopra

Super Pouvoirs

Science et Yoga

Enquête sur les facultés humaines extraordinaires

Traduction de Renaud Evrard

InterEditions

L'édition originale de cet ouvrage a été publiée aux Etats-Unis par Deepak Chopra books, imprint de Crown Publishing Group, division de Random House, Inc. New York sous, le titre *Supernormal—Science, Yoga and the Evidence for Extraordinary Psychic Abilities*

ISBN 978-2-7296-1386-0

Super
Science et yoga
Pouvoirs

La collection **Nouvelles évidences** propose des ouvrages sur les domaines frontières dessinant les réalités de demain.

Rédigés par des scientifiques, des professionnels de l'accompagnement, des médecins, des psychologues, des philosophes, etc., les ouvrages de la collection **Nouvelles évidences** vous permettent de découvrir de manière claire et accessible les recherches mais aussi les témoignages ayant trait à ces domaines frontières. **Nouvelles évidences** apporte, notamment face aux expériences extraordinaires et autres phénomènes inexpliqués, des sources d'information à la fois scientifiques et sérieuses et, dans le même temps, ouvertes au mystère.

Les livres essentiels pour comprendre les réalités de demain
Une collection présentée par Stéphane Allix

SOMMAIRE

Troisième partie

... ET AU-DELÀ

Préface

Deepak Chopra

Ce qui est étrange avec le paranormal – ou le surnaturel, le miraculeux ou tout autre nom qu'on lui donne – c'est qu'il importe peu combien de fois vous prouvez qu'il existe, aucune preuve ne semble suffisante. Il y a eu des centaines d'études de la clairvoyance et de la vision à distance, certaines déjà séculaires. Invariablement, ainsi que Dean Radin l'explique dans ce livre, les expérimentations attestent de la réalité d'expériences telles que la lecture des pensées d'autrui, la vision d'un événement lointain ou l'anticipation du futur. Depuis que la science a démoli la *foi* comme voie d'accès à la connaissance, depuis que les *faits* ont été placés au-dessus du reste, alors la démonstration répétée d'un fait suffit à modifier notre façon de voir la réalité. Mais alors pourquoi, dans le cas qui nous préoccupe, les faits n'ont-ils mené nulle part ?

La réponse est complexe, subtile, et se rapproche pourtant de celle qui est faite face à d'autres cas de préjugés profondément enracinés. Les faits servent davantage à confirmer les croyances préalablement établies qu'à les changer. C'est pourquoi le chemin de la *foi* aux *faits* est plus fragile que ce nous nous plaisons à penser. Sur ce chemin se dressent des adversaires de taille : croyances étriquées, biais tenaces, attaques *ad hominem*, soi-disant sceptiques qui savent à l'avance que *X* ne peut pas être vrai ; et l'adversaire le plus élusif : la conscience collective. L'opinion de masse peut stopper dans son élan un fait qui n'est pas le bienvenu, ce qui a eu lieu durant des siècles lorsque la confrontation avec les miracles, le merveilleux, la magie et le paranormal générait trop d'inconfort. Derrière le cliché selon lequel « vous créez votre propre réalité », il faut aussi entendre que, si vous ne le faites pas vous-même, d'autres se chargeront de la créer pour vous.

C'est pour cette raison que le débat engagé par Radin sur les capacités supernormales*, dont les premières explications systématiques proviennent d'un ancien texte indien de Patanjali connu sous le nom de *Yoga Sutras*, joue sur deux plans. Il présente une accumulation de preuves pour toutes sortes de « superpouvoirs » tout en nous invitant à comprendre comment une chose peut être à la fois *prouvée* et *non-prouvée*. Ce croisement de deux plans est la seule manière concrète de modifier les mentalités, suivant en cela l'ancien adage : « Un homme convaincu contre sa volonté ne changera pas d'avis ». De nombreuses d'études contrôlées ont montré que lorsque les gens sont confrontés à des faits qui contredisent certaines de leurs croyances fermement établies, ils tendent à les ignorer ; cet effet s'accentue encore pour un pourcentage important de personnes qui vont même renforcer leurs croyances au fur et à mesure que vous leur opposez davantage de faits contraires.

Le mouvement spirituel populaire qu'on appelle habituellement le *New Age* divise radicalement la société entre croyants et incroyants dans certains des domaines couverts par Radin, mais ce dernier parvient à appréhender ces sujets brûlants en médiateur et pacificateur. Son positionnement est juste. Puisque la science possède

* NdT : Le terme « supernormal » est habituellement traduit en français par « supranormal ». Nous dérogeons à cet usage pour une raison qui s'éclairera tout au long de ce livre. Le préfixe *supra-* s'oppose au préfixe *infra-*, et signe une position. La préposition latine *super-* ne s'oppose à rien : elle marque une valeur intensive, un renforcement, un excédent. « Supernormal » désigne un excès de normalité, dans un continuum avec un phénomène commun, par exemple dans « superfluidité ». Tandis que « supranormal » introduit un registre de supériorité, comme pour les divinités « surnaturelles » qui échappent aux lois de la nature. Nous voulions donc éviter cette connotation erronée opposant un « homme supérieur » à un « homme inférieur » qui serait un contre-sens par rapport à l'objet de ce livre et par rapport à la définition originale de Myers en 1885.

déjà tant de preuves sur ces phénomènes qui demeurent exclus de la description officielle de la réalité, parvenir à les faire accepter requiert une bonne connaissance de la psychologie humaine. L'art de la persuasion est subtil, mais il est aussi basé sur l'expérience de tous les jours :

> Pourquoi prouver à un homme qu'il a tort ? Vous ne pouvez pas gagner une dispute, car si vous perdez, vous le perdez ; et si vous gagnez, vous le perdez également. Certes, vous vous sentirez mieux. Mais qu'en sera-t-il pour lui ? Vous lui aurez fait se sentir inférieur, vous aurez blessé sa fierté, insulté son intelligence, son jugement et son respect de lui-même.

Cette vignette de psychologie pratique, écrite il y a quelques décennies par Dale Carnegie, s'applique pertinemment dans le champ du paranormal si vous substituez le mot *scientifique* au mot *homme* dans la première phrase. La raison pour laquelle les faits sont secondaires lorsqu'il s'agit de prouver la validité des superpouvoirs est que la science, comme toute entreprise humaine, est réalisée par des individus qui investissent personnellement ce qu'ils font, et cet investissement met en jeu leur fierté, leur intelligence, leur jugement et leur respect d'eux-mêmes, comme le saisit Carnegie.

Dans ce livre, Radin nous rassure tout en s'occupant de nos préjugés, ce qui lui permet d'élever le débat. Il lui tient à cœur de faire appel à la voie du yoga, qui est employée pour développer des capacités supernaturelles, « légendaires », mais il sait aussi ne pas juger trop sévèrement l'auto-contradiction des scientifiques qui refusent d'accepter des découvertes pourtant issues de recherches scientifiques irréprochables. Comme il le souligne avec ironie, si la science est amenée à accueillir une nouvelle réalité, les grincements de dents finiront par diminuer au fil du temps.

Mais pourquoi parler d'une nouvelle réalité et qu'a-t-elle à voir avec la lévitation, la clairvoyance, l'invisibilité et d'autres phénomènes revendiqués par Patanjali ? On pourrait simplement répondre que la vieille réalité s'est usée. Dans un chapitre dédié au Sentier octuple de la science (une variante du Sentier octuple du bouddhisme), Radin se penche sur les principes de base de la science moderne et montre, de façon précise, que beaucoup d'entre eux ont été détruits par la révolution quantique un siècle plus tôt, et que les autres ont été progressivement affaiblis. Dès lors que le temps et l'espace ne furent plus considérés comme des dimensions absolues, que les objets physiques furent réduits à des nuages tourbillonnants d'énergie, que les certitudes associées aux principes de la cause et de l'effet furent transformés en un jeu de probabilités, notre perception de la réalité a radicalement changé.

Il est fascinant de constater à quel point ce changement entre en résonance avec les anciennes visions de l'Inde, et comment, depuis quarante ans, les concepts de la physique quantique ont été mis en lien avec les concepts spirituels, par l'intermédiaire de physiciens tels que Fritjof Capra jusqu'aux responsables spirituels tels que le Dalaï Lama. Ils ont tous confirmé ces parallèles et Radin ajoute sa voix à cette véritable chorale, mais avec certaines nuances. Son talent propre consiste à revenir aux fondamentaux et à y trouver des bases communes. Bien conscient que peu de personnes en dehors du champ spécialisé des études de l'Inde ancienne ne sauront ce que sont les *Yogas Sutras*, ou ne buteront sur les termes sanscrits tels que « siddhi » et « samyama », il trouve le juste milieu entre l'expérience commune (en particulier, les expériences psi de clairvoyance et d'intuition subtile) et les arcanes du mysticisme. Tout ceci afin de convaincre le lecteur, non pas contre sa volonté, mais avec sa collaboration pleine et entière. « Vous souvenez-vous quand l'expérience *X* vous est arrivée ? Eh bien, la même chose était connue des praticiens du yoga et a même été validée depuis en laboratoire. »

Le but de Radin n'est pas de partager sa propre vision de la réalité comme si elle était la seule valable. Au contraire, il cherche à montrer qu'il y a plus de choix qu'on ne le réalise généralement, et que certains de ces choix rendent l'esprit plus puissant, augmentant la capacité à comprendre le monde de façon lucide, et faisant même passer l'expression « Vous créez votre propre réalité » du statut de cliché à celui d'expérience vécue. Radin ne fait nul prosélytisme pour une version de la réalité que tout le monde devrait choisir mais, de manière impartiale, il insiste sur le fait que certains phénomènes – tels que la lévitation – habituellement considérés par les scientifiques comme saugrenus et ridicules, simples fruits de la superstition ou de l'ignorance, ne méritent pas ce sort. Des centaines d'observateurs ont affirmé dans des cahiers, des attestations publiques et des serments qu'ils avaient vu Joseph de Cupertino* léviter. Radin prend note de la chose sans s'excuser de le faire ou sans y aller de sa tentative d'explication prosaïque.

Pour autant, ce livre n'est pas une liste des miracles qui ont le plus marqué les temps passés. Il dépasse la vision du monde dans laquelle les miracles ne font pas questions, il dépasse aussi la vision du monde opposée dans laquelle les miracles sont absurdes, puisqu'il se met en quête d'une réconciliation entre les deux. Jusqu'à un certain point, Radin applique son jugement à la manière de Salomon – les deux camps ont quelque chose à dire et quelque chose à apprendre l'un de l'autre. (Einstein avait aussi à l'esprit l'idée de réconciliation lorsqu'il fit ce commentaire fameux : « La science sans la religion est boiteuse, la religion sans la science est aveugle. ») Il manque clairement quelque chose, puisque la réalité nous crève les yeux et qu'il faut lui faire face. Les arguments sans fin sur la façon de modeler la réalité – puisque la science comme la religion sont surtout des modèles – sont des digressions.

Ayant cela à l'esprit, Radin ne perd pas de vue le mystère radical que constitue la nature profonde de la réalité, pas seulement aux yeux des mystiques mais aussi à ceux des réalistes purs et durs que furent les pionniers de la physique quantique. Dans les dernières pages de ce livre, deux affirmations sont citées. La première vient de Max Planck, qui est à l'origine de la révolution quantique :

> Je considère la conscience comme quelque chose de fondamental. Je regarde la matière comme un dérivé de la conscience. Nous ne pouvons pas contourner cette question. Tout ce dont nous parlons, tout ce que nous considérons comme existant, postule la conscience.

Planck pensait formuler un fait nouveau qui ne pouvait être contourné (ce qui se révéla être une mauvaise prédiction de la puissance des résistances au changement). Et puisque Patanjali et tous les voyants védiques ont fait leur un modèle de la réalité basé sur la conscience, Radin a subtilement inversé les rôles. Ce

* Parmi les nombreux saints catholiques qui ont lévité, ce personnage du dix-septième siècle vécut environ 50 ans après la mort de Shakespeare.

n'est pas aux tenants du yoga de prouver que la conscience est au fondement de toute expérience ; c'est aux tenants de la science de prouver que ce n'est pas le cas. Une telle preuve est loin d'être obtenue. Mais Radin indique, avec optimisme, qu'une nouvelle génération de scientifiques, moins enclins à grincer des dents, intègre progressivement la conscience dans un modèle scientifique où elle n'est plus mise de côté, éludée ou traitée avec mépris.

Pour étayer son optimisme, Radin cite un autre pionnier de la physique quantique, Wolfgang Pauli : « Je pense que, dans la science du futur, la réalité ne sera ni "psychique" ni "physique", mais d'une certaine manière les deux et aucune des deux. » En d'autres termes, ainsi que le défend ce livre, le problème ne se pose en « soit ceci, soit cela », mais en « ceci et/ou cela ». Prendre la conscience au sérieux est une étape dans l'évolution de la science qui vient étendre la nature « étrange » du monde quantique. L'étrangeté n'a pas disparu ; pas plus que les traditions de sagesse de notre monde. Deux camps de visionnaires issus du passé lointain et des marges du présent sont en train de converger vers nous. Leur message porte sur l'évolution consciente de l'humanité et, comme le montre ce livre perspicace, lorsque les deux camps de visionnaires fusionneront, rien ne sera plus jamais comme avant.

Avant-propos

Tout le malheur des hommes vient d'une seule chose,
qui est de ne savoir pas demeurer en repos dans une chambre.
Blaise Pascal

IL A FALLU UN CERTAIN TEMPS pour s'extraire de la boue. Puis, l'instant d'un flash à l'échelle du temps galactique, nous avons construit des cités et des civilisations magnifiques, nous sommes allés sur la lune et nous en sommes revenus, puis nous avons lancé des robots sur Mars. De tels exploits constituent-ils le summum de l'humanité, le mieux que nous puissions espérer faire ? Ou pouvons-nous imaginer des progrès encore plus étonnants ? Est-il possible que les superpouvoirs décrits dans les légendes anciennes, la science-fiction et les *comics* nous guettent patiemment en coulisses, attendant un saut évolutif pour se déclencher ?

Des hommes visionnaires ont posé de telles questions tout au long de l'histoire, et de nombreuses techniques ont été employées pour explorer et développer nos potentiels. L'une des méthodes les plus efficaces est aussi l'une des plus anciennes : le yoga.

Le mot *yoga* est apparenté au mot *yoke*, qui signifie « combiner, connecter ou unifier ». Ce qui est censé s'unifier de cette manière n'est autre que l'individu unifié avec l'univers.* Cet état rarissime est le but de presque toutes les pratiques ésotériques. On l'appelle l'*illumination*, l'*éveil* ou la *réalisation de soi*. Ce basculement d'un esprit depuis sa manifestation commune vers une forme extatique de conscience suppose l'acquisition d'un accès direct à une connaissance de la Réalité immédiate. A partir de là, l'esprit s'aligne avec ou s'absorbe dans un Esprit universel, une Conscience divine, un Grand Esprit, un Dieu ou une multitude d'autres entités évoquant la transcendance. Emergent alors des capacités supernormales, « des pouvoirs et des facultés bien au-delà du commun des mortels » comme le disait le narrateur de l'émission de télé *Superman* dans les années 1950.

Voilà en somme l'histoire que nous racontent les yogis, les sages et les mystiques de toutes les cultures depuis des millénaires.

Dans ce livre, il sera question de savoir comment interpréter des revendications aussi fantastiques à la lumière des cinq derniers siècles de progrès scientifique. Dans l'ère moderne, et en particulier dans la culture occidentale, les affirmations d'une illumination ou d'une union avec un Soi universel forment un ensemble de croyances qui vont de la dévotion admirative à l'exaspération suscitée par les fadaises du New Age. Il y a une importante littérature académique sur le rôle formateur du mysticisme, des miracles et des revendications de capacités supernormales dans la religion, mais la plupart des scientifiques (et, plus étonnant, la plupart des chercheurs en histoire comparée des religions) tendent à considérer ces capacités

* Il y a de nombreuses interprétations des expériences de l'*illumination* et du *Soi*, avec des variations selon le contexte, la culture et l'arrière-plan religieux.

supernormales comme un résidu de l'époque médiévale, indigne à ce titre d'une attention sérieuse.

Le terme « supernormal » fut inventé par le classiciste britannique Frederic Myers, l'un des fondateurs de la *Society for Psychical Research* à Londres en 1882. Myers a utilisé ce terme en référence à des phénomènes naturels et légitimes qui présagent d'une étape future et plus avancée de l'évolution humaine. De tels phénomènes, dont font partie des facultés psychiques telles que la clairvoyance, peuvent sembler aujourd'hui *anomales** voire *incroyables*. Mais, dans un futur proche, selon Myers, lorsque nous comprendrons mieux qui nous sommes, quelles sont nos capacités et ce qu'est vraiment le monde physique, alors le supernormal deviendra complètement normal.

Est-ce que notre compréhension sophistiquée de la réalité, issue de la science, nous a mis des œillères nous empêchant d'aborder le supernormal ? Pourrait-on, en les retirant, découvrir des phénomènes intéressants ? Est-ce que *tous* les témoignages d'expériences** mystiques et parapsychologiques, *tous* ces récits de réalités hors-du-commun, sont nécessairement des méprises ?

Poser cette question n'implique pas simplement de faire preuve de curiosité. Nous savons que les récits de telles expériences ne se sont pas évaporés avec l'hégémonie de la science. Beaucoup de personnes aujourd'hui croient toujours aux miracles et aux phénomènes parapsychologiques. Ils n'y croient pas à cause d'histoires qu'ils auraient entendues ici ou là, ou parce qu'ils ne questionnent pas leur foi, mais du fait d'expériences personnelles de première main. Un sondage Harris en 2009 a révélé que pas moins de 76 % des Américains croient aux miracles.*** Un sondage CBS News conduit la même année a trouvé que 57 % des Américains croient en un ou

* NdT : « anomal » est un terme dérivé d'anomalie, à ne pas confondre avec « anormal » qui fait référence à une norme.

** NdT : En français, le terme « expérience » peut désigner à la fois un vécu et un test scientifique, une expérimentation. Puisqu'il est nécessaire de toujours bien distinguer ces deux objets, dont la valeur en tant que preuve n'est pas la même, nous avons suivi le texte anglais en séparant toujours « expérience » (*experience*) de « expérimentation » (*experiment*).

*** www.harrisinteractive.com/vault/Harris Poll_2009_12_15.pdf ; consulté le 21 août 2012 plusieurs phénomènes parapsychologiques. Dans cette majorité, on trouve aussi des universitaires et des scientifiques, dont certains sont pourtant experts dans les faiblesses et les biais de la psyché humaine.

Nous savons aujourd'hui que les explications spécieuses de ces croyances que nous fournissent les sceptiques, les réduisant à des cafouillages cérébraux ou à des défauts dans l'éducation ou le raisonnement, sont tout simplement fausses. Un nombre grandissant de preuves scientifiques indique que certaines expériences dites parapsychologiques ne sont pas des illusions ou des délires – ce sont des cas authentiques où des « superpouvoirs » de la conscience se sont manifestés, le plus souvent spontanément.

Remarquablement peu de scientifiques ont prêté attention à ces preuves. Alors que, de leur côté, les personnes qui relatent ces expériences les situent parmi les événements les plus profonds et bouleversants de leur vie. On pourrait penser que ce seul fait aurait suffit à attirer davantage d'attention.

Au-delà de ces cas individuels, plusieurs des sages et des génies qui ont façonné la civilisation que nous connaissons aujourd'hui ont témoigné de l'influence d'états particuliers de la conscience intuitive sur leurs actions. Cela signifie que notre compréhension de l'expérience transcendante va au-delà de l'intérêt académique – elle touche au cœur des questions éternelles qui ont captivé toute personne qui s'est déjà demandée « Qui suis-je ? », « Pourquoi suis-je ici ? » et « Qu'est-ce que tout cela ? ».

Sans donner prise à la pression sociale du milieu scientifique qui encourage un rejet irréfléchi de ces preuves, nous allons aussi essayer d'éviter de tomber dans l'excès inverse, c'est-à-dire dans une acceptation non-critique et béate de tous les supposés miracles. L'approche que nous choisissons est l'examen d'une des meilleures voies de transformation – le yoga – pour savoir si l'un des jalons vers l'illumination décrits par cette tradition a fait l'objet d'une confirmation scientifique. S'il se trouve des raisons sérieuses pour accepter ne serait-ce qu'*une seule* des revendications de facultés supernormales, même la plus petite d'entre elles, alors il sera peut-être justifié de reconsidérer les histoires des mystiques et des anciennes sagesses.

Ce thème n'est pas fait pour tout le monde. Certaines personnes n'ont ni la disposition d'esprit ni la patience nécessaires pour considérer sérieusement des phénomènes qui n'ont rien de très évident. Comme Woody Allen le dit sur le ton de la plaisanterie, « Je suis surpris par tous ces gens qui cherchent à "comprendre" l'univers alors qu'il est déjà si compliqué de retrouver son chemin dans Chinatown. » Et puis il y a ceux qui sont à l'autre extrémité du spectre, dont certains adeptes du yoga, qui acceptent les superpouvoirs légendaires décrits dans les textes anciens uniquement sur la base de leur foi. Pour eux, les arguments scientifiques sont fastidieux et inutiles.

Mais tant que ces questions restent posées, une fraction de la population sera motivée par une recherche allant au-delà des positions dogmatiques *pour* ou *contre*. C'est une bonne chose, car l'histoire nous enseigne qu'une portion de la vision du monde scientifique d'aujourd'hui, cet ensemble de théories sur ce que nous sommes, ce dont nous sommes capables et la nature de la réalité, est tout bonnement fausse. La même chose vaut pour une portion de nos croyances religieuses ou spirituelles. Nous ne savons pas exactement où s'est glissée l'erreur, mais s'il y a la moindre chance que l'humanité évolue au-delà de sa jeunesse ingrate, alors nous devons corriger ces malentendus, et vite ! Comme nous allons l'explorer dans ce livre, il est possible que les légendes sur les superpouvoirs du yoga nous fournissent des indices sur la façon d'opérer ces corrections, ou au moins nous amènent à reconsidérer l'ampleur du potentiel humain.

Nous sommes sur le point d'obtenir de nouvelles réponses sur ces superpouvoirs légendaires. Nous allons voir qu'il est désormais possible d'affirmer avec confiance que *certains* éléments clefs des histoires sur les superpouvoirs du yoga sont vrais, et que, par conséquent, il y a une base scientifique à la réalité ontologique dont se prévalent la plupart des religions. L'univers, et notre rôle en son sein, vont devenir bien plus intéressants que ce que les manuels scolaires nous ont laissé croire, même après avoir pris en compte toutes les découvertes étonnantes auxquelles la science nous a d'ores et déjà conduits.

★

Dans mes précédents livres, j'ai évoqué des similitudes entre les anciennes histoires des pouvoirs mystiques et plusieurs phénomènes parapsychologiques assez communs, dont la télépathie et la précognition. J'ai mentionné comment ces facultés, connues sous le nom de *siddhis*, sont associées avec des pratiques intenses de méditation dans une forme avancée de yoga[1, 2*]. En partie du fait de mon intérêt pour ce sujet, le Conseil indien de recherche philosophique m'a proposé d'être son Professeur invité national en 2010.** J'ai voyagé dans toute l'Inde sous l'égide de ce programme financé par le gouvernement indien, et j'ai donné une série de conférences sur la science et les siddhis dans des universités traditionnelles ainsi que des universités spécialisées dans l'étude et la pratique du yoga et de la médecine ayurvédique. En Inde, ces deux types d'universités ont le même statut académique au regard des évaluations gouvernementales.

J'ai remarqué que les siddhis du yoga, un sous-ensemble que les Occidentaux assimilent aux phénomènes parapsychologiques, sont si bien intégrés dans la culture indienne que presque personne là-bas ne songe à les étudier scientifiquement. Les effets parapsychologiques sont considérés comme des capacités supernormales qu'il est banal de constater chez certains yogis et *sadhus* (des hommes sacrés). Ils sont compris comme des raffinements de l'esprit et de la conscience qui ont été examinés en profondeur par les savants et les praticiens depuis des millénaires[3, 4]. Pourquoi chercher à étudier quelque chose avec les moyens scientifiques dernier cri quand cette chose est déjà considérée comme une banalité ?

Quel contraste avec la place des phénomènes parapsychologiques en Occident, qui reste un sujet de vives controverses, en dépit de l'intérêt persistant et de la forte croyance populaires. Il y a un certain nombre de raisons qui expliquent cette tension chronique. Au plan

---

* NdT : Les références bibliographiques sont indiquées par des numéros en indice. La liste des références est disponible à la fin de l'ouvrage. Les notes de bas de page sont, comme celle-ci, indiquées par des astériques.

** Je remercie le Dr K. Ramakrishna Rao, siégeant à l'époque à la tête de ce conseil, de m'avoir fait cet honneur.

religieux, au sein des traditions juive, chrétienne et musulmane, seul Dieu (ou ceux qu'Il désigne) a le droit de réaliser des miracles. Les personnages ordinaires qui accomplissent de telles prouesses sont considérés comme suspects (par les théistes) dans le meilleur des cas, ou hérétiques dans le pire des cas. Et au plan scientifique, il y a un présupposé, aussi largement répandu qu'il est incorrect (comme nous le verrons), quant à l'impossibilité de l'existence de ces phénomènes qui violeraient l'un ou l'autre des principes édictés par la science.

La plupart des scientifiques n'ont pas l'audace de défier publiquement ce présupposé car il est trop dangereux de nager à contre-courant. Mais la stigmatisation de ceux qui s'attaquent au tabou du paranormal n'a pas été suffisante pour annihiler toute curiosité pour les phénomènes aux marges du connu. La conséquence ironique de tout cela est que l'Occident sceptique a plus appris sur les fondements scientifiques des siddhis que l'Orient qui leur est pourtant si favorable.

★

Avant de commencer, trois remarques à l'attention du lecteur. La première concerne l'usage des signes diacritiques. Certains des termes que j'utilise sont issus de l'ancien langage Indo-Aryen, le sanscrit. Il y a une écriture traditionnelle élégante du sanscrit appelée le devanagari. Dans les temps modernes, une méthode de translitération du sanscrit, basée sur les lettres romaines, est employée afin d'indiquer la juste prononciation de cette langue. Cette méthode emploie toute une gamme de signes diacritiques. Par exemple, « Yoga Sutras » pourra s'écrire *Yoga-Sūtras*, la philosophie « sankhya » devient *sāṃkhya*, ou « samadhi » s'écrit *samādhi*. Ces signes dénotent des nuances dans le ton et l'emphase, mais j'ai trouvé que, pour les lecteurs occidentaux, ces marques engendraient plutôt de la distraction, c'est pourquoi j'ai décidé de ne pas les utiliser dans ce livre. Je crois que cela ne portera pas préjudice à la compréhension de ces mots.

La seconde remarque porte sur ma focalisation sur un texte classique du yoga – les *Yoga Sutras* de Patanjali – en tant que feuille de route historique pour discuter des facultés supernormales.

Je me réfère occasionnellement à d'autres traditions mystiques et religieuses. Je ne fais pas cela parce que le yoga et, disons, le bouddhisme tibétain, sont interchangeables (bien que la discussion à propos des superpouvoirs constitue une part importante des débuts du bouddhisme[5]), mais parce qu'il est parfois plus commode d'illustrer un point de la discussion en passant par une tradition plutôt qu'une autre. Je justifie ces sauts occasionnels entre traditions car nous nous intéressons à des similitudes très larges, et parce que notre intérêt principal est la preuve scientifique des facultés supernormales plutôt que de fines distinctions auxquelles seuls des spécialistes de l'histoire comparée des religions seront sensibles.

A la fin de cet ouvrage, vous trouverez plusieurs pages de notes qui viendront clarifier certains points techniques.

Je présente d'avance mes excuses aux puristes qui seront ennuyés par le peu d'attention portée à la philologie du sanscrit ou par ma simplification à outrance d'une littérature ethno-historique et religieuse immensément riche.

Partie

I DES LÉGENDAIRES SUPERPOUVOIRS DU YOGA...

DANS LE MONDE PRÉCÉDENT INTERNET, avant les smartphones et les boissons énergisantes, courraient des légendes à propos de superpouvoirs : la capacité de voir des objets cachés et des événements distants ; de marcher sur l'eau ; de guérir instantanément.

De telles légendes sont loin de s'être éteintes. Elles forment la base de la science-fiction et imprègnent l'industrie du divertissement. La majorité de la population mondiale croit à au moins l'une d'entre elles. Elles sont présentées comme des vérités fondamentales dans la plupart des religions. On les a rebaptisées télépathie, clairvoyance, précognition et psychokinèse. Mais sont-elles réelles ?

Certains scientifiques affirment avec assurance que non : toutes les légendes à propos de superpouvoirs, de phénomènes parapsychologiques ou d'autres miracles sont dues à une forme de pensée magique, à des contes de fées et à des superstitions.

Ils disent que nos croyances, notre enthousiasme, nos désirs sont surtout des reflets du traitement par notre cerveau des informations concernant le monde personnel et le sens de soi. Nous pouvons apprécier ces fantasmes, mais cela ne les rend pas davantage réels. Il n'y a rien à chercher : ce que nous appelons « Je » ou « Moi » est simplement une illusion mécanique qui pourra un jour être simulée sur un ordinateur. Les pouvoirs extraordinaires n'existent pas.

C'est peut-être vrai.

Ou peut-être pas.

« Ouais, mais bonne chance pour faire accepter ça dans une revue scientifique ! »

1

BOUDDHA ÉTAIT-IL JUSTE UN CHIC TYPE ?

Commence au début et continue
jusqu'à ce que tu arrives à la fin :
à ce moment-là, arrête-toi.
Lewis Carroll

NOUS COMMENÇONS PAR UNE SIMPLE question : Bouddha était-il juste un chic type ?

Est-ce que les enseignements du Bouddha se diffusèrent parce qu'il était plus attirant et charismatique que les autres, ou bien parce qu'il était un excellent enseignant et un défenseur infatigable des pauvres ?

Ou – et c'est la question essentielle que nous allons explorer en détail – est-ce qu'il s'agissait d'un être éveillé avec des intuitions profondes quant à la nature de la Réalité, qui plus est un être doué de facultés extraordinaires ?

Nous pourrions poser la même question à propos de Jésus, Moïse, Mohammed, Milarépa ou toute autre figure proéminente de l'histoire associée avec une illumination, une sagesse ou une grâce spéciale. Est-ce que ces personnages avaient du bagout et savaient comment travailler les foules, ou avaient-ils compris quelque chose de fondamental sur la condition humaine et sur nos capacités, quelque chose qui ne fait pas encore partie du champ de la science ?

S'il est trop sensible de poser de telles questions à propos d'icônes religieuses, considérons alors une figure plus contemporaine : le Dalaï Lama. Celui-ci organise régulièrement des conférences réunissant des scientifiques et des moines bouddhistes. Est-ce que les scientifiques occidentaux qui se battent pour obtenir l'une des places si convoitées à ces conférences croient secrètement qu'il n'y a rien de sérieux dans tout cela, qu'il s'agit simplement de parvenir à se faire prendre en photo avec le célèbre prix Nobel pour poster ensuite le tout sur leur page Facebook ?

A lire les éloges* sur ces conférences dans des livres et des articles écrits par des journalistes scientifiques reconnus, mais aussi au vu de la liste des intervenants en augmentation constante, venant de l'Université de Harvard, de Stanford, de Zürich, de l'Institut Max Planck pour la cognition humaine et les sciences du cerveau, et de bien d'autres endroits, il semblerait donc que la chose soit effectivement sérieuse. Pourtant, le Dalaï Lama prend pour acquis la réincarnation et les superpouvoirs légendaires du Yoga (les siddhis). Il dit avoir vu certains d'entre eux en action, comme les oracles qui ont deviné avec précision des facettes de l'avenir[6]. Que sait-il que la plupart des scientifiques formés en Occident ignorent ? Est-ce que les superpouvoirs seraient bien réels ? Mais si c'était le cas, pourquoi les magazines scientifiques ne le mentionnent-ils pas ?

De telles questions ont été débattues par des savants et par des gens ordinaires depuis des millénaires. De nos jours, la science a en grande partie ignoré ou dénigré la possibilité même de l'existence de superpouvoirs, pour la simple et bonne raison que de telles facultés

---

* Par exemple, voir le livre *Train Your Mind, Change Your Brain*, de Sharon Begley, une chroniqueuse scientifique pour le *Wall Street Journal* et ancienne journaliste scientifique senior à *Newsweek*.

ne s'accommodent pas facilement des hypothèses scientifiques occidentales sur les capacités de l'esprit humain. Elles sont aussi mises de côté parce que toute réponse qui pourra être apportée risque d'incommoder sérieusement l'un ou l'autre des protagonistes. Si vous affirmez que, oui, « le Bouddha était juste un chic type », alors les Bouddhistes ne vont pas manquer de qualificatifs peu amènes à votre égard ! Ils vont peut-être faire cela d'une façon compatissante, mais vous feriez toujours mieux de les esquiver. Et si vous affirmez que, non, « le Bouddha était quelque chose de plus », alors ce seront les scientifiques et les adeptes des autres religions qui vous prendront pour cible avec le même entrain, ce qui fait que, par mesure de précaution, cette question est généralement laissée sans réponse.

Il y aura toujours des personnes qui ne se contenteront pas d'un rejet modéré. Certains cyniques ne sont pas à l'aise lorsqu'on évoque la possibilité qu'il y ait « quelque chose de plus ». Ils lancent des accusations contre les « pseudo-sciences » et font tout pour stopper ce qu'ils considèrent comme des montées d'irrationalité venant de notre côté[7]. Leurs préoccupations, même brandies sur un ton alarmiste, ne sont pas totalement injustifiées. La quête d'un secret donnant un surcroît de pouvoir, une supériorité sur l'homme du commun, a été responsable d'innombrables fraudes, de complots et de chasses aux sorcières tout au long de l'histoire. Une civilisation qui embrasse des superstitions et ignore la rationalité se met en danger, et c'est pourquoi il est si légitime de défendre vigoureusement des connaissances si difficilement acquises.

Mais voilà où le bât blesse : c'est précisément parce que la civilisation doit progresser au-delà de la superstition que nous sommes obligés d'explorer minutieusement l'hypothèse des facultés supernormales. Cette démarche va nous permettre de formuler des hypothèses scientifiques fondamentales sur la nature du potentiel humain, de discuter les relations entre science, religion et société et, sans emphase, d'évaluer la capacité de survie de l'humanité.

En outre, ceux qui se préoccupent excessivement de la lutte contre les superstitions, ceux qui deviennent nerveux face aux menaces pesant sur la rationalité, ont des comportements qui s'accompagnent généralement de fortes émotions, et c'est en soi un souci. Comme le psychiatre britannique Anthony Storr l'a dit dans

Feet of Clay: A Study of Gurus, « Considérer une croyance comme délirante ou non dépend pour une part de l'intensité avec laquelle elle est défendue, et pour une autre part du nombre de personnes qui y souscrivent. » (p. 199)[8]. Lorsqu'on en vient à discuter de la possibilité de superpouvoirs, ceux qui investissent leur énergie dans leur engagement offensif ou défensif ajoutent en fait peu de rationalité au débat.

Mais quelque chose de neuf peut nous ramener sur le terrain de la discussion : les preuves empiriques. Les données amassées en laboratoire depuis des décennies suggèrent qu'*une partie* de ce que les yogis, les mystiques, les saints et les chamanes ont toujours revendiqué est probablement vraie. Et, par contrecoup, cela signifie aussi que certaines de nos hypothèses scientifiques actuelles sont probablement fausses.

Si vous n'êtes pas capables d'admettre que les connaissances glanées au cours de votre scolarité pourraient ne pas être complètement correctes (et cela même si les manuels scolaires sont régulièrement mis à jour), alors rassurez-vous : nous n'affirmons pas qu'il faille se débarrasser de tous les manuels. Des portions considérables de la vision scientifique du monde sont plutôt stables et vont rester utilisables pendant de nombreuses années.

Mais cela veut dire que certaines de nos hypothèses, certaines de nos idées fondamentales sur ce que nous sommes et sur la façon dont notre monde fonctionne, ont besoin d'une révision. La nouvelle vision du monde qui est en train de se développer suggère par exemple qu'il n'est plus possible d'imaginer que l'univers est une horloge mécanique dénuée d'esprit. Quelque chose d'autre semble se passer, quelque chose qui fait jouer des rôles importants à l'esprit et à la conscience.

Après avoir recensé un nombre important de travaux scientifiques démontrant que le yoga pouvait significativement améliorer la santé, le journaliste du *New York Times* William Broad a écrit dans *The Science of Yoga* :

> Alors que la science du yoga pourrait se révéler exacte – ses effets seraient authentiques et les déclarations populaires erronées – ce champ de recherche peine toujours à proposer une vision complète des choses. Plusieurs des vérités du yoga débordent assurément les vérités de la science. Le yoga va plus loin que

> la science actuelle, et ses praticiens avancés, pour autant que je sache, peuvent voguer dans des champs de conscience et de spiritualité dont la science ne sait rien. Ou bien tout cela n'est que délires. Je n'en sais rien.[9] (p. 222)

La science ne sait-elle réellement *rien* sur les revendications les plus exotiques du yoga ? A la fin de ce livre, nous nous rendrons compte que Broad n'a pas creusé assez profondément. En fait, il y a des choses que nous savons.

ECHAPPER À LA RÉALITÉ

Plusieurs anciens enseignements nous disent que nous avons la capacité d'acquérir des pouvoirs extraordinaires par le labeur ou la grâce. Les techniques utilisées pour atteindre ces facultés supernormales, connues sous le nom de *siddhis* dans la tradition du yoga* (à partir du mot sanscrit signifiant « perfection »[2, 5]), incluent la méditation, la danse extatique, les percussions, la prière, la psalmodie, les pratiques sexuelles, le jeûne ou l'ingestion de plantes et champignons psychédéliques. A l'époque contemporaine, d'autres techniques sont apparues comme les sports extrêmes, le flottement dans des caissons d'isolement, l'utilisation de la stimulation transcranienne magnétique ou électrique, l'écoute de sons de battements binauraux et le neurofeedback.

La plupart de ces techniques sont des moyens pour transcender le quotidien. Ceux qui aspirent à échapper à la souffrance ou à l'ennui peuvent se tourner vers les sédatifs et les narcotiques. D'autres, attirés par la promesse d'une réalité plus riche de sens, ou celle d'un esprit et d'un corps plus sains, sont enclins à s'appuyer sur le yoga, la méditation ou d'autres techniques d'expansion de l'esprit ou encore d'intégration du corps et de l'esprit.

Les techniques transformatives sont puissantes, et comme tout pouvoir, elles sont à la fois séduisantes et truffées de pièges. Les blessures peuvent survenir avec le yoga quand l'enthousiasme

---

* Il y a de nombreux termes utilisés pour décrire les pouvoirs du yoga. Parmi eux, *jnana*, *aisvarya*, et *vibhuti* dans les *Yoga Sutras* ; *iddhi* et *rddhi* en sanscrit bouddhiste ; *bala* dans les *Mahabharata* ; et *adhisthana* et *vikurvanain* dans le bouddhisme Mahayana.

dépasse le bon sens[9]. La méditation peut mener à une introversion extrême, à la dépression ou à l'hédonisme spirituel[10]. Mais le besoin humain de transcender la monotonie est si fort qu'il se substitue facilement à toute prudence. Cela se constate dans deux des techniques de transformations les plus populaires parmi celles qui sont disponibles actuellement : l'alcool et le tabac. Ces deux substances qui altèrent l'esprit sont profondément intégrées dans l'économie du monde contemporain. Le foyer moyen aux Etats-Unis dépense plus d'argent pour des produits du tabac et ses accessoires qu'en fruits frais et en lait, et plus pour l'alcool que pour toutes les boissons non-alcoolisées combinées[11].

L'Organisation Mondiale de la Santé a estimé en 2007 le coût social des maladies, des accidents et des violences liés à l'alcool à plus de 200 milliards de dollars chaque année uniquement pour les Etats-Unis[12]. L'achat de produits alcoolisés s'élevait encore au-dessus de ce montant, avec une estimation de près de 400 milliards de dollars par an en 2008[13]. Il existe des statistiques similaires pour le tabac[14]. Le formidable désir d'évasion des humains, si on ne considère que ces deux produits, coûte à la société plusieurs milliers de milliards de dollars chaque année. Si nous incluons les coûts associés avec l'usage et l'abus de drogues stimulantes et récréatives, les jeux d'argent et l'industrie du divertissement, le coût total est stupéfiant, correspondant au final à une part considérable de l'économie mondiale. L'humanité cherche désespérément à s'échapper.

Avec les banques et les marchés qui sont sur de périlleuses montagnes russes depuis le début du XXIe siècle, fuir ailleurs est devenu trop risqué et trop cher pour la plupart des gens. Mais ne serait-il pas possible de s'échapper à l'intérieur ? Des esprits de plus en plus rares nous ont dit avoir vu quelque chose de beau et de brillant dans les profondeurs de l'esprit, quelque chose qui serait la promesse d'une avancée monumentale du potentiel humain. Après avoir suivi avec sérieux leurs sillages, la plupart des traditions ésotériques affirment avoir observé d'authentiques phénomènes extraordinaires, dont l'acquisition de pouvoirs supernormaux[4].

LES SUPERPOUVOIRS DU YOGA

Des textes classiques du yoga, tels que les *Yoga Sutras* de Patanjali, écrits environ il y a deux mille ans, affirment avec aplomb que si vous vous asseyez calmement, que vous vous concentrez sur votre esprit, et que vous pratiquez le tout assidûment, vous développerez des pouvoirs supernormaux[15-19]. Ces capacités supérieures ne doivent pas être assimilées à des dons magiques ; ce sont seulement des capacités ordinaires que tout le monde possède. Nous sommes justes si éloignés d'elles la plupart du temps que nous ne parvenons pas à y accéder aisément.

Le sage Patanjali décrit également comment ces siddhis peuvent être obtenues en ingérant certaines drogues, ou à travers la contemplation de symboles sacrés, la répétition de mantras, des pratiques ascétiques ou de façon fortuite. Néanmoins, dans la tradition yogique, les pouvoirs acquis par le biais des mantras, des amulettes ou des drogues ne sont pas considérés comme aussi respectables ou aussi permanents que ceux gagnés à travers une pratique assidue de la méditation[5].

La promesse portée par ces superpouvoirs a très peu à voir avec la foi traditionnelle, l'intervention divine ou les miracles surnaturels. Comme le disait Allan Wallace, un spécialiste du bouddhisme :

> Dans le bouddhisme, il n'y a pas de miracles, si on entend par là des événements surnaturels, pas plus qu'il n'y a de miracles dans la découverte et l'usage fascinant des lasers – toutefois, ils peuvent paraître miraculeux à ceux qui ignorent la nature et les potentialités de la lumière. Or, des bouddhistes pratiquant la contemplation affirment avoir exploité la nature et les potentialités de la conscience bien au-delà de tout ce que nous connaissons dans la science contemporaine. Ce qui pourra apparaître comme surnaturel à un scientifique ou à un individu lambda pourrait paraître parfaitement naturel à un grand contemplatif, tout comme certaines technologies avancées sembleraient miraculeuses à un contemplatif.[20] (p. 103)

La sagesse yogique décrit de nombreuses variantes des siddhis. Aujourd'hui, nous associons les siddhis élémentaires avec le bestiaire des phénomènes parapsychologiques : la *télépathie* (communication d'esprit à esprit) ; la *clairvoyance* (l'acquisition d'information sur des objets distants ou cachés au-delà des sens ordinaires) ; la *précognition* (la clairvoyance à travers le temps), et la *psychokinèse* (l'influence directe de l'esprit sur la matière, aussi connue sous le sigle PK).

Pour la plupart des gens, les facultés parapsychologiques se manifestent spontanément et se prêtent rarement à un contrôle conscient. Elles sont vécues de manière sporadique et fragmentaire, et les cas les plus spectaculaires se produisent lors de périodes particulières de motivations extrêmes. Par contraste, les siddhis sont décrites comme des facultés très fiables et complètement soumises au contrôle de la conscience ; et, en tant que telles, on peut les voir comme des formes excessivement affinées et matures de phénomènes parapsychologiques.

Les siddhis les plus avancées sont censées inclure l'invisibilité, la lévitation, l'invulnérabilité et la super-force, des capacités souvent associées avec celles des héros de bande-dessinée. Toutes ces facultés sont également décrites sous une forme ou une autre dans le chamanisme et les enseignements mystiques de la religion. En fait, la plupart des cultures à travers l'histoire ont admis l'existence de superpouvoirs,* même si elles les considéraient comme rares, et les sondages actuels montrent qu'une majorité de la population mondiale continue d'affirmer croire fermement à l'une ou l'autre de ces facultés[21].

La science « mainstream » n'en est pas si sûre. La plupart des scientifiques et des universitaires façonnés selon la vision du monde occidentale considèrent de tels pouvoirs non pas comme des facultés supernormales de l'esprit humain, mais comme des superstitions** utilisées seulement pour promouvoir la foi religieuse[22].

---

* Le sondage Gallup : « Three in Four Americans Believe in Paranormal » ; http://www.gallup.com/poll/16915/three-four-americans-believe-paranormal.aspx, consulté le 3 Juin 2012.

** De façon ironique, les anciens philosophes grecs qui ont développé le concept de superstition ne l'ont pas fait pour rejeter les croyances religieuses, mais comme une arme rhétorique pour ridiculiser ceux qui insistaient sur le caractère capricieux ou immoral des dieux. Les philosophes pensaient que les dieux étaient des êtres supérieurs et, par conséquent, qu'ils ne pouvaient évidemment pas être influencés par des sacrifices serviles ou d'autres simples offrandes. Ainsi, les superstitieux désignent ceux qui croient que les dieux feraient preuve de faiblesses humaines.

QUI A RAISON ?

Qui a le plus de chance d'avoir raison à propos des siddhis – les traditions de sagesse du monde entier ou l'orthodoxie scientifique actuelle ? Notre manière d'explorer cette question ne passe ni par une accumulation d'histoires fascinantes, ni par une analyse d'arguments religieux, ni par un examen de quelques cas (bien que nous allons en présenter un certain nombre). Nous allons plutôt nous concentrer sur les preuves obtenues lors d'expérimentations contrôlées qui ont été publiées dans des revues scientifiques à comité de lecture.

Nous verrons que la méthode scientifique est si puissante dans sa capacité à discerner le fait de la fiction qu'elle constitue un moyen habile pour prouver l'authenticité de certaines siddhis. Notre travail exemplifie cette capacité des faits scientifiques à se défaire des préjugés, et démontre à nouveau cette capacité de la science à sortir des ornières et à se transformer de l'intérieur.

Cela ne veut pas dire que cette preuve a été chaleureusement accueillie. Tous ceux qui sont officiellement garants de savoirs, que ce soit dans des contextes scientifiques ou religieux, résistent farouchement au changement. Nous explorerons également cette résistance car cela nous aidera à comprendre pourquoi nous ne sommes que vaguement au courant de nos véritables potentialités.

CE QUI NOUS ATTEND

Notre approche de ce sujet est résumée dans la Figure 1 : elle montre deux épistémologies de base, deux manières d'acquérir des connaissances sur le monde, la voie *mystique* et la voie *scientifique*. La voie mystique intègre des modes de connaissance intuitifs et non-rationnels, tels que les pressentiments, les intuitions, les visions et les rêves. La voie scientifique implique une connaissance rationnelle qui se manifeste sous trois formes primaires : (1) empirique, au travers de l'observation et de la mesure ; (2) théorique, par le développement de modèles explicatifs ; et (3) critique, en encourageant le débat, et donc une attitude sceptique et des discussions vigoureuses qui aident à maintenir la vitalité de l'investigation scientifique.

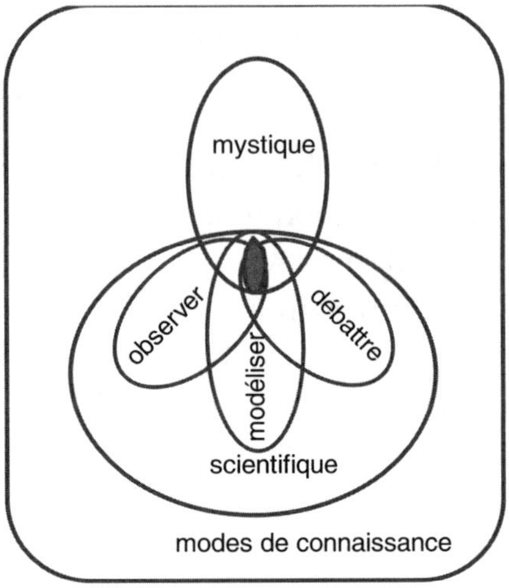

Figure 1. Les modes de connaissance
– avec le chevauchement de la science et de la mystique

La Figure 1 montre le chevauchement de la science par la mystique car, comme la science, les expériences mystiques ont été observées de manière répétée, modélisées et débattues. Toutefois, contrairement à la science, les expériences mystiques sont relatées depuis des millénaires, c'est-à-dire bien plus que les quelques siècles de notre histoire scientifique.

Le point gris au centre de la Figure 1 est un endroit où toutes les méthodes de connaissance se chevauchent. C'est le point de jonction entre le subjectif et l'objectif, le mystique et le scientifique.

Et c'est là que nous nous rendons.

2

L'EXPLOSION DU YOGA

SI VOUS REGARDEZ LE MOT *yoga* sur le « NGram » du moteur de recherche Google,* qui réalise des graphiques d'apparition des mots dans les millions de livres publiés depuis 1500 jusqu'à nos jours, vous constaterez qu'il était virtuellement absent de la langue anglaise jusqu'en 1900 environ[23]. A partir de là, la courbe commença lentement à grimper. Vers 1920, il est clair que le *yoga* est devenu plus populaire, et vers 1960, la courbe d'emploi de ce mot a augmenté de façon exponentielle. Cette ascension explosive ne montre aucun signe de ralentissement, et elle révèle de façon

* http://books.google.com/ngrams, consulté le 8 mai 2012.

schématique que ce qui fut considéré comme un sujet marginal en Occident fait désormais partie de l'orthodoxie.

Lorsque des modes un temps exotiques deviennent normales, nous oublions le temps qu'il a fallu pour que la transition culturelle se fasse. Aujourd'hui, par exemple, Swami Vivekananda est considéré par tous comme un des personnages clef dans l'introduction du yoga dans le monde occidental. Son discours sur l'hindouisme et la tolérance inter-religieuse en 1893 au Parlement des religions mondiales fit vibrer une corde sensible jusqu'alors inconnue.

> « Sœurs et Frères d'Amérique », commença-t-il, avec une voix forte teintée d'un « léger et délicieux accent irlandais » selon l'un des auditeurs, attribuable à l'enseignement qu'il reçut en Inde par un professeur du Trinity College. « Mon cœur est rempli d'une joie indicible... » Puis, quelque chose d'inattendu se produisit, présageant les phénomènes de foule provoqués des décennies plus tard par les Beatles... Les 4000 participants, auparavant quelque peu assoupis, se levèrent d'un coup et acclamèrent vigoureusement le moine. Ce dernier, ne s'étant jamais adressé à une telle assemblée, fut aussi abasourdi que son public.[24]

Vivekananda fut l'un des premiers gourous indiens et spécialistes académiques du yoga à introduire ce savoir en Occident. Il est rapidement devenu une célébrité auprès des grands auteurs, scientifiques et personnalités de cette époque. Mais il y a toujours des personnes qui ne sont pas à l'aise avec les nouvelles idées, en particulier avec l'étrange notion de siddhis associées avec la pratique yogique – les « perfections » comme elles sont parfois appelées. Prenez par exemple la recension des lectures publiques de Vivekananda qui apparût dans l'*American Journal of Theology* en 1895 :

> Puisque cet auteur n'a donné aucune preuve qu'il a déjà atteint de telles « perfections », ni dans ce livre, ni autant que nous le sachions dans sa vie, puisqu'il n'a même pas vu quelqu'un qui en posséderait, nous concluons simplement qu'il possède une assurance infinie ou, plus vulgairement, « un culot monstre »... Nous sommes d'accord avec sa remarque selon laquelle « certaines des caractéristiques les plus importantes des soi-disantes religions hindoues sont si difficilement palpables qu'il deviendra difficile dans une époque future d'imaginer que de telles choses puissent avoir été crédibles. »[25] (p. 405)

Eh bien, nous sommes dans l'époque future, plus d'un siècle après cette recension. Nous pouvons seulement imaginer ce que ce critique du dix-neuvième siècle aurait pensé s'il avait connu les changements qui étaient à l'œuvre et la façon dont les concepts et les pratiques orientaux, dont le yoga et la méditation, s'apprêtaient à infiltrer la culture occidentale. L'Histoire est cruellement remplie de telles déclarations pleines d'assurance dont la capacité d'anticipation est ridiculement faible.

Dans les années 1920, certains membres de l'intelligentsia ont continué à regarder les pratiques du yoga avec un mauvais œil. Une brève information diffusée le 3 mars 1928 dans le magazine *The New Yorker* reflète la perspective cosmopolitaine sophistiquée en vigueur de nos jours :

> Nous sommes conscients que, de façon générale, les femmes au foyer sont friandes de pensée indienne, mais quelle ne fut pas notre surprise une après-midi où, dans notre quête persistante du nectar de la vie, nous avons rejoint un tel groupe. Environ deux cents personnes s'étaient assises sur des chaises de camp. Les convertis étaient majoritairement des femmes – de vieilles dames avec des visages ridés et une digestion imparfaite, cette sorte de dames que vous voyez sur le porche du Lac Mohonk. Il y avait douze hommes. Parmi eux, quatre étaient de couleur, quatre ressemblaient à des marchands de tapis et quatre autres à William Jennings Bryan*. Le Yogi portait une longue robe orange. (p. 19)

Mais les vieilles barbes ont fini par disparaître, remplacées par de nouvelles générations. Un flux croissant de yogis indiens éloquents commencèrent à établir des centres en Occident et se faire des alliés parmi les célébrités. Une figure-clef de ce mouvement dans les années 1920 fut Paramahansa Yogananda, qui établit la Communauté de l'auto-réalisation à Los Angeles et donna des conférences dans le monde entier durant les années 1930. En 1946, il publia une autobiographie qui sera lue par des millions de personnes dans le demi-siècle suivant[26]. Juste avant l'entrée dans le nouveau millénaire, la maison d'édition HarperCollins a sélectionné

* NdT. : Le lac Mohonk, dans l'état de New York, est dominé par un grand château-hôtel, où se tenaient au tournant du XXe siècle des conférences des « amis des Indiens » (d'Amérique).
William Jennings Bryan (1860-1925) était un avocat et homme politique américain, candidat démocrate malheureux à plusieurs reprises à l'élection présidentielle aux Etats-Unis.

sa désormais classique *Autobiographie d'un yogi* dans son top 100 des « meilleurs livres spirituels* du vingtième siècle ».

Dans les années 1930, Perry Baker, né dans l'Iowa, qui changea plus tard son nom en Pierre Bernard, joua un rôle important dans l'américanisation du yoga mystique et doux de l'Inde, qu'il transforma en une gymnastique agressive imprégnée de l'éthique du cow-boy occidental. L'histoire de cet événement étrange mais pourtant authentique est racontée dans le livre de Robert Love, *The Great Oom: The Improbable Birth of Yoga in America*[27]. Bernard a créé ce que Love appelle notre actuel « complexe du yoga industriel », qui a pris naissance dans les deux cents hectares du centre de retraite yogique de Bernard sur la rivière Hudson à Nyack, dans l'état de New York. L'entreprise de Bernard, appelée par euphémisme le Clarkstown Country Club, attira le gratin de la société, parmi lesquels des universitaires, des politiciens et des personnes fortunées. Initialement raillé comme étant « le Oom tout-puissant » et accusé à plusieurs reprises d'escroqueries et de pratiques licencieuses, Bernard conquit la célébrité et la fortune dans les années 1930, rivalisant de prestige avec Charles Lindbergh et apparaissant régulièrement dans les journaux.

A l'époque où Bernard captivait les New Yorkais avec sa marque de yoga, Jiddu Krishnamurti se faisait un nom. Alors qu'il n'était qu'un jeune indien, Krishnamurti avait été façonné par Annie Besant et Charles Leadbeater, les Britanniques ayant fondé la Société Théosophique, pour devenir le leader spirituel de notre société. Après s'être installé en Californie, Krishnamurti fit l'expérience d'un éveil mystique et, quelques années plus tard, il fit face à la mort inattendue de son frère. Cela le rendit de plus en plus désenchanté vis-à-vis de son rôle dans la Société théosophique. En 1929, il chemina de son propre côté, donnant des conférences dans le monde entier. En 1938, Krishnamurti rencontra Aldous Huxley, un écrivain britannique en vogue, dont les livres *La philosophie éternelle*, *Les portes de la perception* et *Île* firent beaucoup pour la vulgarisation de la tradition yogique, du mysticisme et de la philosophie indienne

* Voir http://www.gradresources.org/worldview_articles/book.shtml, consulté le 1 septembre 2012.

en Occident. Tout au long de sa vie, Krishnamurti est resté un personnage important et unique en son genre qui permit d'intégrer la pensée orientale dans les préoccupations occidentales, pour des questions allant de la physique à la politique. Il est mort en 1986.

En 1955, la Chambre des représentants des Etats-Unis fit passer une résolution créant une Salle de méditation dans le Capitole. A l'époque, le terme « méditation » était surtout un euphémisme pour la prière chrétienne, mais de nos jours, les distinctions entre prière, méditation et pratique contemplative sont devenues plus floues. La Salle de méditation du Capitole était supposée être inaugurée avec le 84e Congrès en 1955, mais compte tenu de l'inefficacité bien connue des politiciens, il y eut un retard. Le report était dû à un conflit autour d'un problème d'importance vitale : les décorations de la salle ! Certains membres du Congrès objectaient que toute forme de méditation dans la Chambre des représentants violerait la séparation entre l'Eglise et l'Etat, si bien que les décorations furent l'objet de nombreuses discussions avant que tout le monde s'accorde sur la manière de les rendre suffisamment neutres[28].

Vers la fin des années 1960, avec la révolution psychédélique battant son plein, la presse populaire commença à s'intéresser à l'aspect méditatif du yoga, principalement au travers de la pratique de la Méditation transcendantale (MT) rendue populaire par le yogi Maharishi Mahesh et... les Beatles, qui en furent de célèbres adeptes. En 1968, le *Saturday Evening Post* fit remarquer avec ironie :

> La technique MT avait été égarée durant des centaines d'années mais elle vient d'être retrouvée par le Maharishi... Cette technique, dit-il, est connue pour ne jamais échouer. Quiconque, qu'importe qu'il soit sceptique ou stupide, peut devenir un adepte performant en l'espace de quatre jours, avec une pratique n'excédant pas une heure par jour.[29] (p. 24)

Un autre événement dans les années 1960 contribua à catalyser l'intérêt pour le yoga. Il tire son origine du voyage en Inde de Richard Alpert, un psychologue d'Harvard pionnier dans l'étude des effets du LSD sur l'homme. Là-bas, Alpert rencontra son gourou, Neem Karoli Baba, qui lui donna le nom spirituel de Ram Dass. A son retour aux Etats-Unis, Ram Dass écrivit *Soyez ici et maintenant*, l'un des premiers livres décrivant d'un point de vue occidental la voie du yoga, ses pratiques et sa philosophie. *Soyez ici et maintenant* (publié en 1971) se vendra à des millions d'exemplaires et influencera toute une génération.

En 1970, le secrétaire à la défense, Melvin R. Laird, décida que le Pentagone, comme le Capitole, devait avoir une Salle de méditation non-confessionnelle[30]. Dans son discours d'inauguration,* il déclara notamment : « Aujourd'hui, nous inaugurons une salle au Pentagone où les besoins de l'esprit – les besoins de l'homme intérieur – pourront trouver satisfaction. C'est un endroit où les hommes et les femmes peuvent réfléchir et prier, afin de trouver le chemin à suivre ainsi que l'inspiration. »

Lorsque le public put accéder à la salle quelques années plus tard, elle fut rapidement incendiée et détruite, probablement de façon intentionnelle. Selon un rapport présenté dans le journal *Milwaukee Sentinel*, les enquêteurs du Pentagone ont blâmé un coursier ayant des antécédents psychiatriques qui avait déjà été accusé d'avoir mis le feu à d'autres immeubles. On espère que les fonctionnaires en charge des ressources humaines ont appris que ce n'était pas une bonne idée de laisser circuler librement autour du Pentagone des personnes ayant des problèmes de santé mentale connus[31]. Quoiqu'il en soit, en 1976, la création du club de méditation du Pentagone fut approuvée par le bureau de l'assistant du secrétaire à la défense.**

Au milieu des années 1970, les articles de journaux sur le yoga et la méditation étaient devenus monnaie courante, et Lilias Antoinette Moon (mieux connue sous le nom de Lilias Folan, auteur du livre populaire *Lilias! Yoga and You*) démarra un programme de yoga populaire sur la chaîne de télé PBS.

En 1973, le *Los Angeles Times* publia un article intitulé « Méditation transcendantale : un sceptique l'a essayé, il en est ressorti croyant »[32]. Un autre encart remarquait sobrement qu'un « instructeur de yoga de 29 ans retrouvé mort dans sa chambre au cours d'un exercice occulte est apparemment décédé d'une overdose de

* Voir http://pentagonmeditationclub.com/history_about_us.htm, consulté le 24 août 2012

** Voir http://pentagonmeditationclub.com/history_timeline.htm, consulté le 24 août drogues et non, comme cela avait été suspecté par certains de ses adeptes, d'une forme dangereuse de méditation » (p. J6)[33]. La position propre à « l'exercice occulte » en question était probablement d'avoir les jambes croisées sur le sol, mais le journal ne fournissait pas de détails.

En 1977, les centres de yoga et de méditation poussaient comme des champignons dans les zones métropolitaines. Harvey Cox fit preuve de perspicacité dans son livre *Turning East* :

> Pourquoi les Américains se tournent-ils vers les religions orientales ? Ce « virage » des années 1960 et le regard vers l'Orient qui lui fit suite étaient aussi « un écran de nostalgie par rapport à ce que la société consumériste ne pouvait fournir : une communauté d'amour et la capacité à vivre les choses avec intensité »... Plusieurs millions d'Américains pouvaient en effet avoir le béguin pour l'Orientalisme, mais ce béguin est resté relativement superficiel tant qu'il s'agissait de regarder de l'hatha yoga à la télévision ou de suivre la première leçon de la MT. Même si les religions néo-orientales ont atteint maintenant l'apogée de leur attrait populaire, elles ont peut-être laissé quelques traces subtiles qui pourront réapparaître dans les années à venir. Mais il faudrait vraiment un expert de la préscience pour déterminer sous quelle forme et avec quel impact cette réapparition pourra se faire.[34]

Cox voyait juste concernant les tendances futures depuis sa perspective de 1977, mais il avait tort à propos de l'apogée de la popularité du « néo-orientalisme ». Car celle-ci restait à venir.

LE YOGA DANGEREUX

Dans les années 1970, l'Eglise presbytérienne considérait toutes les formes de pratique contemplative, dont la méditation, comme des « dangers », qu'elles s'orientent du catholicisme romain ou du bouddhisme[35] (p. 61). Trois décennies plus tard, des programmes de pratique contemplative sont proposés dans presque tous les séminaires presbytériens aux Etats-Unis. Mais tout le monde n'est pas si progressiste. En 1990, le *New York Times* mentionna ce fait :

> Des fonctionnaires dans la petite ville de Toccoa, au nord-est de la Géorgie, ont annulé un cours de yoga sponsorisé par le gouvernement, cédant ainsi aux pressions des manifestants qui affirmaient que le yoga conduisait à l'adoration du diable. « Les gens qui se sont inscrits à ce cours sont comme un troupeau

> qu'on conduit à l'abattoir, disait l'un des manifestants. Le yoga est pour moitié une branche du mysticisme oriental qui est fortement influencée par l'occultisme. »[36] (p. 11)

Je frémis en imaginant ce que les manifestants pensaient de l'autre moitié du yoga !

Une expression plus récente de l'anxiété sur ces sujets est le « Lighthouse Trails Research Project » établi en 2002. Il visait à faire la lumière sur les « dangers de la spiritualité contemplative ». De manière ironique, ce projet a permis de documenter de façon minutieuse la manière dont les pratiques contemplatives et la méditation ont pleinement trouvé leur place dans les églises chrétiennes évangéliques. Le groupe Lighthouse s'inquiète parce que, selon lui, la spiritualité contemplative est un système de croyance

> ... qui utilise d'anciennes pratiques mystiques pour induire des états modifiés de conscience (le silence) et prend son origine dans le mysticisme et l'occultisme en le masquant généralement sous une terminologie chrétienne. Les prémisses de la spiritualité contemplative sont panthéistes (Dieu est tout) et panenthéiste (Dieu est dans tout). Parmi les termes courants employés par ce mouvement, on trouve celui de « formation spirituelle », ainsi que « le silence », « l'immobilité », « la sagesse ancienne », « les disciplines spirituelles » et de nombreux autres.[34]

Que certains soient terrifiés par les concepts de silence, d'immobilité et de sagesse ancienne révèle la puissance considérable des croyances dans le façonnement de nos perceptions. Lorsqu'on touche à des croyances fortement ancrées, les réactions émotionnelles sont du même type que lors d'une attaque physique. C'est pourquoi certains fondamentalistes pensent que la populaire « prière centrée » basée sur le christianisme serait en fait non-biblique, ou non-catholique, voire même non-Américaine, parce que le fait de s'ouvrir l'esprit à travers la contemplation et la prière crée un espace pour « l'influence de Satan » (p. 82)[35]. Les futurs historiens seront surpris d'apprendre que cette peur primaire faisait toujours autant d'adeptes en plein vingt-et-unième siècle.

En octobre 2010, l'Associated Press relata un exemple similaire, en évoquant la position du leader baptiste du Sud des Etats-Unis qui affirmait que le yoga était anti-chrétien, mais cette fois même ses fidèles ne le suivaient pas :

> Louisville, Kentucky – Un leader baptiste du Sud qui demande aux Chrétiens d'éviter le yoga et ses obligations spirituelles s'est vu opposer de nombreux refus de la part d'enthousiastes défendant l'ancienne pratique. Le président du séminaire baptiste du Sud, Albert Mohler a expliqué que les disciplines gymnastiques et méditatives dérivées des religions orientales ne constituent pas des chemins chrétiens pour aller vers Dieu. Mohler s'opposait à « l'idée que le corps est un véhicule pour rapprocher la conscience du divin ». « Ce n'est tout simplement pas chrétien », raconta Mohler à l'Associated Press... D'autres leaders chrétiens ont déjà dit que la pratique du yoga était incompatible avec les enseignements de Jésus. Pat Robertson a même qualifié la psalmodie et les autres composants spirituels du yoga de « vraiment effrayants ».[37]

La gymnastique n'est pas chrétienne ? La psalmodie est vraiment effrayante ? En dépit des inquiétudes de ces bons prêcheurs, comme nous le verrons plus tard, la *pratique* du yoga n'a pas besoin d'être associée avec une religion au sens traditionnel du terme* et, par ailleurs, toutes les religions embrassent une forme ou une autre de méditation sous la forme de la contemplation ou de la prière.

LE YOGA DU XXIe SIECLE

Grâce à ce fragment de la population qui ne s'est pas accroché de manière rigide à des peurs médiévales, le yoga et la méditation ont trouvé avec bonheur leurs places dans nos sociétés. Ces anciennes pratiques ont été absorbées, transformées et redistribuées en fonction du « mode de vie » occidentalo-centré. En 2003, la méditation a fait la une du magazine *Time*, et le yoga est devenu un business de plusieurs milliards de dollars avec un nombre de pratiquants estimé à dix millions uniquement pour les Etats-Unis. Comme les fans de sport, ces adeptes consomment des cours et des produits, des vêtements, des lieux de vacances, des vidéos, des livres et des magazines. Pour justifier du sérieux de son choix, le magazine *Time* a expliqué que

---

* Tandis que le yoga comme pratique n'est pas une activité religieuse conventionnelle, car il ne s'appuie pas sur la foi, le but de la voie du Yoga est de parvenir à ce qui peut être considéré communément comme une expérience religieuse. Certains disent rencontrer un Soi Universel impersonnel, d'autres un divinité personnalisée ou Dieu.

> Les cours de méditation attirent désormais des Américains classiques qui ne possèdent pas des cristaux, qui ne s'abonnent pas à des magazines New Age et ne résident même pas à Los Angeles. Pour les professionnels aux carrières ascendantes qui sont convaincus que leurs vies sont plus stressantes que celles des générations précédentes – affectées à la traite des vaches et à la fabrique de savons –, la méditation est un super moyen de se faire du bien[38].

Il est bien connu qu'une tendance a définitivement pénétré la culture populaire lorsqu'elle devient la cible du magazine satirique *The Onion* :

> WASHINGTON, DC – Selon un rapport du Département du travail sur le recyclage professionnel, 21 % des Américaines se forment pour devenir instructrices de yoga, ce qui marque le niveau le plus élevé d'intérêt féminin pour l'industrie de l'expansion-de-la-flexibilité-et-de-la-spiritualité depuis 1971. « Un indicateur en particulier est étonnant : presque toutes les femmes à New York et San Francisco sont désormais des instructrices de yoga certifiées, spécialisées soit dans l'hatha yoga, soit dans le bikram yoga, soit dans l'asthanga yoga... »[39]

En 2008, le *Yoga Journal*, premier magazine des aficionados du yoga, revendiquait un lectorat de près de deux millions de personnes et 340 000 exemplaires en circulation payante. D'autres grands médias se sont ouverts à ce sujet, ainsi que l'écrivait William Broad dans *The Science of Yoga* :

> Le *New York Times*, où je travaille, a publié des centaines d'articles et même une chronique régulière démarrée en 2010, baptisée Stretch. Il s'est penché sur tout ce qui avait trait au yoga, depuis les studios qui offrent du yoga pornographique dans des pièces surchauffées jusqu'au rassemblement de milliers de pratiquants dans Central Park qui fit affirmer aux organisateurs qu'il constituait la plus grande classe de yoga au monde jamais observée.[9] (p. 2)

A côté du toujours très populaire Hatha yoga (mettant l'accent sur les postures), d'autres formes de yoga, partageant toutes la même visée de transcendance, ont été explorées par des portions croissantes de la population occidentale, dont le Bhakti yoga (dévotion), le Jhana yoga (connaissance), le Mantra yoga (mots et sons), le Karma yoga (service), le Tantra yoga (énergie et kundalini) et le Ashtanga yoga (aussi appelé Raja yoga ou yoga royal).

Si on cherchait l'expression « yoga studio » sur Google en juin 2012, cinq millions de pages Internet s'affichaient. On trouve désormais des studios ou ateliers non seulement en Californie ou à

New York, mais dans chaque état des Etats-Unis. Les programmes basés sur la méditation sont pris en charge par certaines compagnies d'assurance-santé, et on en trouve dans les prisons, les écoles, les églises, les hôpitaux, les aéroports, les entreprises, la Banque mondiale, l'Académie nationale des Sciences, le *Washington Post*, les équipes de sport telles que les Chicago Bulls et les Los Angeles Lakers, l'US Army (« Warrior Mind Training »[40]), etc.[41, 42]

L'explosion de l'intérêt pour le yoga s'explique en partie par la confirmation scientifique des effets de la méditation et du yoga sur une large gamme de troubles mentaux ou physiques lorsqu'ils sont associées à des modifications diététiques. Les bénéfices de ces pratiques sont fréquemment mentionnés dans les médias populaires[35], et cet intérêt est renforcé par un flux important de publications scientifiques. En février 2012, la base de données médicales du National Institutes of Health (NIH), connue sous le nom de PubMed.com, listait 2 301 articles avec le mot-clef « méditation ». Sur le site de l'Institut des Sciences Noétiques où je travaille, la base de données sur la méditation mentionne plus de 6 500 articles.*

Les bénéfices du yoga et de la méditation qui ont pu être mis en évidence incluent le renforcement du système immunitaire, la diminution de la pression sanguine, le traitement et la guérison de maladies cardiaques, le ralentissement du développement du cancer de la prostate, l'amélioration de l'attention, de la mémoire et de la concentration,[38, 42, 43] l'amélioration de la qualité de vie après le traitement du cancer[44], les effets positifs sur la douleur chronique et l'humeur[45], le ralentissement du vieillissement, la réduction de l'anxiété, la réduction de l'infertilité, et le traitement de maladies de peau intraitables autrement[46]. Une méta-analyse exhaustive des expérimentations sur la méditation publiée dans la revue scientifique *Psychological Bulletin* en mai 2012 ne laisse aucun doute sur le fait que la méditation diffère de la relaxation et qu'elle est significativement plus bénéfique sur une large gamme de

* Voir www.noetic.org et en particulier http://noetic.org/meditation/, consulté le 6 juin 2012.

facteurs psychologiques, dont la régulation émotionnelle, l'anxiété, les problèmes relationnels, l'attention, etc.[47]

Ceux qui étaient sceptiques quant à la méditation mais s'y sont mis finalement, en désespoir de cause, du fait d'un stress réfractaire ou d'une blessure physique, sont souvent surpris d'apprendre qu'il ne s'agit pas d'une pratique religieuse, et que même en s'impliquant dans cette voie, on risque difficilement de se faire kidnapper par des fanatiques du New Age. En 2007, un article du *Washington Post* a décrit un tel cas :

> Tabitha Benney, un membre permanent de l'Académie Nationale des Sciences (aux Etats-Unis) : « Je croyais que la méditation était newageuse et bizarre, et qu'ils allaient seulement essayer de me laver le cerveau pour me prendre tout mon argent. Mais aussitôt que j'ai pris part au cours et rassemblé mon esprit et mon corps dans le même espace-temps, j'ai eu une sensation de totalité et de paix comme je n'en avais jamais connue auparavant... » Avec les pratiques inspirées d'Asie qui gagnent en popularité et qui deviennent inexorablement moins spirituelles dans leur nature, les has-been qui ne différenciaient pas le Vipassana des lasagnes croient maintenant être capables de booster leur santé mentale et physique avec de courts ateliers de réduction du stress, à la manière d'une séance d'abdos.[48]

LE YOGA POSTURAL

Aujourd'hui, la forme la plus connue de yoga, même en Inde, reste le yoga postural. Ces pratiques se focalisent habituellement sur des étirements travaillant la souplesse, le développement de la force, l'amélioration de l'équilibre et la relaxation profonde. Certains studios d'Hatha yoga incluent également la méditation et le pranayama (exercices de respiration) dans leurs exercices de routines.

Ce qui est moins connu est que cette forme de yoga est en fait une invention relativement récente. Il y a peu, l'idée d'un yoga focalisé sur les exercices posturaux aurait été considérée par les leaders indiens du yoga, dont Vivekananda, au mieux comme primitive, au pire comme répugnante. C'est parce que, jusqu'à récemment, les seules personnes qui pratiquaient ces contorsions stéréotypées du corps associées au yoga étaient des artistes de rue, des fakirs ou des ascètes religieux.

Le développement du yoga postural est un sujet fascinant, mais plonger dans les détails historiques de la chose nous emmènerait trop loin de notre centre d'intérêt principal. Il est toutefois important de mentionner que le yoga tel qu'il est connu et pratiqué aujourd'hui en Occident, en tant que pratique athlétique quasi-spirituelle, trouve son origine non pas dans les *Yoga Sutras* de Patanjali, mais dans un amalgame de poses yogiques traditionnelles combinées avec de la gymnastique suédoise et de la calisthénique de l'armée britannique. De plus, le génie occidental pour mettre à profit la sagesse traditionnelle sous un nouvel emballage fut tellement efficace que, ces dernières années, le gouvernement indien a consacré beaucoup de temps à la codification des postures yogiques traditionnelles afin d'empêcher les profiteurs de breveter ou déposer un copyright sur ce que l'Inde considère comme un savoir séculier.*

Si une personne devait être tenue pour responsable de l'avènement du yoga postural moderne, ce serait Tirumalai Krishnamacharya, né dans le Sud de l'Inde en 1888. A la seconde place de la cordée, on trouverait son beau-frère B.K.S. Iyengar, auteur d'un livre influent publié en 1966, *Lumière sur le Yoga*, et fondateur d'une franchise de yoga qui rencontra le succès[9]. La première étudiante de Krishnamacharya, une femme née en Lituanie en 1899 sous le nom d'Eugénie Peterson, devint plus connue sous celui d'Indra Devi. De 1947 à 1985, Devi accomplit un travail gigantesque pour vulgariser le yoga à travers des livres tels que *Forever Young, Forever Healthy*.[50] Elle a rendu glamour cette pratique au travers de son lien avec des stars de cinéma, et est même devenue un modèle de référence des bénéfices du yoga grâce à sa vitalité (Elle est décédée à Buenos Aires en 2002 à l'âge avancé de 102 ans)[51].

L'histoire du yoga postural est décrite en détail dans le livre de Mark Singleton *Yoga Body*.[49] Il montre comment la montée du

* Voir www.csir.res.in/External/Heads/TKDL/main_090209.HTM, ou www.tkdl.res.in/tkdl/langFrench/common/Home.asp?GL=Fre, tous deux consultés le 4 juin 2012. En février 2009, le Indian Council of Scientific and Industrial Research a enregistré 81 300 formulations ayurvédiques, 109 000 formulations Unani (au moyen des herbes), 12 200 formulations composées et 500 postures de yoga.

nationalisme en Inde, qui conduisit finalement à son indépendance vis-à-vis du gouvernement britannique, fut accompagnée par un intérêt grandissant en son sein pour l'accroissement des prérogatives du corps politique grâce au renforcement littéral des organismes des citoyens indiens. C'est cela qui, en retour, a inspiré la métamorphose du yoga postural, de l'ancien art pratiqué seulement par quelques-uns jusqu'au sport multinational que nous connaissons aujourd'hui.

DU YOGA SUR LE CERVEAU

La *Society for Neuroscience*, l'une des plus grandes organisations au monde pour les professionnels impliqués dans la recherche sur le cerveau et le système nerveux, a publié un pamphlet intitulé *Les concepts fondamentaux des neurosciences*[52]. Ce pamphlet fournit un état des lieux clair de ce que les neurosciences ont appris sur la relation entre l'esprit et le cerveau. Un aspect essentiel est le fait que toutes les expériences subjectives, tous les processus émotionnels et cognitifs, ainsi que le sens de soi sont corrélés avec l'activité cérébrale. Ce fait est habituellement interprété comme une démonstration que le cerveau *produit* l'esprit, mais cette interprétation est incorrecte. Ce que nous constatons, ce sont des corrélations et non un rapport de cause à effet.

Faisons un petit détour pour examiner plus en détail cette question, car la distinction entre corrélation et causalité est non seulement importante mais également pertinente dans notre examen des siddhis.

Le point-clé est que la corrélation n'implique pas la causalité. En d'autres termes, ce n'est pas parce que deux choses sont *liées* entre elles que l'une est nécessairement la *cause* de l'autre. Pour prendre un exemple simple, certaines fleurs se tournent vers le soleil durant la journée, mais cela n'est pas la cause du mouvement du soleil ! Ou encore, ce n'est pas parce qu'on constate généralement la présence simultanée de feux de forêts et de pompiers que les pompiers sont la cause des feux de forêts ! Ce sont des exemples triviaux, mais on peut aisément en trouver de plus fins.

Ce problème est important, car lorsqu'on en vient à chercher à comprendre la nature fondamentale de la subjectivité, c'est-à-dire à comprendre pourquoi un citron a tel *goût* ou comment un coucher de soleil est *vu* et *ressenti* à la première personne, les neurosciences n'offrent aucune explication. Certains scientifiques croient qu'un jour, peut-être lorsque nous aurons largement amélioré nos instruments d'imagerie cérébrale et nos techniques d'analyse, nous découvrirons les mécanismes par lesquels le cerveau vient littéralement *causer* une expérience subjective. Ils anticipent sur cette possibilité de construire des robots qui seraient dotés d'une sensibilité propre et d'une vie personnelle, ou bien dans lesquels nous verserions nos souvenirs, de manière à ce que les plus riches d'entre nous puissent vivre éternellement dans des corps de métal rutilants, ou du moins aussi longtemps que leurs batteries resteront chargées...

Mais, tant que ce « mécanisme de l'esprit » reste au stade de la promesse, ce mystère ne doit pas être considéré comme un simple problème technologique. Il faut aussi l'aborder dans sa perspective philosophique. La question de l'émergence de l'expérience subjective à partir de la matière inanimée est nommée le « problème difficile » dans la philosophie de l'esprit[53], et un nombre croissant de scientifiques commencent à croire que les efforts fournis pour trouver un tel mécanisme constitueraient une *erreur de catégorie*.

Une erreur de catégorie fait référence à la combinaison erronée de concepts qui sont pensés comme appartenant à la même catégorie, sans que ce soit le cas. Par exemple, demander : « Quelle est la racine carrée de 16 ? » est une question tout à fait pertinente puisque la racine carrée est un processus qui s'applique aux nombres, et 16 se trouve effectivement être un nombre. Mais demander : « Quelle est la racine carrée d'une pomme ? » n'est pas une question correctement construite puisqu'elle tente de mélanger différentes catégories. De la même manière, demander quels sont les mécanismes neuronaux qui *causent* l'expérience subjective pourrait être une erreur de catégorie parce que cette question présuppose que les domaines de l'*objectif* et du *subjectif* appartiennent à la même catégorie. S'il se trouve que ce n'est pas le cas, alors la recherche de tels mécanismes physiques ne peut être que vaine.

Même si le problème difficile de la philosophie continue à tourmenter les neuroscientifiques, il est intéressant de remarquer que certains corrélats neuronaux ont été découverts pour les expériences mystiques et spirituelles[54]. Cela implique que les récits de tels états de conscience ne sont probablement pas de simples fabrications. Ces états sont réels au même titre que nos autres perceptions de la réalité, corrélées elles-aussi à notre activité cérébrale, si bien que les personnes qui ont des expériences spirituelles ne se font pas des idées. Néanmoins, rien ne nous permet de savoir, avec la technologie actuelle, si ce dont elles témoignent doit être assimilé à des illusions, des hallucinations ou à quelque chose d'autre.*

Selon une certaine perspective psychiatrique, ceux qui relatent des expériences religieuses profondes, telles que la sensation de transcender le monde physique, pourraient recevoir le diagnostic d' « hyperreligiosité »[55], un trouble neurologique associé à un intérêt obsédant pour les concepts religieux. Des lésions sur certaines zones du cerveau, tel que le cortex pariétal postérieur, peuvent effectivement inhiber la sensation d'être « ici » et « maintenant », ce qui peut entraîner, par ricochets, certains types de comportement qui sont dits symptomatiques de la pathologie sous-jacente, plutôt que de quelque chose de « réel ».

Cette hypothèse ne manque pas de mérite. Les personnes qui ont une lésion dans le cortex pariétal postérieur tendent à croire davantage aux miracles et à la perception extra-sensorielle que la personne lamda dont le cerveau est intact, et elles tendent à accepter l'affirmation suivante :

> Je me sens souvent si connecté avec les gens autour de moi que j'ai l'impression qu'il n'y a plus de séparation ; je me sens si connecté à la nature que tout semble ne former qu'un seul organisme ; et il m'arrive souvent de me sentir détaché du temps à ne plus savoir quelle heure il est[56].

---

* Je ne m'appesantis pas sur les preuves d'expériences conscientes lorsque le cerveau ne fonctionne plus. Le dossier de plus en plus fourni sur les expériences de mort imminente représente un défi majeur pour les hypothèses classiques en neurosciences sur la relation entre le cerveau et la conscience.

Cela signifie-t-il que les spécialistes du yoga et de la méditation ont également des cortex pariétaux postérieurs dans un sale état ?[56] Pas nécessairement. Une partie de l'activité cérébrale est employée à traiter l'information, mais une bonne partie est également employée à *inhiber* le traitement de l'information. Si ce n'était pas le cas, nous serions rapidement envahis par les stimulations sensorielles, lesquelles sont estimées à trois mille milliards d'informations de plus que ce que contient déjà notre expérience consciente.[57]

Ainsi, si quelque chose se détraque dans une zone du cerveau, zone qui servait à maintenir l'illusion de la séparation, ne devrait-on pas s'attendre à ce que la personne atteinte par ce trouble devienne très intéressée par le mysticisme ? Après tout, elle vit désormais une réalité « unifiée », alors qu'auparavant, son cerveau s'évertuait à bloquer de telles perceptions. Et inversement, après vingt ans de pratique de la méditation, si nous trouvons que le cortex pariétal postérieur d'un yogi commence à inhiber certains blocs perceptuels, n'attendrions-nous pas de lui qu'il commence à faire l'expérience de l'unité du Soi universel, ou de l'ancien adage hindou selon lequel « Atman égale Brahman » ?

CHANGEMENTS DE PERSPECTIVE

Pendant que ces questions restent en suspens, la science progresse, et les vieilles idées sur la relation entre le cerveau et l'esprit évoluent petit à petit. Cela se lit dans des livres populaires comme celui de Sharon Begley, *Train Your Mind, Change Your Brain*.[58] Le changement de paradigme est accéléré parce qu'il devient scientifiquement acceptable d'étudier les pratiques contemplatives – en grande partie grâce à l'aura du Dalaï Lama. A travers ce programme de recherche multiculturel, des scientifiques découvrent que la relation entre le cerveau et l'esprit implique d'intimes connexions que nous n'avions guère imaginées, et que le cerveau lui-même est bien plus malléable que prévu.

Il est important de rappeler qu'il y a peu, l'idée d'une malléabilité du cerveau était tournée en ridicule. Comme l'explique Begley, « Quelques années plus tôt, les neuroscientifiques n'auraient même pas pris part à cette conversation, puisque les manuels, les cours de science et les articles à la pointe de la recherche allaient tous dans le même sens, d'aussi loin que s'étendait l'approche scientifique du cerveau » (p. 5).[58]

La révolution progresse lorsque de nouvelles hypothèses sur la relation cerveau-esprit sont testées. A l'Université de Georgetown, un professeur d'études sur l'Asie orientale et le Bouddhisme, Francisca Cho, fit des remarques très justes sur la tendance actuelle :

> Le Bouddhisme enseigne depuis 25 siècles que l'esprit est une force indépendante qui peut être exploitée par la volonté et l'attention afin d'apporter un changement dans le monde physique. « La découverte que penser à une chose pouvait avoir les mêmes effets que faire cette chose résonne de façon fascinante avec les préceptes bouddhistes, dit Francisca Cho. Le Bouddhisme défie la croyance traditionnelle en une réalité objective et externe. En effet, il enseigne que notre réalité est créée par nos propres projections ; c'est en pensant qu'on crée le monde qui nous environne. Les découvertes des neurosciences s'harmonisent avec les enseignements bouddhistes. »[58] (pp. 13-14)

Dans sa forme la plus radicale, cette ligne de pensée est parfaitement compatible avec les revendications de pouvoirs supernormaux associés aux siddhis yogiques. Les enseignements yogiques, et pratiquement toutes les autres traditions basées sur des milliers d'années d'introspection, ont constaté directement que l'esprit n'était pas réductible au cerveau. Pour ces traditions, c'est même plutôt l'inverse : l'activité cérébrale signale une forme d'activité psychique plus subtile que ce que les neurosciences avaient imaginé.

Est-ce que cela veut dire que les hypothèses actuelles adoptées par les neuroscientifiques sont vouées à disparaître, dont celle de l'impossibilité des siddhis supernormales ? Non, pas encore. Il y a toujours des conflits abrupts entre les hypothèses et les croyances qui continuent de miner le débat. Comme le fit remarquer Sharon Begley à propos des conversations entre les scientifiques et le Dalaï Lama,

> L'esprit « possède un statut distinct du monde matériel », affirme le Dalaï Lama. « Selon la perspective bouddhiste, la réalité mentale ne peut être réduite au monde de la matière, bien qu'elle puisse en dépendre pour fonctionner. » Toutefois, du côté des scientifiques, la proposition d'un esprit quelque peu éthéré, incorporel, d'une entité fantomatique capable d'agir sur le cerveau pour

> altérer sa structure physique et chimique est, au mieux, une idée pittoresque.[58] (p. 153)
>
> Quoiqu'ils rejettent catégoriquement tout dualisme, des scientifiques commencent néanmoins à envisager que des processus mentaux purement internes puissent causer des effets biologiques. Les Bouddhistes furent intrigués quand [le physicien et spécialiste du Bouddhisme] Allan Wallace suggéra que la découverte du pouvoir de modifier le cerveau grâce à la pensée... « invite la recherche scientifique à explorer ces différentes strates de la conscience sans prétendre qu'elles dépendent toutes du cerveau. » « Du point de vue scientifique, affirma [le neuroscientifique] Richard Davidson, « la seule réponse honnête est que nous ne savons pas » comment les processus mentaux influencent le cerveau physique. « La même chose est vraie du point de vue bouddhiste », fit remarquer avec humour [le moine bouddhiste] Jinpa (p. 156).[58]

Malgré sa bonne composition, l'orthodoxie n'est pas encore prête à prendre au sérieux *toutes* les revendications des experts de la méditation. Les siddhis sont toujours trop étranges pour être examinées. Mais il y a du progrès.

LE YOGA DE LA DÉITÉ

Certaines pratiques méditatives de moines bouddhistes impliquent la création et le maintien de séquences d'imagerie visuelle exceptionnellement détaillée. Des méditants avancés affirment que des images vivaces peuvent être maintenues pendant plusieurs minutes voire plusieurs heures, et cette pratique requiert en effet un tel déploiement car certaines images sont très complexes. Les neuroscientifiques considèrent que de telles affirmations sont absurdes. Leur compréhension du cerveau les convainc qu'il est virtuellement impossible de maintenir une image mentale au-delà de quelques secondes.

Il a fallu que le Dalaï Lama incite les neuroscientifiques à conduire un test pour savoir qui avait raison – les méditants ou les scientifiques. Maria Kozhevnikov de l'Université George Mason et ses collègues relevèrent le défi en testant des moines expérimentés du Monastère Shéchèn au Katmandou[59]. Elle utilisa deux tests standards sur la mémoire visuelle, l'un impliquant la rotation d'images mentales et l'autre la mémorisation d'images complexes.

Les moines pratiquèrent deux types de méditation. *Le yoga de la déité* implique la génération et le maintien de l'image colorée en trois dimensions d'un dieu environné de son entourage divin. L'autre type de méditation est appelé la *présence ouverte*, durant laquelle l'attention est largement répartie sans se focaliser sur aucun ressenti, aucune image ou aucune pensée pouvant se présenter à l'esprit. On testa donc la prétention du yoga de la déité de permettre de maintenir mentalement des images très complexes pendant des minutes voire des heures. Kozhevnikov testa également des non-méditants et des méditants qui n'entraient pas en méditation avant le test.

Les résultats ont montré que tous les groupes obtenaient les mêmes résultats avant la méditation, mais qu'après la méditation, les praticiens du yoga de la déité, selon Kozhevnikov, « obtenaient une augmentation remarquable de leur performance aux tests d'imagerie par rapport aux autres groupes. Il semble donc que [le yoga de la déité] entraîne spécifiquement à accéder à des ressources accrues de mémoire visuo-spatiale via la méditation, plutôt que de simplement augmenter de façon générale les capacités à une imagerie de longue durée » (p. 645).[59]

Cela sonne un peu comme un succès d'apparence modeste, jusqu'à ce qu'on lise dans le reste de l'article que, d'après Kozhevnikov, « nous ne sommes pas certains de la durée maximale de cet état permettant d'accéder à ces ressources visuo-spatiales accrues... Durant les entretiens informels, certains des praticiens affirmaient que ce puissant état d'identification avec la déité pouvait être soutenu durant des heures, tandis que d'autres disaient que l'effet durait approximativement 20 à 25 minutes » (p. 645).[59]

Soulignons donc que cette chercheuse parle de durées allant de quelques minutes à quelques heures, alors que les neuroscientifiques croyaient jusque-là que la limite se comptait en secondes ! De plus, la description d'une « augmentation remarquable » de la mémoire visuelle n'illustre pas adéquatement la façon dont la capacité d'imagerie des moines bascula avant et après la méditation. Pour les participants pratiquant la présence ouverte et les participants contrôles, il n'y avait pas de différence statistique dans leur capacité à maintenir l'imagerie. Mais pour les pratiquants du yoga de la déité, la différence était associée avec une probabilité entre une chance sur un million à une chance sur un milliard.

LA COTE D'IMPROBABILITÉ

Nous devons maintenant faire un détour un peu technique. Dans ce livre, je vais souvent présenter les résultats des expérimentations en termes de cotes, de « chances contre le hasard », aussi est-il important de comprendre ce que cette expression signifie. Les expérimentations impliquant une performance humaine cherchent habituellement à comparer la performance d'un individu dans deux conditions différentes. Par exemple, pour tester si la pratique du yoga de la déité améliore vraiment l'imagerie mentale, nous pouvons comparer la performance de personnes sur une tâche de mémoire visuelle avant et après qu'elles aient pratiqué cette forme de yoga. Selon « l'hypothèse nulle », on s'attend, de manière conservatrice, à ce qu'il n'y ait *aucune différence* entre leurs performances.

Si maintenant nous conduisons l'expérimentation en question, nous pratiquerons ensuite une comparaison statistique sur les données ainsi produites. Les statisticiens utilisent des probabilités nommées « valeurs p » (le p signifiant probabilité) pour indiquer l'improbabilité du résultat d'une expérience si le hasard était le seul responsable des résultats. On affirme alors que les résultats de notre expérimentation sont assez solides si l'effet mesuré n'aurait pu être observé qu'une fois sur 20 essais si le hasard seul était responsable de celui-ci. Dans ce cas, nous disons que la valeur p associée était de 1/20, ou $p = 0{,}05$. Nous pouvons également employer la formule inverse en disant qu'il y a 20 chances contre une que l'expérimentation produise un tel résultat.* Tout au long de ce livre,

* Les chances contre le hasard sont exprimées de manière plus précise avec la formule : $p/(1-p)$ contre 1, avec par exemple une chance de 19 contre 1 lorsque $p = 0{,}05$. Plus p devient petit, plus cette expression s'approche de la formule plus simple et plus intuitive $1/p$. J'ai trouvé que les cotes données par les non-statisticiens sont plus faciles à comprendre que les valeurs p.

je transforme les valeurs *p* de probabilités en cote car la plupart des gens sont habitués à cette formulation, employée au casino comme au tiercé, bien moins abstraite que des termes comme « valeurs *p* ».

Maintenant, imaginons que je conduise une recherche qui obtient une cote d'un million de chances contre une. Cela veut dire que, si nous reproduisons la même expérimentation un million de fois, *et* que l'effet observé n'était dû qu'à un coup de chance, alors nous n'obtiendrions un aussi bon résultat qu'une fois sur un million. Le résultat pourrait toujours être dû au hasard, mais ce serait un sacré coup de bol !

Avec un résultat aussi étonnant, nous faisons face à deux interprétations possibles : soit (1) nous sommes extrêmement chanceux, soit (2) notre présupposé sur l'absence de différence entre les performances (la fameuse « hypothèse nulle » dont nous parlions plus haut) pourrait être faux.

Dans tous les cas, nous avons désormais une bonne raison de croire que la différence que nous observons au cours de l'expérimentation n'était *probablement* pas due au hasard. Dans le jargon technique, on se réfère à une expression bizarre impliquant une double négation : « le rejet de l'hypothèse nulle ».* Pour déterminer exactement *ce* qui a causé la différence que nous observons, d'autres recherches sont nécessaires, mais à ce niveau nous souhaitons surtout savoir s'il y a au moins une différence, et un tel résultat nous donne toutes les raisons de continuer à creuser. Pourtant, même si une expérimentation produit des résultats aussi improbables, cela ne veut pas dire que l'effet qui nous intéresse est effectivement *prouvé*.

Toutes les prudences langagières habituelles dont s'alourdit le jargon scientifique – les « peut-être », les « possiblement », les « supposés », les « apparemment », etc. – donnent l'impression d'un manque certain d'enthousiasme, ou d'une volonté de ne pas prendre position clairement. Mais la prudence est intentionnelle. Elle empêche à la connaissance existante de coaguler sous la forme d'un dogme inamovible, qui est l'apanage de la foi religieuse.

* Le jargon académique est souvent inutilement compliqué. Si j'étais en train d'écrire un livre sur comment guérir de l'insomnie, je n'hésiterai pas à employer davantage ce jargon.

C'est pourquoi, même si un test statistique nous revient avec une cote énorme, cela ne signifie pas que l'effet que nous mesurions correspond nécessairement à ce que nous imaginions. Pour acquérir cette forme de confiance, il faut encore que de nombreux scientifiques indépendants examinent encore et encore le même effet, sous toutes ses coutures, avec des résultats qui, en moyenne, vont converger. Cette constance, comme nous le verrons, nous la trouvons pour les expérimentations testant les siddhis supernormales.

Encore une chose : je dois clarifier ce que j'entends par le mot *expérimentation*. Lancer une pièce en l'air pour voir si on obtient pile ou face peut être compris comme une expérimentation, au sens où c'est une version légèrement plus attentive d'une expérience ordinaire. En revanche, dans les derniers chapitres, les preuves auxquelles je ferai référence impliquent des séries de douzaines voire de centaines d'expérimentations. Chacune de ces expérimentations peut impliquer plusieurs scientifiques, et la réalisation de chaque étude peut nécessiter un ou deux ans. Collectivement, ces études ont impliqué des milliers de personnes, à la fois pour les conduire, les documenter et les publier dans des revues scientifiques à comité de lecture.

Je mentionne cet effort propre aux expérimentations scientifiques car, très souvent, lorsque les études scientifiques sont présentées dans la presse populaire, les années d'effort sont compressées en quelques paragraphes, tant et si bien qu'on a l'impression que la recherche est rapide, peu coûteuse et facile. C'est rarement le cas.

Résumé

En Occident, le yoga a longtemps été considéré comme une importation exotique au parfum d'Orient. Aujourd'hui, c'est une composante principale d'une industrie du sport en plein essor, dans une niche particulière impliquant des formes d'exercice quasi-spirituelles. Les bénéfices en matière de santé du yoga postural (ou Hatha yoga), qui se présente sous plusieurs formes, sont désormais largement acceptés, mais il est généralement moins connu que les méthodes enseignées actuellement dans les studios de yoga dérivent à la fois des asanas (postures) de l'ancien yoga et de la gymnastique et de la calisthénique, l'art de se sculpter un beau corps, d'origines occidentales. Les bénéfices de la partie méditative du yoga sont aussi de mieux en mieux acceptés, mais la méditation en tant que moyen

☞

☞

pour modifier la conscience, et en particulier la relation ancienne entre la méditation et les superpouvoirs, reste un sujet tabou, évitée dans les conversations courtoises. Les deux prochains chapitres vont examiner pourquoi il en est ainsi.

3

D'AUTRES RÉALITÉS

Dans l'histoire collective
comme dans l'histoire individuelle, tout
dépend du développement de la conscience.
Carl Jung

LA PLUPART DES ÉCOLES MÉTAPHYSIQUES, occultes et ésotériques croient en une autre réalité cachée, plus profonde, au-delà du monde ordinaire[60]. Les mystiques, les saints et les génies qui ont pavé la voie vers ces réalités transcendantes ont relaté de nombreuses histoires merveilleuses, et leurs intuitions sont au fondement de la plupart de nos religions. Bien sûr, des histoires similaires sont racontées par des personnes délirantes et malades, et cela brouille toute tentative d'interprétation de ces expériences. La frontière entre génie et folie est réputée être très mince[61, 62].

Lorsque ceux qui étudient les religions ont commencé à comparer ces expériences d'« autres réalités » survenues dans différentes cultures – depuis les sensations débordantes d'unité cosmique jusqu'aux ressentis d'une intense signification sous-jacente aux manifestations ordinaires du monde physique – ils ont remarqué certaines similitudes intrigantes. Ce que les mystiques décrivaient semblait être une expérience humaine récurrente, ce qui vint suggérer que, derrière les variations de formulation, quelque chose de réel se déroulait. Ce qui est probablement la synthèse la plus célèbre de cette idée, appelée « pérennialisme » par les universitaires, fut exprimée par Aldous Huxley en 1944 dans son livre *La Philosophie éternelle*. Huxley la décrit comme

> la métaphysique qui reconnaît une Réalité divine substantielle au monde des choses, des vies et des esprits ; la psychologie qui trouve dans l'âme quelque chose d'analogue, ou même d'identique, à la Réalité divine ; l'éthique qui place la fin dernière de l'homme dans la connaissance du Fondement immanent et transcendant de tout ce qui est.[51] (p. 95)

Pourquoi les mystiques, au cours de plusieurs millénaires, indépendamment de leurs croyances religieuses, de leur arrière-plan culturel et de leur éducation, semblent-ils s'accorder sur la nature de cet « autre monde » alors même que la plupart des scientifiques ne parviennent pas à se mettre d'accord sur la moindre des choses, depuis les causes des changements climatiques jusqu'au meilleur parfum de crème glacée ? Le philosophe britannique Alan Watts a également trouvé remarquable

> ... ce simple consensus philosophique d'étendue universelle. Il a été soutenu par [des hommes et des femmes] qui relatent les mêmes intuitions et enseignent fondamentalement la même doctrine, qu'ils vivent aujourd'hui ou six mille ans plus tôt, depuis le Nouveau Mexique dans l'extrême Ouest jusqu'au Japon dans l'extrême Est.[63] (p. 168)

Le chercheur Rick Strassman, qui travaille sur la psychiatrie et les psychédéliques, fut surpris à son tour par cette impressionnante entente subjective sur les réalités non-ordinaires, et il proposa la chose suivante :

> Une pensée insensée et arbitraire peut difficilement dégager un tel degré de consensus. Comme le formule Ken Wilber de manière sarcastique : « Quatre-vingt-trois schizophrènes hallucinés* ne pourraient pas organiser un passage par la salle de bains, alors vous les imaginez créer le Zen japonais ! »[63] (p. 2964)

Il est important de remarquer que tous les chercheurs en mysticisme n'admettent pas le pérennialisme. D'autres sont en effet « constructivistes » ; ils voient des différences claires entre les traditions ésotériques, et ils affirment que ces différences mènent à des états de conscience et des vécus entièrement différents. D'autres acceptent une forme atténuée de pérennialisme, en se basant sur l'idée que le mysticisme est ancré dans l'expérience humaine, et que celle-ci n'a pas beaucoup évoluée depuis une dizaine de millénaires, d'où une impression de consensus. Mais la culture viendrait néanmoins fortement façonner la façon dont nous *interprétons* nos expériences.

Au-delà de ces différends quant à la bonne interprétation des expériences ésotériques, il existe aussi une revendication sur l'existence de méthodes pour développer directement ces états, qu'on retrouve dans plusieurs traditions mystiques. Selon le psychiatre et chercheur en méditation Roger Walsh :

> Les comparaisons entre traditions suggèrent qu'il y a sept pratiques qui sont considérées comme centrales et essentielles pour un développement personnel efficace. Ces sept pratiques sont de mener une vie éthique, de réorienter ses motivations, de transformer ses émotions, d'affuter son attention, de pratiquer la pleine conscience, de favoriser la sagesse et d'investir l'altruisme. Les traditions contemplatives posent que la méditation est cruciale pour ce processus de développement parce qu'elle facilite plusieurs de ces processus.[64] (p. 28)

La physique moderne a produit sa propre version de la philosophie éternelle en développant la théorie quantique. Alors que plusieurs physiciens se rongent les sangs devant toutes les mauvaises interprétations de leurs précieux modèles mathématiques, les fondateurs de la mécanique quantique étaient tout à fait conscients des changements philosophiques radicaux induits par leur nouvelle

* Il faisait référence aux 83 disciplines du maître Zen Hakuin, et non à des patients paranoïdes.

théorie. Ils ont beaucoup écrit à ce sujet, et plusieurs d'entre eux finirent par produire des textes à résonance mystique. Par exemple, nous trouvons dans les écrits du physicien et prix Nobel Erwin Schrödinger l'idée suivante : « Accepter un monde matériel existant réellement, comme explication du fait que nous nous trouvions finalement tous empiriquement dans le même environnement, est mystique et métaphysique » (p. 94).[65]

Comme la physique classique, qui fournit des modèles mathématiques du monde, la théorie quantique propose également des descriptions précises sur la façon dont le monde physique fonctionne. Dans les deux cas, les mathématiques ne correspondent pas au monde lui-même mais en sont des approximations symboliques. Toutefois, une grande différence entre les théories classiques et quantiques est que les premiers physiciens imaginaient vraiment être en train de décrire le monde réel ; c'est-à-dire qu'ils établissaient une correspondance directe entre leurs équations et la réalité partagée. Avec les avancées du savoir, les physiciens ont eu de plus en plus confiance dans leur capacité à comprendre comment le monde fonctionne en manipulant simplement des équations mathématiques.

Cette confiance avait conduit le mathématicien grec Archimède à proclamer : « Donnez-moi un levier assez long et un point d'appui approprié, et je déplacerai le monde. » Cette approche symbolique de la compréhension du monde est parfois étonnamment précise, et explique pourquoi la physique a obtenu un tel prestige parmi toutes les disciplines scientifiques.

Mais avec l'introduction de la théorie quantique, les physiciens eux-mêmes furent forcés de reconnaître que leurs modèles décrivaient désormais des *représentations* du monde, plutôt que le monde lui-même. Cela fut littéralement un basculement de la physique à la métaphysique.* Plusieurs d'entre eux, dont Einstein, refusèrent

---

* Dans ce sens, le mot *méta* fait référence à quelque chose qui fait déjà référence à lui-même, souvent à un niveau supérieur. Ainsi, la méta-analyse est une analyse d'analyses, la méta-cognition est une pensée sur les pensées, la méta-théorie est une théorie pour spécifier d'autres théories, le méta-langage est un langage utilisé pour discuter du langage, etc. De cette manière, la métaphysique peut être comprise

ce changement. Comme le philosophe intégral Ken Wilber l'a formulé :

> Tant l'ancienne que la nouvelle physique travaillent avec des symboles, mais la nouvelle physique *fut forcée de prendre conscience de ce fait* – forcée d'admettre qu'elle n'appréhendait que des ombres et des illusions, et pas la réalité. Ainsi, dans ce qui est peut-être le passage le plus fameux et le plus souvent cité d'un de ces théoriciens, Eddington affirma de façon éloquente : « Dans le monde de la physique, nous assistons à une représentation en théâtre d'ombres de la vie qui nous est familière. L'ombre de mon coude repose sur l'ombre de la table tandis que l'ombre de l'encre coule sur l'ombre du papier... La prise de conscience claire que la physique traite d'un monde d'ombres est l'un des progrès récents les plus importants. »
>
> Pour résumer : selon cette perspective, la physique travaille avec des ombres ; pour aller plus loin que les ombres, il faut aller plus loin que la physique ; et aller plus loin que la physique implique de se confronter à la méta-physique ou à la mystique – et cela expliquerait pourquoi tant des pionniers de la physique étaient des mystiques.[66]

LE CHAMANISME

Le chamanisme est probablement la plus ancienne des traditions qu'on associe avec l'évocation délibérée de l'expérience mystique. Cette ancienne croyance animiste affirme que tout dans la nature est doué de vie, et que certaines personnes (les chamanes) sont capables d'interagir avec les esprits vivants et défunts. On a retrouvé des formes de chamanisme jusque dans les premières sociétés préhistoriques de l'Âge de pierre. On peut en trouver dans toutes les cultures indigènes, et le chamanisme est toujours bien vivant aujourd'hui, non seulement dans les pays en voie de développement, mais aussi dans toutes les strates du monde contemporain. Il est ainsi possible de télécharger des applications de percussions chamaniques sur iPhone, et Google recense plus d'un million de sites Internet contenant le mot *chamanisme*.

L'anthropologue Weston LaBarre a mis l'accent sur l'importance ancestrale du chamanisme en remarquant que le stéréotype faisant de la prostitution « la plus vieille profession du monde » devrait plutôt regarder du côté du métier de chamane. Il était l'élément

---

comme la physique ou le formalisme mathématique utilisé pour comprendre la physique.

essentiel de toute tribu – le premier docteur, le premier prêtre, l'oracle, le gardien de la sagesse, tout cela réuni dans une seule et même personne[67]. La profession de chamane requérait de lui (ou d'elle) une capacité maîtrisée d'entrer sur demande dans des états visionnaires. L'emploi de drogues psychédéliques s'éleva au rang d'art à cette fin, possiblement en incluant le champignon nommé *Amanita muscaria*, dont certains croient qu'il est la base du breuvage transformateur baptisé Soma par les prêtres brahmans.* Le Soma a pu être le catalyseur des anciennes révélations dans les textes hindous, les Védas, et finalement du yoga en tant que pratique transformative.[68] D'autres méthodes ont été développées par les chamanes, s'appuyant sur la musique, la danse, la respiration contrôlée, les percussions, le jeûne, l'inhalation de vapeurs toxiques et la méditation.[69]

Pourquoi le chamanisme a émergé dans pratiquement toutes les anciennes cultures ? Les environnements hostiles et les dangers omniprésents auxquels furent confrontées les premières tribus humaines les ont probablement conduites à adopter tout ce qui pouvait les aider à survivre et prospérer. Le chamane pouvait avoir un don spécial, mais cela ne lui donnait pas carte blanche. Si son conseil visionnaire était erroné, il pouvait se faire éliminer soit par sa propre tribu, soit par une tribu adverse. Après des siècles d'essais et d'erreurs, nous pouvons imaginer que les techniques pour maîtriser l'accès aux visions se sont développées et transmises au travers de générations de chamanes, devenant progressivement de plus en plus efficaces.

Le chamanisme fut extrêmement populaire voici des millénaires, mais pourquoi trouve-t-on encore des gens qui y ont recours, ne serait-ce qu'au moyen d'applications sur leurs smartphones ? Pourquoi constate-t-on une renaissance de cette question chez les universitaires qui revisitent les anciennes pratiques chamaniques[70] ? Et pourquoi le grand public souscrit-il à des ateliers de chamanisme et fait-il de l'écotourisme dans des lieux lointains, afin

---

* Cette idée vient surtout de ceux qui mènent des recherches sur les psychédéliques ; de nombreux spécialistes du yoga seraient fortement en désaccord sur les révélations à l'origine des Vedas.

d'expérimenter l'*ayahuasca*, l'*ibogaïne* et d'autres plantes médicinales traditionnelles ?

L'une des raisons est qu'il est désormais possible, pour n'importe qui, d'accéder aux enseignements indigènes sur les anciens secrets du monde, via Internet, en une fraction de seconde. Bien que les *histoires* spirituelles et chamaniques ne fournissent pas les expériences brutes qui intéressent tant de gens, elles en capturent l'esprit. Et cet esprit explique, à qui veut l'entendre, qu'il est possible de faire l'expérience incroyablement transformatrice d'autres réalités.

LES PSYCHÉDÉLIQUES

Une autre raison de la résurgence du chamanisme, proposée par le psychiatre Roger Walsh, est la conséquence de la révolution psychédélique des années 1960. Comme le dit Walsh, l'usage très étendu des psychédéliques dans les années 1960

> donna lieu à des expériences d'une intensité et d'un impact tels qu'elles secouèrent les fondements de la société. Soudainement, des millions de personnes étaient projetées dans des niveaux de conscience qui dépassaient littéralement leurs rêves les plus fous. Une boîte de Pandore avait été ouverte, d'où sortaient des paradis et des enfers, des hauts et des bas, des fadaises et de la transcendance, se déversant sur des esprits et des sociétés qui n'étaient absolument pas préparés à les accueillir. Assurément pour la première fois depuis les mystères grecs d'Eleusis 2000 ans plus tôt, une proportion significative de la culture occidentale fit l'expérience des puissants états alternatifs de la conscience.[64] (p. 4)

Des millions de personnes plongées dans des états visionnaires qui défient les modes de vie traditionnels constituent une menace pour n'importe quel gouvernement, ce qui explique sans doute pourquoi presque toutes les plantes psychédéliques qui poussent naturellement autour du monde ont été criminalisées ou ont fait l'objet de campagnes publiques visant leur interdiction. « Dites seulement non » devint le mot d'ordre. Dire non à la révélation d'une toute nouvelle réalité ? Comme Daniel Pinchbeck l'écrit dans son livre *Breaking Open the Head* :

> Dans le monde contemporain sophistiqué qui est le nôtre, il semble absurde de proposer que des composants psychédéliques tombés en disgrâce puissent être des portails vers des dimensions voisines, vers des autres réalités où des êtres nous attendraient avec une allégresse déconcertante. Il est encore plus absurde de suggérer que certains de ces êtres ressemblent aux archétypes de notre folklore, puisqu'ils sont justement la source première de ces archétypes.[71] (p. 206)

Mais il demeure que pratiquement tous ceux qui ont exploré ces domaines en sont revenus convaincus que les chamanes, tout comme les yogis, devaient avoir raison : la réalité de tous les jours n'est qu'une manière locale de percevoir le monde. Il y en a d'autres qui sont également valides, et c'est dans l'un de ces mondes que réside le supernormal.

Ceux qui n'ont pas fait l'expérience de ces états peuvent prétendre que toutes ces expériences visionnaires, et même celles assimilées aux siddhis yogiques, ne sont que des hallucinations. Dans certains cas, c'est indubitablement vrai, en particulier avec ces puissantes substances modifiant l'esprit dont abusent les adolescents en quête d'extrême. Mais ceux qui étudient sérieusement les pratiques chamaniques reconnaissent universellement que certains phénomènes supernormaux sont accessibles dans ces états. Comme l'évangéliste psychédélique Terence McKenna l'a dit un jour, « Les chamanes parlent de "l'esprit" de la même manière qu'un physicien quantique pourrait parler de "charme" ; c'est un vernis technique pour un concept vraiment très compliqué » (p. 155).[71]

TRIPS ET TRYPTAMINE

La réaction de panique du gouvernement américain face à la révolution psychédélique dans les années 1960 a abouti à l'arrêt brutal de toute recherche scientifique sur ces substances. Un demi-siècle plus tard, l'hystérie a commencé à régresser et la recherche est de nouveau à l'ordre du jour. L'une des drogues à l'étude est un psychédélique puissant qui est endogène dans le corps humain : la DMT (*N*,*N*-diméthyltryptamine). Dans le livre de Rick Strassman, *Inner Paths to Outer Space*, il décrit une expérience typique induite par la DMT :

> Le temps ne passe plus de manière normale, il semble au contraire suspendu ou subsumé dans une éternité contenant le passé, le présent et le futur. L'espace n'est plus limité, mais en même temps, toute l'existence tient dans la plus petite unité d'espace. Le soi peut désormais ressentir et maintenir une paix profonde avec la vie, le bien et le mal sont perçus dans leur réalité la plus profonde, et la nature de la volonté est clairement perçue.
>
> ... Il est établi avec certitude qu'il existe là un créateur incroyablement puissant, pourvoyeur de la réalité et de vous en particulier. Ce créateur n'est pas né, il n'est pas créé, il ne meurt pas et ne change pas. L'extase et la béatitude torride qui accompagnent de telles expériences, bien qu'elles n'aient pas eu d'équivalents en intensité, sont au final moins saisissantes que la paix et l'équanimité qui entretiennent cette béatitude. (p. 1162)

Cette description est à peu près identique à l'état d'extase yogique d'absorption profonde, appelé *samâdhi*. Strassman était conscient de ce fait, si bien qu'il fit l'hypothèse que la DMT endogène pouvait être activée lors d'une méditation avancée, ce qui pourrait constituer la cause biochimique, ou au moins le corrélat, des expériences mystiques. Du fait des similitudes frappantes entre ces descriptions, on aurait même pu prédire que les extases induites par la DMT et par la méditation occasionneraient des récits analogues de connexions transpersonnelles, dont la clairvoyance et la télépathie telles que décrites dans les *Yoga Sutras*. Et c'est ce qui se passe.

Strassman, comme de nombreux scientifiques formés en Occident, trouva difficile d'imaginer que les expériences mystiques décrites par les participants à ses études étaient « réelles » à un niveau ontologique. Les similitudes récurrentes de ces expériences, et la démonstration qu'elles n'étaient pas des hallucinations, le forcèrent finalement à reconsidérer sa position. Il écrivit :

> [La] présence de DMT pourrait suggérer une fluidité, une perméabilité ou une plasticité de la membrane séparant notre être du reste du monde, dont nous ne nous serions pas rendus compte auparavant. Cette barrière existerait alors davantage en nous que hors de nous – dans l'espace interne plutôt que dans l'espace externe. C'est pourquoi, des voyages à travers de grandes distances dans l'espace externe pourraient ne pas être la seule manière d'atteindre des mondes différents du nôtre, des mondes apparemment lointains dans le temps et dans l'espace. En outre, il ne serait pas nécessaire de se restreindre à chercher à utiliser des méthodes basées sur une vision de la réalité limitée à ce qui est physique et mesurable.[63] (p. 1505)

Le signe qu'il se passe quelque chose de vraiment étonnant dans ces états nous provient d'un autre chercheur moderne sur les psychédéliques, le neuroscientifique Roland Griffiths de l'école de médecine de l'Université Johns Hopkins. Tout comme Strassman, Griffiths était intéressé par les fréquents récits d'expériences mystiques induites par les psychédéliques. En 2008, lui et ses collègues publièrent une découverte remarquable sur les changements de comportement à long-terme qui résultaient de la prise de psilocybine – un composant synthétisé à partir de champignons – dans des conditions prudemment contrôlées.[72]

L'équipe de Griffiths a testé 36 adultes qui n'avaient jamais fait l'expérience de la prise de drogues hallucinogènes, mais qui participaient de façon régulière à des activités religieuses ou spirituelles. Quatorze moins après leur prise de psilocybine en laboratoire, plus de la moitié des participants qualifiaient toujours l'expérience induite par la psilocybine comme étant l'une des cinq expériences les plus importantes de toute leur vie sur le plan personnel.

Cette découverte confirme une précédente étude de suivi de sept étudiants en séminaire qui avaient reçu de la psilocybine dans le contexte d'un service religieux voici de cela vingt-cinq ans. Ces effets transformatifs au long cours démontrent avec quelle puissance les psychédéliques peuvent influer sur une vie (positivement et négativement), et ils rendent crédibles les récits de yogis affirmant que les expériences d'illumination induites par la méditation sont de nature à transformer la vie.

LES SPORTS EXTRÊMES

Une autre approche de la transcendance dans les temps modernes passe par les sports extrêmes. Durant les temps anciens, prendre des risques ne constituait pas un sport – on appelait cela la vie quotidienne, ou aller chercher le dîner. Mais aujourd'hui, escalader des montagnes, descendre des rapides, surfer sur d'énormes vagues... ces activités attirent les plus forts et les plus fous. L'un des intérêts est d'accéder à ces sensations extatiques qui accompagnent la conquête de l'impossible. Un autre est l'attrait de la transcendance.

Maria Coffey a exploré les connexions entre les sports extrêmes et la transcendance dans son livre *Explorers of the Infinite*. Le sous-titre du livre disait déjà tout : « Les vies spirituelles secrètes des athlètes de l'extrême, et ce qu'elles nous révèlent sur les expériences de mort imminente, la communication paranormale et l'approche de l'au-delà ». Témoignage après témoignage, Coffey racontait comment des aventuriers qui sont allés tutoyer leurs limites firent l'expérience de tout un éventail de phénomènes mystiques et parapsychologiques. Après avoir raconté une histoire poignante, l'athlète ajoutait à voix basse : « Je sais que c'est vrai... Je n'ai pas halluciné et je ne suis pas fou. » (p. 211).[73]

Résumé

La vision du monde portée par le chamanisme, la bizarrerie des trips psychédéliques et les expériences transcendantes des sports extrêmes (incluant les pratiques sexuelles tantriques) sont certaines des raisons qui font que le public raffole de ces sujets. Quels fans de sexe, de drogues et de rock and roll ne croient pas déjà qu'il y a un peu de magie transcendante dans ce mélange explosif ? Mais quand les récits excitants sur ces autres réalités atteintes à travers ces pratiques, ou les évocations de pouvoirs supernormaux, sont présentés sobrement comme *réels*, les seuls sons qu'on puisse entendre dans les couloirs tranquilles de l'académie sont les échos de pas fuyant au loin.

4

MYSTICISME ET MIRACLES

Les miracles ne sont pas en contradiction
avec les lois de la nature,
mais avec ce que nous savons de ces lois.
Saint Augustin

PARCE QUE NOUS EXPLORONS LE SUPERNORMAL, il est utile de prendre un peu de temps pour se poser la question des miracles. Le mot *miracle* vient du latin *miraculum*, ce qui veut dire « objet d'émerveillement ». Il fait référence à un événement extraordinaire dont la cause est présumée se trouver au-delà des forces naturelles connues. En tant que tel, un événement miraculeux est attribué à des causes super*naturelles* ou divines. Par contre, un événement *merveilleux* peut être considéré comme inhabituel mais parfaitement normal, même si nous ne le comprenons pas encore dans sa totalité. Si un épisode merveilleux est vraiment spectaculaire, il peut être appelé super*normal*. Les siddhis sont donc merveilleuses et non miraculeuses.

Les miracles et les merveilles déclenchent une sensation de fascination et ce que Walter Huston Clark a appelé « une plongée dans la folie, décrite comme le *mysterium tremendum*, ou le mystère qui fait trembler... Dans ces cas, l'émerveillement est associé avec l'impression religieuse d'une irrépressible signification » (p. 773).[74]

Dans notre XXIe siècle sophistiqué, postmoderne et bavard, les miracles sont considérés par les Occidentaux laïques comme des croyances pittoresques d'antan. De nombreux scientifiques et universitaires les voient comme des superstitions archaïques qui, ainsi que l'a dit le spécialiste de l'Islam Zia Inayat-Khan, sont « intrinsèquement obscures et incompatibles avec la pensée rationnelle ».[75]

Et pourtant, lorsque le Forum Pew sur la Religion et la vie publique a demandé en 2007 à 35 000 Américains s'ils croyaient aux miracles, un pourcentage colossal de 79 % d'entre eux a répondu « oui »[76]. Parmi ceux qui avaient une affiliation religieuse, 83 % ont répondu par l'affirmative, ce qui n'est pas spécialement surprenant ; mais même parmi les personnes sans affiliation religieuse, plus de la moitié (soit 55 %) ont également acquiescé.

Cette vaste croyance dans le miraculeux – dans les manifestations du divin – reste au travers de la gorge des incorrigibles sceptiques, mais il est clair que l'idée des miracles remplit un rôle pour ceux qui ont besoin de croire, offrant ce que ne peut remplacer ni une science aseptisée, ni un athéisme ricanant. Les cyniques ont vite fait d'expliquer que ce besoin de croire est dû à un manque de contrôle face aux crises sanitaires et financières, ou à un manque d'éducation. Mais ces explications sont trop faciles. Des esprits en bonne santé ont soif de sens et de finalité autant qu'un corps a besoin de nourriture, si ce n'est plus. Les miracles fournissent un sens à la destinée, quelque chose de « plus grand » que soi, quelque chose qui vaille le coup de vivre pour elle.

Les supposés miracles sont tellement attractifs que les autorités religieuses traditionnelles s'empressent de contrôler les rumeurs à leur sujet. Que ce soit le visage de Jésus apparaissant sur un croque-monsieur,* une statue de Marie qui saigne, ou quelque chose de plus profond – comme le miracle de Fatima, au Portugal en 1917, où des milliers de témoins, dont des sceptiques, furent étonnés de voir un mystérieux phénomène dans le ciel[77] – des équipes de « contrôleurs des miracles » interviennent pour étudier et rassembler les histoires officielles qui sont ensuite mises sur le marché de la foi avec un emballage d'orthodoxie.

L'Eglise catholique est particulièrement adepte de ce genre d'efforts de relations publiques quand il s'agit de miracles, parce que le maintien d'une autorité centrale requiert de la part des leaders de l'Eglise un contrôle sur les sources de la foi et leurs intermédiaires, ceux-ci risquant dans le cas contraire de détourner les masses des autorités existantes. Il ne faut pas laisser les gens adorer un sandwich grillé au fromage, même si des choses encore plus étranges se sont déjà produites. Il n'y a qu'à voir les nombreux miracles associés, par exemple, avec le rituel catholique de l'eucharistie[78].

Les histoires de miracles persistent également au sein même de notre monde matérialiste parce que, comme l'écrit David Weddle dans *Miracles: Wonder and Meaning in World Religions*, ils « défient les visions établies de ce qui est possible et impossible, et ce faisant ils brisent l'illusion moderne de l'infaillibilité des constructions scientifiques de la réalité » (p. 123).[79] En d'autres termes, les miracles nous laissent profiter de nos gadgets technologiques et de nos merveilles scientifiques, tout en nous dégageant un peu de place pour ressentir ce qu'il y a de profondément mystérieux dans l'univers, toutes ces interrogations existentielles sur le sens et la finalité de la vie que la science n'aborde toujours pas. Tant que la science ne s'occupe pas sérieusement de ces sujets, les miracles resteront l'objet d'une fascination populaire.

Finalement, est-ce que les miracles ne sont que les produits d'une pensée magique ou est-ce que certains d'entre eux sont bien réels ? Est-ce que des événements authentiquement extraordinaires se produisent qui vont au-delà de ce que la science est capable d'expliquer ?

---

* Voir par exemple, http://stuffthatlookslikejesus.com/, consulté le 3 Juin 2012.

Certains vont dire que ce n'est pas un sujet digne d'être abordé par la science. Il est sûr que les miracles se situent à l'autre extrémité du champ du rationalisme, alors pourquoi ne pas laisser les professeurs de religion et les philosophes en débattre, en laissant la science hors du ring ? La réponse est simple : il n'y a pas que les scientifiques qui n'abordent pas ce tabou. Les universitaires ne traitent pas davantage cette question. Selon l'historien des religions de l'Université de Rice, Jeffrey Kripal :

> Tandis que ces miracles sont déniés avec vigueur (ou simplement ignorés) dans les couloirs de la respectabilité académique, ils sont saisis avec enthousiasme dans les films, les fictions et les récits fantastiques. Nous sommes manifestement fascinés par toutes ces choses et nous allons payer des milliards de dollars pour elles, et pourtant nous n'en parlons pas, en tout cas pas d'une façon sérieuse et professionnelle. La culture populaire est notre mysticisme. Le domaine du public est le domaine de notre ésotérisme. Le paranormal est notre petit secret bien visible. Bizarre...[80] (p. 6)

Plus bizarre encore, la discipline académique qui a été fondée et qui est alimentée par les récits de mystiques, de miracles et de paranormal – à savoir l'étude des religions – est tout aussi pleine de préjugés que la science lorsqu'il s'agit d'étudier ces événements. Kripal écrit :

> L'étude des religions, en tant que discipline, en tant que structure de pensée, *en tant que champ de possibilités*, s'est gravement limitée précisément en ce qu'elle a suivi la culture occidentale sur cet aspect, à un tel point que cette discipline qui rencontre de façon constante sur son terrain des phénomènes paranormaux robustes – ce truc est *partout* – refuse en fait d'en parler de façon vraiment sérieuse et soutenue. Le paranormal est notre petit secret à la vue et au su de tous.[80] (p. 7)

Du fait de cet entêtement culturel profondément ancré, je crois que la science est véritablement obligée d'étudier les miracles de façon aussi neutre et approfondie que possible. La seule alternative consiste en ces exercices de démystifications appelés « debunking » qui sont acceptables lorsqu'il y a des raisons valables de soupçonner des tromperies. Sauf que foncer sur n'importe quel miracle en hurlant « Je suis un débunkeur ! » ne fait que garantir que, s'il y a quelque chose d'authentique là-dedans, on passera assurément à côté.

Il y a une autre raison pour être plus tolérant vis-à-vis du mystique et du miraculeux, exprimée par le plus célèbre rationaliste du XXe siècle, Albert Einstein :

> Je maintiens que le sentiment religieux cosmique est le plus fort et le plus noble moyen d'être incité à faire de la recherche scientifique. Il n'y a que ceux qui réalisent quels immenses efforts et, surtout, quelle dévotion est requise pour se frayer une voie dans la science théorique, qui peuvent saisir l'émotion que seul ce travail, si détaché des réalités immédiates de la vie, peut déclencher.
>
> Ceux qui ont tendance à faire dériver la recherche scientifique de ses résultats pratiques peuvent facilement développer une conception totalement fausse de la mentalité des hommes qui parviennent, dans un monde sceptique, à montrer la voie à ceux qui partagent leur attitude, où qu'ils soient sur Terre ou dans les siècles... Un contemporain a dit, de façon assez juste, que dans l'âge matérialiste qui est le nôtre, les vrais travailleurs de la science sont les seules personnes profondément religieuses.[81] (pp. 21-22)

Einstein a maintenu que les réalisations mystiques ne sont pas uniquement des dysfonctionnements du cerveau, du moins pas lorsqu'elles étaient vécues par de vrais génies. Elles sont au contraire un moyen essentiel pour parvenir à contourner le rationnel afin d'accéder à ce que l'intellect seul ne peut atteindre.

S'il se révèle effectivement qu'il y a des moyens de connaître qui transcendent le rationnel, et nos génies nous disent que c'est justement cela qui caractérise les intuitions géniales, alors éviter d'aborder ce mystère revient à se suicider en tant que société. Le « sentiment religieux » d'Einstein, qu'il détache délicatement de sa connotation basée sur la foi, pourrait bien être le seul moyen de s'extraire de nos paradoxes pour accéder à d'autres champs de la connaissance.

Les théocrates ne s'enthousiasment pas pour les revendications d'Einstein ou d'autres hérétiques quant à la non-nécessité d'une autorité religieuse pour interpréter ces expériences. Le prêtre catholique Tony Anatrella, parlant du « monde de la jeunesse d'aujourd'hui », exprima ainsi ce ressentiment lorsqu'il écrivit :

> Il y a des courants de la philosophie et de la sagesse qui n'ont pas de Dieu, courants en provenance d'Asie et de l'Est, intéressants au demeurant, mais qui ne sont pas des religions, et qui sont actuellement mis en avant et déformés. Néanmoins, ils ne représentent pas un mouvement très large. Selon cette

> mentalité, vous devez être « cool », « zen » et calme, ce qui revient à ne rien ressentir et à rester dans une torpeur feutrée.[82]

Selon la perspective du Père Anatrella, l'Eglise catholique pense apparemment que les pratiques contemplatives peuvent être assimilées à quelque chose comme cuver son vin ou se défoncer à la marijuana. On ne peut mieux se méprendre sur ce qu'est la méditation, pratique de l'expansion et de la clarification de la conscience, et nullement tentative pour la réduire.

LE MYSTICISME DÉFINI

Quel est ce sentiment religieux qu'admirait tant Einstein ? Le père de la psychologie américaine, William James, en a proposé l'une des définitions les plus claires. Elle implique quatre caractéristiques : la première est *l'ineffabilité*, ce qu'on dit d'une chose qu'on ne parvient pas à exprimer adéquatement avec des mots ; elle doit être vécue pour être pleinement comprise. Comme James l'a écrit dans son ouvrage classique, *Les formes multiples de l'expérience religieuse* : « Il est impossible de rendre clair pour une autre personne n'ayant jamais vécu un certain sentiment ce qui fait sa qualité et son importance » (p. 371).[83]

La seconde caractéristique est une qualité *noétique*, ce qui signifie que l'expérience mystique est perçue comme une forme de connaissance. Selon James, le terme noétique fait référence aux « états de compréhension des profondeurs de la vérité sans le recours à l'intellect discursif. Ce sont des illuminations, des révélations d'une grande richesse mais qui resteront inarticulées, même si on sent qu'elles auront sur toute la vie un immense retentissement » (p. 371).

La troisième caractéristique est *la fugacité*, qui fait référence à l'évolution temporelle de ces expériences. Selon le temps objectif, ces expériences mystiques spontanées peuvent durer seulement un court moment, ou dans de rares cas quelques heures. Subjectivement, elles semblent durer bien plus longtemps.

La quatrième caractéristique est la *passivité* : on peut favoriser le déclenchement d'un état mystique par la méditation ou d'autres moyens, mais une fois que l'état de conscience a pris sa forme typique, le sujet sent sa volonté paralysée. Selon James : « parfois même il se sent comme dompté par une puissance supérieure » (p. 372).

INTERPRÉTER LE MYSTICISME

Les spécialistes des religions ont longtemps débattu de la nature des expériences mystiques. Sont-elles des hallucinations ou reflètent-elles un aspect véridique de la Réalité *en tant que telle*, comme l'affirment universellement les mystiques ? Au fur et à mesure de l'évolution de ce débat, deux définitions principales des expériences mystiques ont été proposées, connues sous le nom de *constructivisme* et d'*essentialisme*. L'approche constructiviste affirme que les expériences mystiques ont toujours fait partie de l'expérience humaine, et qu'elles survenaient déjà avant même que ne soient établies des religions formelles. Mais la manière dont l'expérience brute va se manifester, la manière dont elle va être interprétée et intégrée dans des doctrines religieuses, tout ce processus est fortement influencé par la culture, le langage et les croyances.[84]

Inversement, l'interprétation essentialiste affirme que les expériences mystiques transcendent les croyances culturelles et religieuses locales, et qu'il y a des caractéristiques phénoménologiques communes entre ces vécus si on prend le soin de les comparer à travers l'histoire et les différentes cultures.[85]

La connexion entre le mystique et le miraculeux dans le contexte de ce livre tient au fait que le yoga est une voie pour le développement de la pratique mystique, et que cette voie *inclut explicitement* le développement de phénomènes miraculeux ou, plus précisément, de phénomènes supermerveilleux qui *paraissent* être miraculeux. Marcher sur l'eau, manipuler la matière avec l'esprit, prévoir l'avenir sont des exemples de compétences que l'on pourrait acquérir en devenant expert des états mystiques.

Comme le yoga est devenu progressivement plus occidentalisé pour une meilleure assimilation, ses connotations mystiques et miraculeuses ont été « assainies ». Les merveilles supernormales des siddhis ont été recalibrées comme de merveilleux effets de diminution du stress et d'une meilleure santé sans médicaments[51]. Cet assainissement est compréhensible car, quand bien même la majorité de la population exprime en privé la croyance aux miracles, seuls certains types de miracles bien délimités, ceux qui ne défient pas directement les croyances religieuses, ont la possibilité d'être discutés en public. Pareillement, l'idée de transformer le mec du coin en faiseur de miracles grâce à une pratique assidue du yoga dépasse le seuil de tolérance de la plupart des gens, qu'importe son fond de vérité.

HISTOIRES MERVEILLEUSES

Dans le bouddhisme, l'existence de pouvoirs avancés est volontiers reconnue, et il ressort clairement de la lecture des *Tipitaka*, ou Canon Pali, les textes doctrinaux du bouddhisme théravâda, que le Bouddha attend de ses disciples qu'ils deviennent capables d'accéder à ces capacités, mais aussi qu'ils ne soient pas distraits par elles[79]. Un professeur de bouddhisme et d'études tibétaines à l'Université du Michigan, Donald Lopez Jr., décrit le Bouddha comme

> en possession de toutes sortes de pouvoirs supernormaux, dont la connaissance complète de toutes ses vies antérieures et de celles des autres êtres, la capacité à connaître les pensées des autres, la capacité de créer des doubles de lui-même, la capacité à s'élever en l'air et simultanément à tirer du feu et de l'eau à partir de son corps... On croit qu'il est passé par le nirvâna à l'âge de quatre-vingt-un ans, mais qu'il aurait pu vivre « pendant un éon ou jusqu'à la fin de l'éon » s'il lui avait été demandé de le faire.[86] (p. 8)

Dans le Canon Pali, le Bouddha décrit d'autres pouvoirs « supernormaux » :

> Lorsqu'un moine a ainsi développé et poursuivi les quatre bases du pouvoir, il fait l'expérience de multiples pouvoirs supernormaux. Ayant été un il devient plusieurs ; ayant été plusieurs il devient un. Il apparaît. Il disparaît. Il va sans entrave à travers les murs, les remparts et les montagnes comme il va à travers l'espace. Il plonge dans et hors de la terre comme si c'était de l'eau. Il marche sur l'eau sans couler comme si c'était un terrain sec. Assis les jambes croisées, il vole à travers les airs tel un oiseau ailé. Avec sa main, si fort et si puissant, il touche et caresse le soleil et la lune. Il exerce une influence avec son corps aussi loin que s'étendent les mondes de Brahma.[87]

Puisque la tradition bouddhiste accepte les pouvoirs supernormaux, mais que la science ne le fait pas, les dialogues *Mind and Life* entre le Dalaï Lama et les scientifiques restent féconds et séduisants aussi longtemps que le domaine du supernormal n'est pas abordé. Le Dalaï Lama a activement et inlassablement essayé d'introduire ce thème dans ces discussions, mais en vain. Par exemple, lors de la seconde conférence *Mind and Life* en 1989, il a entamé une discussion avec le psychiatre de Harvard Allan Hobson lorsque l'échange suivant eut lieu :[88]

> DALAÏ LAMA : Il y a des fois où de petits enfants se souviennent très vivement de leurs vies antérieures.
>
> ALLAN HOBSON : Mais quelles preuves ont-il qu'ils se souviennent précisément et correctement de leurs vies antérieures ? Nous avons besoin de preuves solides, quantitatives, bien documentées, et pas simplement de témoignages.

Le Dalaï Lama décrit alors un cas impliquant une fille d'Inde qui se rappelle des noms des gens qu'elle affirme avoir connus dans ses vies antérieures. Vous pouvez imaginer les scientifiques présents durant cet échange en train d'essayer de se contenir. La philosophe Patricia Churchland et le neuroscientifique Antonio Damasio supposèrent que la fille en question pouvait avoir entendu ces histoires auprès d'autres personnes. Le Dalaï Lama expliqua patiemment que les explications ordinaires avaient été prises en considération sans qu'elles ne parviennent à expliquer ce cas. Churchland et Damasio se demandèrent alors pourquoi, si ce fait est réel, n'est-il pas plus commun ?

On peut excuser les scientifiques discutant de ce sujet de n'avoir aucune familiarité avec les preuves déjà collectées ; nul ne peut être expert en tout. Mais s'ils avaient jeté un œil à la bibliographie en ligne du National Institutes of Health, Pubmed.com, en tapant le mot-clef « réincarnation », ils auraient trouvé un nombre important d'articles intéressants. L'un d'eux a été écrit par Jim Tucker, psychiatre de l'Université de Virginie, qui a fait en 2008 une revue de la littérature des cas suggérant la réincarnation.[89]

Dans le monde entier, plus de 2 500 cas ont été étudiés en détail, le plus souvent dans des endroits où la réincarnation est acceptée par la culture, dont l'Inde, le Sri Lanka, la Turquie, le Liban, la

Thaïlande et la Birmanie. Des cas similaires ont été trouvés sur tous les continents exceptés en Antarctique. L'article de Tucker commence par reconnaître que cette voie de recherche reste peu connue, mais que son exploration débutée dans les années 1960 à l'Université de Virginie par le psychiatre Ian Stevenson a été prise au sérieux par les sceptiques qui ont pris le temps d'examiner les preuves recueillies. Tucker écrit :

> Le *Journal of the American Medical Association* a recensé l'un des livres [de Stevenson] en 1975 et a déclaré « qu'en ce qui concerne la réincarnation, il a recueilli avec soin et détachement émotionnel une série de cas détaillés... pour lesquels les preuves sont difficiles à expliquer de façon ordinaire. » De plus, l'astronome Carl Sagan, très sceptique pour toutes les recherches non-orthodoxes, écrivit : « Il y a trois revendications dans le champ [parapsychologique] qui, à mon avis, méritent une étude sérieuse », parmi lesquelles figurent « les jeunes enfants qui relatent parfois des détails d'une vie antérieure, qui après vérification se révèlent correspondre précisément à des faits réels dont ils n'ont pu avoir pris connaissance par un autre moyen que par la réincarnation. »[89] (p. 244)

Tucker décrit ensuite un cas typique de réincarnation :

> L'âge moyen des sujets qui commencent à relater une vie antérieure est de 35 mois. Certains font leurs déclarations avec détachement, mais la plupart manifestent tout l'enjeu émotionnel de leurs affirmations. Certains pleurent et prient pour être pris au mot. D'autres montrent une colère intense, en particulier contre les tueurs dans les cas où la personnalité antérieure fut assassinée. En général, plus forte est la preuve d'une connexion à la vie antérieure, plus l'enfant montrera d'émotions lorsqu'il en parlera.
>
> ... Les sujets cessent de faire des déclarations sur leurs vies antérieures vers l'âge de six ou sept ans, et la plupart semblent perdre les souvenirs putatifs. C'est l'âge où les enfants vont à l'école et commencent à avoir davantage d'expériences dans leur vie actuelle, et aussi l'époque où ils perdent les souvenirs de leur première enfance.[89] (p. 245)

Tucker continue avec un exemple d'un cas américain, un enfant nommé Sam Taylor qui, un jour, alors qu'il était âgé d'un an et demi, regarda son père en train de changer sa couche et lui dit : « Quand j'avais ton âge, j'avais l'habitude de changer tes couches ». Il commença à parler de plus en plus de cette période où il était son propre grand-père. Il donna même des détails de la vie de son grand-père dont ses parents étaient certains qu'il n'avait pu en prendre connaissance par des moyens normaux, parmi lesquels le fait que la sœur de son grand-père a été assassinée et que sa grand-mère avait une machine pour mixer sa nourriture tous les jours à la fin de sa vie.[89] (p. 246)

De nombreuses explications conventionnelles ont été avancées pour ces cas. La conclusion actuelle est, selon Tucker, que « les processus impliqués dans ces cas impliquent un transfert de conscience qui nous est complètement inconnu et qui nécessite de plus amples éclaircissements » (p. 247).[89]

Remarquez qu'aucun de ces cas n'implique de « régressions à des vies antérieures » sous hypnose ou toute autre forme de suggestion guidée. Il y a trop de confusions dans de tels cas pour en tirer des données permettant de vérifier que les souvenirs en question sont véridiques. C'est pour cette raison que, dans la recherche de Stevenson, et désormais dans celle de Tucker, ne sont inclus que les cas de très jeunes enfants dans lesquels il n'y a aucune bonne raison de croire que les enfants simulent.

Pour en revenir à la conférence *Mind and Life*, le Dalaï Lama, dans sa conversation avec Hobson, s'exprima ensuite sur le problème de la connaissance obtenue en rêve :[88]

> DALAÏ LAMA : Je connais certains Tibétains qui vivaient au Tibet avant le soulèvement de 1959. Avant leur fuite du Tibet, ils ne connaissaient pas les sentiers et les passages qui leur permettraient de traverser les Himalayas pour entrer en Inde. Certaines des personnes que j'ai rencontrées avaient des rêves très clairs de ces sentiers et, des années plus tard, lorsqu'ils eurent réellement à suivre les véritables pistes, elles leur étaient très familières du fait des rêves très clairs qu'ils avaient faits auparavant.
>
> ALLAN HOBSON : C'est ce qu'on appelle les rêves soi-disant prémonitoires, et nous avons beaucoup d'exemples de ce genre aussi en Occident. Je voudrais reporter cette discussion à plus tard, car c'est une question importante. (p. 59)

Un peu plus tard, le Dalaï Lama revint sur le tapis avec d'autres phénomènes pris pour acquis par les Tibétains :

> DALAÏ LAMA : Il y a certaines personnes qui ont ressenti des sorties hors de leurs corps pendant qu'elles rêvaient.
>
> ALLAN HOBSON : Cela n'a jamais été étudié en laboratoire, mais il est facile d'imaginer comment un tel état peut se produire puisqu'il est possible d'halluciner pratiquement n'importe quoi durant un rêve. (p. 63)

Le Dalaï Lama insista sur ce problème :

> DALAÏ LAMA : Il y a des récits de personnes ayant l'impression de sortir de leur corps, percevant réellement les choses dans le monde extérieur, et étant ensuite capable de se rappeler ce qui se serait produit à cet autre endroit, au point d'être capable de lire un livre dans la maison d'un autre. N'y a-t-il aucune étude scientifique de ce type de témoignage ?
>
> ALLAN HOBSON : En effet, il n'y a eu aucune investigation scientifique de ces phénomènes. Mais je souhaite discuter de ce problème car je pense que les rêves prémonitoires, les expériences de hors-corps et les déclarations sur les vies antérieures présentent tous le même problème par rapport à leur abord scientifique... La question est : comment faire pour que de telles revendications accèdent à un statut supérieur à celui de témoignage ou d'anecdote ? (p. 64)

Cet échange illustre un problème central dans le débat sur les miracles. Les scientifiques qui rencontrent le Dalaï Lama sont sans doute intéressés par tout ce qu'il a à dire, mais ayant été sélectionnés en tant qu'experts de leurs champs, ils se sentent probablement contraints à jouer leur rôle d'expert, même s'ils ne savent pas du tout de quoi ils parlent ! Les réponses faites aux questions du Dalaï Lama sur la réincarnation, la précognition et les éléments véridiques dans les sorties du corps auraient pu se contenter d'être des « Je ne sais pas. » A la place, ces experts se permettent d'affirmer que la science n'a pas étudié ces questions, ou ils donnent l'impression qu'il n'y a pas de preuves scientifiques parce qu'il n'y a rien à prouver, ces croyances étant fausses. En fait, il y a quantité de travaux, et ceux-ci confirment qu'au moins *certaines* des croyances des Tibétains sont certainement vraies.

LES MIRACLES MÉDICAUX

La réticence à accepter tout ce qui se rapporte de près ou de loin à un miracle n'est pas que l'apanage de la science. C'est également chose commune en médecine. Le médecin Rex Gardner a étudié un certain nombre de guérisons miraculeuses décrites par le Vénérable Bède, un moine anglais du Moyen-âge qui fut reconnu pour son érudition. Bède est considéré comme un historien précis, et pourtant son œuvre écrite comporte également des observations de miracles médicaux. Gardner fut intrigué par cette anomalie, et c'est pourquoi il se mit à fouiller dans les cas contemporains de miracles médicaux, publiant finalement sa synthèse dans le *British Medical Journal* en 1983. Il commença par reconnaître la chose suivante :

> L'érudit moderne est bien au-dessus de toute croyance aux miracles, en fait, de son point de vue, « érudition » et « croyance aux miracles » sont des termes mutuellement exclusifs... Pour ce que j'ai pu découvrir jusqu'à présent, aucun récent spécialiste de Bède n'a posé cette simple question qui semble si évidente pour nous en médecine. Est-ce que ces patients ont été soignés de la façon décrite ou non ? Et, deuxièmement, est-ce une recherche utile ? Est-ce que les miracles peuvent être prouvés ?[90] (pp. 1927-28)

Gardner analysa sept cas ; j'en décris brièvement deux.

> CAS 1 : En 1977, un garçon de onze mois avec des signes d'une maladie pulmonaire presque toujours fatale était traité sans succès. Il fut emmené dans un service de guérison par un pasteur pentecôtiste, et cinq jours plus tard il allait remarquablement mieux. Lors d'un suivi quatre ans plus tard, il était complètement normal.
>
> CAS 2 : En 1975, une étudiante en médecine devint subitement malade et fut admise à l'hôpital. Quatre médecins lui diagnostiquèrent un syndrome de Waterhouse-Friderichsen, une infection sanguine bactérienne qui conduit à d'énormes hémorragies internes. Personne ne s'était remis d'une telle maladie dans cet hôpital. Plus tard dans la soirée, quatre groupes distincts prièrent pour son rétablissement, et durant cette même soirée il y eut une amélioration de son état. Elle finit par se rétablir complètement. Lors de son admission à l'hôpital, la radio de sa poitrine montrait une pneumonie étendue au côté gauche et un collapse complet du lobe moyen du poumon. Quarante-huit heures plus tard, la radio montrait une poitrine parfaitement claire. De plus, dans la phase aigüe de sa maladie, son œil gauche avait développé un saignement intraoculaire, qui la rendait complètement aveugle de cet œil. Elle retrouva finalement sa vision intégrale.

Gardner concluait :

> Un certain nombre de ces histoires de guérisons « miraculeuses » des trente dernières années ont pu être corroborées indépendamment. Il est important de noter que, dans la plupart des cas, des membres de la profession médicale britannique toujours en activité étaient activement impliqués. Aucune tentative n'a été faite pour prouver qu'un miracle s'était produit, une telle preuve étant probablement impossible... Ces cas ont été mis en miroir avec les histoires de miracles enregistrées par Bède et ses contemporains, qui n'ont jusqu'alors pas pu être considérées comme « historiquement admissibles ». Elles ont généralement été écartées comme le sont autant d'incidents dont le *Nouveau Testament* se fait l'écho, ou comme autant de vies modèles décrites par St-Anthony pour asseoir la stature d'un saint local...

> Mon idée est que nous pouvons désormais traiter ces écrits avec un plus grand respect que nous ne l'avons fait jusqu'ici. Ces incidents, et les saints auxquels on les assimile, possèdent un statut plus grand que ce que nous avons cru... La plus simple explication qui apparaît est que, puisqu'ils ne sont ni attendus ni même les bienvenus, les miracles ne se manifestent plus.[90] (p. 1932)

En est-il de même pour les siddhis supernormales ? Comme nous allons le voir, la plupart des siddhis élémentaires peuvent se manifester chez des gens de tous les jours, même chez ceux qui n'ont aucune pratique du yoga ou de la méditation. Mais qu'en est-il pour des supercapacités plus surprenantes comme la lévitation et l'invisibilité ? Dépendent-elles aussi de ce qu'une culture accepte, attend et croit ? C'est peut-être le cas, mais heureusement que les miracles médicaux surviennent toujours avec des gens ordinaires pour des raisons qui demeurent inconnues.

En 1993, Brendan O'Regan et Caryle Hirshberg de l'Institut des Sciences Noétiques ont réalisé une revue de la littérature médicale pour repérer d'autres cas remarquables, analogues à ceux décrits par Rex Gardner et d'autres après lui.[91] Ils furent surpris de trouver dans la littérature médicale 1 385 études de cas documentées de « rémissions spontanées », l'euphémisme médical de rigueur pour toutes les guérisons complètes, inattendues et étonnamment brusques.

Sur ces cas, 1 051 portent sur des rémissions spontanées de cancer et 334 sur d'autres maladies. Ils contiennent tous des documents à l'admission (radiographies, biopsies, etc.) et des situations où le patient refuse le traitement, ou bien où le traitement n'est pas disponible, ou bien des cas où le traitement est disponible mais où l'équipe médicale sait qu'il est insuffisant pour guérir. Et tous les patients se rétablissent complètement.

La réaction médicale orthodoxe à de telles guérisons spontanées est que les diagnostics originaux étaient erronés. Cette critique est tout à fait légitime dans certains cas, et il est également vrai que de telles guérisons spontanées sont rares comparativement à la somme des gens qui ne guérissent pas. Pourtant, cela arrive.

AU-DELÀ DU YOGA

Les épopées remplies de pouvoirs mentaux supernormaux ne restent pas l'apanage de la tradition yogique. La plupart de ces capacités sont décrites dans le catholicisme sous le nom de *charismes* et dans l'islam sous le nom de *karâmâts*.[92] Dans le judaïsme, la *nahash* ou divination peut être pratiquée par un *zaddik*.[93, 94] Dans le bouddhisme tibétain, le terme est *ngön she*, ce qui signifie « conscience surélevée ». Les mêmes capacités sont décrites en détail dans le texte bouddhiste éminent *Le Sûtra de l'Ornementation fleurie* ou *Sûtra Avatamsaka*.[95] Enfin, toutes les traditions chamaniques sont saturées de telles épopées.

Une distinction importante entre la vision yogique des siddhis par comparaison avec la vision religieuse, est que le yoga présente une voie pratique pour développer ces capacités, tandis que la plupart des religions supposent que ces capacités sont inspirées par les divinités, signifiant par là qu'il s'agirait de dons de Dieu plutôt que d'aptitudes humaines extraordinaires.

En effet, ceux qui manifestent des siddhis dans des contextes religieux sont souvent considérés comme bénis des dieux ou maudits par les démons. Cette ambivalence montre un problème récurrent dans le traitement des récits d'événements supernormaux par les autorités religieuses, car leur interprétation devient autant un acte politique qu'un discernement moral. Voir un événement supernormal peut être quelque chose de très attrayant, c'est pourquoi les autorités traditionnelles doivent faire face à cette menace potentielle. Pourquoi se dévouer ou vouer allégeance à une église qui promet des miracles dans un futur proche, ou qui prêche à propos de miracles survenus dans le passé, quand il y a une personne sainte en train de réaliser des miracles ici et maintenant ? Le yoga prend la question par un angle totalement différent : son approche est bien plus pragmatique puisque les siddhis ne sont pas considérées comme divines, et n'entrent pas davantage dans les luttes de pouvoir qui semblent endémiques à toutes les affaires humaines, religions organisées comprises.

Les charismes catholiques figurent parmi les capacités supernormales les mieux connues dans la culture occidentale. Ils incluent des phénomènes familiers, tels que la *clairvoyance* et la *précognition*, exemplifiées dans les prophéties de sainte Gertrude, sainte Hildegarde, sainte Brigitte de Suède, sainte Catherine de Sienne et sainte Thérèse ; des *guérisons supernormales*, telles qu'elles sont racontées dans les abondantes histoires de cures miraculeuses ; et *la domination sur la nature et les créatures*, comme dans le cas remarquable de Saint Alphonse Liguori qui, lorsqu'il reçut l'ordre par un général des Rédemptoristes de manger une assiette de veau, refusa et transforma le plat – d'après ce que dit l'histoire – par un signe sacré pour qu'il devienne une délicieuse escalope de morue.[96]

Puis il y a la *lévitation*, pour laquelle il y a entre deux cents et trois cents cas historiques dans les descriptions de la vie des saints, dont celui de Saint Joseph de Cupertino (1603-1663). Saint Joseph fut observé en train de léviter par des milliers de témoins, habituellement à la lumière du jour, sur une période de trente-cinq ans. Les témoignages se retrouvent dans les journaux privés des témoins et dans les dépositions faites sous serment, dont 150 observations à l'œil nu par des papes, des rois et des princesses.[97] Il existe également des cas purement séculiers de lévitation, le plus célèbre étant celui du médium écossais Daniel Dunglas Home (1833-1886).[98] Comme saint-Joseph, Home fut observé en train de léviter en plein jour par des douzaines de témoins de premier plan. Aucune fraude ne fut jamais découverte.

D'autres charismes incluent la *bilocation*, durant laquelle le mystique est observé apparaissant à deux places distantes au même moment ; les *fragrances* ou « odeurs de sainteté », sortant du corps ou des habits du mystique ; l'*inédie* ou abstinence complète – ni nourriture, ni eau – durant de longues périodes, sans dégradation de l'activité vitale – *la connaissance infuse* ou la capacité supernormale à accroître son savoir sans étudier ; *l'incorruption*, c'est-à-dire l'absence de dégradation normale du corps après la mort ; *le discernement des esprits* qui signifie, dans le contexte catholique, l'interaction et la connaissance des différences entre les anges et les démons ; et *le rayonnement lumineux*, une lumière éclatante entourant le sommet du crâne, le visage et parfois tout le corps du mystique.

Finalement, nous avons un charisme propre au catholicisme qui sonne comme une chanson de Johnny Cash : *incendium amoris* ou « le feu de l'amour divin ». Tel que le décrit Montague Summers,*

> Sainte Maria Maddalena de Pazzi, qui fut transformée par un soudain débordement d'amour, « depuis son visage, perdant en un instant l'extrême pâleur produite par ses pénitences sévères et l'austérité de sa vie en cloître, devenant rougeoyante, rayonnante de joie ; ses yeux brillaient comme des étoiles jumelles, et elle criait à haute-voix : « Ô amour ! Ô divin amour ! Ô Dieu de l'amour ! » » De plus, tellement était excessive et abondante cette flamme céleste qui la consommait que, « en plein milieu de l'hiver, elle ne pouvait supporter les vêtements en laine, parce que ce feu d'amour qui brûlait dans son cœur, tant et si bien qu'elle a découpé et desserré son habit. » Elle a même été obligée de courir jusqu'au puits où elle ne fit pas que boire une quantité importante d'eau glacée, mais dut baigner ses mains et sa poitrine pour tenter d'apaiser la flamme.[96] (p. 71)

LES SCEPTIQUES

Une interprétation possible des similitudes inter-religieuses des superpouvoirs décrits ci-dessus serait de dire qu'ils reflètent tous les mêmes authentiques siddhis. Une autre interprétation est proposée par des rabat-joie déterminés à réinterpréter toutes ces observations en termes scientifiques réductionnistes.** Le psychologue James Leuba, qui développa une psychologie de la religion et de la mystique strictement réductionniste dans la première partie du XXe siècle, décrivait le yoga comme le « chaînon entre l'intoxication religieuse du sauvage et le mysticisme des religions supérieures » (p. 46).[99] Sa critique méprisante de la description du yoga par Patanjali affirme que toute l'ambition de la recherche de l'état d'unité associée au samâdhi, et toutes les siddhis associées à cet état, étaient

* Publié en 1950, le livre de Montague Summers eut pour titre *The Physical Phenomenon of Mysticism*. Il y a un autre livre avec le même titre, avec un matériel assez similaire, par Herbert Thurston, publié en 1952.

** Le réductionnisme est parfois appelé le « rien-d'autre-qu'isme », c'est-à-dire que le psychisme n'est rien d'autre que de l'activité cérébrale, l'activité cérébrale n'est rien d'autre que de la biochimie dépourvue d'esprit, etc.

> de pures absurdités. Le yogi n'a aucune preuve à l'appui de sa prétendue faculté de connaître les pensées des autres personnes, l'heure de sa mort, ou ses présentes et futures incarnations ; se concentrer sur la lune ne donne pas une connaissance intuitive de « l'arrangement des étoiles ». Une lecture appliquée du Yoga montre toutefois que ces omniscience et omnipotence magiques ne sont pas véritablement prises trop au sérieux. Après tout, le yogi garde un œil sur la libération de la douleur. C'est cela, en vérité, qui est le but grossier du Yoga.
>
> Nous savons en tout cas qu'il est trompé lui-même par les pouvoirs magiques qu'il s'attribue. Son auto-tromperie, l'aveuglement correspondant chez les utilisateurs de drogues, et, comme nous le verrons, celui des mystiques chrétiens classiques, constituent l'un des chapitres les plus pathétiques de l'histoire humaine. Viser si haut pour tomber si bas est en vérité à la fois une tragédie profonde et une comédie de haut vol. Le yogi hébété est l'un des héros maladroits et des martyrs qui exemplifie le lent progrès de l'humanité.[99] (p. 46)

Peut-être que je me méprends sur les remarques de Leuba, mais j'ai comme l'impression qu'il n'approuve pas tout à fait les épopées sur les siddhis narrées par Patanjali !

Résumé

La crainte révérencielle et le pouvoir émotionnel sous-jacents dans la plupart des religions sont alimentés par les récits d'événements supernormaux et supernaturels. Même à l'ère de la science, la croyance dans tout un éventail de merveilles et de miracles reste très répandue. Certaines de ces croyances trouvent leurs sources dans le désenchantement apporté par la vision du monde matérialiste et sans but que la science a installé au cours des derniers siècles. D'autres croyances sont renforcées par l'attraction d'histoires religieuses plus réconfortantes. Mais, au-delà de ces croyances, les similitudes entre les capacités supernormales et les expériences mystiques relatées tout au long de l'histoire et dans toutes les cultures suggèrent que quelque chose d'authentique serait à l'œuvre. D'aucuns expriment vigoureusement leur désaccord et affirment que tous ces récits de merveilles et de miracles ne sont que des absurdités. Le scepticisme en réaction à l'inattendu est une attitude saine ; le doute excessif est probablement moins bénéfique. Voyons pourquoi.

5

L'INCROYABLE

« AUSSITÔT QUE JE TOUCHAI LE GRAND BOL VIde, il fut rempli de luchis [galettes] chauds cuits au beurre, de curry et de friandises rares. Je me suis servi, en constatant que le récipient ne désemplissait pas. A la fin de mon repas, j'ai cherché de l'eau aux alentours. Mon gourou m'indiqua le bol devant moi. Surprise ! La nourriture avait disparu ; à sa place se trouvait de l'eau claire comme l'eau d'un ruisseau de montagne... Le sage prit à côté de moi un vase gracieux dont les bords étaient incrustés de diamants flamboyants. « Notre grand gourou crée ce palais en solidifiant des myriades de rayons cosmiques libres », a-t-il déclaré.[26] »

Paramahansa Yogananda, Autobiographie d'un Yogi

SÉRIEUSEMENT ? Des diamants flamboyants et des rayons cosmiques solidifiés ?

Je me rappelle la première fois que j'ai lu ce passage, à l'adolescence. J'étais rempli d'admiration et de joie. Contrairement aux contes de fées, que j'ai beaucoup appréciés même si je savais qu'il s'agissait de paraboles embellies par de la fantaisie, ce récit est présenté comme étant une autobiographie factuelle – du vrai de vrai. J'aurai tellement voulu voir les mêmes merveilles que Yogananda.

Des années plus tard, après avoir obtenu mon diplôme en ingénierie électrique et en psychologie, j'ai travaillé sur divers projets au sein des laboratoires AT&T de Bell. A cette époque, les laboratoires de Bell étaient l'une des meilleures organisations scientifiques du monde, célèbres pour avoir inventé certains des piliers de la technologie moderne, du transistor au laser en passant par le téléphone cellulaire. Comme beaucoup de mes collègues là-bas, après des décennies de formation à l'ingénierie et à la science, j'avais appris que la première chose qui doit vous venir à l'esprit lors que vous entendez une histoire de « vrai » miracle, ce n'est pas de la crainte ou de l'émerveillement, mais de l'exaspération : comment quelqu'un âgé de plus de cinq ans pouvait-il encore croire à de telles absurdités ?

On m'avait appris que ces histoires à couper le souffle sur l'esprit influençant la matière ou la perception extra-sensorielle (PES) – lorsqu'elles étaient présentées comme étant véritablement arrivées – étaient au mieux le produit d'un esprit crédule, et au pire le signe d'un problème psychiatrique latent. La culture scientifique m'avait appris que le Swami Yogananda aurait mérité non pas un bol rempli de galettes imaginaires cuites au beurre, mais un bon cocktail de médicaments antipsychotiques.

Mais j'étais également troublé par le sentiment tenace que quelque chose d'important manquait dans mes cours universitaires, une réalité dont les mythologies et les contes de fées parlaient sous forme métaphorique. J'ai découvert plus tard, à ma grande surprise et à mon grand soulagement, que la même impression de manque était partagée secrètement par plusieurs de mes collègues aux laboratoires de Bell. J'ai été finalement étonné de comprendre que cela était aussi vrai pour le monde scientifique dans son ensemble. En dépit des ricanements, des rejets et du mépris affichés officiellement pour des histoires telles que celle de Yogananda, j'ai trouvé qu'un intérêt serein pour les potentiels avancés de l'être humain, dont les expériences paranormales et mystiques, avait pénétré l'orthodoxie. Et je ne parle pas seulement de l'orthodoxie de la science industrielle, mais tout à la fois des courants dominants de l'académie, de la science, du gouvernement, de la médecine et de l'armée. Dans de tels cadres, vous apprenez très vite à ne pas parler de ces choses trop ouvertement, parce qu'il ne manquera jamais de personnes qui vont être très énervés par ces sujets et vont tout faire pour vous nuire. Ce qui fait que ces questions mènent une vie souterraine.

Discrètement. Continuellement.

Cet étrange état des lieux permet au monde occidental d'aller de l'école primaire au postdoctorat sans jamais rien apprendre – et même souvent sans rien entendre – des investigations scientifiques sérieuses sur les expériences paranormales et mystiques.

Par investigations, je ne fais pas référence à cette prolifération d'émissions de télé-réalité où des chasseurs de fantômes et d'autres pseudo-chercheurs s'agitent dans tous les sens pour nous divertir. Quand vous comprenez quel oxymore fonde le concept de « télé-réalité », vous saisissez que la seule motivation pour un tel spectacle est d'attirer et de maintenir votre attention sur la petite lucarne. La véritable chasse aux fantômes nécessite des heures interminables d'attente dans des endroits particuliers, jusqu'à ce qu'éventuellement quelque chose d'inattendu se passe. Dans les rares cas où quelque chose se produit, il n'y a généralement aucun moyen de savoir avec certitude si c'était un bug dans votre perception, une erreur matérielle ou une donnée potentiellement utile.

En fait, ce que j'appelle investigations correspond à des études en laboratoire utilisant les standards des méthodes scientifiques actuelles, avec des résultats publiés dans des revues professionnelles à comité de lecture. C'est de ce type de recherches dont vous n'entendez pas souvent parler. A la place, on vous enseigne dès le plus jeune âge que le matérialisme mécaniciste – le dogme scientifique qui prévaut actuellement – est suffisant pour expliquer *tout* ce qui arrive dans le monde naturel. C'est ce que la vaste majorité des manuels scolaires enseignent, implicitement ou explicitement.

Ce dogme est accepté parce qu'il fonctionne dans énormément de cas pratiques. Il a mené à de réelles avancées des connaissances. Il nous a permis de passer des âges sombres à la visite de la Lune, et bien plus encore. Mais il a aussi installé une vision du monde qui semble exclure la possibilité d'authentiques siddhis. Je mets l'accent sur le mot « semble » car ce n'est en fait pas totalement vrai ; nous serons amenés à voir ce qui change lorsque l'on prend en compte la compréhension moderne du monde physique.

Et puis, de façon réaliste, ce n'est pas une mince affaire que de trouver des individus qui peuvent démontrer leurs capacités supernormales sur demande, encore et encore, dans les conditions de contrôles très strictes du laboratoire. Je crois que de tels individus existent, mais ceux qui ont le plus de talent évitent soigneusement les feux de la rampe, et pour de bonnes raisons. Lorsque, occasionnellement, des superstars sortent de l'ombre et font des démonstrations publiques, la folie médiatique qui s'empare de tels événements transforme rapidement le tout en une sorte de cirque où il devient impossible de séparer la réalité de la fiction. Il y a quelques millénaires, il n'y avait pas encore des chaînes d'info tournant vingt-quatre heures sur vingt-quatre ou un culte de l'info-divertissement (*infotainment*), mais des anciens sages déjà familiers du problème des cirques médiatiques, et donc capables de dire des choses très intéressantes sur l'utilisation des siddhis à des fins de divertissement ou pour des motifs narcissiques. Nous parlerons de cela plus tard.

NE REGARDE PAS LÀ

Le conflit entre croyances privées et croyances publiques participe à ce tabou puissant qui maintient l'intérêt scientifique pour le supernormal sous la surface. Ce tabou est renforcé par des gardiens auto-proclamés qui se sentent obligés de faire la police des idées, comme si la société avait ordonné implicitement de ne pas parler de certains sujets, ou du moins pas de manière sérieuse. A titre d'exemple prenons ce programme de télévision intitulé *Bullshit!* qui fut diffusé aux Etats-Unis de 2003 à 2010. Ce programme servait de véhicule aux pires attaques sur les personnes ou les choses que les deux animateurs – deux magiciens professionnels – considéraient comme absurdes. Les capacités paranormales ne manquèrent pas d'être inscrites sur leur liste. Le titre de l'émission – qu'on pourrait traduire par « Conneries ! » – ne fut pas seulement choisi parce qu'il était provocateur :

> L'émission contient plus d'obscénités et de jurons que les émissions habituelles qui traitent de science et d'analyse critique, mais [il fut] expliqué que ce titre répondait à une tactique légale, « si on dit de quelqu'un qu'il est un menteur et un charlatan, on risque un procès... mais dire qu'il est un 'trou du cul' nous place hors d'atteinte. »[100]

Quand bien même certains sujets abordés dans ce programme auraient pu mériter un traitement aussi sévère, aucun scientifique ne veut prendre le risque d'être la cible d'une humiliation publique, ou d'avoir encore plus d'ennuis en se querellant avec des avocats qui ont élaboré une façon intelligente de contourner en finesse la réglementation sur la diffamation.

Cette stigmatisation renforcée se traduit aussi dans une statistique qui montre l'étonnant pouvoir de ce tabou. En dépit du fait que les sondages d'opinion montrent de façon constante qu'une majorité de la population mondiale est fascinée par les phénomènes paranormaux, moins d'un pour cent des universités du monde ont un membre dont l'intérêt scientifique pour ces phénomènes est connu.[101]

Qu'est-ce qui ne colle pas ? D'un côté on a des milliards d'individus subjugués par le supernormal, et de l'autre on constate une ignorance catégorique de ce sujet par 99 % des institutions d'enseignement supérieur du monde entier. L'industrie du divertissement met tout son zèle à satisfaire l'intérêt du public avec ses vagues sempiternelles de divertissements aux thématiques supernormales[102], de sorte qu'on serait en droit d'attendre que quelques universités capitalisent aussi sur cet intérêt. Après tout, les universités cherchent toujours des moyens pour attirer davantage d'étudiants, sinon pourquoi certaines seraient-elles poussées à proposer des diplômes se focalisant par exemple sur « la sémiotique* de *Star Trek* » ou « l'herméneutique archétypale de *Buffy contre les vampires* ».

Que des universitaires travaillent sur *Star Trek* ou *Buffy* peut sembler frivole du point de vue d'un chercheur en sciences dures, mais cela nous fait en réalité toucher un aspect important de

* Ces titres sont fictifs, mais l'intérêt académique pour les intersections entre la culture populaire, la science fiction et le fantastique, et la mythologie est un domaine à la fois fascinant et, à mon avis, important.

l'équation. Le professeur de religions comparées Jeffrey Kripal fait remarquer dans son livre *Mutants and Mystics: Science Fiction, Superhero Comics, and the Paranormal*, que nos idées sur ce qui est possible sont bien plus inhibées et timides que nous aimerions le croire. La spécialité des sciences humaines est de voir à travers la surface de nos histoires, y compris lorsqu'il s'agit de l'histoire que nous raconte la science et qui repose aussi sur de multiples couches d'hypothèses. Au fur et à mesure que nous pénétrons ces couches, la vision du monde très solide que la science a créé commence à se dissoudre, et cela nous conduit à réaliser une chose fascinante. Comme le formule Kripal, « même dans l'intimité, les êtres humains sont continuellement façonnés par des influences souvent invisibles du langage, de la culture et de la religion – *ils sont en train d'être écrits* » (p. 28).[103] Nous revisiterons ce concept, tout à fait pertinent lorsqu'il s'agit d'aborder la science et les siddhis, au cours du dernier chapitre de ce livre.

A l'exception de ce qu'est parvenu à faire Kripal, il reste quasi interdit dans le monde académique orthodoxe de ne serait-ce que méditer la question de la possibilité que certaines des siddhis, c'est-à-dire certaines capacités supernormales ou paranormales, puissent être réelles. Il y a peu d'exceptions à cette règle. Les capacités supernormales sont instantanément confondues avec les croyances surnaturelles, et aucun chercheur sérieux (formé en Occident) ne peut plus croire au surnaturel, n'est-ce pas ? N'est-il pas déjà embarrassant de penser qu'un universitaire ait un jour pu croire à une telle chose ?

Il y a également un biais culturel en jeu. Il devient encore plus apparent lorsqu'on regarde comment les expériences mentales inhabituelles sont considérées hors du monde occidental. En Inde, les cas de troubles de personnalité multiple sont diagnostiqués chez une petite fraction de patients psychiatriques, environ 0,015 %.[104] Aux Etats-Unis, ce tableau est cent fois plus présent, avec un chiffre colossal ayant déjà atteint les 10 %.[105] Une telle différence s'expliquerait par la tendance de l'esprit occidental à se fracturer davantage que l'esprit oriental, du fait des attentes culturelles. C'est que l'idéal occidental est celui d'un individu isolé, bataillant pour son indépendance, une entité séparée, tout seul dans un univers mort dénué de toute signification et de toute conscience – le cowboy au visage de cuivre, ruminant des pensées vides.

Les psychologues sociaux constatent que souscrire à cette vision du monde lugubre mène à une moindre pratique de comportements bénéfiques tels que l'altruisme ou l'empathie.[106] Inversement, les experts en méditation, dont un grand nombre relate des expériences paranormales et mystiques, manifestent significativement plus de capacités pour la compassion et améliorent grandement leur bien-être physique et émotionnel.[107]

CE QU'ON NOUS ENSEIGNE

L'astrophysicien britannique Sir Arthur Stanley Eddington a écrit : « Ce serait un choc d'entrer dans une université où l'on trouverait des étudiants en train de réciter par cœur les lois du mouvement de Newton, les équations de Maxwell et la théorie électromagnétique de la lumière. »[108] Ce à quoi le prix Nobel de physique Brian Josephson ajoute : « C'est également un choc, de nos jours, de trouver des scientifiques réputés en train d'affirmer catégoriquement et dogmatiquement que des phénomènes tels que la perception extra-sensorielle sont impossibles. »[109] Mais de telles choses se produisent, régulièrement. Il est instructif d'explorer pourquoi il en est ainsi, car c'est une source du tabou persistant dont nous discutons et la raison pour laquelle tant de scientifiques et d'érudits ont résisté avec tant de ferveur au supernormal.

En dehors de ceux qui prennent des cours sur les philosophies et les religions orientales, la plupart des étudiants occidentaux n'entendront jamais le mot « siddhi » prononcé par leurs professeurs. A la limite, il est possible de l'entendre dans un cours sur la psychologie des croyances bizarres qui ferait référence aux phénomènes paranormaux ou mystiques, mais la plupart de ces cours se concentrent sur les raisons pour lesquelles les personnes de l'ère moderne croient à de telles choses, ou à quoi croient les personnes au bord de la schizophrénie, sans jamais aborder la question de l'éventuelle authenticité de ces histoires.

D'autres cours, proposés dans des perspectives de psychologie ou de neurosciences, inculquent aux étudiants l'idée que de tels sujets font partie des dangereuses pseudo-sciences, ne méritant à ce titre que moquerie et dédain.[110] Ces cours de soi-disant « pensée critique » sont conçus pour renforcer une sorte de catéchisme scientifique. Les étudiants qui survivent à de telles classes ont appris à accepter que toute preuve d'une capacité « miraculeuse » ne peut signifier qu'une chose : une illusion, une arnaque ou un signe de psychose. Ceux qui ne sont pas d'accord, ceux dont le vécu ne s'accorde pas avec de telles explications, apprennent à rester discrets.

Il m'est arrivé de donner une conférence dans une université pour un groupe d'étudiants en psychologie baptisé « Psi Chi' ». J'ai présenté les résultats d'expérimentations conduites par mon équipe pour étudier comment les pensées d'une personne, focalisées sur une autre personne qui se trouvait isolée dans un lieu distant, pouvaient affecter le système nerveux autonome de cette dernière. Nous avons trouvé que cette version du phénomène de la « sensation d'être observé » se vérifiait parfois dans des conditions strictement contrôlées.[111]

Les étudiants ont écouté attentivement et ont posé ensuite de bonnes questions. Puis, comme la conférence arrivait à sa fin, un conseiller universitaire au visage rougi, qui avait pris place à l'arrière de la salle, se leva tout de go et fonça vers l'estrade avec une liasse de feuilles qu'il distribua en toute hâte aux étudiants. M'étonnant de cet étrange comportement et de la rougeur du visage du conseiller, j'ai emprunté l'une des feuilles pour constater qu'il s'agissait d'une longue liste de livres et d'articles écrits par des sceptiques parmi les plus virulents. Le conseiller, le souffle court, expliquait aux étudiants qu'il leur recommandait de lire ce qu'il y avait sur cette liste pour se faire une véritable opinion de la recherche sur le paranormal. Ce qu'il ne dit pas, c'est qu'il tentait par ce moyen d'éradiquer toute possible « contamination » des étudiants par mon influence.

Par le spectacle qu'il leur a donné, le conseiller a appris aux étudiants qu'on attendait d'eux qu'ils désavouent tout intérêt pour le supernormal. Ils ont suivi cette requête avec pusillanimité et je n'ai plus jamais entendu parler d'eux. J'aimerais pouvoir dire que cet épisode n'était que l'exception qui confirme la règle, mais c'est malheureusement loin d'être le cas.

CE QUE DISENT NOS MANUELS

Dans plusieurs cours d'introduction à la psychologie, les professeurs espèrent dissuader leurs étudiants de croire aux miracles ou « au paranormal » en leur expliquant que les croyants sont plus dogmatiques que les sceptiques, ou qu'ils ont moins d'aptitude à la pensée critique, font davantage d'erreurs de raisonnement, ont un statut socio-économique inférieur, une intelligence faible, des parents avec des niveaux d'éducation inférieurs, des scores élevés sur les échelles de psychoticisme, des scores faibles sur les échelles de conformité sociale, sont plus déprimés, dissociés et hyperactifs.[112-115]

Certains professeurs vont parfois admettre que la plupart des études montrant de telles disparités sont conduites par d'incurables sceptiques, ou que les résultats sont plus faibles et ambigus que le portrait tranché qu'on en tire généralement.[116] Mais ces mises en garde ne sont pas toujours faites. Les enseignants en psychologie sont plutôt incités à s'informer sur ces questions en

> lisant des revues telles que le *Skeptical Inquirer* et des livres tels que celui de Hansel qui critiquent la recherche parapsychologique et, dans un second temps, en donnant des cours sur le paranormal... Jusqu'à ce que les psychologues sceptiques prennent au sérieux de tels enseignements, les étudiants et le grand public continuent à s'appuyer en matière de paranormal sur des sources telles que le *Readers' Digest*, le *National Enquirer*, et les films de Steven Spielberg.[112] (p. 214)

D'autres professeurs s'appuient uniquement sur des livres sceptiques qui mettent dans le même sac des sujets tels que « les fantômes, le vaudou, le complot pour cacher les ovnis, et d'autres phénomènes paranormaux », ou qui se donnent complaisamment pour but d'expliquer « pourquoi les gens croient à des choses bizarres ». De tels livres fournissent des explications naïves pour ces phénomènes en utilisant « les principes de la science valide. »[117]

J'espère que les étudiants comprennent que les exercices de debunking dans les magazines sceptiques, les histoires scandaleuses dans les tabloïds et les films jouant sur la peur du paranormal ne sont pas des sources crédibles d'information quand on a à prendre des décisions éclairées sur des sujets aussi compliqués. Les livres dont le seul but est d'expliquer prosaïquement les croyances bizarres peuvent donner l'impression à leurs lecteurs qu'ils sont intellectuellement supérieurs à leurs camarades « sous-éduqués », mais quand ces mêmes lecteurs se réapproprient ces écrits divertissants et en font des manuels universitaires, nous allons droit dans le mur.

Prenons un cas précis avec le manuel d'introduction à la psychologie très populaire de Keith Stanovich, intitulé *How to Think Straight About Psychology*. On y lit l'affirmation suivante de Stanovich, selon laquelle la raison de l'impatience des scientifiques vis-à-vis de la recherche sur la perception extra-sensorielle se situe dans le fait que « ce domaine est entaché par la fraude, le charlatanisme et l'exploitation des médias » (p. 25)[118]. L'idée sous-jacente est que l'investigation scientifique des phénomènes paranormaux est uniformément souillée et manque donc de crédibilité. Ce serait un argument puissant s'il était vrai. Mais il ne l'est guère.

La vérité est que de toute l'histoire des investigations de ces phénomènes en laboratoire, qui s'étend sur plus d'un siècle, il y a un cas de fraude démontrée et deux ou trois cas suspects. Comparativement aux nombres de cas de mauvaise conduite de la part de scientifiques dans des disciplines conventionnelles, allant de la fabrication éhontée de données à la duplication de publication et au plagiat, ce domaine est plutôt sain.[119] Bien sûr, les fraudes des médiums furent populaires à la fin du XIXe siècle et au début du XXe, et aujourd'hui encore des spécialistes de l'arnaque se présentent comme doués de capacités paranormales. Mais réduire les études *scientifiques* des phénomènes paranormaux à une fraude *endémique* ou une exploitation des médias ? C'est de la pure fiction !

Stanovich explique ensuite avec la même insouciance pourquoi les psychologues académiques ne prêtent plus attention à la perception extra-sensorielle :

> La raison pour laquelle la perception extra-sensorielle, pour prendre cet exemple, n'est pas considérée comme un sujet d'étude valable dans la psychologie contemporaine est simplement liée au fait que son étude n'est pas fructueuse. Très peu de psychologues continuent à s'y intéresser. Il est important de mettre l'accent ici sur le mot « contemporaine », puisque la question de la télépathie

> fut d'un grand intérêt pour les psychologues des temps passés, avant qu'une masse de résultats négatifs ne soit accumulée... Les résultats de nombre de ces études qui ont été publiés dans des revues de psychologie légitimes montrent un bilan extrêmement négatif. Après plus de 90 années d'étude, il n'existe toujours pas un seul exemple de phénomène extra-sensoriel qui puisse être répliqué dans des conditions contrôlées.[118] (p. 187)

Des variantes de telles affirmations figurent dans une grande partie des manuels de psychologie, venant fournir une raison très simple pour ignorer la recherche psychique. Mais on cherche toujours ce corpus massif de « résultats négatifs ». Comme nous le verrons, les bilans de plusieurs catégories de phénomènes paranormaux (ou *psi* pour faire plus court) ont été publiés dans des revues professionnelles à comité de lecture, et ils se révèlent au contraire « extrêmement *positifs* ».

LES AFFIRMATIONS ANECDOTIQUES

J'ai été confronté à de nombreuses autres revendications aussi infondées concernant les preuves du psi. En 2000, j'étais membre d'un panel de discussion sur la perception extra-sensorielle pour une émission diffusée sur la télévision publique et intitulée *Closer to Truth* (« Plus proche de la vérité »). L'un des participants était Barry Beyerstein, un psychologue sceptique de l'Université Simon Fraser. Les autres membres du panel étaient l'avocat Robert Kuhn, hôte de l'émission ; l'anthropologue Marilyn Schlitz, qui était alors la directrice des recherches à l'Institut des Sciences Noétiques ; et le psychologue Charles Tart, un chercheur en parapsychologie très connu et fondateur de la psychologie transpersonnelle. Nous discutions des problèmes de réplication des effets psi dans le laboratoire lorsque cet échange eut lieu :

> BARRY BEYERSTEIN : Mon problème est que, durant les vingt dernières années, j'ai demandé à mes étudiants en psychologie d'essayer de reproduire des expérimentations parapsychologiques classiques, sans succès. Puisque j'ai un générateur de nombres aléatoires dans mon laboratoire, d'autres personnes de la communauté ont demandé mon aide pour conduire des expérimentations sur la perception extra-sensorielle. J'accueillais des sujets qui essayaient de battre mon générateur de nombres aléatoires.

ROBERT KUHN : Comment s'en sortaient-ils ?

BARRY BEYERSTEIN : Bof. Rien de probant. Je n'ai jamais obtenu aucune réplication de ces effets...

MOI : Êtes-vous en train de dire que vous n'avez jamais obtenu aucun résultat significatif ?

BARRY BEYERSTEIN : Je dis juste que je n'ai rien eu de plus que ce à quoi on s'attendrait si cela se produisait au hasard.

MOI : OK, mais vous avez une distribution des résultats, certains sont positifs et d'autres sont négatifs, n'est-ce pas ?

BARRY BEYERSTEIN : Certains essais individuels et même certains participants ont pu produire des résultats décalés. Si vous lancez le générateur de nombres aléatoires pour une centaine d'essais, cinq d'entre eux en moyenne seront au-dessus du hasard. Les résultats sont alors conformes aux prédictions d'un comportement aléatoire... J'aimais bien me faire accompagner par les étudiants car ils avaient envie de me prouver que j'avais tort. Je leur donnais tout l'équipement et je les laissais se débrouiller, en disant : « Si c'est moi qui génère de mauvaises vibrations, parfait, je me retire. » Certains des étudiants ont même refusé de me remettre leurs données, parce qu'ils étaient embarrassées de n'avoir rien obtenu de non-aléatoire.

Après l'enregistrement de cette partie de l'émission, j'ai demandé à Beyerstein comment il savait que les résultats de ses étudiants étaient si faibles puisqu'ils ne les partageaient pas avec lui. Je lui ai également demandé s'il gardait une trace de ces vingt ans d'échecs pour les expérimentations que ses étudiants étaient censés avoir conduites. Il me répondit qu'il ne gardait pas d'enregistrements de ces tests. Dès lors je le pressais de m'expliquer pourquoi il était si confiant sur ce résultat total globalement « bof », en particulier puisque nous avons appris avec la méta-analyse – une méthode reconnue pour analyser des résultats combinés de plusieurs expérimentations similaires – que de petits effets systématiques dans la même direction pouvaient fournir en définitive une preuve totale extrêmement forte. Il ne me répondit pas.

Je pus voir à sa réaction combien il devait être inconfortable pour lui d'imaginer que ses croyances les plus profondes pouvaient être fausses, en particulier quand vous êtes un professeur qui professe ces croyances depuis des années. Mais il ne faut pas de grands efforts ou une formation spéciale pour apprécier la différence entre la croyance aux contes de fées et les expérimentations scientifiques contrôlées rigoureusement.[110]

Par exemple, le manuel de psychologie de Keith Stanovich liste au rayon des phénomènes paranormaux « la télépathie, la clairvoyance, la psychokinèse, la précognition, la réincarnation, les biorythmes, la projection astrale, le pouvoir des pyramides, la communication avec les plantes et la chirurgie psychique » (p. 186).[118] Tous ces éléments méritent une étude scientifique, mais jusqu'à présent peu d'entre eux en ont bénéficié. Le système éducatif pourrait en tirer bénéfice en apprenant aux étudiants à éviter d'avoir des réactions négatives instinctuelles face à certains sujets sur la seule base de leur bizarrerie apparente, et en les amenant à évaluer les avancées scientifiques pour chacun de ces sujets. S'il n'y a pas de corpus d'études systématiques sur lequel s'appuyer (par exemple, pour le « pouvoir des pyramides »), alors nous ne pouvons pas dire grand-chose de ce sujet, pour l'instant. Mais lorsqu'il y a des preuves (comme c'est le cas avec plusieurs types de phénomènes paranormaux), les étudiants devraient apprendre à estimer leur valeur. Les professeurs louent souvent l'importance de l'enseignement de la pensée critique, alors ils devraient aussi montrer l'exemple en n'encourageant pas des comportements arrogants et dédaigneux.

Une autre raison pour laquelle le paranormal a si mauvaise réputation est que les professeurs ignorent tout du corpus empirique parce que leurs professeurs, et leurs professeurs avant eux, répétaient tous qu'il n'y avait rien d'intéressant à se mettre sous la dent.[120] Quand un mensonge est répété assez souvent, il en devient presque une vérité. Les propagandistes politiques et les agences publicitaires connaissent bien ce principe.

Les psychologues fournissent encore une autre raison pour justifier leur rejet du paranormal : les croyances au paranormal « comme l'astrologie ou les pouvoirs paranormaux partagent une base commune, à savoir qu'ils *violent les principes limitatifs de base de la science* »[121] ou, dans le même genre, que de telles croyances entrent en conflit avec « les théories actuelles de la physique ».[122] Mais quels sont ces « principes limitatifs de base de la science » ? Cette expression fut introduite par le philosophe C.D. Broad dans un article de 1949.[123] Voyons ce qu'il a écrit :

> Il y a certains principes limitatifs que nous tenons sans hésiter pour acquis, et qui constituent le cadre dans lequel nous confinons toutes nos activités pratiques et toutes nos théories scientifiques. Certains de ces principes sont l'évidence même. D'autres sont massivement appuyés sur des faits empiriques qui tombent dans le domaine de l'expérience ordinaire et de ses élaborations scientifiques (dont la psychologie orthodoxe), tant et si bien qu'il ne nous vient jamais à l'idée de les remettre en cause. Appelons-les les principes limitatifs de base. Et nous pouvons maintenant dire que tout ce dont se préoccupe la recherche psychique semble de prime abord entrer en conflit avec un ou plusieurs de ces principes.[123]

Broad présente ensuite ces principes selon quatre catégories générales. Le premier est l'impossibilité qu'un effet précède sa cause. Cela élimine toute possibilité de rétro-causalité, dont la précognition. Le deuxième dit que les interactions entre l'esprit et la matière sont impossibles, sauf peut-être si l'esprit modifie l'activité cérébrale. Cela élimine toute forme de psychokinèse, y compris les effets de la prière ou toute autre forme de soin mental à distance. Le troisième affirme que les états mentaux dépendent complètement du cerveau, excluant toute possibilité de sortie du corps ou de survie de la conscience après la mort physique. Le quatrième porte sur l'impossibilité d'acquérir des informations sur quoique ce soit qui se déroule en dehors du corps autrement que par le moyen des sens ordinaires. Clap de fin pour la clairvoyance et le *remote viewing*.

Après avoir recensé les preuves de facultés paranormales observées en laboratoire, que Broad considère comme étant « des faits établis de façon satisfaisante pour toute personne familière avec le corpus et qui ne serait pas victime d'un préjugé invincible », il concluait :

> Pour résumer, les différents types de cognition paranormale impliquent de modifier radicalement un certain nombre des *principes limitatifs de base*.[123]

En d'autres termes, les enseignants qui s'appuient sur les principes limitatifs de Broad pour mettre en doute la plausibilité des phénomènes paranormaux ne réalisent pas que Broad a commencé par édifier ces principes pour les confronter aux preuves empiriques et montrer qu'ils ne faisaient pas le poids. Des changements majeurs étaient requis pour ces principes « qui sont l'évidence même ». Un demi-siècle s'est écoulé depuis. Les preuves sont encore plus décisives aujourd'hui.

LE CERVEAU CÂBLÉ

Une approche différente pour comprendre pourquoi les gens croient aux phénomènes paranormaux, sans avoir à supposer la présence d'un défaut de raisonnement ou un manque d'hygiène mentale, consiste simplement à montrer que le cerveau est câblé pour croire. Le journaliste scientifique Sharon Begley, de *Newsweek*, a écrit :

> Que nous soyons avides de croyances bizarres reflète le fait que les systèmes cérébraux qui permettent et même encouragent ces croyances « ont évolué pour d'autres raisons », dit James Griffith, un psychiatre et neurologue de l'Université George Washington. Un regroupement de neurones dans le lobe pariétal supérieur, une région vers le dessus et l'arrière du cerveau, sert par exemple à distinguer où votre corps finit et où le monde matériel commence. Sans lui, vous ne passeriez même pas l'encadrement d'une porte.
>
> Mais d'autres régions du cerveau, dont les régions de la pensée dans les lobes frontaux, envoient parfois le message « éteins-toi » à cette structure, par exemple lorsque nous nous endormons ou quand nous nous sentons en communion physique avec une autre personne (c'est un euphémisme pour parler de sexe). Durant une prière intense ou une méditation, les études d'imagerie cérébrale montrent que le [lobe pariétal supérieur] est également très calme. Incapable de trouver la ligne séparant le corps et le monde, le cerveau s'adapte en faisant vivre une sensation de holisme et de connexion. Vous avez l'impression d'être une partie d'une chose bien plus grande que vous-même.[124]

Remarquez que cette explication postule, sans le questionner plus avant, que le sentiment de connexion est une hallucination générée par le cerveau. Begley ne pense pas important de se demander d'abord si ces expériences *pourraient* être réelles. Comme nous le verrons plus tard, beaucoup d'expérimentations ont porté sur cette question et ont découvert que certaines formes de connexions holistiques étaient effectivement réelles. Mais cela, vous ne le lirez pas dans *Newsweek*.

LE CERVEAU INCRÉDULE

Examinons à nouveau ce problème du « cerveau crédule » plus en détail. Un certain nombre d'auteurs ont caressé l'idée que nous croyons à des choses bizarres parce que nous sommes câblés pour le faire, et qu'ainsi ce mécanisme centré sur le cerveau explique pourquoi tant de personnes croient aux phénomènes paranormaux. Deux livres vont servir pour notre discussion. L'un est l'œuvre du psychologue universitaire Richard Wiseman, l'autre de l'éditeur d'un magazine sceptique, Michael Shermer. Tous deux sont de fameux défenseurs de la cause sceptique.

Le livre de Shermer *The Believing Brain* (« Le cerveau croyant ») est sous-titré *Comment nous construisons des croyances pour ensuite en faire des vérités*, ce qui vient demander pourquoi *vous* êtes assez idiots pour croire aux fantômes, aux dieux, aux mauvais courants politiques et aux théories conspirationnistes exotiques, et pas lui.[125] Le livre de Wiseman, *Paranormality* (traduit chez Dunod sous le titre « Petites expériences extra-sensorielles ») est sous-titré *Pourquoi nous voyons ce qui n'est pas là*, soulignant à nouveau que *vous* avez des croyances déviantes dans les fantômes, les voyants, l'influence de l'esprit sur la matière, la précognition, mais pas lui.[120]

La thèse de Wiseman est qu'il est facile d'être amené à croire des choses qui ne sont pas ce qu'elles semblent être, tantôt de façon intentionnelle et tantôt par inadvertance.[120] C'est vrai sans l'ombre d'un doute. Nous sommes tous enclins à nous souvenir de quelques coïncidences fascinantes dans nos vies, en oubliant le nombre bien plus important d'événements tout à fait communs et sans lien entre eux. Par exemple, un jour que je rentrais du travail en voiture, je me faisais cette réflexion, sortie de nulle part, quant à mon goût très prononcé pour les spaghettis à la sauce marinara. Je savais que nous n'avions pas de spaghettis à la maison, mais cela n'empêchait pas mon estomac d'en rêver. Quand je suis arrivé chez moi, la première chose que ma femme m'a dite est qu'elle avait acheté des spaghettis à la sauce marinara. Je ne me rappelle pas qu'elle ait déjà fait une telle chose auparavant, et nous n'avons pas communiqué de toute la journée. Alors, coïncidence ?

Peut-être. Nous sommes assez mauvais pour estimer les probabilités des événements, et nous aurions même plutôt tendance à sauter à pieds joints sur les explications paranormales dès lors que d'étranges bruits se font entendre dans la nuit, même lorsque certaines explications banales seraient suffisantes. Dans le chapitre de conclusion de Wiseman, il se demande pourquoi nous avons évolué de façon à « faire l'expérience de l'impossible », ce par quoi il entend toute chose qui sent un peu le paranormal.

Il conclut que c'est parce que nous devions être capables d'identifier rapidement des motifs dans des ensembles aléatoires que la pression évolutive a poussé dans cette direction. Si nous n'avions pas vu le tigre caché dans les hautes herbes, nous ne serions pas là aujourd'hui. Et si nous croyons voir un tigre là où il n'y en a pas, nous serons certes effrayés l'espace d'un instant, mais, au final, il ne nous arrivera rien de dramatique. Cette asymétrie nous conduirait à voir et à croire en des choses étranges qui ne sont pas là. Bien sûr, la même capacité de reconnaissance de motifs peut nous servir à voir et croire des choses qui en réalité *sont* bien là, ce qu'occulte complètement Wiseman.

Le livre de Shermer entre davantage dans les détails que ne le fait Wiseman par rapport à la question de l'évolution. Shermer écrit qu'il a commencé par être un chrétien fondamentaliste inébranlable ; maintenant il est un matérialiste athéiste tout aussi inébranlable. Cela signifie entre autres qu'il croit que l'esprit est une illusion générée par le cerveau, et qu'en fait tout le monde est au final dépourvu d'esprit. Ce n'est pas une blague : c'est simplement la vision neuroscientifique orthodoxe, selon laquelle toute expérience subjective est due seulement à l'activation de neurones dans le cerveau.

Tout comme Wiseman, Shermer postule que le cerveau est une « machine à croire » qui est câblé pour voir des motifs, des patterns. Il assigne à ces patterns des significations, des intentions, de l'agentivité, et avec un peu de renforcement, ces patterns deviennent rapidement des croyances âprement défendues. Le cerveau apprécie de trouver des preuves qui confirment ses croyances, ce qui l'amène au final à développer un cycle fermé et confortable au cours duquel ce que le cerveau croit détermine ce qu'il est capable de voir, ce qui en retour renforce ce qu'il croit. Plus le cerveau serait intelligent, plus il serait capable de rationaliser ses croyances, même si ces croyances ont été acquises via ce que Shermer appelle des raisons « non-intelligentes ».

La portion crédible de ces livres sont les sections qui discutent de la manière dont nous créons et maintenons nos croyances. Mais plus rien ne tient lorsque les auteurs emploient ces idées pour « normaliser » les croyances paranormales. Les deux auteurs sont capables d'identifier des biais chez les autres mais se montrent incapables de se les appliquer à eux-mêmes. Cela les conduit à sélectionner des informations qui vont dans leur sens et à ignorer tout le reste. Ils ne parviennent pas non plus à faire face au « biais des coûts fixes » décrits ainsi par Upton Sinclair : « Il est difficile de faire comprendre quelque chose à quelqu'un lorsque son job dépend de la non-compréhension de cette chose. »

Considérons par exemple le livre de Wiseman, *Paranormality*. Le livre démarre avec le récit de sa rencontre avec « Jaytee », un chien présenté comme étant en communication télépathique avec son compagnon humain, Pam Smart. Lorsque Pam revenait à la maison, ses parents avaient remarqué que le chien se mettait à un certain endroit de la baie vitrée du salon et attendait patiemment là. Sinon, le chien ne passait guère de temps à cet endroit.

Wiseman a décrit une série de tests qu'il fit avec Jaytee pour évaluer ses capacités télépathiques, et il a affirmé n'avoir obtenu aucune preuve de celles-ci. Cette histoire fournit au livre un exemple facile invitant à comprendre comment les gens ordinaires peuvent se méprendre à propos d'idées clairement étranges comme les capacités télépathiques d'un chien. Les lecteurs qui n'auraient jamais entendu parler de cette histoire ont toutes les chances de la trouver amusante et bien pratique pour démystifier la légende qui voudrait que les chiens sachent quand leurs compagnons humains rentrent à la maison.

Mais pour ceux qui ont eu vent de toute l'histoire, c'est un cas flagrant d'omission. Tout d'abord, le biologiste britannique Rupert Sheldrake fut le premier à tester les affirmations concernant Jaytee. Il réalisa au final près de 200 essais avec le chien qui permirent de démontrer avec un haut niveau de certitude que Jaytee anticipait réellement le retour de Smart sans que ce soit explicable par des moyens ordinaires.[126] De son côté, Wiseman n'a conduit en tout et pour tout que quatre sessions de test et il affirme qu'il n'y a eu aucune preuve allant dans le sens de la capacité de Jaytee. Ignorer les données plus nombreuses accumulées par Sheldrake est déjà discutable, mais ce qui est encore plus troublant, c'est que

Wiseman a en fait obtenu exactement le même pattern de résultats que Sheldrake, ce qu'il a omis de mentionner.

En 2002, j'ai demandé à Sheldrake si je pouvais jeter un œil aux données de ses expérimentations et à celles de Wiseman, et il me les envoya très volontiers.[127] Je fus en mesure de confirmer que les résultats penchaient effectivement très fortement en faveur des conclusions de Sheldrake, à savoir que le comportement de Jaytee changeait considérablement lorsque Pam s'en revenait à la maison, même quand elle était alors à des kilomètres de chez elle et que le signal déclenchant son retour était déterminé aléatoirement, à l'insu de quiconque se trouvant à côté de Jaytee. Les tests conçus par Sheldrake avaient progressivement permis d'exclure toutes les échappatoires connues, sans que les résultats obtenus ne flanchent. De cette partie de l'histoire véritablement extraordinaire, on ne retrouve rien dans le livre de Wiseman.

Il y a d'autres omissions, mais la plus scandaleuse est le fait que chacune des cibles de la démystification entreprise par Wiseman – de la voyance à la précognition en rêve – a fait l'objet de tests approfondis dans des conditions de laboratoire. Et, contrairement aux professeurs naïfs qui ne savent rien à rien tout simplement parce qu'ils ne font que répéter ce qu'on leur a appris, Wiseman a obtenu un doctorat sous les auspices de l'Unité Koestler de Parapsychologie à l'Université d'Edimbourg, l'un des rares endroits dans le monde académique où on ne peut ignorer ce genre d'informations.

D'ailleurs, Wiseman a confessé en 2008 qu'à son avis, les preuves scientifiques de la réalité des phénomènes paranormaux accumulées jusqu'ici étaient si convaincantes qu'il en vint à admettre, lors d'une interview pour le *Daily Mail*, que « selon les normes de n'importe quel autre domaine de la science[,] le remote viewing est prouvé... »[128]

L'importance d'une telle déclaration ne peut pas passer inaperçue.*

Un éminent sceptique, titulaire de la seule chaire britannique pour « la compréhension de la psychologie par le public », membre

* Ces progrès et d'autres du même genre sont listés sur le site Internet de Wiseman : http://richardwiseman.wordpress.com/about-me/, consulté le 26 août 2012.

du Magic Circle (une organisation basée à Londres pour les illusionnistes professionnels), qui se décrit lui-même comme « le psychologue britannique le plus suivi sur Twitter »... Richard Wiseman admet croire qu'une capacité parapsychologique a été scientifiquement prouvée ! Il a clarifié plus tard son propos, non pas pour le minimiser, mais pour l'étendre à *tous les phénomènes psi* qui « satisfont aux normes habituelles pour une revendication normale » et sont donc prouvés suivant les standards scientifiques en vigueur.*

En dépit de cette affirmation, Wiseman ne croit pas aux phénomènes psi.[129] Et pourquoi ? Parce que, comme de nombreux sceptiques, il croit également que quand il s'agit d'évaluer des revendications inhabituelles, les attentes en matière de preuve doivent être rehaussées. « Une affirmation extraordinaire appelle une preuve extraordinaire », dit l'adage sceptique. Ainsi, selon Wiseman, le psi serait déjà prouvé s'il s'agissait d'une revendication normale, mais en tant que revendication supernormale, les preuves collectées ne sont pas encore au niveau.

Cela pourrait paraître raisonnable car les affirmations surprenantes sont toujours plus difficiles à croire que les affirmations sans surprise. Mais un problème se glisse dans ce raisonnement : l'extraordinaire est un concept relatif, qui varie totalement selon l'observateur. Si on prend un psychologue universitaire formé en Occident, il est clair que, pour lui, l'existence de la télépathie sera considérée comme supernormale et donc follement extraordinaire. Mais pour un yogi expérimenté, ce sera juste une siddhi mineure et banale. Le psychologue sceptique, n'ayant pas bénéficié de milliers d'heures de pratique du yoga et de la méditation, aura besoin de données expérimentales obtenues de manière rigoureuse et reproduites dans plusieurs laboratoires indépendants, avec une probabilité d'un gazillion de chances contre un. Le yogi aura seulement besoin de son propre vécu.

Et même lorsqu'ils sont confrontés à des réussites substantielles et plusieurs fois reproduites, les sceptiques persisteront à dire que ces expérimentations sont biaisées d'une manière encore inconnue.

* Voir http://subversivethinking.blogspot.com/2010/04/richard-wiseman-evidence-for-esp-meets.html, consulté le 26 août 2012.

Peut-être qu'il y a quelque chose de fondamentalement faux dans nos méthodologies. Peut-être que ce sont en fait des gremlins qui nous manipulent. Peut-être... Enfin, lorsqu'on sortira de cette série interminable de « peut-être », on pourra se demander pourquoi Wiseman n'a pas introduit dans son livre sa révélation d'un « psi prouvé » (si tant est qu'on considère qu'il s'agit d'un phénomène normal) ? Le livre de Shermer sur le cerveau croyant est-il susceptible de nous aider à comprendre ?

Malheureusement, cela empire encore avec Shermer. En lisant son livre, je n'arrêtais pas de trébucher sur des erreurs mineures ou majeures. Exemple de problème mineur, Shermer affirme que se percer le bras avec une broche de vingt-cinq centimètres, sans ressentir de douleur et en ne versant qu'une seule goutte de sang, est un phénomène qui n'est explicable que par un truc de magicien (c'est-à-dire que la broche ne percerait le bras qu'en apparence). Peut-être n'a-t-il jamais entendu parler des cicatrisations rapides chez les Soufis,[130] ou des effets anesthésiants de l'hypnose, tous deux démontrant de façon spectaculaire que les gens qui entrent dans le bon état d'esprit, via un rituel religieux dans le premier cas et via une transe profonde dans le second, peuvent effectivement percer leur bras, leur langue, leur joue ou leur abdomen sans souffrance et avec une perte de sang minimale, puis cicatriser de façon extrêmement rapide. C'est peut-être surprenant, mais c'est un fait observable.

Parmi les problèmes majeurs, il y a la réaction de Shermer à la prise de position du physicien reconnu Freeman Dyson qui, au grand dam de Shermer, tint les capacités parapsychologiques pour réelles dans une recension d'un livre publiée dans le *New York Times*.[131] Dans un laïus anti-Dyson publié dans le *Scientific American*, Shermer affirmait que « soit les gens peuvent lire dans l'esprit des autres (ou les cartes de perception extra-sensorielle), soit ils ne peuvent pas. La science a démontré de façon univoque qu'ils ne peuvent pas – C.Q.F.D. » (p. 32)[132]

Vraiment ? Comme nous le verrons, les tests scientifiques ont en réalité démontré exactement le contraire. Même Wiseman est d'accord avec ça !

Quand un scientifique distingué mais âgé
affirme que quelque chose est possible,
il a certainement raison.
Quand il affirme qu'une chose est impossible,
il a probablement tort.
Première loi de la prédiction d'Arthur C. Clarke

Lorsqu'un fameux physicien prend parti pour les capacités paranormales dans un journal de premier plan, cela a de quoi agacer l'orthodoxie scientifique. La réaction habituelle lorsque le croyant incriminé se trouve être par ailleurs un scientifique respecté mais âgé consiste à mettre en doute ses facultés mentales. On peut tolérer qu'une personne croie à la perception extra-sensorielle pour peu qu'elle soit atteinte de démence, mais pas si son esprit est encore affûté. C'est pourquoi nous ne devrions pas être surpris de lire ces mots de John Horgan dans le blog du *Scientific American* :

> Ce qui fait le plus de mal pour la crédibilité de Dyson, c'est sa croyance en la perception extra-sensorielle, parfois appelée « psi ». Dyson révéla sa croyance dans un essai « Un sur un million » publié le 25 mars 2004 dans la *New York Review of Books* à propos d'un livre sur ces sujets. Sa famille, ainsi que le confie Dyson, comporte deux « fervents croyants aux phénomènes paranormaux », une grand-mère qui était « une guérisseuse connue et efficace » et un cousin qui fut même éditeur du *Journal of the Society for Psychical Research.*
>
> Dyson suggère que « les phénomènes paranormaux sont réels mais se situent en dehors des limites de la science. » Personne n'a produit de preuves empiriques du psi, analyse-t-il, parce qu'il tend à se produire dans des états de « grandes émotions et de grand stress », qui sont « fondamentalement incompatibles avec les procédures scientifiques contrôlées... »[133]

Maintenant nous sommes confrontés à un double obstacle. J'ai de bonnes raisons de m'accorder avec la croyance de Dyson, mais nous sommes parvenus à cette croyance par des voies entièrement différentes. Dyson base sa croyance sur son histoire familiale, non sur les données scientifiques. Je n'ai aucune raison familiale pour croire dans la perception extra-sensorielle, mais je trouve les données scientifiques convaincantes.

Toutefois, puisque Dyson n'est pas familier avec les données empiriques, il a tort de croire que les états émotionnels favorables au psi sont incompatibles avec les procédures scientifiques contrôlées. Nous pouvons peut-être le lui pardonner car, en tant que physicien, il peut ne pas savoir que l'étude des émotions et des moyens efficaces pour les déclencher dans des conditions contrôlées est déjà bien développée au sein de disciplines comme la psychologie et la psychophysiologie. Je décrirai plus loin une expérimentation qui module intentionnellement les émotions afin d'explorer une forme inconsciente de précognition. Cette technique produit des résultats étonnamment robustes et reproductibles.

★

Pour en revenir aux erreurs de Shermer, prenons la fois où il affirme que lorsqu'un expérimentateur et un remote viewer ignorent tous deux quelle est la cible, « les pouvoirs psychiques disparaissent ». Depuis plus d'un siècle, des chercheurs étudiant les phénomènes parapsychologiques ont développé des protocoles pour éviter explicitement ce biais évident et tant d'autres qui ne sont pas aussi évidents. Comme nous le verrons, les preuves de capacités psychiques ne se volatilisent pas du tout dans les conditions de double aveugle.

Puis il cite une étude conduite par l'anthropologue Marilyn Schlitz, qui fut présidente de l'Institut des Sciences Noétiques, étude au cours de laquelle elle collabora avec Richard Wiseman pour tester la sensation d'être observé en laboratoire. Schlitz a obtenu des résultats significatifs indiquant que des personnes pouvaient sentir lorsqu'elles étaient observées, mais Wiseman n'y parvint pas. Shermer interprète ces résultats comme étant lié au « problème du biais de l'expérimentateur », sans se rendre compte que ces deux chercheurs étudiaient justement l'impact de l'expérimentateur avec un protocole employant le même laboratoire au même moment, les mêmes procédures et le même équipement, la même population de participants et les mêmes analyses. Ils obtinrent malgré tout des résultats différents.[134] Shermer poursuit :

> Les scientifiques ont désormais démontré de façon concluante ce qui se passe lorsqu'un sujet essaye de déterminer ou d'anticiper sur les pensées ou les actions d'un second sujet par des moyens paranormaux... Quand le second sujet reçoit pour consigne de réaliser une tâche aléatoirement... la séquence de ses actions ne va pas être aléatoire. Au bout d'un certain temps, le second sujet va développer un pattern prédictible que le premier sujet va apprendre inconsciemment.[125]

Cela serait vrai si les expérimentations collaient à cette description. Mais les chercheurs ont tout à fait conscience du comportement non-aléatoire des sujets, et c'est pourquoi les tests ne sont plus conduits de cette manière *depuis plus d'un siècle.*

Il n'est aucunement nécessaire de poursuivre cet exercice. Je suis d'accord pour dire que les croyances déforment ce que nous percevons, qu'elles sont inévitables, et que la science a fourni ce qui est jusqu'à présent la meilleure méthode pour tailler à vif les déformations générées par nos croyances. Mais étant données toutes les erreurs perpétrées par ces deux auteurs, nous sommes obligés de reconsidérer la situation de ces pauvres sceptiques professionnels. Ils comprennent, au moins sur le plan intellectuel, que les croyances biaisent les perceptions. Mais ils sont incapables de transcender leurs propres croyances lorsqu'ils sont confrontés à des données dérangeantes.

Qu'est-ce qui arrive lorsque je retourne le tranchant de cette analyse sur ma propre position ? Le pouvoir de la croyance est tel que je dois sans doute aussi être aveuglé par certaines choses que je préfère ne pas voir. Mais il y a une différence entre ma position et celle des sceptiques endurcis. J'affirme que les données expérimentales cumulées jusqu'à présent sont assez fortes pour présenter des arguments en faveur de connexions authentiques entre les gens, et entre les gens et des objets distants.

Si ma croyance basée sur les preuves se vérifie, ne serait-ce qu'un minimum, alors le château de cartes bâti par les sceptiques va s'effondrer. Après tout, la position sceptique est qu'il n'y a absolument *rien* d'intéressant dans le champ parapsychologique, en dépit des aveux (comme dans le cas de Wiseman) d'une accumulation de preuves véritablement convaincante. Etant donnée cette asymétrie, le sceptique professionnel se doit de continuer à nier ou ignorer toutes les preuves car, autrement, le « coût fixe » pour une carrière entière serait ruineux. C'est un lourd fardeau à porter avec toutes ces preuves qui n'en finissent pas de se renforcer.

LA PERSONNALITÉ

La croyance est un puissant modulateur de ce que nous nous autorisons à voir ; cela ne concerne pas seulement les preuves du psi, mais également les performances psi lors de tâches expérimentales. En 1946, les psychologues Gertrude Schmeidler et Gardner Murphy ont cherché à savoir si les personnes qui croyaient à la perception extra-sensorielle auraient des scores différents de ceux qui n'y croient pas sur de simples tests pour deviner des symboles cachés. Ils ont trouvé dans chacune des six séries de tests entrepris que ceux qui croyaient avaient des scores plus élevés que les autres, avec une cote de 33 000 chances contre une.[135] L'effet « mouton-chèvre », le mouton étant le croyant et la chèvre l'incroyant, a depuis été répété de nombreuses fois.

En 1993, le psychologue Tony Lawrence, alors étudiant à l'université d'Edimbourg, a conduit une méta-analyse de toutes les expérimentations psi à choix forcé testant l'effet mouton-chèvre. Il identifia 73 articles entre 1943 et 1993, publiés par 37 chercheurs différents, impliquant plus de 685 000 essais produits par plus de 4 500 participants. Les résultats cumulés montrent que les croyants ont globalement de meilleures performances que les incroyants avec une cote supérieure à mille milliards contre un.[136]

La croyance est déterminée par l'expérience personnelle, mais elle est aussi médiatisée par des penchants naturels. Certaines personnes sont simplement plus ouvertes aux nouvelles idées et plus intuitives que logiques dans leur manière de penser. Les psychologues ont également trouvé que les personnes de ce type ont tendance à croire au mysticisme et aux expériences paranormales. Le psychologue australien Michael Thalbourne proposa le terme *transliminalité* pour décrire la tendance, chez ces personnes, à faire facilement émerger leurs impressions inconscientes au niveau de leur conscience.[137]

Dans le Myers-Briggs Type Inventory (ou MBTI), un fameux test de personnalité, on analyse quatre dimensions basiques de la personnalité : extraversion-introversion, sentiment-intuition, pensée-sensation, et perception-jugement. La signification de cette quatrième dimension n'est pas tout de suite évidente : elle se réfère au besoin d'ordre *versus* à l'attrait pour la spontanéité. Ainsi, quelqu'un qui est plus « perception » est plus à l'aise avec la spontanéité, tandis que quelqu'un qui est plus « jugement » a une préférence pour les événements planifiés et l'ordre.

Les personnes avec de fortes caractéristiques d'intuition et de sensation sont connues pour avoir des tendances mystiques qui les conduisent naturellement vers le mysticisme, l'occulte, la méditation, la recherche psi et les pratiques ésotériques. Leurs opposés directs, le type sentiment-pensée, n'a aucun intérêt pour ces domaines.

Dans une étude réalisée pour aider les personnes en deuil, l'aumônière d'un hospice Dianne Arcangel a fait passer un MBTI à chaque endeuillé pour voir s'il y avait des différences de personnalité entre les personnes relatant des expériences de contacts avec les défunts[138]. Elle trouva qu'un pourcentage spectaculaire de 96 % des participants intuition-sensation relataient des formes de contacts avec des défunts, tandis que 100 % des participants sentiment-pensée n'en vivaient guère.

Il n'est pas surprenant que les personnes sentiment-pensée tendent à se focaliser sur l'ici et maintenant, le matériel, les idées rationnelles et logiques. Les personnes du type sentiment-pensée-*jugement* sont intéressées par le management, le leadership et l'autorité dans les organisations hiérarchiques, et dans l'usage du pouvoir pour contrôler plutôt que dans les idées créatives ou originales. L'extraverti sentiment-pensée-jugement est la personne la plus commune dans la culture occidentale. Lorsque le MBTI fut administré à des milliers de personnes dans de grandes organisations, 60 % des positions de direction étaient occupées par des personnalités sentiment-pensée-jugement, et la proportion de ce type de personnalité augmentait en parallèle des échelons hiérarchiques. Seul 1 % des meilleurs dirigeants avaient un type opposé, c'est-à-dire une personnalité du type intuition-sensation-perception.[139]

Cela signifie qu'il y a un biais automatique favorable aux intérêts matérialistes et pragmatiques parmi ceux qui contrôlent l'argent et le pouvoir dans les grandes organisations, dont les agences fédérales s'occupant de la recherche scientifique. Ceux qui s'intéressent au mysticisme et à l'intuition y sont vraiment minoritaires. Et c'est pourquoi il n'est guère étonnant que la recherche psi ne soit pas encouragée par les grands programmes corporatistes, gouvernementaux ou académiques. Du moins, pas publiquement.

TRANSCENDER LE TABOU

De nombreux scientifiques sont convaincus que le matérialisme mécaniciste, en tant que doctrine, est tout ce dont on a besoin pour expliquer tout ce qui se passe dans l'univers, y compris la conscience. Mais il y a des signes montrant que cette confiance absolue est en train de s'effriter. Comme l'a dit l'anthropologue Terrance Deacon : « Même si nos outils scientifiques nous ont donné la maîtrise sur nombre d'aspects du monde physique autour de nous et en nous, ils nous ont en même temps aliénés aux mêmes domaines. Il est temps de retrouver le chemin de la maison. »[140]

Cette inquiétude se lit dans la montagne de livres cherchant à propager le nouvel athéisme, qui est essentiellement une déification du matérialisme. A l'opposé, une autre vague de livres explore la façon dont la science vient soutenir la spiritualité[54], des arguments suggérant la fin du matérialisme[141], la manière dont les dogmes entravent les progrès scientifiques[142], des reformulations des hypothèses sur les relations entre le corps et l'esprit[140] et des défis lancés aux neurosciences par rapport aux relations entre le cerveau et la pensée.[143]

Dans l'un de ces livres, le biologiste cellulaire Robert Lanza a proposé le concept de biocentrisme qui vient interroger la compréhension traditionnelle de la réalité « créant » l'observateur :

> L'observateur animal crée la réalité et non l'inverse. Ce n'est pas une modification mineure dans notre vision du monde. Tout notre système éducatif quelle que soit la discipline, la construction de notre langage et ce que nous considérons socialement comme « acquis » – les points de départ dans nos conversations – tout cela tourne autour d'un principe de base postulant un univers séparé dans lequel chaque individu arrive pour un temps très court.
>
> On postule encore que nous percevons adéquatement cette réalité extérieure pré-existante et que nous ne jouons peu ou pas de rôle dans l'apparence qu'elle prendra... [Mais] en dehors de l'acte de voir, de penser, d'entendre – en somme, en dehors de la conscience dans toutes ses facettes – que reste-t-il ? Nous pouvons croire et affirmer qu'il y a un univers dehors même si toutes les

> créatures vivantes n'existent pas, mais cette idée est d'abord une pensée et une pensée a besoin d'un organisme pensant.[144] (p. 157)

Tant que l'ouverture aux idées nouvelles sur la conscience et la réalité continue à gagner du terrain chez les scientifiques, une tolérance rafraichissante se développe qui permettra aussi une reconsidération sérieuse du supernormal. Cela aurait plu aux yogis et aux sages qui espéraient qu'un jour la science développerait les compétences nécessaires pour faire progresser notre compréhension de la spiritualité.

Yogananda a livré des témoignages sur les siddhis, mais il a aussi remarqué la chose suivante : « Nous devons garder en tête que ce qui était mystique voici un millier d'années n'est plus vu comme tel aujourd'hui, et ce qui est mystérieux aujourd'hui peut devenir légitimement intelligible d'ici un siècle. C'est l'Infini, l'Océan de Pouvoir, qui est derrière toutes les manifestations » (p. 322).[26] De la même manière, le Swami Rama a écrit : « Toutes les pratiques spirituelles devraient être vérifiées scientifiquement si la science est en capacité de le faire » (p. 3550).[145] Et puis, après avoir décrit l'observation d'un yogi dont le corps se changea en un nuage brumeux avant de reprendre une forme solide, il ajouta :

> « Je sens que le monde devrait savoir que de tels sages existent, et les chercheurs devraient commencer à chercher de tels signes secrets. Des miracles tels que celui-ci nous montrent que l'être humain possède de telles capacités... Je ne professe ou ne revendique pas que de telles siddhis sont essentielles pour l'illumination personnelle, mais je veux transmettre l'idée que les potentiels humains sont immenses, et que de la même manière que les physiciens explorent le monde extérieur, les yogis authentiques ne devraient pas s'arrêter d'explorer les capacités et potentiels intérieurs.[145] (p. 3126)

Le Dalaï Lama admet que la combinaison des méthodes modernes et anciennes d'exploration de la réalité est nécessaire pour élaborer une meilleure compréhension, sans avoir à jeter aux orties la spiritualité :

> Aujourd'hui, la science moderne, sans passer par la méditation, sans passer par la logique, mais en s'appuyant sur l'expérimentation concrète, découvre des réalités qui sont parfois contraires aux écritures. Ainsi, dans certains cas, la science moderne est même plus puissante que l'ancienne logique et la méditation. Et pourtant, voyez-vous, je pense que même la science a ses

limites. Parce qu'il doit y avoir d'autres niveaux de la réalité plus profonds qui ne peuvent être atteints par la perception ordinaire ou par la conscience ordinaire.[146] (p. 18)

Résumé

Les croyances déterminent ce que nous pouvons voir. Les personnes formées suivant les visions du monde scientifiques et académiques apprennent que les capacités supernormales sont impossibles, si bien que le mysticisme et les miracles sont rarement pris au sérieux dans le monde universitaire, même parmi les historiens des religions. De tels phénomènes sont amusants à contempler, tant qu'ils sont là pour divertir ; ils peuvent aussi permettre d'étudier les croyances primitives, mais ils ne sont sûrement pas *réels*. Et au final ils ne sont pas inclus dans la vision scientifique de la réalité qui nous est inculquée à l'école, laquelle est basée sur quelques siècles d'investigation objective et prudente.

Mais que nous apprennent les visions du monde développées pendant des *milliers* d'années d'investigation subjective assidue ?

6

LES YOGAS SUTRAS

> LA QUÊTE VISANT À DÉFINIR les limites des possibilités physiques est, bien sûr, une entreprise scientifique légitime et tout à fait nécessaire. Mais nous devons nous soucier de savoir si nous avons vraiment sondé toutes les possibilités. L'histoire des sciences est jonchée des débris de fausses « preuves » d'impossibilité. [John] Bell nous a prévenus que « tout ce que démontrent généralement les preuves d'impossibilité est un sérieux manque d'imagination ».
>
> Yakir Aharonov[147]

LE YOGA N'EST PAS UNE RELIGION au sens traditionnel. Il n'a pas de dogme obligatoire et il est pratiqué librement par des théistes comme par des athéistes. Aujourd'hui, en Occident, deux composants du yoga traditionnel sont entrés dans la culture populaire : le conditionnement physique basé sur la souplesse et les étirements (l'*asana* en sanscrit), et le conditionnement mental à travers la pratique de la méditation (*dhyana*). Ces deux aspects de la pratique yogique correspondent à ce que la majorité des Occidentaux savent du yoga. Mais, depuis des millénaires, le but essentiel du yoga était d'atteindre des états de connaissance qui révèlent la vraie nature de la Réalité, avant que les biais personnels et que les attentes culturelles ne viennent déformer nos perceptions.

Le yoga est souvent associé avec l'hindouisme, mais il précède l'hindouisme de plusieurs siècles, peut-être même de plusieurs millénaires, et il est tout aussi étroitement associé avec l'histoire du jainisme et du bouddhisme. Tandis que les origines du yoga restent ensevelies dans les histoires orales de l'ancien passé, la plupart des érudits s'accordent pour repérer sa trace entre trois mille et cinq mille ans plus tôt. Des gravures sur pierre illustrant des positions traditionnelles du yoga (comme s'asseoir dans la position du lotus)* ont été découvertes sur des sites archéologiques dans la vallée de l'Indus en Inde avec une datation d'au moins 5 000 ans.[148]

Du fait de ses origines préhistoriques, il n'est pas possible de passer en revue toutes les variantes, les techniques et les riches philosophies assimilées au yoga dans un seul chapitre. J'en présenterai donc juste assez pour fournir un contexte à notre étude des siddhis.

Ajoutez à cela que le yoga n'est pas la seule pratique ayant le noble objectif de l'illumination. Pratiquement toutes les écoles à mystères et tous les systèmes de méditation se consacrent à l'exploration et à la transcendance des frontières entre le personnel et l'universel. Un « Soi » universel est personnalisé dans les traditions religieuses en tant que Dieu, Allah, Jéhovah, Krishna ou sous de nombreuses autres dénominations.** Mais le Soi peut aussi être pris pour une chose totalement *impersonnelle*. Comme l'a dit Albert Einstein,

* Une autre interprétation de ces gravures est qu'il n'y avait pas beaucoup de chaises à cette époque, si bien que ces images reflètent peut-être simplement la façon dont les gens s'asseyaient – les jambes croisées à même le sol.

** Tous les théologiens ne seront pas d'accord avec cela. En fait, les universitaires sont difficilement d'accord entre eux, quelque soit le sujet !

> Les génies religieux de tout âge se sont distingués par cette sorte de sentiment religieux qui ne connaît ni dogme et ni Dieu conçu à l'image de l'homme ; de manière à ce qu'il ne puisse y avoir aucune Eglise dont les enseignements se basent sur cette image centrale. On comprend dès lors que c'est précisément parmi les hérétiques de tous les temps que nous trouvons les hommes habités des plus grands sentiments religieux. Ils furent très souvent considérés par leurs contemporains comme des athées, et quelques fois comme des saints. (p. 21)

Indépendamment de la façon dont est vécue la prise de conscience supérieure, elle a le pouvoir de transformer le sens du soi de tous les jours, si limité et si localisé, en quelque chose de remarquable. Le psychologue britannique David Fontana a décrit cette transformation comme « une expansion qui n'est pas une annihilation, pas une perte d'individualité, mais une réalité dans laquelle la distinction entre l'individualité et l'unité, ainsi qu'entre tous les opposés, non seulement disparaît mais est perçue comme n'ayant jamais véritablement existé » (p. 213).[149] C'est-à-dire que celui qui s'éveille en vient à penser que tout ce qu'il a vécu auparavant n'était qu'un rêve.

LES YOGA SUTRAS

Avant les blogs et les réseaux sociaux, la connaissance était préservée grâce aux traditions orales et aux démonstrations pratiques. Et contrairement aux enseignements révélés, qui se déforment rapidement ou s'embellissent à force d'être dits et redits, le yoga se présente davantage comme un savoir-faire pratique que comme un corps de doctrines philosophiques. De cette manière, la sagesse d'innombrables générations de sages qui développèrent le yoga a pu être mieux préservée que d'autres formes de traditions historiques.*

* Les spécialistes discuteront probablement de cet aspect. Il y a de nombreuses variations et entrées dans la pratique et la philosophie du yoga ; néanmoins, on peut trouver plus de similitudes que de différences fondamentales. Alors que les interprétations – les récits légendaires – tendent à évoluer au cours du temps, au fur et à mesure des changements dans le langage et la culture, certaines pratiques, dont les chants des Vedas, tendent à rester préservées au plus proche de leur forme originelle.

Ce à quoi on fait aujourd'hui référence lorsqu'on parle de yoga classique correspond aux principes exposés dans un manuscrit appelé les *Yoga Sutras*, écrit par le sage indien Patanjali voici environ deux mille ans.[60] Le mot sanscrit *sutra* est apparenté à celui de *suture*, ou de fil. Le travail de Patanjali est considéré comme l'un des premiers documents écrit venant rassembler les fils des traditions orales du yoga dans une tapisserie cohérente. Le fait que les *Yoga Sutras* sont toujours soigneusement lus et commentés de nos jours est un indicateur des aptitudes de Patanjali et de la sagesse de cette tradition orale.[18]

Les *Yoga Sutras* consistent en quatre petits livres appelés les *padas*, composés de 196 aphorismes. Puisque l'original est en sanscrit, la traduction vers l'anglais laisse beaucoup de place à l'interprétation. Des douzaines de livres et des centaines d'articles ont été écrits pour promouvoir diverses opinions sur la manière d'interpréter les *Yoga Sutras*. En discutant le contenu de ces livres, j'éviterai en grande partie les débats cherchant à connaître le système philosophique sur lequel s'appuyait Patanjali quand il écrivait les *Sutras*, et je me détournerai également des nombreuses subtilités qui ont sous-tendu les intérêts des philosophes et des historiens védiques depuis des siècles.

Les quatre parts* des *Yoga Sutras* sont :

1. Le *Pada Samadhi*, une liste de 51 aphorismes sur la nature de l'absorption méditative ;
2. Le *Pada Sadhana*, 55 aphorismes sur la pratique du yoga ;
3. Le *Pada Vibhuti*, 56 aphorismes sur les capacités extraordinaires, les siddhis, que l'on croise le long de la voie yogique ;
4. Et le *Pada Kaivalya*, 34 aphorismes sur la visée du yoga : la libération.

En peu de mots, les *Yoga Sutras* enseignent que, pour atteindre l'illumination, on doit maîtriser principalement deux compétences : la première est le détachement (*vairagya* en sanscrit) et la seconde

* On ne connaît pas avec certitude le nombre de sutras et même le nombre de livres (*padas*) dans les *Yoga Sutras* originaux.

est l'absorption à travers un état de méditation profonde appelé *samadhi*.

LE PADA SAMADHI

Le tout premier sutra est un exemple de concision : « Le pada samadhi I. 1. *Atha yoga-anushasanam* » que l'on traduit en « Maintenant commence l'exposition du Yoga. » C'est l'ancienne version sanscrite de tout un chapitre introductif. Cette introduction en une phrase pouvait signifier que Patanjali savait exactement ce qu'il voulait dire, si bien qu'il aiguisa chaque sutra pour le réduire à son essence profonde, ou bien, ce qui semble tout aussi probable, qu'en l'absence de l'invention de l'imprimerie, les livres devant être recopiés à la main, la concision s'imposait !

Dans le premier chapitre, Patanjali décrit la nature et la finalité du *samadhi*, un état d'absorption en méditation profonde. Etre capable d'atteindre et de maintenir à volonté le samadhi est le but ultime de la pratique traditionnelle du yoga, et la méthode de base pour le faire est contenu dans le second sutra : *Yogas-citta-vritti-nirodha*, que l'on peut traduire par « le Yoga est la modération des distractions mentales », ou « le Yoga est la restriction des fluctuations de la conscience. »[17] Quand cet état est pleinement atteint, il est accompagné d'une expérience d'immense béatitude ou d'extase. Comme le spécialiste du yoga Georg Feuerstein l'a formulé :

> Ce que toutes les branches et écoles du Yoga ont en commun [est] un état d'être, ou une conscience, qui est vraiment extraordinaire. L'une des anciennes autorités du Yoga a synthétisé cette orientation essentielle dans l'équation suivante : « Le Yoga est l'extase ». Dans ce contexte, le mot sanscrit pour « extase » est samadhi. Le mot samadhi... est composé des préfixes *sam* (similaire au Latin syn) et a, suivi de la racine du verbe *dha* (« placer, mettre ») dans sa forme féminine *dhi*. La signification littérale de ce terme est donc « placer, mettre ensemble ». Ce qui est mis ensemble, ou unifié, est la conscience du sujet et son objet ou ses objets. Le samadhi est à la fois la technique de l'unification de la conscience et l'état résultant de l'union extatique avec l'objet de la contemplation.[60] (p. 11)

Le troisième sutra est *Tada drashthuh sva rupe 'vasthanam*, ou « Alors le Voyant apparaît », ce qui veut dire que lorsque les tourbillons et les distractions de la conscience ont été correctement contenus et les distractions mentales calmées, alors le Soi transcendant apparaît.

C'est tout ce qu'il y a à faire. Simple, non ?

Hélas, ce n'est pas si facile.

N'en déplaisent aux publicités sur-vitaminées pour des programmes fascinants et des gadgets électroniques garantissant que vous saurez méditer comme un moine bouddhiste en seulement trente minutes, atteindre cet état n'est pas si simple. Comme tous les états méditatifs, le samadhi possède plusieurs niveaux de subtilités, chacun plus raffiné que le précédent. Par exemple, dans la tradition méditative bouddhiste, on peut commencer à développer les siddhis (connus sous le nom d'*abbiññas* en Pali, le langage du bouddhisme ancien) seulement après avoir maîtrisé quatre niveaux de samadhi.[150]

L'esprit de la plupart des gens est inondé par un flot de pensées, de contrariétés et de désirs. Dans cet état d'esprit fragmenté, renforcé par les nécessités de la vie quotidienne, le samadhi ressemblerait à des vacances sur une île parfumée au Valium. Le travail, la vie sociale et les violences chroniques à la télévision sont très efficaces pour étouffer la sérénité et le silence nécessaires au développement et au maintien du samadhi. C'est pourquoi lorsqu'on souhaite pratiquer sérieusement le yoga dans un ashram traditionnel (un centre de retraite), il n'y a plus de place pour les distractions habituelles. Plus de télévision, de radio, d'iPod, de téléphone portable, d'Internet, de sucre, de caféine, de nourriture épicée, de montres et, dans certains cas, plus d'échanges verbaux.

L'extase associée avec l'expérience du samadhi pourrait sembler légèrement similaire au moment fort d'une prise d'héroïne ou de cocaïne. Mais, tandis que les narcotiques arrivent à figer l'esprit dans une stupeur euphorique, il ne faut pas généralement longtemps avant que la route ne redevienne horriblement sombre, pour ne pas dire écourtée et au crochet de la société. En revanche, l'esprit entraîné à maintenir le samadhi est focalisé, calme et clair comme le cristal, et la joie qui l'accompagne ne se dissipe pas ou n'a pas un coût astronomique (autre que celui de maintenir un style de vie qui est probablement plus simple que celui que la plupart des Occidentaux adoptent).

L'homme moderne et sophistiqué est prompt à associer les revendications de « béatitude » et d' « extase » aux niaiseries de newageux béats, ou à la consommation de quantités importantes de drogues psychédéliques. Mais c'est pourtant véritablement ce à quoi la pratique du yoga aspire. Il n'est peut-être pas simple d'atteindre ce but aujourd'hui, mais cela ne l'était pas plus du temps de Patanjali. Pourtant, les sages insistent sur la possibilité de l'atteindre, et des exemples historiques et contemporains confirment que c'est possible. Ces personnes sourient et rient bien plus que la normale. Leur santé est éclatante et leur générosité irradie. Doit-on se méfier d'eux ?

Ils ont été transformés au point de s'extraire de l'ordinaire, et cela se voit.[151] Comme William James l'a écrit dans *Les formes multiples de l'expérience religieuse* :

> Le yogi, ou le disciple qui a par ces moyens suffisamment dépassé les obscurcissements de sa nature inférieure, entre dans un état appelé samadhi, et se retrouve nez à nez avec des faits que l'instinct et la raison ignorent.[83] (p. 293)

Malgré son ineffabilité, cette expérience profonde a fait l'objet de nombreux écrits du fait de sa nature si remarquable. Selon le philosophe du mysticisme Robert Forman :

> Dans ces brefs moments, la conscience ne contient rien de particulier, mais elle persiste tout de même. Aucune pensée sur rien du tout, aucune sensation ou perception, la conscience est tout simplement livrée à elle-même. Et parce qu'il n'y a pas conscience d'un objet, nous pouvons décrire ce qu'est la « structure » de l'expérience de tels moments comme si la conscience n'avait aucune relation entre elle et ses objets : la conscience seule, sans contenu. Mais la seconde structure est bien plus complexe et intéressante. Car il s'agit du premier changement permanent, de la première étape de l'illumination... La conscience se perçoit désormais elle-même et en elle-même, à la fois distincte et témoin de tout ce qu'on voit et de tout ce qu'on fait. (p. 70)

LE PADA SADHANA

Le second livre des *Yoga Sutras* décrit la pratique du yoga. Le but de cette pratique est de briser toutes les habitudes destructives qui distraient l'esprit et engendrent la souffrance. Patanjali décrit une méthode* connue sous le nom d'*ashtanga*, ou voie octuple.

La VOIE 1 est le *Yama*, la restriction de tout comportement nuisible, ou les mises en garde contre les comportements à éviter. Cela inclut la violence, l'offense, le mensonge, le vol, la luxure, la cupidité, et défend en général l'adoption d'un comportement éthique et vertueux.

La VOIE 2 est le *Niyama*, le développement d'un comportement bénéfique, ou ensemble de directives sur les comportements à encourager. Cela comprend la propreté, l'austérité, la gratitude, le contentement, et l'implication disciplinée dans une pratique de focalisation, de dévotion et d'étude de soi.

La VOIE 3 est l'*Asana*, le développement des postures physiques. Elles sont conçues pour assister l'esprit et le corps dans leur relaxation, à travers le développement de la force, de la stabilité et de la souplesse. Le but des asanas est de préparer le corps à subir les rigueurs de la méditation de longue durée tout en restant dans un état confortable.

La VOIE 4 est le *Pranayama*, les techniques de respiration consciente. Ce sont d'autres facultés de l'esprit s'appuyant sur la focalisation, qui viennent donner de l'énergie au corps.

La VOIE 5 est le *Pratyhara*, le retrait des perceptions sensorielles ordinaires et l'attention limitée à un seul objet. Restreindre son attention libère la possibilité de se concentrer sur des objets internes, favorisant encore davantage la tranquillité de l'esprit.

La VOIE 6 est la *Dharana*, l'élaboration d'une concentration constante et soutenue. La racine du mot *dhri* dans *dharana* signifie « tenir » : on doit focaliser son attention sur un seul objet de la pensée. Ce type de concentration est similaire à ce qui est vécu lors de travaux intellectuels intensément focalisés.

La VOIE 7 est la *Dhyana*, le développement de niveaux prolongés de concentration sur un objet, avec une absorption plus profonde et

---

* Cela ne doit pas être confondu avec le yoga Ashtanga, un style de yoga populaire développé par Sri K. Pattabhi Jois. See www.ashtanga.com pour les détails.

une capacité d'alerte encore mieux maintenue. On s'y réfère parfois comme étant ce qu'on appelle communément la méditation.

La VOIE 8 est le *Samadhi*, l'unité ou l'absorption mystique dans l'attention portée sur un objet. Dans cet état, les distinctions entre le sujet et l'objet se dissolvent et il « devient » l'objet de la méditation. La conscience est fréquemment décrite comme extatique. C'est donc un état de super-conscience accompagné par un plaisir intense mais non-sensuel.

LE PADA VIBHUTI

Le troisième livre décrit les siddhis, les pouvoirs supernormaux qui résultent d'une pratique consacrée au yoga. En 56 sutras concis, les siddhis sont présentées comme les effets collatéraux naturels de l'acquisition d'une maîtrise d'un état méditatif raffiné connu sous le nom de *samyama*. Le samyama implique l'expertise combinée dans les trois dernières étapes de la voie octuple, la *dharana* (concentration), la *dhyana* (méditation) et le *samadhi*, le tout pour un même objet sur lequel porte l'attention.

Les siddhis sont décrites sans tambour ni trompettes et de manière très factuelle, simplement comme des repères qu'on doit s'attendre à trouver sur sa route lorsqu'on suit la voie du yoga. Avant l'avènement récent de l'autorité de la science, les siddhis ne faisaient même pas l'objet de controverses. Elles étaient acceptées comme des faits établis, tout comme de nombreux autres types de miracles qui font partie du credo de plusieurs religions d'aujourd'hui. Mais parce que les théories scientifiques ont supplanté les doctrines religieuses en tant qu'arbitre de la vérité dans le monde moderne instruit, et parce que la science n'a pas encore développé d'explications théoriques pour de tels phénomènes, cela crée un conflit, comme le remarque Georg Feuerstein :

> Les étudiants actuels ont tendance à rejeter la dimension magique du yoga, mais c'est pourtant une facette à part entière de l'expérience yogique. Pourquoi Patanjali aurait-il dédié tout un chapitre aux pouvoirs paranormaux (siddhis) dans son Yoga-Sutra si cela n'avait pas été le cas ?... Ces pouvoirs sont un sous-produit naturel de la pratique de méditation des yogis. Toutefois, comme

> l'observe Patanjali dans son Yoga-Sutra (III. 37), ils ne sont des *accomplissements* que du point de vue de la conscience égotique.[60] (p. 40)

Bien que le développement des siddhis résultant de la pratique de samyama soit une part importante du développement du yoga, ce n'est pas une affaire banale, même pour les yogis expérimentés. Comme l'affirma Swami Rama,

> La science du raja yoga enseigne le *samyama* – la transformation intérieure à travers *la concentration, la méditation et le samadhi*. Durant cet entrainement, j'ai découvert que sans vivre dans le silence durant un temps considérable, il n'était pas possible de maintenir un état profond de méditation.[145] (p. 3518)

Dans le monde d'aujourd'hui, peu d'entre nous ont la passion et les ressources nécessaires pour vivre dans un silence complet durant de longues périodes de temps, pas plus qu'il n'y a de gens naturellement talentueux capables de maintenir le samyama à volonté tout en étant assez chanceux pour n'avoir aucune autre responsabilité dans la vie. L'image stéréotypée du saadhu (homme sacré) portant un pagne dans l'austérité d'une grotte de l'Himalaya n'est pas très loin du type de contexte qui serait nécessaire afin d'acquérir l'expertise des siddhis. Et même si quelqu'un a le temps, les ressources et le talent, Patanjali avertit qu'il y a une autre condition, comme l'explique Swami Rama :

> Le troisième chapitre des Yoga Sutras décrit plusieurs méthodes pour atteindre les *siddhis* [pouvoirs], mais ces siddhis créent des écueils dans la voie de l'illumination. Une personne sur des millions possède effectivement des siddhis, mais je trouve que de telles personnes sont souvent cupides, égoïstes et ignorantes... Les miracles réalisés par le Bouddha, le Christ et d'autres grands sages étaient spontanés et avaient un but précis. Ils n'étaient pas réalisés pour des motifs égoïstes ou pour faire sensation.[145] (p. 854)

Dans le prochain chapitre, nous allons explorer les descriptions des siddhis de façon plus détaillée. Pour l'instant, il est important de garder en tête que parmi les yogis expérimentés qui connaissent l'existence des siddhis pour y avoir été exposés directement, il y a également cette connaissance de leur rareté, de leurs aspects séduisants et de la possibilité de les réfuter, ce qui ne manque pas d'arriver. Cela veut dire que les préoccupations quant aux fraudes en matière de paranormal – qui sont aujourd'hui partagées avec les illusionnistes professionnels et les sceptiques – ne datent pas d'hier.

Il est bien connu que certains vont chercher à tirer avantage de talents paranormaux mineurs pour convaincre d'autres de leurs plus grands accomplissements ou de leur illumination. C'est ainsi que naissent les sectes.

Puisque les siddhis sont séduisantes, les sages n'ont cessé de nous rappeler de prendre du recul et de ne pas s'attarder sur elles, car, au final, ces facultés sont uniquement le reflet de la nature holistique de l'univers. Et surtout ils ne disent rien sur nos accomplissements spirituels, comme l'explique à nouveau Swami Rama :

> Ces pouvoirs n'ont rien à voir avec la spiritualité... Parfois les pouvoirs paranormaux se développent ; vous pouvez commencer à prédire l'avenir des personnes autour de vous, à connaître des choses. Tout ceci n'est que distractions. Ne leur permettez pas d'obstruer votre cheminement. Trop de gens, y compris des swamis, ont perdu du temps et de l'énergie à cause de telles distractions. Ceux qui veulent développer des siddhis peuvent le faire et pourront alors réaliser quelques prodiges surnaturels ; mais l'illumination est tout autre chose. (p. 873)

LE PADA KAIVALYA

Le dernier livre des *Yogas Suatras* est intitulé *Le pada kaivalya*, ou livre de la libération. En 34 sutras, Patanjali décrit le *moksha*, l'état essentiel de liberté qui est le but ultime du yoga.* Ce type de liberté fait référence à ce qui arrive lorsque l'esprit perd son ancrage dans le monde des apparences pour éprouver le monde tel qu'il est, sans l'illusion de séparation, sans les hiérarchies artificielles et sans les abstractions dualistes.

Plusieurs écrits poétiques tentent de rendre compte de cet état de conscience élargi, mais au final les descriptions verbales sont inadéquates, si bien que toutes ces tentatives laissent un goût inévitable de superficialité et beaucoup de place pour les interprétations culturelles. Les mots ne font que renforcer les oppositions binaires et l'impression de séquences temporelles, alors que le monde tel qu'il

* Ce que je présente est l'interprétation « impersonnaliste » de la libération. Il y a d'autres philosophies qui considèrent le *moksha* comme une libération et une communion avec le soi universel tout en conservant la personnalité individuelle.

est décrit par les mystiques tout au long de l'histoire n'a pas cette apparence. D'un autre côté, les mots *sont* de puissants indicateurs pour saisir des idées (d'où ce livre), dès lors peuvent-ils parfois, avec les bons mots dans le bon contexte, nous ouvrir les portes des intuitions mystiques.

Résumé

Les *Yoga Sutras* de Patanjali saisissent le cœur de la tradition yogique telle qu'elle a été pratiquée et transmise oralement durant des millénaires. La moitié de ce livre discute de phénomènes qui défient notre représentation de la réalité. Le langage d'aujourd'hui est tellement dominé par les aspects sensoriels du monde objectif que lorsque nous abordons des concepts issus des profondeurs de la subjectivité, des concepts pénétrés de supernormal ou subtilement évocateurs de la libération de l'esprit, nous sommes réduits au silence ou tout simplement incapables d'apprécier ces textes comme étant autre chose que de la poésie.

Bon, assez parlé de l'ineffable. Maintenant, regardons plus en détail ce qu'il en est des siddhis.

7

LES SIDDHIS

Toute l'histoire des sciences nous montre que lorsque des scientifiques bien éduqués, quelque fut leur âge, ont rejeté les faits présentés par d'autres chercheurs en s'appuyant sur des préjugés quant à leur absurdité ou leur impossibilité a priori, l'avenir s'est toujours chargé de leur donner tort.

Alfred Russell Wallace

LES YOGAS SUTRAS FOURNISSENT une taxonomie des pouvoirs supernormaux et un moyen de les acquérir. Aujourd'hui, nous serions tentés de classer la plupart des siddhis comme étant des formes de phénomènes parapsychologiques ou psi. Ceux qui n'entreraient pas dans cette catégorie seraient plutôt des moyens précis pour contrôler la relation entre le corps et l'esprit.

LE SAMYAMA

Patanjali a écrit que les siddhis étaient atteints lorsqu'étaient maîtrisés les trois dernières étapes de la voie octuple : la capacité à maintenir à volonté et simultanément la concentration, la méditation et le samadhi. « Maintenir » dans ce contexte signifie rester focalisé, inébranlable, profondément absorbé dans un état méditatif – tout le contraire des bavardages mentaux des obsessionnels – et cela *indéfiniment*, si c'est ce qui est souhaité.

En sachant que les débutants en méditation seront satisfaits s'ils arrivent à se focaliser durant dix secondes, être capable de faire la même chose pendant quinze minutes tiendra déjà de l'incroyable ; tenir des heures sera dès lors parfaitement incompréhensible. Mais c'est le niveau de contrôle mental requis pour exercer les siddhis sur demande.

Et ce n'est que le commencement. Dans le *Pada vibhuti*, livre III des *Yoga Sutras*, Patanjali écrit que si le samyama paraît spécial pour le non-initié, il est plutôt vulgaire par rapport à l'état que vous visez. Une traduction du Sutra III.8 est : « En comparaison à la visée finie et déliée de l'illumination, le samyama doit être considéré comme un aspect périphérique et grossier. »18 En d'autres termes, marcher sur l'eau est trivial comparé à ce que vous voulez véritablement acquérir, à savoir l'état appelé *nirbija samadhi*, ou samadhi sans atténuation.

Afin d'empêcher nos têtes d'exploser en tentant d'imaginer la pratique intensive et les aptitudes requises pour atteindre ces états, retournons à la pratique « relativement simple » du samyama. Ce faisant, nous prenons le parti de croire qu'après des millénaires d'exploration, d'affinement et de discussion de ces techniques, les praticiens expérimentés du yoga sont bien parvenus plus loin que ce que la science actuelle est capable de confirmer, mais qu'il nous faut nous arrêter à cette frontière.

Dépendamment de la nature de l'objet dans lequel on s'absorbe durant le samyama, différentes siddhis sont censées se produire. Cela n'a rien à voir avec quelques incantations magiques, mais serait la conséquence naturelle de la fusion avec l'objet vers lequel se concentre l'attention. Par exemple, si on se focalise sur une autre personne, lors du samyama on *devient* cette autre personne. La siddhi qui émergerait serait assimilable à ce que nous appelons la télépathie.

Dans la série de science-fiction *Star Trek*, on trouve une illustration de cette pratique lorsque le Vulcain fusionne sa conscience avec celle d'une autre personne. La télépathie se produit lors de la fusion des consciences (et lors des siddhis) non pas parce que des pensées sont transmises d'un esprit à un autre, mais parce que lorsque vous êtes dans le samyama, votre esprit brise l'illusion de séparation qui vous faisait croire à la distance entre vous et l'autre. Dans ces états profonds d'absorption fusionnelle de l'esprit (ou « communion »), que l'on soit yogi ou Vulcain, nous entrons dans le royaume de la réalité holistique. Vous n'êtes plus deux personnes, mais une seule. Le génie de *Star Trek* réside dans le fait que seuls des Vulcains sans passion, hyper-rationnels et capables d'une focalisation intense sont capables d'atteindre cet état, et pas les humains dont l'attention est défectueuse et les émotions incontrôlées.

Dans le samyama, on peut aussi se focaliser sur le processus du temps, du changement et de la transformation. La siddhi qui se manifesterait alors correspond à la perception simultanée du passé, du présent et du futur. L'idée que le présent contient le passé est très commune ; on appelle cela la mémoire. L'idée que le présent est également influencé par le *futur* semble un peu plus étrange, mais cette conception quasi-téléologique s'accommode plutôt bien de la physique d'aujourd'hui.[153] Par exemple, dans la théorie quantique, la théorie selon laquelle le présent est contraint à la fois par le passé *et* par le futur suscite le respect, mais cela va même désormais plus loin avec la publication en 2012 dans la revue *Nature Physics* de preuves expérimentales de ce phénomène[154]. Or, ceux qui sont à l'origine de cette conception ne sont pas des mystiques. Parmi eux se trouve Yakir Aharonov, lauréat de la médaille scientifique nationale aux Etats-Unis en 2010, et considéré comme l'un des plus grands théoriciens de la physique quantique au monde.[155, 156]

Le futur qui influence le présent ? Cela peut paraître bizarre, mais qu'est-ce qui ne l'est pas dès qu'on met un pied en dehors du monde de tous les jours pour pénétrer les profondeurs intérieures ou les limites extérieures de la réalité ? De la même manière, les siddhis semblent s'opposer au sens commun, mais cela est largement dû au fait qu'elles émergent des profondeurs de la conscience, bien au-delà des sens ordinaires.

UNE TAXONOMIE

Environ 25 siddhis sont listées dans le troisième livre des *Yoga Sutras*. Ce nombre est difficile à préciser car ces facultés peuvent être interprétées de différentes façons, avec certaines qui se recoupent. Mais il est possible de situer toutes les siddhis comme des variations au sein de trois catégories de base :

1. Un contrôle psychosomatique EXCEPTIONNEL
2. La CLAIRVOYANCE, capacité à acquérir des connaissances sans les limitations ordinaires de l'espace et du temps, et sans l'usage des sens ordinaires ; dans laquelle nous faisons donc aussi entrer la précognition et la télépathie
3. La PSYCHOKINESE ou interaction esprit-matière, la capacité de l'esprit à influencer directement la matière

Quinze des siddhis tombent dans la catégorie de la clairvoyance, quatre dans celle de la psychokinèse et six dans celle du contrôle psychosomatique. Les siddhis listées ici sont rangées selon leur ordre d'apparition au sein des *Yoga Sutras* :

Pada III. Sutra 16 (que nous abrègerons par la suite en III.16 pour les sutras suivants). *La connaissance du passé, du présent et du futur*, résultant du samyama sur la nature du changement. C'est de la *clairvoyance* à travers le temps, communément appelée *précognition* lorsque l'information obtenue provient du futur, ou *rétrocognition* quand elle est située dans le passé (et n'est pas un simple souvenir).

III.17. La connaissance de la signification des sons produits par toutes les choses vivantes, résultant du samyama de la « troisième oreille » ou du concept de son, de mots ou d'écoute. Cela peut être interprété comme une forme de clairvoyance ou de télépathie qui s'étend au-delà des esprits humains pour inclure les animaux, les insectes et autres espèces. On la connaît plus généralement sous le nom de clairaudience.

III.18. La connaissance des vies antérieures et des futures naissances, résultant du samyama des tendances latentes ou héritées. C'est une clairvoyance sur un aspect de la conscience qui n'émerge pas du corps et se maintient même après la mort du corps. Une siddhi similaire est décrite dans le *pada sadhana* II.39, et traduite ainsi : « Quand la non-cupidité est confirmée s'éclaire le comment et le pourquoi de notre naissance. »[17]

III.19-20. La connaissance des esprits, résultant du samyama sur son propre esprit ou celui d'une autre personne, tous deux appartenant au même esprit universel suivant une perspective holistique. Nous appelons cela la télépathie.

III.21. La disparition du corps à la vue des autres, qui résulte de l'observation du corps par l'œil intérieur. Ce phénomène est parfois traduit comme le pouvoir de l'invisibilité, car l'aphorisme sanscrit contient des mots suggérant une « suspension de la projection vulgaire ou limitée du corps ». Mais il peut également être interprété comme la capacité à percevoir des aspects du corps qui sortent du champ limité des sens ordinaires. En d'autres termes, nous pouvons soit l'interpréter comme de la clairvoyance, soit comme de la psychokinèse.

III.22. La préscience de la naissance, des blessures et de la mort, résultant du samyama des séquences d'événements dans le passé ou le présent d'un individu. C'est à nouveau une forme de clairvoyance.

III.23. L'amour bienveillant pour tout, résultant du samyama de la convivialité, de la compassion ou de la joie sympathique. On peut le comprendre comme étant un phénomène de contagion émotionnelle où une personne imprégnée de joie provoque des sentiments similaires chez d'autres personnes. On peut la voir comme une forme de psychokinèse non-intentionnelle ou prenant la forme d'un champ.

III.24. La force extraordinaire, résultant du samyama sur le concept de force physique (l'aphorisme mentionne spécifiquement la force d'un éléphant, qui est sans doute la créature la plus forte dans le monde de Patanjali), mais qui peut aussi porter sur la force mentale, morale ou spirituelle. Cela peut être interprété comme une forme exceptionnelle de contrôle psychosomatique ou l'effet d'une interaction esprit-matière. Le Swami Satchidananda résume cette siddhi avec ce commentaire : « Vous pouvez vous alléger ; vous pouvez vous rendre plus lourd. Tout cela s'obtient par le samyama. Faites-le, essayez-le. De belles choses vont se produire » (p. 188).[17]

III.25. La connaissance à distance, résultant du samyama de la « lumière intérieure », qui correspond au « corps subtil » ou au « corps de lumière » dans la terminologie ésotérique occidentale. Cette siddhi inclut la connaissance des objets cachés ou clairvoyance.

III.26. La connaissance de l'univers extérieur, résultant du samyama du principe solaire, qui pourrait inclure le soleil en tant que corps planétaire, ou le concept de plexus solaire, l'un des principaux centres « d'énergie subtile » ou de chakras dans le corps humain. Une traduction plus détaillée de cette siddhi nécessiterait une digression majeure sur les conceptions ésotériques yogiques où les aspects physiques ou plus subtils du corps humain sont cartographiés en miroir d'éléments cosmiques. Ce symbolisme dépasse le cadre du présent livre, c'est pourquoi nous nous contenterons d'interpréter cette siddhi comme de la clairvoyance des objets ou des systèmes macroscopiques.

III.27-28. La connaissance de l'univers intérieur, résultant du samyama sur le lunaire ou principe *chandra*, ou encore sur le « pôle étoilé ». De même qu'avec la précédente siddhi, pour éviter de disperser votre attention sur des sentiers ésotériques que la science ne peut pas évaluer, nous allons interpréter cette siddhi comme une clairvoyance sur les objets et les systèmes microscopiques.

III.29. La connaissance de la composition et de la coordination des énergies corporelles, à travers le samyama du chakra du nombril ou chakra *manipura*. Cette siddhi peut être interprétée comme une connexion exceptionnelle entre l'esprit et le corps, ou comme une capacité d'auto-guérison.

III.30. La libération de la faim et de la soif, à travers le samyama sur le gosier. Cette siddhi est connue sous le nom d'inédie dans la tradition catholique, ou de façon plus populaire en tant que respirianisme (vivre uniquement par la respiration, sans manger et, dans les cas extrêmes, sans boire).

III.31. Stabilité, équilibre et santé exceptionnels, à travers le samyama sur le *kurma nadi*, la base de la langue. Cette siddhi fait référence à la connaissance du corps et de l'esprit menant à une santé ou une auto-guérison exceptionnelle.

III.32-36. La vision d'êtres supérieurs, la connaissance de tout ce qui est connaissable, la connaissance des origines de toutes choses, la connaissance du vrai soi, à travers le samyama du sommet de la tête, de l'intuition, du cœur spirituel, du soi ou de la nature de l'existence. Ces siddhis sont des formes raffinées de clairvoyance.

III.37. Des siddhis qui semblent supernormales, mais sont en fait normales. Il ne s'agit donc nullement de la description d'une siddhi mais plutôt d'une mise en garde afin d'éviter de considérer les siddhis comme des phénomènes non-naturels ou supernormaux, car cela pourrait constituer un motif de distraction gênant le maintien et l'approfondissement du samadhi.

III.38. L'influence sur les autres. Cette siddhi suggère qu'un yogi très accompli qui pratique déjà les autres siddhis peut non seulement savoir qui sont les autres, mais aussi savoir comment les influencer. Le lien est fait avec le concept de *shaktipat*, la capacité de transmettre de l'énergie spirituelle aux autres à travers le regard ou la présence. Dans le jargon de laboratoire, ce phénomène est connu sous l'expression « interaction mentale à distance sur des systèmes vivants ». Il pourrait être interprété comme une sorte d'effet de champ lié à l'état mental rare que le yogi incarne, agissant comme un phare rayonnant qui influence quiconque se trouve aux alentours. Cette siddhi est aussi reliée au sutra décrit dans le second livre des *Yoga Sutras*, le *pada sadhana*. La traduction du Sutra II.35 donne : « En présence d'un seul qui s'est fermement établi dans la non-violence, toute hostilité cesse. »[17]

III.39 et 42. La lévitation, à travers le samyama de la sensation de luminosité. Cette siddhi est censée permettre au yogi de flotter, planer, voler ou marcher sur l'eau. On pourrait l'interpréter comme une forme supérieure de psychokinèse.

III.40. L'éclat flamboyant, à travers le samyama du « feu intérieur » ou de l'énergie intérieure. Il a été interprété de diverses manières, tantôt comme la possession d'un charisme exceptionnel, tantôt comme une capacité digestive exceptionnelle permettant d'ingurgiter des quantités astronomiques de nourriture et de résister aux substances toxiques sans séquelles, ou enfin comme un contrôle exceptionnel sur les énergies corporelles. Nous interpréterons cette siddhi comme une forme exceptionnelle de contrôle psychosomatique.

III.41. La clairaudience, à travers le samyama de la zone derrière l'oreille. Cette siddhi permet d'entendre les « conversations des illuminés, les conversations mentales subtiles des autres personnes, la musique céleste et permet aussi de recevoir des messages, qu'on soit éveillé ou endormi, comme s'ils étaient dits ou murmurés, même sans passer nécessairement par le canal des ondes sonores. »[18] En d'autres termes, c'est une forme raffinée de clairvoyance ou de clairaudience.

III.43. La libération de la conscience du corps et des attachements temporels. Elle pourrait être interprétée comme un état de perception depuis l'extérieur du corps, ou comme une forme de clairvoyance.

III.44-45. La maîtrise des éléments, à travers le samyama sur les éléments, permettant la manipulation de la matière, dont la taille, l'apparence et l'état du corps. Des variantes de ces capacités comprennent l'exécution de tout désir, la création ou la destruction de manifestations matérielles ; c'est une version très pure de la psychokinèse.

III.46. La perfection du corps. Elle peut être comprise comme un mélange de contrôle psychosomatique exceptionnel combiné avec de la psychokinèse. Cela se manifesterait dans des cas extrêmes comme une extension illimitée de la vie, l'incorruption du corps après la mort physique* et peut-être le « corps arc-en-ciel » dans la tradition tibétaine, qui correspond à un corps qui ne se désintègre pas mais s'estompe lentement en se transformant en lumières colorées.

Cette liste comprend les siddhis classiques de Patanjali ; des variantes de ces superpouvoirs sont également décrites dans des textes mystiques d'autres traditions. C'est le cas de la bilocation (la capacité à apparaître simultanément dans plusieurs lieux) ; la faculté de se mouvoir très rapidement et de couvrir des grandes distances en un temps réduit ; la capacité à conserver une chaleur corporelle

* L'incorruption signifie, dans ce contexte, que le corps ne va pas se dégrader. Il y a un nombre surprenant d'exemples où ce phénomène est censé s'être produit.

confortable dans des lieux à la température extrêmement basse ; la capacité à suspendre sa respiration ou à hiberner indéfiniment ; la capacité à transférer des siddhis à d'autres individus ; la capacité à ne pas subir de blessures par le feu ; et la capacité à modifier la météo.

DANGER, DANGER

Avant que nous commencions notre examen scientifique des siddhis, il faut remarquer que Patanjali et les autres ont particulièrement insisté sur les dangers qu'il y avait à s'attarder sur les siddhis. Patanjali donne dans le Sutra III.51 un avertissement qui peut être traduit ainsi :

> Eviter les invitations à vous afficher ou à vous identifier avec n'importe quel accomplissement du yoga, y compris les siddhis, même si vous y êtes invités par une personne respectable, car cela pourrait renforcer votre impression d'avoir un soi distinct, ce qui vous conduira à l'égoïsme, à la fierté, à l'arrogance et finira par devenir un obstacle supplémentaire dans votre développement spirituel.[18]

Ce piège peut se manifester de diverses manières. Si la fierté ou la cupidité personnelle rendent séduisant le défi permanent de prouver l'existence de telles facultés face à des sceptiques, en utilisant par exemple les capacités paranormales pour remporter un prix, alors le pouvoir nourri par cette séduction est propre à corrompre les principes éthiques qui forment les toutes premières leçons de la voie octuple. Cette « corruption par le pouvoir » est une vérité inévitable dans les affaires humaines, et les conséquences de cette chute sont très profondes dans ce cas précis, car il détourne de la visée supérieure de l'illumination qui requiert bien plus de discipline que n'en implique le seul développement de la clairvoyance. Même s'il n'en découle pas une identification personnelle avec la siddhi, qui pourrait rester attribuée à la puissance de l'enseignant ou du lignage, le dégât est fait.

Cela signifie que, dans la perspective de la recherche scientifique, il va devenir exceptionnellement difficile de trouver des personnes qui développent ces états rarissimes *et* qui acceptent d'en faire la démonstration, car elles ont paradoxalement gravi les échelons précisément en *ne* démontrant *pas* ces pouvoirs en public. Concrètement, lorsque j'ai demandé à des yogis visiblement expérimentés de participer à des tests en laboratoire, il fut extrêmement rare qu'ils acceptent de le faire. Généralement, ils s'en sortaient remarquablement bien, mais lorsque je leur demandais *comment* ils avaient fait, ou s'ils pouvaient le refaire, ils me regardaient en souriant.

Heureusement, les siddhis ne sont pas une affaire de tout ou rien. Ce ne sont pas des manifestations instantanées qui surgissent de nulle part, mais plutôt des formes stables d'effets plus faibles que certaines personnes parviennent à démontrer une partie du temps. Si tel n'avait pas été le cas, la science n'aurait jamais rien pu apprendre sur les siddhis.

LA PREUVE ?

Une plainte récurrente à propos des siddhis peut se résumer ainsi : si la science a étudié ces phénomènes de façon systématique depuis plus d'un siècle, alors elle est sûrement parvenue à conclure à ce sujet, dans un sens ou dans l'autre. Si l'existence de ces superpouvoirs demeure une question controversée, cela ne peut indiquer qu'une chose : les siddhis n'existent pas.

Cela semble logique au premier abord, jusqu'à ce qu'on s'intéresse un peu plus à l'histoire des sciences. Dans une perspective historique, ce genre de critiques n'est qu'une manifestation d'impatience. Prenons par exemple le cas du magnétisme.[157] L'une des premières tentatives connues d'étude du magnétisme dans un cadre scientifique fut réalisée en 1269. Jusqu'alors, tout le monde considérait le magnétisme comme un phénomène magique. Mais Peter Peregrinus, qui avait servi dans l'armée du roi de Sicile, considéra les choses sous un angle différent. Il décida de mettre sur papier toutes les connaissances de l'époque concernant la magnétite (un minerai naturellement magnétique) et sur les instruments susceptibles de l'employer.

Trois cent ans plus tard, le scientifique britannique William Gilbert releva à son tour le défi d'expliquer rationnellement le magnétisme. Mais un autre siècle fut encore nécessaire avant que les scientifiques ne commencent à penser d'une autre manière le fonctionnement du magnétisme.* Et même parvenus là, il fallut encore inventer des concepts mathématiques particulièrement abstraits pour que des forces invisibles comme le magnétisme puissent être décrites, et la vérité est qu'aujourd'hui encore on ne comprend toujours pas *fondamentalement* ce qu'*est* le magnétisme. Nous avons appris quelques astuces pratiques permettant de décrire le comportement du magnétisme dans certaines circonstances, et nous avons su fabriquer des machines pour tirer avantage de ce savoir. Mais c'est tout.

Quoi qu'il en soit, cela prit la moitié d'un millénaire pour que la science apprenne suffisamment de choses sur le magnétisme pour pouvoir en faire un usage pratique et, contrairement au psi, le magnétisme est facile à démontrer. De la même manière, les physiciens ont développé des modèles pour décrire comment la gravité fonctionne, mais nous ne comprenons toujours pas exactement ce que c'*est*. Même après des décennies de recherche intensive, répartie sur une dizaine de milliers de scientifiques, financée par des milliers de milliards de dollars, nous ne comprenons pas comment guérir le cancer. Et personne n'a la moindre petite idée de ce qu'est la conscience, alors que c'est la première et la seule chose dont nous avons une connaissance directe.

En somme, étant donné le nombre pratiquement infini de mystères dans l'univers qui restent à déchiffrer, et au vu des quelques babioles qui forment l'ensemble de notre savoir actuel, il est étonnant que quelqu'un puisse encore attendre d'un siècle de recherches saccadées une compréhension déjà complète du psi et des siddhis. Des progrès ont été faits, mais nous n'en sommes encore qu'au début.

* Au sens où une grande partie de la physique et probablement toute l'ingénierie porte sur des descriptions pragmatiques et des modèles. Lorsqu'on en vient à expliquer exactement ce qu'est le magnétisme – son essence, comment et pourquoi il existe – les réponses ne peuvent être exprimées qu'avec des modèles mathématiques qui sont des approximations du monde réel. Au niveau le plus fondamental, la nature reste profondément mystérieuse.

Résumé

Le troisième livre des *Yoga Sutras* décrit les capacités supernormales en des termes concrets. Les siddhis sont présentées non pas comme des dons magiques ou divins, dont seraient dotés quelques chanceux, mais comme les conséquences naturelles d'une pratique intense de la méditation. La plupart de ces capacités seraient aujourd'hui considérées comme des variantes des pouvoirs parapsychologiques, principalement des formes de clairvoyance. Mais certaines des siddhis étirent notre vision du possible jusqu'à la faire rompre. Comment devons-nous considérer de telles histoires ?

Partie

II ... À LA SCIENCE MODERNE

Il n'y a pas de source d'erreur dans l'étude de la nature
qui puisse être comparée à la croyance
figée dans l'impossibilité de certains types de phénomènes.
William James

LES LÉGENDES AU SUJET DES POUVOIRS supernormaux sont époustouflantes, complexes et perturbantes. Certaines des siddhis qui furent revendiquées évoquent la science-fiction la moins réaliste ; alors que d'autres semblent plausibles. Devons-nous accepter ces légendes uniquement par un acte de foi ? Pouvons-nous les mesurer et les tester ?

8

LA SCIENCE ET LES SIDDHIS

SI VOUS PRENEZ LE MOT « NORMAL » comme étant caractéristique de la norme ou de la majorité, alors ce sont les gens superstitieux et ceux qui croient à la PES, aux fantômes et aux phénomènes parapsychologiques qui sont normaux. La plupart des scientifiques et des sceptiques vont grimacer en constatant un tel glissement de vocabulaire, car ils supposent que toute croyance dans un phénomène sans preuve scientifique à l'appui est ue signe de pathologie mentale et non de normalité.

Sharon Begley, Newsweek[124]

SERAIT-IL PATHOLOGIQUE de croire à quelque chose si on ne dispose pas de preuves empiriques ? Si c'est le cas, alors, selon

Sharon Begley, une personne qui professe sa foi religieuse est malade mentalement. Avec ce gant jeté à terre, il n'est pas étonnant que les théistes et les athéistes se prennent à la gorge. Chacun doit penser que l'autre est fou.

Mais quelle preuve avons-nous de l'amour d'une mère pour son enfant ? Nous savons certaines choses sur les corrélats biochimiques de l'amour, notamment la présence de l'ocytocine, dite « hormone de l'amour ». Nous pouvons également déduire la présence d'amour de l'observation de certains comportements. Mais lorsqu'il s'agit de prouver le *ressenti* d'amour, la science est aussi muette qu'une carpe. Car la science n'a pas les moyens d'objectiver strictement l'expérience subjective en première personne. Seul le « Je » peut faire cela.

Dans la citation qui ouvre ce chapitre, Sharon Begley discutait d'une autre sorte d'expérience subjective – la perception extra-sensorielle, ou PES. Comme elle le disait, l'évocation de ce sujet devant certains scientifiques déclenchait d'incontrôlables spasmes, de yeux qui roulent dans leurs orbites et des soupirs. Mais l'expression « sans preuve scientifique à l'appui » n'est en fait qu'une excuse bidon pour rejeter l'extraordinaire. Pour ceux qui ne se sentent pas menacés par les idées nouvelles, il y a une foule de preuves à examiner, comme nous le verrons. La question est de savoir comment réconcilier la réalité telle que nous la présente la science avec la tradition yogique qui semble promouvoir une toute autre histoire.

NOUS CONSTRUISONS DES SIDDHIS SUR DU ROCK AND ROLL

Avant de considérer l'étude des siddhis par des moyens scientifiques, nous devons d'abord examiner ce que la science est *capable* d'étudier. Les méthodes scientifiques sont excellentes quand il s'agit de mesurer et de modéliser le monde observable – depuis les atomes jusqu'aux étoiles, en passant par les bactéries et le comportement humain. Si nous sommes intéressés par des phénomènes dont nous voulons nous assurer avec une grande confiance qu'ils sont *réels*, et nullement des erreurs, des coïncidences ou le fruit de biais perceptuels, alors nous devons nous tourner vers les expérimentations contrôlées en laboratoire. Celles-ci n'explorent pas véritablement le monde cru et désordonné du quotidien. Elles examinent, dans des conditions généralement plus strictes, des versions artificielles du monde réel.

Dans le laboratoire, les cellules vivantes sont examinées dans des boîtes de Pétri. L'activité électrique du cerveau d'une personne est mesurée pendant qu'on lui diffuse des images présélectionnées. Dans ce cadre, on peut chercher des décalages statistiques dans les distributions de probabilité d'événements aléatoires.

Le prix à payer pour obtenir une grande confiance dans la validité de ces observations implique ainsi de cibler notre action et de définir les limites de ce que nous allons examiner. Ce faisant, les effets que nous constatons finalement en laboratoire ont tendance à être minuscules par rapport aux phénomènes observés en dehors. C'est particulièrement vrai lorsqu'il s'agit d'étudier le comportement humain spontané.

De plus, les méthodes scientifiques ne sont pas très efficaces pour mesurer des états purement *subjectifs*. Les mesures psychologiques et physiologiques nous permettent d'inférer ce qui se produit dans la conscience d'un individu et, dans une moindre mesure, dans son inconscient. Nous ne pouvons toutefois rien en savoir directement. Regarder un yogi en train de méditer, même s'il est placé au milieu de la rolls des machines scannant le cerveau, ne nous apprendra rien sur l'effet que cela fait de vivre le samadhi.

Heureusement, certaines siddhis se prêtent à une étude dans les conditions rigoureuses du laboratoire, car elles impliquent des effets qui *peuvent* être mesurés objectivement. Par exemple, nous pouvons examiner si les siddhis impliquant la clairvoyance et la précognition fournissent des informations exactes ou illusoires, nous pouvons vérifier si certains effets psychosomatiques extraordinaires sont réels, et nous pouvons étudier l'existence d'éventuelles interactions entre l'esprit et la matière.

Nous sommes toujours confrontés à des limitations importantes : il n'est pas facile de trouver des personnes aussi douées que le Bouddha acceptant de faire une démonstration de leurs dons dans le cadre d'un laboratoire. Comme nous l'avons déjà mentionné, la plupart des pratiques ésotériques mettent explicitement en garde contre toute démonstration de ces aptitudes en public. Ce qui nous oblige à mener notre étude sur trois types de personnes : ceux qui ont déjà montré un certain talent lors de précédentes performances en laboratoire ; ceux qui ont une pratique de la méditation et du yoga ; et – ce qui finit par être le cas le plus fréquent – des volontaires qui ne sont pas sélectionnés pour leurs performances, qui ne bénéficient d'aucun entraînement et n'ont pas de talents particuliers, mais qui ont la volonté et la capacité de participer à des expérimentations.

Ne pas pouvoir étudier la crème de la crème signifie que les effets que nous obtiendrons seront probablement faibles et sporadiques. D'où l'obligation de collecter une quantité énorme de données afin de rendre les résultats plus crédibles. Heureusement, il y a aussi un avantage à étudier des personnes ordinaires. Si un passant lambda qui pousse à tout hasard la porte de notre laboratoire se montre capable d'avoir des résultats faibles mais positifs à nos tests, cela viendrait indiquer que les siddhis font partie d'un spectre de facultés qui sont largement réparties dans la population. Il sera bien plus facile d'accepter la réalité d'une siddhi si elle se révèle être inscrite dans le potentiel humain de base plutôt que tester une aptitude idiosyncrasique extrême, possédée uniquement par une poignée de personnes dans le monde.

Je soupçonne qu'il y a, parmi nous, des personnes chez qui les siddhis se manifestent déjà à un haut niveau sans qu'elles aient été obtenues par la pratique de la méditation. De même que pour les athlètes olympiques et pour les musiciens du Carnegie Hall, de tels diamants bruts sont rares. Selon mon expérience, nourrie de milliers de tests de toutes sortes de participants, j'estime qu'environ une personne sur 10 000 ou 100 000 possèdent des aptitudes exceptionnelles comparables aux siddhis traditionnelles.

LES SIDDHIS TROP FORTES POUR ÊTRE VRAIES

Nous devons aussi décider si nous prenons les descriptions des siddhis au pied de la lettre ou comme de simples métaphores. Est-ce qu'il y a un fond de vérité dans les siddhis associées à la lévitation ou à la maîtrise complète de l'esprit sur la matière ? Est-ce que certaines personnes peuvent faire apparaître des diamants sortis de nulle part sur une simple commande mentale ? Bien qu'il y ait des témoignages de tels phénomènes, non seulement dans l'histoire mais encore de nos jours chez certains gourous et sujets psi, il y a aussi abondance de falsificateurs.

J'ai testé quelques personnes qui juraient leurs grands dieux être capables de produire des effets paranormaux exceptionnellement forts. Aucune d'elles n'est parvenue à le confirmer dans les conditions du laboratoire. Cela ne veut pas dire que ces personnes mentaient éhontément ou déliraient. Pour être charitable, il ne faut pas oublier les difficultés liées à la nature fragile de ces phénomènes. Toutefois, Patanjali ne décrit pas les siddhis comme des capacités faibles ou peu fiables. Il écrit que, lorsque le samadhi est contrôlé, et que le samyama est atteint, ces choses arrivent. Elles ne seraient pas du genre à apparaître dans certaines conditions d'observation et pas dans d'autres.

Il se trouve que nous avons déjà des preuves à l'appui de deux des siddhis de taille intermédiaire qui impliquent un contrôle supernormal des connexions entre l'esprit et le corps : la capacité à élever la température du corps pour rester confortablement installé dans la neige ou la glace, sans aucun vêtement ; et la capacité à ne plus avoir à manger.

L'HOMME DE GLACE

Une tradition amusante dans les climats plus froids est le plongeon de « l'ours polaire », qui veut qu'au premier jour de l'an, des dizaines de milliers de personnes se jettent dans l'océan glacé. Cet exploit est réalisable si on ne reste que quelques minutes dans l'eau, tant que le corps reste en mouvement et que la personne parvient à ressortir rapidement. Dans des conditions normales, il est létal de s'exposer à l'eau glacée et à des températures en-dessous de zéro pendant plus de quelques minutes.

Toutefois, la pratique tibétaine de la méditation *tummo*, où *tummo* signifie à peu près « feu intérieur », cultive une connexion psychosomatique permettant de tolérer confortablement pendant plusieurs minutes, voire des heures, des températures qui tueraient toute autre personne non-entraînée. Lorsqu'on se focalise convenablement, la tradition yogique dit qu'il est possible de générer suffisamment de chaleur pour rester assis dans un froid glacé sans heurt. Cette revendication fut testée chez des moines tibétains et confirmée par Herbert Benson et ses collègues de l'Université d'Harvard.[158] Alors que cette capacité est désormais admise, le mécanisme qui la sous-tend reste un mystère.

Le mystère s'est épaissi récemment lorsque l'athlète hollandais Wim Hof commença à démontrer des versions extrêmes de contrôle sur son corps grâce à sa pratique du tummo.[100] Dans son livre, *Becoming the Iceman* (« Devenir l'homme de glace »), Hof décrit une série d'exploits de plus en plus remarquables, dont un marathon à -20° C autour du cercle polaire, pieds nus sur la neige et vêtu d'un unique short. Il détient également plusieurs records pour être resté immergé dans un grand bocal rempli de glaçons pendant une heure et quarante-quatre minutes* ; pour avoir grimpé au sommet du mont Kilimandjaro toujours vêtu d'un unique short ; et, s'il n'avait pas eu une blessure au pied, il aurait pu finir d'escalader le Mont Everest en short et sans oxygène. Une personne moyenne serait déjà morte en tentant la même chose.

Hof affirme que n'importe qui a la capacité d'apprendre à accomplir ces prouesses (mais peut-être pas la volonté). Cette forme de contrôle mental sur le corps colle avec la description traditionnelle des siddhis, par exemple avec ce que disent les *Yoga Sutras, Pada III.40* : « l'éclat flamboyant ». Les recherches entreprises avec Hof commencent à confirmer que ces formes extrêmes de contrôle psychosomatique sont même plus remarquables qu'une simple régulation de la température corporelle.

* NdT : En 2011, Hof a amélioré son propre record d'endurance dans la glace qui est désormais d'une heure et cinquante-deux minutes !

Par exemple, comme le relate le site Internet de l'Institut national de la santé aux Etats-Unis, *clinicaltrials.gov*,[159] Hof participa à une recherche au centre médical Nijmegen de l'Université Radboud aux Pays-Bas, durant laquelle il fut immergée dans de l'eau glacée pendant quatre-vingt minutes afin d'étudier les réactions de son corps aux dégâts causés par le froid extrême. Au cours d'un autre test, on lui injecta une endotoxine qui crée une réaction inflammatoire avec fièvre, frissons et maux de tête. L'inflammation dans le corps de Hof fut mesurée à travers la concentration d'hormones de stress dans son sang. L'un des auteurs de l'étude, Peter Pickkers, a résumé les résultats lors d'une interview sur le site de ScienceDaily,

> Après l'administration de l'endotoxine, l'augmentation chez Hof de la cortisol, l'hormone du stress, fut bien plus prononcée comparativement à la réaction d'autres participants en bonne santé. Nous savons que cette hormone est relâchée en réaction à une augmentation de l'activité du système nerveux autonome et qu'elle supprime la réaction immunitaire. Mais dans le sang de Hof, les niveaux de médiateurs de l'inflammation étaient bien plus bas. En moyenne, la réaction immunitaire de Hof avait diminué de 50 % par rapport à celle des volontaires sains. De plus, on observa difficilement le moindre symptôme apparenté à la grippe. Ces résultats sont définitivement étonnants.[160]

LE RESPIRIANISME

Le *respirianisme*, la pratique Qi gong du *Bigu* et le charisme chrétien de l'inédie impliquent tous la revendication que la vie reste possible même sans manger. Des revendications encore plus extrêmes affirment même qu'il n'est pas nécessaire de boire. Il est sous-entendu que le corps humain peut transmuter l'énergie ambiante en nutriments, et en cultivant cette faculté une personne pourrait vivre confortablement aussi longtemps qu'elle le veut, sans ingérer de nourriture et éventuellement sans boire le moindre liquide. Les *Yogas Sutras* décrivent cette siddhi dans le *Pada III.30* : la libération de la faim et de la soif.

Cela va à l'encontre de tout ce que la médecine connaît. Le savoir médical affirme qu'on peut tenir cinq jours sans boire, et quelques semaines sans manger. Au-delà de cela, vous mourrez. Dès lors, même s'il y a de nombreux exemples historiques de personnes vivant des années sans manger et parfois sans boire, la plupart des nutritionnistes et des biochimistes trouvent ridiculement impossibles ces phénomènes et complètement délirantes les personnes qui les revendiquent – on en compte actuellement entre une douzaine et plusieurs centaines dans le monde entier. Il se peut que certaines de ces personnes délirent. Mais le font-elles toutes ?

D'après ce que j'ai lu dans la littérature scientifique, il existe au moins deux cas contemporains qui nous obligent à nous arrêter un moment et à reconsidérer les choses. Le premier cas est celui de l'Indien sadhu Prahlad Jani. A onze ans, il dit avoir vu la déesse hindoue Amba lui apparaître et lui dire qu'il n'avait plus besoin de manger de la nourriture. Alors qu'il est âgé de 81 ans (en 2012), on dit qu'il vit dans une grotte depuis les années 1970 sans n'avoir rien mangé depuis son expérience religieuse.

Jani fut testé en 2003 et à nouveau en 2010 à l'hôpital Sterling dans une cité de l'Ouest de l'Inde, Ahmedabad, par le Dr Sudhir Shah et son équipe. Au cours du test de 2003, Jani fut surveillé en permanence pendant dix jours par l'équipe de l'hôpital et des caméras. Les résultats de ces tests semblent confirmer que Jani ne mange et ne boit rien, et cela sans que des changements drastiques ne soient observés dans son état physiologique. Dans le second test, du 22 avril au 6 mai 2010, Jani fut observé par une équipe de trente-cinq chercheurs de l'Institut indien de la défense chargé des sciences physiologiques et assimilées, ainsi que d'autres organisations.

Les résultats furent à nouveau intrigants, sans effets délétères observés sur l'état physique de Jani. Pour l'instant, aucune de ces études n'a été publiée dans une revue médicale et elles ont bien entendu généré des critiques. Les sceptiques ont émis l'hypothèse que Jani parvenait à échapper à la vigilance de l'équipe médicale et des caméras grâce à l'aide de ses disciples, en profitant pour boire et manger.[161] L'hôpital a affirmé que ce n'était pas possible du fait de la surveillance permanente qui était mise en place. En tout cas, s'il avait mangé ou bu subrepticement, il aurait eu besoin d'utiliser les toilettes et l'hôpital affirme également qu'il ne l'a pas fait. En somme, avec les quelques données en notre possession, il semble que la revendication de Jani corresponde à l'une des siddhis connues.

Le second cas est un docteur en chimie nommé Michael Werner, directeur exécutif d'un institut de recherche pharmaceutique en Suisse.[162] Dans son livre paru en 2005, *Leben durch Lichtnahrung* (traduit en français en 2008 sous le titre : « Se nourrir de lumière : l'expérience d'un scientifique »), il décrit son intérêt pour un processus de vingt-et-un jours développé par un maître spirituel australien, Jasmuheen, qui est censé permettre de faire la transition du manger vers le non-manger. Il a essayé la méthode, trouva le processus relativement facile, et affirme désormais avoir cessé de manger de la nourriture solide depuis le 1er janvier 2001. Lors d'un test d'observation de dix-jours en octobre 2004, au service de soins intensifs d'un hôpital suisse, Werner participa à un test similaire à celui de Prahlad Jani. Et comme dans le cas de Jani, les résultats n'ont pas encore été publiés. Mais ce qui change ici, c'est que Werner est un scientifique formé à l'occidentale qui est bien au courant des arguments sceptiques classiques. De plus, il est très volontaire pour participer à des expérimentations afin de comprendre ce qui se passe.

L'aspect probablement le plus curieux est que, d'un côté, les tests du respirianisme obtiennent des résultats très intrigants et que, de l'autre, la communauté scientifique semble s'en désintéresser complètement. S'il est possible de bien vivre sans manger de nourriture, cela devrait être facile à démontrer, et si cela tient la route, alors les conséquences sociales seraient ahurissantes.

Une explication de ce manque d'intérêt saisissant est que la plupart des scientifiques et des médecins orthodoxes considèrent que cette revendication est tellement absurde qu'ils n'ont pas de temps à perdre avec de telles sottises. Une autre raison est que même ceux qui ont étudié ces phénomènes et ont obtenu des résultats positifs ne sont pas de taille à se confronter aux réactions sceptiques de toute la communauté scientifique. Ils préfèrent alors se faire tout petits plutôt que de s'aliéner tous leurs collègues.

Une troisième interprétation possible serait qu'en réalité, les études avec Jani et Werner n'auraient pas véritablement trouvé de choses sortant de l'ordinaire. Pourtant, si cela avait été le cas, on peut imaginer que les équipes médicales auraient été heureuses de publier leurs résultats négatifs car cela leur aurait permis d'améliorer leur image aux yeux de la communauté scientifique. Mais ce n'est pas ce qui s'est produit.

On peut tracer un parallèle entre ce qui se passe ici et les études sur le psi. Il y a une pression sociale au sein de la communauté scientifique pour que ne soient publiés que les résultats conformes aux croyances et aux attentes conventionnelles. Il existe également une forte pression pour écarter les résultats perçus comme étant trop étranges ou trop louches. Les sceptiques aiment à répéter que si un effet psi robuste venait à être publié dans une importante revue à comité de lecture, alors les autres scientifiques s'empresseraient de reproduire l'étude, parce qu'on peut être assuré que tout le monde serait très heureux si la télépathie ou la clairvoyance était finalement bel et bien réelle.

C'est un raisonnement qui est tout à fait valable en apparence, sauf que de telles ruées vers la réplication sont extrêmement rares. Il est effectivement très important pour que la science progresse que les phénomènes inattendus soient vérifiés par d'autres chercheurs au moyen de reproductions à l'identique des protocoles. Mais la science – en particulier telle qu'elle est pratiquée dans le monde académique – donne plus de valeur au développement de nouvelles idées qu'à la reproduction de travaux anciens, si bien que cette procédure fondamentale de réplication par les pairs reste relativement peu encouragée. De plus, tenter de reproduire sérieusement le travail d'un collègue va prendre du temps et de l'énergie, et ce seront des ressources en moins à consacrer aux intérêts prioritaires du chercheur. Enfin, lorsqu'il s'agit d'effets vraiment inattendus, la plupart des scientifiques se contenteront de supposer que, de toute façon, les réplications ne donneront aucun résultat, si bien que rien ne justifie de gaspiller ces précieuses ressources.

LE YOGA, LE PSI ET LA SCIENCE

Pour visualiser ce que la science expérimentale a appris sur les relations entre le yoga et le psi, une manière commode serait d'adapter la voie octuple décrite par Patanjali. Le tableau qui figure à la page 131, réalisé par le psychologue transpersonnel

William Braud, montre ces premières connexions.[163] Pour les deux premières étapes de la voie octuple, le *yama* et le *niyama* (les disciplines éthiques et comportementales du yoga), il ne fut entrepris pratiquement aucune recherche parapsychologique, de sorte que nous ignorons si ces deux facteurs influencent la performance psi.

Pour les deux étapes suivantes, l'*asana* et le *pranayama* (les postures corporelles et le contrôle de la respiration), un petit corpus de recherches porte sur l'examen de l'influence de la relaxation, de l'hypnose et des états physiologiques sur la performance psi.[164, 165] Ce corpus suggère que ces pratiques améliorent les performances psi, probablement pour la même raison qu'elles améliorent la pratique méditative : elles réduisent le « tournoiement » mental qui distrait l'esprit.

Pour la cinquième étape, le *pratyahara* (le retrait sensoriel), il y a eu énormément de recherches en parapsychologie s'appliquant en particulier à la télépathie en rêve ou aux performances dans la condition « Ganzfeld » (un mot allemand signifiant « champ total »).[166] C'est la zone où l'on trouve le plus de connexions entre les *Yoga Sutras* et la recherche psi, ce qui s'explique par le fait que ces recherches ont été conçues avec le *pratyahara* en tête,[167, 168] même si l'expression d'usage fut « la réduction du bruit physiologique », c'est-à-dire l'apaisement du système nerveux. Un tel état est censé permettre à des « signaux » psi subtils d'être perçus malgré les agitations du système nerveux et les distractions fournies par les sens. La littérature parapsychologique conforte l'idée que le *pratyahara* améliore la performance psi.

Pour les trois dernières étapes, la *dharana*, la *dhyana* et le *samadhi* (étapes de la méditation), il existe un modeste corpus de recherches qui se concentrent sur les effets possibles sur la performance psi de diverses formes de méditation.[169, 170] Les résultats suggèrent que la méditation favorise le psi.

Champ de la recherche parapsychologique	Pratique du yoga
Relaxation Hypnose	Yama (contraintes) Niyama (observances) Asana (postures) Pranayama (contrôle de la respiration)
Etats physiologiques Télépathie en rêve Télépathie en Ganzfeld	Pratyahara (retrait sensoriel)
Visualisation en clairvoyance Visualisation en psychokinèse	Dharana (concentration)
Méditation	Dhyana (méditation)
Absorption	Samadhi (absorption)

Résumé

Est-il possible d'utiliser les outils de la science pour étudier les siddhis ? Oui, pour peu que ces phénomènes se prêtent aux mesures objectives. Certains des siddhis les plus extrêmes, telles que la capacité à ne pas manger et ne pas boire pendant des périodes de temps indéfinies, ont été étudiées à quelques reprises avec des résultats intrigants. Mais le tabou scientifique portant sur ces phénomènes limite sérieusement la possibilité de mener ces études. Pour la plus grande partie des « grandes » siddhis, le jury ne s'est pas encore prononcé. Ce n'est pas le cas pour les siddhis qui ont pu être examinées en laboratoire. Démarrons notre passage en revue des tests contrôlés en laboratoire pour la première siddhi mentionnée par Patanjali – la précognition.

9

LA PRÉCOGNITION

Yoga Sutras Pada III. Sutra 16 :
La connaissance du passé,
du présent et du futur

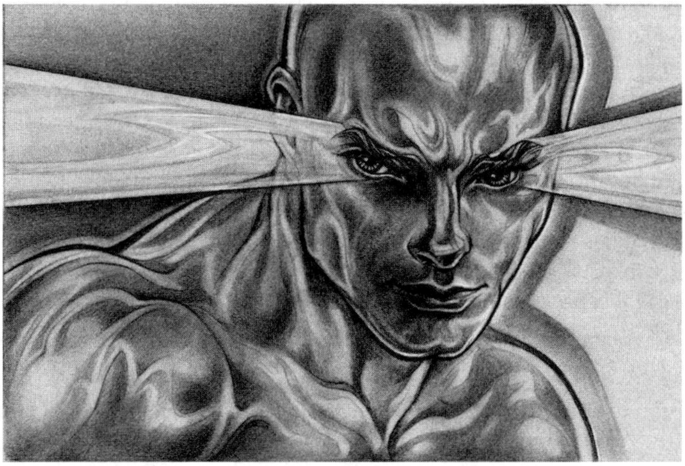

LA PRÉCOGNITION

LA PREMIÈRE SIDDHI décrite par Patanjali est la capacité de percevoir simultanément le passé, le présent et le futur. Percevoir le présent n'est pas surprenant : nous appelons cela la conscience. Se rappeler le passé ne l'est pas non plus : c'est ce que nous appelons la mémoire.

Bien que percevoir le présent ne soit pas particulièrement étonnant, l'expliquer n'est pas si simple. La conscience est l'évidence-même, sauf pour les neuroscientifiques qui essayent d'expliquer comment le cerveau – cette boule de tissus pesant à peine plus d'un kilo – parvient à prendre conscience de lui-même. Cela reste un mystère scientifique majeur, presque aussi mystérieux que ces neuroscientifiques inconditionnels qui se sont eux-mêmes convaincus que leur conscience et la vôtre n'étaient qu'une illusion.[171]

Percevoir le futur est une toute autre histoire. Certains philosophes pensent que l'acquisition d'informations sur le futur est incohérente sur le plan logique, dès lors la perception du futur – ou précognition – est tout simplement impossible. Les scientifiques, en particulier ceux qui n'ont que de maigres connaissances en physique, leur emboîtent le pas. Mais tous ne sont pas aussi certains, comme l'explique le physicien Henri Margenau :

> Etrangement, il ne semble pas possible de trouver la moindre loi ou le moindre principe scientifique qui serait explicitement violé par l'existence de [phénomènes psi tels que la précognition]. Nous pouvons trouver des contradictions entre [leur survenue] et la vision de la réalité acceptée par notre culture, mais pas – comme beaucoup d'entre nous l'ont cru – entre [cette manifestation] et les lois scientifiques qui ont été développées si laborieusement.[172]

En dépit des défis lancés au sens commun, tout au long de l'histoire, des gens ont témoigné d'intuitions, de prémonitions et de pressentiments, dont certains se révélèrent ultérieurement corrects.[173] Certaines impressions qui ressemblent à de la précognition s'expliquent mieux par des processus conventionnels comme les coïncidences, la mémoire sélective, la paramnésie, l'inférence implicite, la confabulation et la fraude.[174] Mais est-ce que *tous* les cas de préscience apparente sont explicables de la sorte ?

Tenter de répondre à cette question en nous basant sur des anecdotes ne nous amènerait pas bien loin ; les anecdotes ne valent pas grand-chose en science. Il est bien connu que les témoins oculaires ne sont pas assez fiables pour fournir des données crédibles sur des sujets controversés. Cependant, les expériences personnelles, à force d'être répétées, incitent à pousser la porte d'un laboratoire pour voir ce qu'il en est réellement.

Les expérimentations sur la précognition qui obtiennent des résultats positifs ont un effet remarquable sur certains scientifiques et philosophes : leur visage prend une teinte cramoisie tandis que leur colère se déchaîne. Pour le grand public, ces mêmes études ne sont pas aussi excitantes que ces témoignages de prémonition à faire dresser les cheveux sur la tête ; et les arguments basés sur les inférences statistiques n'ont rien de très convaincants. Et pourtant, les expérimentations donnent accès à des preuves bien plus crédibles car elles permettent d'exclure rigoureusement toutes les explications conventionnelles.

Quatre paradigmes expérimentaux servent à tester en laboratoire la possibilité d'acquérir des informations en provenance du futur dans des conditions qui excluent toute inférence logique, tout indice sensoriel et toute autre explication ordinaire. Le but de ces études est de permettre à l'expérimentateur de poser à l'avance une hypothèse claire selon laquelle, s'il y a précognition, alors l'expérimentation produira tel résultat précis, et s'il n'y en a pas, alors nous observerons un résultat différent.

LES EXPÉRIMENTATIONS À CHOIX FORCÉ

Le premier type d'expérimentation « à choix forcé » fut popularisé par Joseph B. Rhine et ses collègues à l'Université de Duke à partir des années 1930.[175] Dans une expérimentation typique, une personne peut voir cinq cartes, chacune avec un symbole différent :

une étoile, une croix, des lignes ondulées, un cercle et un carré (ou un triangle). Cet ensemble de symboles fut utilisé intensivement par Rhine dans les premiers temps de ses recherches. Ces cartes sont connues sous le nom de cartes Zener, d'après le nom du collègue de Rhine qui les a conçues, le psychologue Karl Zener.

Dans ces tests, au cours de chaque essai, le participant doit choisir l'une des cinq cartes en tentant de deviner laquelle sera sélectionnée au hasard par la suite au moyen d'un processus aléatoire. Pour parler de ces tests, on utilise la métaphore d'un jeu de tir, où le but est d'atteindre une cible en son centre. C'est pourquoi nous utilisons les mots *hit* (succès), *miss* (échec), *target* (cible) et *trial* (essai) dans le jargon commun.

Si le choix du participant est correct, alors cet essai comptera comme un succès, sinon ce sera un échec. Pour un test avec cinq cibles possibles, la chance seule devrait permettre au participant de tomber juste une fois sur cinq, c'est-à-dire dans 20 % des essais. Si après une répétition de nombreux essais, le participant a obtenu un taux de succès supérieur à ces 20 %, cela suggère qu'il a pu employer la précognition pour anticiper correctement les sélections réalisées aléatoirement dans le futur, pour peu qu'aucun indice ne facilite l'identification des cartes à venir. Des procédures statistiques très simples sont alors utilisées pour juger si le taux de succès observé est significativement plus élevé que ce qui est attendu par le hasard seul.

Les cibles dans les premières études de la précognition étaient soit des cartes Zener, soit des cartes à jouer classiques ; et le mécanisme de sélection aléatoire allait du mélange des cartes à la main au lancer de dés. Lorsque les appareils électroniques puis les ordinateurs sont devenus plus accessibles, des techniques complètement automatisées furent développées. Celles-ci permirent de sélectionner les cibles en utilisant des méthodes d'aléatoirisation basées sur des événements quantiques (qui sont considérées comme impossibles à prévoir en toutes circonstances), et également d'enregistrer automatiquement les résultats de chaque essai.

Entre 1935 et 1987, 309 expérimentations de précognition à choix forcé furent conduites par 62 chercheurs et publiées dans

113 articles parus dans des revues professionnelles à comité de lecture. Plus de 50 000 personnes ont pris part à près de 2 000 000 d'essais individuels au cours de ces études, avec un intervalle de temps entre le choix des participants et la génération des cibles futures allant de quelques millisecondes à un an.[176]

LA MÉTA-ANALYSE

Pour savoir si cette collection d'études fournit la preuve de la précognition, les psychologues Charles Honorton et Diane Ferrari ont conduit une revue de la littérature systématique que l'on appelle *méta-analyse*. La méta-analyse est un outil très commun dans les sciences de la vie, depuis l'écologie à la biologie, en passant par la psychologie et la médecine. Elle emploie des méthodes rigoureusement définies pour combiner les données de nombreuses expérimentations, en prenant toutes celles qui ont été conçues pour étudier le même phénomène sous-jacent. Cela produit au final l'équivalent statistique d'une seule étude gigantesque.

La popularité de la méta-analyse s'explique par le fait que les systèmes vivants sont trop variables, et les effets dignes d'intérêt lors d'une expérimentation sont souvent si subtils qu'il devient difficile d'isoler un effet convaincant au cours d'une seule expérimentation. De plus, en science, plus un effet a été répliqué avec succès par des scientifiques indépendants et plus il devient crédible. La méta-analyse nous permet de voir à la fois si tel ou tel effet a des chances d'exister, et si son observation a été confirmée par des groupes distincts.

Avec les 309 expérimentations à choix forcé, le résultat combiné fut un effet de petite taille, mais tellement récurrent que sa probabilité d'existence atteint une cote de 10^{25} contre un, soit dix millions de milliards de milliards de chances contre une.[177] Dit autrement, la cible fut atteinte trop souvent pour expliquer cela uniquement par le hasard, ce qui suggère qu'en moyenne, les participants à ces tests ont fait preuve d'une réelle aptitude – dans ce cas précis, la précognition.

Pourquoi la précognition n'est-elle pas acceptée par tous les scientifiques avec des résultats expérimentaux qui dépassent les dix millions de milliards de milliards de chances contre une ? L'une des raisons données est le « problème des fonds de tiroir » : ce biais qui fait que les chercheurs ont tendance à publier les études qui marchent et à dissimuler les autres. Ce biais peut faire gonfler les chiffres d'une méta-analyse et fausser ses conclusions. C'est pourquoi des méthodes permettent d'estimer précisément combien de ces hypothétiques études avec des résultats nuls, dissimulées dans des fonds de tiroir, sont nécessaires pour ramener le résultat global au niveau du hasard.

Dans le cas de cette méta-analyse par Honorton et Ferrari, il a été estimé que 46 études non-publiées étaient nécessaires pour *chaque* étude connue afin que l'effet positif s'annule. Par convention*, un effet tiroir devient une explication plausible si, pour chaque étude publiée, on estime qu'il y a cinq études non-publiées avec des résultats nuls. Dans le cas présent, c'est donc hautement improbable. Des analyses complémentaires ont montré que 23 des 62 chercheurs (37 %) avaient obtenu des résultats positifs, si bien que les résultats positifs ne sont pas non plus dus à quelques chercheurs particulièrement en réussite et donc légitimement suspects.

Une autre préoccupation qui guide toute méta-analyse consiste à déterminer si les expérimentations qui ont des résultats positifs sont celles qui sont les plus mal conçues, alors que les études les mieux conçues seraient celles qui produisent les moins bons résultats. Pour voir si c'est le cas, il suffit d'évaluer la qualité méthodologique de chaque étude et de comparer cette évaluation avec les véritables résultats de l'étude. L'hypothèse testée est celle d'une relation négative entre qualité méthodologique et ampleur des résultats (c'est-à-dire, mieux l'étude est conçue, pires sont les résultats).

Parmi les études à choix forcé examinées pour cette méta-analyse, 246 étaient décrites de façon suffisamment détaillée pour permettre une analyse qualitative. Mais au lieu de trouver une relation négative, Honorton et Ferrari découvrirent une relation faiblement

* Plus précisément, la règle de Rosenthal est de $5k + 10$, où k est le nombre d'études connues.

positive entre la qualité de l'étude et la taille d'effet, de sorte que les résultats ne pouvaient pas non plus être attribués à des variations de la qualité expérimentale.

On procède encore à un autre contrôle en comparant la taille de l'effet mesuré dans les petites études avec peu d'essais par rapport aux grandes études avec de nombreux essais. En effet, si l'effet étudié est authentique, on s'attend à ce que les études avec davantage d'essais individuels ou de participants soient plus déterminantes et plus convaincantes que les autres.

Petit aparté statistique : nous avons en main une pièce de monnaie et nous la suspectons d'être légèrement déséquilibrée. Nous avons en effet l'impression que lorsque nous jouons à pile ou face, elle tombe dans 51 % des cas sur pile au lieu des 50 % prévus. Si nous lançons la pièce 100 fois, alors nous trouverons en moyenne un excès d'un pile. Cela n'a l'air de rien, mais il y a des situations où ce petit écart joue un grand rôle. Ce 1 % supplémentaire confirme notre hypothèse d'un déséquilibre, mais en ne faisant que 100 lancers à pile ou face, en sommes-nous suffisamment certains ?

Il s'avère que la réponse est non. Avec seulement 100 lancers, les chances de voir 51 fois pile au lieu de 50 correspond seulement à 1 chance sur 2. Ce n'est pas très convaincant. Alors nous reproduisons le test, sauf que cette fois nous lançons la pièce 100 000 fois. De nouveau, nous retrouvons le même résultat : un biais de 1 % en faveur de « pile », ce qui dans ce cas signifie un excès de 1 000 piles par rapport à ce qui était attendu. Sauf que, maintenant, si on calcule la cote de ce résultat de 1 %, elle est passée à 1 chance sur 7 800 000 ! On a alors une preuve très convaincante du déséquilibre de cette pièce de monnaie. Et pourquoi la cote a-t-elle tellement changé alors que le résultat est resté le même ? Tout simplement parce que lorsque vous répétez une expérimentation plusieurs fois, vous acquérez progressivement plus de confiance sur le véritable effet sous-jacent.

Cet exemple du pile ou face est analogue à la situation des petits effets obtenus avec les expérimentations à choix forcé. Si l'effet est authentique, alors nous devrions nous attendre à ce que les études avec le plus d'essais fournissent de meilleures preuves que les petites études. Nous espérons donc une relation positive entre la taille de l'étude et son résultat statistique. Et c'est exactement ce qu'a trouvé la méta-analyse sur la précognition à choix-forcé.

Cela suffit-il pour considérer que la précognition est un phénomène réel ? Les sceptiques les plus désespérants vous répondront que non. Certains scientifiques pensent que cette idée de précognition est tout simplement ridicule, et certains philosophes rappelleront son impossibilité *logique*, dès lors elle est condamnée à ne pas exister quelles que soient les preuves fournies.

C'est pourquoi, afin de démontrer un effet supernormal convaincant, nous avons besoin de plus que des preuves – nous avons besoin de *superpreuves*. Pour atteindre ce but, considérons d'autres études de la précognition pour voir si différentes approches mènent aux mêmes conclusions. Mais avant, nous devons faire une petit détour pour examiner la question de la « taille d'effet », car elle interviendra de façon récurrente dans notre discussion.

LA TAILLE D'EFFET

On imagine parfois que plus un effet est petit, et plus il est probable que ce soit une erreur et non un phénomène réel. Qui se préoccupe des choses si petites qu'on peut difficilement les voir ou les mesurer ? Peut-être qu'il y a tous les jours des ovnis qui s'écrasent sur la Maison blanche, mais s'ils sont si petits que même les insectes ne leur prêtent pas attention, qui va s'en préoccuper ? Vous y repenserez la prochaine fois que vous attraperez une maladie virale : vous vous rendrez compte comment une chose dont le diamètre n'excède pas trente milliardièmes de mètre peut venir pirater vos poumons. Quand se pose la question « est-ce réel ? », la taille *ne* compte vraiment *pas*.

Toutefois, il est vrai que nous sommes confrontés à des effets si faibles et à des expérimentations de si maigre envergure qu'il pourrait être difficile de détecter ce que nous espérons observer. C'est comme essayer de capter une station de radio lorsque le signal est si faible qu'il est couvert par le bruit. Voilà pourquoi la technique de la méta-analyse a été développée. Elle nous permet de faire pleinement confiance à des petits effets, pour peu que ceux-ci soient assez constants pour satisfaire aux critères de réalité. En aucun cas la méta-analyse ne permet de créer magiquement des effets qui n'existent pas.

La signification du concept de « taille d'effet » varie selon ce qui est mesuré. Dans notre exemple du pile ou face, une taille d'effet de 1 % fait référence au fait d'obtenir des piles 51 % du temps au lieu de 50 % comme nous nous y attendrions avec une pièce équilibrée. D'autres expérimentations s'appuieront sur des protocoles différents, par exemple en utilisant quatre ou cinq images au lieu d'un simple choix à deux termes, pile ou face. Avoir un effet de 1 % ne correspond plus du tout à la même chose dans un cas ou dans l'autre. Et cela peut devenir un problème dans une méta-analyse car des études dissemblables sont regroupées et combinées dans une grande analyse. C'est comme si on combinait des pommes avec des oranges, sauf qu'ici on s'intéresse au même phénomène sous-jacent – par exemple, il est cohérent de réunir des pommes et des oranges si on s'interroge à propos des *fruits*.

Diverses formules ont été proposées pour fournir une mesure commune de la « grosseur » d'un effet, indépendamment des spécificités des méthodes qui sont employées. La taille d'effet pour les études de précognition à choix forcé est de 0,02, alors que les tailles d'effet vont habituellement de -1 à +1, avec 0 signifiant que l'expérimentation n'a produit aucun effet discernable. On comprend dès lors qu'une taille d'effet de 0,02 est plutôt petite. Mais il s'agit surtout de savoir comment nous pouvons être sûr qu'un si petit effet est bien différent de zéro. Et cela dépend de l'incertitude de la taille d'effet qui, elle, est fournie par une analyse statistique.

Une façon d'interpréter la signification d'une taille d'effet est de considérer comment une variable en influence une autre. Disons que nous soyons intéressés par la relation entre l'intelligence et la popularité, ou le soutien social et la santé. Les tailles d'effet pour ces deux exemples sont respectivement de 0,10 et 0,11.[178] Pour juger à quel point ces tailles d'effet expliquent les variations observées dans la popularité en fonction des variations de l'intelligence, ou quelles quantités de soutien social influencent la santé, une analyse statistique nécessite que nous calculions le carré de la taille d'effet.

Ainsi, dans notre exemple, nous avons approximativement 0,10 x 0,10 = 0,01, soit un sur cent ou 1 %. Cela veut dire que bien que la relation entre la popularité et l'intelligence est plutôt *réelle*, l'effet observé n'*explique* en fait qu'une petite fraction de la variation observée.* Le reste des variations, les autres 99 %, est expliqué par de nombreux autres facteurs (comme l'attractivité, le genre, la personnalité, l'éducation, etc.).

Dans certains contextes, comme les thérapies médicamenteuses, même des tailles d'effet minuscules sont prises très au sérieux à cause des éventuelles conséquences néfastes. Par exemple, la taille d'effet de la relation entre le tamoxifène, un médicament utilisé pour soigner le cancer du sein, et la création de caillots de sang dans les veines majeures est seulement de 0,01. Le pouvoir explicatif de cette relation est donc très faible, avec moins de 1 % des personnes prenant le tamoxifène susceptibles de subir ce problème. Mais le danger est si sérieux que cette contrindication figure dans l'analyse de bénéfices-risques.

Par comparaison, nous avons donc constaté une taille d'effet moyenne de 0,02 pour les tests de précognition en choix forcé. Certes, cet effet est plutôt petit, mais l'évaluation statistique n'en dit pas moins que c'est aussi un effet plutôt réel.

COMPARER EFFETS PSI ET NON-PSI

Comment comparer les tailles d'effet dans la recherche psi avec les effets plus conventionnels étudiés dans les sciences sociales et comportementales ? La question est intéressante car, comme nous le verrons, certaines expérimentations en parapsychologie ont produit des tailles d'effet qui s'alignent complètement avec la magnitude des effets communément observés pour les phénomènes psychologiques conventionnels. Nous le savons grâce à un article publié en 2003 par le psychologue F.D. Richard et ses collègues dans la revue *Review of General Psychology*.[179]

---

* On parle ici de variance au sens statistique ; elle fait référence à une méthode standard pour mesurer l'étendue de la variation d'une mesure autour d'une valeur moyenne.

L'équipe de Richard a passé en revue cent ans d'études en psychologie sociale, réunissant plus de 25 000 expérimentations et plus de 8 000 000 de participants, ce qui a permis de créer la plus grande base de données jamais rassemblée. Leurs analyses combinent les résultats de 322 méta-analyses sur des sujets allant de l'étude de l'agression aux rôles des genres, en passant par la motivation et la cognition sociale. Ils ont trouvé que la taille d'effet moyenne de toutes ces 25 000 études était de 0,21. En passant au carré ce chiffre pour déterminer jusqu'à quel point une taille d'effet de cette magnitude explique les variations dans les résultats, nous trouvons que seuls 4 % des variations sont ainsi expliqués, les 96 % restants demeurant inexpliqués.

Par coïncidence, le récent enthousiasme en astrophysique pour la découverte de la matière noire et de l'énergie noire a engendré une conclusion similaire. En effet, si les modèles cosmologiques sont corrects, alors tout l'édifice théorique sur les origines et la structure de l'univers repose sur 4 % de l'univers détectable,* laissant 96 % du cosmos encore hors de portée. Idem en biologie, où nous ne connaissons pas les fonctions biologiques de 96 % de l'ADN, portion désormais baptisée « l'ADN poubelle ».** Ces domaines inconnus vont probablement conduire à de futures découvertes scientifiques, mais l'état présent de notre ignorance devrait nous rappeler de cultiver l'humilité par rapport à ce que nous croyons comprendre. Le fait est que plus la science découvre de choses sur la nature de la réalité, et plus s'agrandit notre surface de contact avec l'inconnu.

L'article de Richard contient deux autres points pertinents que je reproduis ci-dessous avec une petite retouche dont l'intérêt va vite vous sauter aux yeux :

> La recherche psi grandit depuis plus d'un siècle. A l'aube du XXe siècle, sa base de données expérimentales ne comportait que quelques études... Plus nous avons conduit d'études et plus nous en avons appris. Plus tard, les chercheurs ont commencé à remettre en question la valeur des études individuelles... et

---

* Voir http://www.space.com/11642-dark-matter-dark-energy-4-percent-universe-panek.html, consulté le 8 juin 2012.

** Voir http://www.sciencedaily.com/releases/2007/07/070712143308.htm, consulté le 8 juin 2012.

ont développé des méthodes pour synthétiser toutes les recherches sur un sujet donné... Désormais, des centaines de corpus ont fait l'objet de méta-analyses, et la recherche psi peut être décrite quantitativement.[179] (p. 339)

La taille d'effet moyenne fournie par une méta-analyse requiert également une interprétation judicieuse. Les moyennes méta-analytiques... incorporent des effets provenant de conditions, de dispositifs et de méthodologies différentes. Des conclusions fortes peuvent être déduites de ces corpus qui montrent des tailles d'effet homogènes [c.à.d. similaires]. Ici la moyenne est l'estimation d'un seul effet. Toutefois, dans les corpus qui contiennent des résultats très hétérogènes [c.à.d. différents], il serait naïf d'interpréter la taille moyenne d'un effet comme la magnitude de cet effet dans certaines conditions précises... Un effet psi pourra être plus grand dans certaines conditions standards que dans l'effet moyen extrait du corpus pris comme un tout, la moyenne ayant été déviée par les tentatives des chercheurs pour neutraliser ou inverser le résultat habituel.[179] (p. 340)

Vous l'aurez compris, dans la citation précédente, j'ai simplement substitué « recherche psi » à l'expression « psychologie sociale » qui figurait dans l'article original. Et j'ai aussi employé l'expression « quelques études » plutôt « qu'une seule étude ». Hormis cela, les conclusions sont exactement les mêmes.

LES EXPÉRIMENTATIONS À RÉPONSE LIBRE

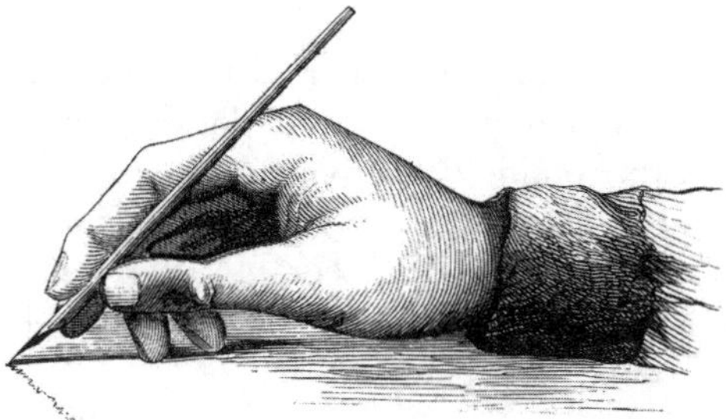

Les expérimentations de précognition à choix forcé fournissent des preuves statistiques impressionnantes pour ce phénomène, mais la petite taille d'effet signifie que, la plupart du temps, lorsque les personnes essayent de sélectionner la future cible, elles jouent seulement aux devinettes. Ce n'est pas très confortable pour les sceptiques parce que cela suggère que ces études comportent peut-être des problèmes cachés ou latents. Et même si ces tests tiennent la route, les tâches à choix forcé sont abstraites, éloignées des préoccupations du monde réel, monotones et peu propices au développement de stratégies mentales pour mieux anticiper la prochaine cible.

Par conséquent, les chercheurs ont commencé à développer des protocoles à « réponse libre ». Ceux-ci permettent aux participants de livrer librement toutes les impressions qui leur viennent en tête à propos de la future cible, sans restriction aucune. Les cibles elles-mêmes ont fait l'objet d'une révision, passant de formes abstraites aux couleurs simples à des scènes naturelles ou à de véritables lieux. Un autre changement important fut l'élimination des stratégies obligeant à deviner de façon répétitive la cible, grâce à des protocoles n'obligeant pas à réaliser plus d'un essai par jour.

Prenons l'une des expérimentations de « perception précognitive à distance » conduite par le laboratoire Princeton Engineering Anomalies Research (PEAR) de l'Université de Princeton. Dans ce protocole, le percipient (une personne qui essaye de percevoir le futur) et l'agent (une personne qui va ensuite se déplacer jusqu'à un lieu distant sélectionné aléatoirement) étaient séparés par 35 000 km. Pour prendre un exemple concret, 45 minutes avant que l'agent ne sélectionne un site au hasard, le percipient fit la description suivante :

> J'ai une image plutôt bizarre et persistante de [l'agent] dans un grand bol – un renfoncement hémisphérique dans le sol d'un truc lisse réalisé par l'homme, avec des matériaux comme du béton ou du ciment. Pas de couleur. Il est possible qu'il y ait un dôme en verre qui recouvre l'ensemble. J'ai une sensation inhabituelle d'être à la fois à l'intérieur et à l'extérieur. C'est tout. C'est un grand bol. Si c'était plein de soupe, [l'agent] aurait la taille d'une grande boulette.[180] (p. 164)

Sans savoir ce que le percipient avait décrit, l'agent fut envoyé au hasard vers le radiotélescope de Kitt Peak, en Arizona. Si vous ne savez pas à quoi ressemble un radiotélescope, vous pouvez vous fier à la description du sujet car elle est excellente – un grand bol hémisphérique, lisse, réalisé par l'homme. Et gardez à l'esprit que ce n'est qu'un exemple parmi des centaines de cas similaires.

Beaucoup d'expérimentations de la précognition en réponse libre ont été publiées par des équipes de recherche indépendantes, mais les plus grandes collections d'études pertinentes furent produites par deux sources. La première faisait partie d'un programme auparavant classifié et financé par le gouvernement américain, connu sous son nom de code final : Stargate. Il prit d'abord place au SRI International* à Menlo Park, en Californie, de 1973 à 1988 ; puis de 1988 à 1995 à la Science Applications International Corporation (SAIC), une grande société de recherche et de développement spécialisée dans la défense.[181] La seconde plus grande collection de recherches fut produite par le laboratoire PEAR de Princeton de 1978 jusqu'à la fin des années 1990.[182]

L'analyse de 770 tests à réponse libre conduits au SRI dégagea un résultat positif d'une cote de 300 millions contre 1. Les 445 autres tests conduits au SAIC ont obtenu des résultats avec une cote de 1,6 million contre 1.[181] A Princeton, le résultat total de 653 sessions atteignait 33 millions contre 1.[182] A chaque fois, la taille d'effet obtenue par les deux groupes indépendants était pratiquement la même, autour de 0,20, résultat équivalent, comme nous l'avons vu, à la taille d'effet moyenne de dizaines de milliers d'expérimentations conventionnelles en psychologie sociale. Cela nous renseigne sur le fait que les tests de précognition à réponse libre n'obtiennent rien de mirobolant. C'est la magnitude que l'on s'*attend* à trouver, en moyenne, pour un test psychologique.

Ce qui rend encore plus remarquables les similitudes entre les tailles d'effet des deux équipes indépendantes, c'est qu'il s'agit exactement de ce à quoi on doit s'attendre avec des recherches utilisant des méthodes similaires pour étudier le même phénomène. Remarquez également que la taille d'effet moyenne de ces expérimentations était dix fois plus importante que celle obtenue avec les expérimentations à choix forcé. Cela confirme ce que pensaient les chercheurs quant à la plus grande efficacité des méthodes plus proches des occurrences spontanées de préscience dans la vie

* Durant un certain temps, le SRI fut affilié à l'Université de Stanford, et l'acronyme SRI faisait référence à l'Institut de Recherche de (l'Université de) Stanford. Lorsqu'il devint indépendant de l'Université de Stanford, le nom fut changé en SRI International.

quotidienne, sans les contraintes artificielles des protocoles à choix forcé.

LES EXPÉRIMENTATIONS DU PRESSENTIMENT

Encouragés par le succès des méthodes à réponse libre, les chercheurs ont commencé à penser que, puisque la préscience est communément associée avec les visions, les rêves et les états non ordinaires de conscience,[183] alors peut-être que les impressions précognitives *conscientes* sont des versions confuses ou déformées d'une information filtrée par des biais psychologiques. Cette spéculation les conduisit vers des protocoles où les réactions corporelles aux futures cibles allaient être enregistrées avant qu'elles ne pénètrent dans la conscience.

J'ai commencé à conduire ce type d'expérimentation au début des années 1990, après être tombé sur quelques études prometteuses conduites des décennies plus tôt mais qui, semble-t-il, n'avaient pas été suivies. J'ai appelé *pressentiment* plutôt que *précognition* l'objet de ces études afin de marquer une distinction entre la pré-*sensation* inconsciente et la pré-*connaissance* consciente. J'ai également décidé d'utiliser un protocole pratiquement identique à celui qui est utilisé dans des milliers d'études de psychophysiologie conventionnelle, en imaginant que cela permettrait de rendre ce paradigme expérimental plus acceptable pour l'orthodoxie, tout en me permettant d'employer les mêmes méthodes d'analyse classiques.

Dans sa forme la plus simple, une expérimentation de pressentiment mesure l'activité du système nerveux *avant* la présentation d'un stimulus. Il y a pressentiment si cette activité est plus forte lorsque le stimulus *futur* déclenchera une réaction émotionnelle que dans les cas où ce stimulus *futur* laissera le participant dans un état calme. En quelque sorte, le concept de pressentiment repose sur l'idée que des éléments de notre vécu futur auxquels nous allons prêter une attention spéciale, tels que des événements bouleversants ou surprenants, « remontent la flèche du temps » pour nous affecter dans le présent. Dans le monde réel, l'exemple classique est ce moment où vous êtes dans votre voiture, en train de conduire tranquillement sur une route que vous connaissez bien. Alors que vous vous approchez d'une intersection, vous ressentez une sorte de malaise. Sans savoir pourquoi, vous décidez de freiner. Le feu est pourtant au vert et rien ne justifie cet excès de prudence. Mais au moment où vous atteignez l'intersection, une voiture déboule de la gauche, sans que vous ayez pu l'apercevoir auparavant, et grille le feu en vous coupant la route à toute vitesse. Vous réalisez soudain que, sans votre coup de frein anticipé, vous n'auriez pas pu éviter le choc. Cette voiture aurait percuté de plein fouet le siège conducteur et nul ne sait ce qu'il serait advenu de vous. Ce malaise que vous avez ressenti pourrait avoir été causé par un pressentiment – un instant d'effroi dans le futur qui vous a affecté dans le présent.

Dans une expérimentation typique du pressentiment, le système nerveux du participant est enregistré en continu tandis qu'il voit une série de stimuli sélectionnés aléatoirement. Les mesures prises lors de telles études incluent la conductance cutanée (augmentation de la sueur), le rythme cardiaque, les variations de la taille des pupilles oculaires, l'activité électrique cérébrale et l'oxygénation du sang dans le cerveau.[184-190] Les stimuli introduisent différents contrastes : des photographies chargées émotionnellement ou des photos calmes ; des visages joyeux ou des visages tristes ; des sons ou du silence ; des flashs lumineux ou pas de flashs ; des sons ou des flashs lumineux. Pour donner quelques exemples concrets des expérimentations sur le pressentiment, examinons en quelques unes réalisées par mon équipe et moi-même.

Le pressentiment dans la conductance cutanée

Pour éviter tout phrasé maladroit, nous allons supposer que le participant à notre test s'appelle Sally. Pour la préparer à ce test, nous avons d'abord attaché des électrodes sur deux endroits de sa main gauche. Les électrodes enregistrent le niveau de conductance cutanée (NCC) de Sally, qui reflète l'activation de son système nerveux sympathique. Le terme « conductance » fait référence à la facilité du passage de l'électricité, en opposition à la résistance électrique de certains matériaux non-conducteurs. Le NCC est communément utilisé dans les détecteurs de mensonge car, lorsqu'un individu raconte un mensonge et se sent coupable, il va suer un peu et cette humidité va augmenter sa conductance cutanée. Des minuscules modifications dans le NCC peuvent être mesurées précisément, si bien que les mesures du NCC sont largement employées dans les expérimentations sur les réactions émotionnelles des humains en utilisant toutes sortes de stimuli (photographies, sons, vibrations, odeurs, etc.).[191]

Dans notre protocole expérimental, chaque stimulus cible – dans notre exemple, nous prendrons une photographie – est sélectionné aléatoirement immédiatement avant qu'il ne soit diffusé. Sally n'est pas familière avec les photos du lot de cibles ; elle sait seulement que ces photos varient de très calmes à très chargées émotionnellement.

Lorsqu'elle est prête à commencer, Sally clique sur le bouton d'une souris et l'écran de l'ordinateur devant lequel elle est assise reste blanc pendant cinq secondes. Puis l'ordinateur utilise un circuit électronique extérieur – en fait, une machine capable de jouer à pile ou face extrêmement vite appelée « Générateur de Nombres Aléatoires » (GNA) – pour sélectionner aléatoirement une photo colorée issue d'un vaste lot d'images et va immédiatement la diffuser pendant trois secondes. Puis de nouveau un écran blanc pendant dix secondes, de manière à offrir une courte période d'accalmie. Enfin un message apparaît sur l'écran informant Sally qu'elle peut passer à l'essai suivant dès qu'elle se sent prête.

Il faut compter une trentaine ou une quarantaine d'essais de la sorte, à chaque fois une nouvelle photographie sélectionnée aléatoirement, et une vingtaine de minutes pour la passation complète. On demande seulement à Sally de regarder les photos et de s'autoriser à ressentir toutes les émotions qui lui sont associées. Elle n'essaye pas de deviner ce qu'elle s'apprête à voir.

La photographie qui sert de stimulus peut comporter des scènes calmes, telles qu'un paysage ou une lampe, ou des scènes émotionnelles avec des contenus érotiques ou violents. Les photographies utilisées proviennent d'un stock professionnel, de photographies archivées sur Internet ou d'un lot d'images appelé l'International Affective Picture System, ce dernier étant développé par l'Institut national de la santé mentale aux Etats-Unis en tant que lot standardisé de photographies employées dans le monde entier pour l'étude des réactions émotionnelles humaines.[192]

Pour analyser les résultats de cette expérimentation, on fait la moyenne des données du NCC enregistrées durant les sessions en séparant tous les essais émotionnels des essais calmes. Ces courbes moyennes partagent une valeur de base au moment où le bouton est pressé au début de chaque essai, puis on calcule les différences entre les courbes des deux catégories. La figure 2 montre les résultats d'une expérimentation impliquant 47 participants qui ont contribué ensemble à un total de 1 410 essais.[185]

Dans cette étude, l'effet de pressentiment est repéré dans la séparation éventuelle entre le signal du NCC depuis le moment où l'essai commence (à –6 secondes dans cette étude) jusqu'au moment où la photo est sélectionnée aléatoirement et diffusée (à 0 seconde). La différence entre* ces deux courbes avant que le stimulus ne soit vu n'est pas très impressionnante au premier abord, mais quand on l'évalue statistiquement, il semble très improbable qu'elle soit apparue par hasard, avec une cote de 2 500 chances contre 1.

Le pressentiment dans les yeux

Dans une autre étude, nous avons décidé d'enregistrer les modifications inconscientes dans l'œil gauche de chaque participant

∗ Pour éviter de violer les hypothèses paramétriques, les méthodes statistiques les plus couramment utilisées dans ce type de test sont des techniques de permutation randomisées.

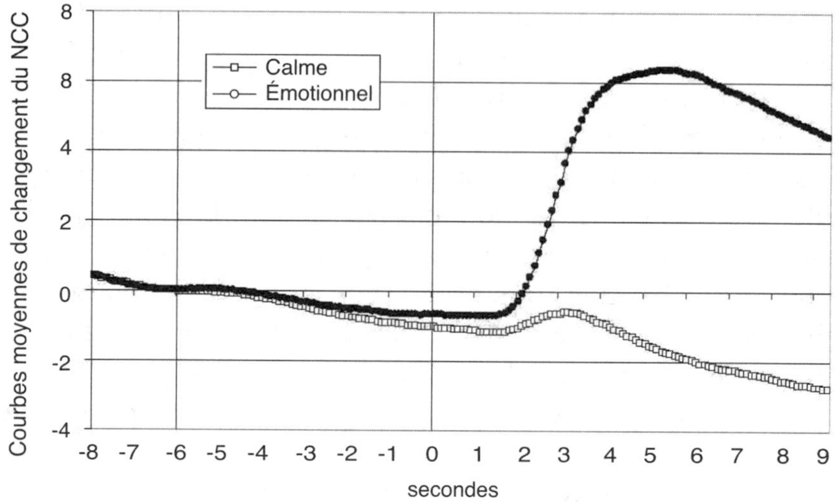

Figure 2. La conductance cutanée moyenne pour tous les essais calmes et tous les essais émotionnels. Le stimulus est diffusé six secondes après la pression sur le bouton qui marque le début de l'essai. Cette photographie sélectionnée aléatoirement apparaît à 0 seconde et reste sur l'écran de l'ordinateur pendant trois secondes. L'analyse statistique des courbes avant le stimulus (de –6 à 0 secondes) montre une différence associée à une cote de 2 500 chances contre 1.

avant qu'il ne voie des photographies sélectionnées aléatoirement. Nous avons choisi de mesurer ce qui se passe dans l'œil car des superstitions présentes dans de nombreuses cultures prêtent aux yeux des forces spéciales. Du pouvoir de « fascination » attribué à l'œil du diable ou mauvais œil, jusqu'aux symboles hindous et bouddhistes de l'illumination, en passant par l'œil omniscient de la Providence sur les billets aux Etats-Unis, on suppose que de l'œil émanent de mystérieuses « énergies » qui sont largement craintes et révérées.[193]

Sigmund Freud disait de la peur du mauvais œil qu'elle était la superstition « la plus inquiétante et la plus universelle », et on ne compte plus les légendes sur des prophètes ou des oracles dont les regards extraordinaires pouvaient déchirer la trame du temps pour percer à jour l'avenir. Nous nous demandions si ces anciennes superstitions – toujours très vivaces de nos jours, comme en témoignent les milliers de sites Internet vendant des amulettes pour se protéger du mauvais œil – pouvaient contenir un noyau de vérité.

Nous connaissions un autre type d'expérimentations suggérant que ce folklore serait intéressant à réexaminer. Les méta-analyses des expérimentations sur « la sensation d'être observé », dans des conditions permettant d'exclure tous les indices sensoriels et les biais liés aux attentes, indiquent qu'en moyenne les humains réagissent bien consciemment et inconsciemment au regard des autres, même quand ils n'entrent pas dans leur champ de vision.[194, 195]

D'autres méta-analyses testant les interactions entre l'esprit et la matière avec des systèmes physiques aléatoires, que nous examinerons plus en détail dans un prochain chapitre, appuient également cette idée qu'une attention particulièrement concentrée, comme celle qui est associée à un regard intense, semble influer sur des aspects du monde physique.[196, 197] En se basant sur ces expérimentations, combinées avec les croyances folkloriques sur les pouvoirs des yeux, j'ai décidé d'étudier si un « voyant » pouvait effectivement « voir » le futur, et en particulier si on pouvait détecter de telles capacités dans l'œil humain.

Pour ce faire, j'ai intégré une autre croyance commune à propos des yeux qui, elle, n'est plus considérée comme une superstition. La description poétique de l'œil comme « miroir de l'âme » laisse entendre que nos pensées et nos sentiments se reflètent dans le comportement de nos yeux.[198] En termes psychophysiologiques, les états subjectifs peuvent effectivement être inférés à partir de la dilatation de la pupille, du taux de clignements d'œil spontanés et des mouvements oculaires.

Par exemple, la taille de la pupille est régulièrement utilisée dans les laboratoires pour étudier l'attention, la charge de traitement cognitif, les réactions émotionnelles, l'anticipation et le degré d'équilibre entre l'activation sympathique et parasympathique.[199, 200] La portion sympathique du système nerveux autonome, appelé ainsi parce qu'il implique des processus automatiques tels que la respiration qui ne nécessitent pas un contrôle conscient, est associée avec l'activation nerveuse ; la portion parasympathique est quant à elle associée avec la relaxation. La direction du regard est enregistrée parce qu'elle reflète en temps réel la quantité d'attention allouée à une tâche,[201] l'imagerie mentale lorsqu'il s'agit d'imaginer une scène,[202] et les processus préférentiels entre l'hémisphère gauche et l'hémisphère droit.[203] De plus, le taux spontané de clignements de l'œil augmente en même temps que la hausse de dopamine, un neurotransmetteur cérébral associé à des facteurs aussi divers que la coordination motrice fine, la régulation insulinique, l'énergie physique et la réaction émotionnelle.[204]

D'après les précédentes études du pressentiment, l'effet que nous désirons obtenir sera plus facilement détecté au travers des augmentations de l'activité du système nerveux sympathique. Il serait donc associé avec la dilatation de la pupille, ce qui nous amène à la prédiction suivante : nous mesurerons des pupilles plus larges avant des événements émotionnels qu'avant des événements calmes. Autre spéculation, basée sur les différences de traitement de l'information dans les hémisphères cérébraux : l'information générée par pressentiment sera davantage traitée dans l'hémisphère droit (chez les droitiers) que dans l'hémisphère gauche. Enfin, puisque les mouvements oculaires reflètent l'imagerie mentale, alors les personnes qui montrent des effets significatifs de pressentiment dans leurs pupilles devraient également montrer des corrélations entre leurs mouvements oculaires enregistrés *avant* d'avoir vu l'image stimulante et ceux enregistrés *pendant* le visionnage.

Nous avons utilisé un système de traçage oculaire (ou *oculométrie*) pour repérer la direction du mouvement des yeux et pour mesurer le diamètre de la pupille soixante fois par seconde.[188] Un ordinateur contrôlait le test en coordonnant les mesures obtenues par le système oculométrique avec un second ordinateur qui s'employait à sélectionner aléatoirement et à afficher des photographies en couleur issues de l'International Affective Picture System.

Après que nous ayons calibré l'appareillage oculométrique à l'œil du participant (appelons-là Alice), l'ordinateur affichait un écran montrant un rectangle gris uniforme sur un fond noir. Lorsque le message « Prêt ? » apparaissait sur l'écran, Alice cliquait sur le bouton de la souris et l'essai commençait. D'abord l'écran restait d'une couleur grise uniforme pendant trois secondes, puis l'ordinateur utilisait un générateur de nombres aléatoires pour sélectionner une photo depuis la base et l'affichait durant trois nouvelles secondes. Après quoi un message apparaissait sur l'écran informant Alice qu'elle pourrait enchaîner avec l'essai suivant lorsqu'elle s'en sentirait prête.

Parce que les images dans cette étude furent sélectionnées aléatoirement à partir d'une collection de plus de 700 photographies représentant une large gamme de scènes plus ou moins émouvantes, la plupart des images vues par Alice n'étaient pas particulièrement calmes ou particulièrement émouvantes, mais plutôt entre les deux.

L'effet de pressentiment prédit que les mesures physiologiques avant la survenue d'un stimulus vont imiter les mesures obtenues après le stimulus, si bien que, pour détecter plus facilement cette similitude, nous devons nous assurer que les réactions post-stimulus montrent un contraste important selon que les stimuli soient calmes ou émouvants. A cette fin, nous avons sélectionné, parmi les essais réalisés par Alice et par chacun des participants, seulement les 5 % d'essais avec les photos les plus émouvantes et les 5 % d'essais avec les images les plus calmes, à partir de l'estimation d'émotionnalité basée sur des standards internationaux préétablis.

Notre étude impliquait 33 participants qui contribuèrent à un total de 1 438 essais exploitables. Trente-et-un sujets étaient droitiers et les deux restants étaient ambidextres. C'est important pour le traçage oculaire car nous voulions savoir quel hémisphère cérébral réagirait le plus au pressentiment, et cela impliquait d'employer des personnes avec la même main dominante. En analysant comme prévu les 5 % de contraste émotionnel dans les photos, l'effet de pressentiment dans la dilatation de la pupille fut significativement positif dans le sens prédit, avec une cote de 1 250 chances contre 1 (voir Figure 3). Nous avons également trouvé significativement plus de clignements spontanés des yeux avant une photo émouvante.

Cinq des 33 participants avait des scores tellement bons qu'ils se détachaient de la moyenne du groupe. Nous avons examiné leurs mouvements oculaires *avant* que la photographie n'apparaisse, et nous avons trouvé une légère corrélation significative entre ces mouvements oculaires et ceux enregistrés *pendant* qu'ils regardaient les photos. Par comparaison, nous avons sélectionné cinq participants dont les résultats étaient mauvais, et ces derniers ne montraient aucune corrélation significative entre leurs mouvements oculaires avant et pendant le visionnage des photos. Cela suggère que les personnes qui font preuve de pressentiment ne réagissent pas seulement à leurs futures émotions, mais aussi à l'information visuelle qui est *propre* aux cibles futures.

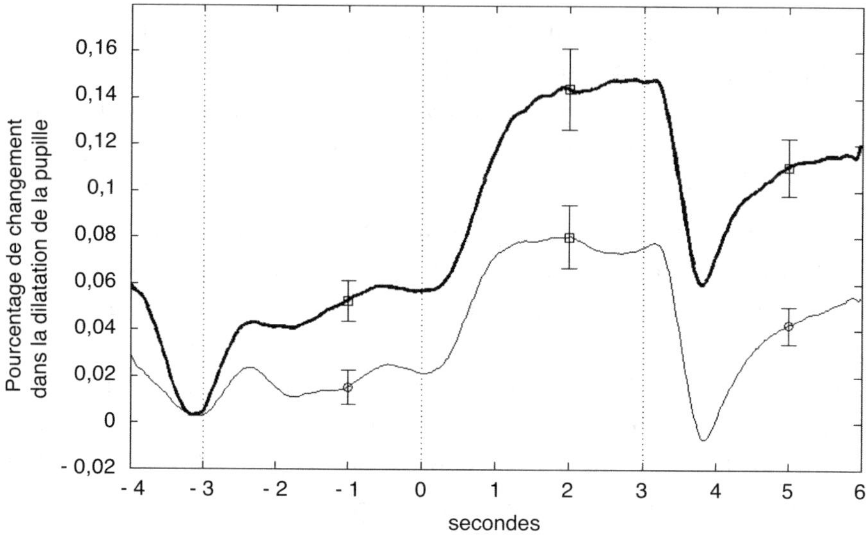

Figure 3. La ligne supérieure montre le changement moyen de proportion dans la dilatation de la pupille pour les 5 % de cibles les plus émouvantes pour les 1 438 essais utilisables ; la ligne du bas montre la même chose pour les 5 % de cibles les plus calmes. Les deux lignes sont ajustées à la ligne de base, déduite de la valeur moyenne de dilatation de la pupille enregistrée pour chaque essai durant les 167 millisecondes avant le début de l'essai (un peu avant la seconde -3). La présentation du stimulus commence à la seconde 0 et s'arrête à la seconde +3. Les barres d'erreurs montrent l'erreur standard en plus et en moins autour de la moyenne, et les courbes sont lissées sur 500 millisecondes afin de rendre cette figure plus claire.

Cette expérience démontre que le système nerveux autonome, pris comme un tout et reflété dans les pupilles et les mouvements oculaires, réagit inconsciemment aux événements futurs. Ce faisant, elle confirme que les mesures de conductance cutanée ne sont pas les seules manifestations d'effets de pressentiment.

Le pressentiment dans l'activité cérébrale

Certains de nos collègues furent intrigués par ces expérimentations et commencèrent à les reproduire avec succès[187, 190], si bien que nous avons décidé d'élargir notre protocole afin de détecter le pressentiment dans le système nerveux central : le cerveau. Notre premier essai se basait sur l'idée toute simple proposée par le statisticien britannique Irving J. Good, qui écrivit :

> Un homme est placé dans une chambre obscure, avec des flashs lumineux produits devant lui à des moments aléatoires... L'EEG (électro-encéphalogramme) de cet homme est enregistré sur une cassette magnétique, et les flashs lumineux sur une autre. La cassette est ensuite analysée statistiquement pour voir si l'EEG montre une quelconque tendance à prévoir les flashs lumineux.[205]

Nous étions intrigués par l'idée de Good car les « potentiels corticaux lents », un type d'onde cérébrale lente, sont utilisés pour étudier l'anticipation dans le cerveau depuis les années 1960, c'est-à-dire depuis que le premier potentiel cortical lent, appelé « variation contingente négative », fut mis en évidence par le pionnier de la psychophysiologie Grey Walter et ses collègues. Les potentiels corticaux lents sont des oscillations électriques mesurées sur la surface du scalp, où chaque oscillation peut prendre quelques secondes et parfois davantage. Elles contrastent largement avec le « rythme alpha » du cerveau, mieux connu, qui réalise une dizaine de cycles par seconde. Clin d'œil de l'histoire, Grey Walter, dont l'intérêt pour le psi n'est pas autrement connu, a explicitement recommandé d'utiliser les potentiels corticaux lents pour mettre en évidence des effets de pressentiment. Il s'avère qu'il avait raison. Doit-on y voir une précognition ?

Peu après que Walter eut décrit la variation contingente négative, un autre potentiel cortical lent fut identifié et dénommé le *Bereitschaftspotential*, ou « potentiel pré-moteur », car il est associé avec la préparation et l'anticipation des mouvements moteurs. Plus tard, la variation contingente négative fut décomposée en plusieurs éléments, et plus récemment les potentiels corticaux lents, généralement appelés « négativité précédant le stimulus », ont fait l'objet de nombreuses études enthousiastes.

En se basant sur cet ensemble de recherches, l'anticipation physiologique a finalement trouvé sa place dans les neurosciences en tant qu'état dans lequel les aires du cerveau nécessaires pour certaines opérations cognitives spécifiques sont activées à l'avance.

Par exemple, si vous anticipez de voir quelque chose d'important, alors la région occipitale à l'arrière de votre crâne, où les données visuelles sont traitées, va s'activer. L'anticipation des émotions pourrait activer l'aire frontale droite, et ainsi de suite.[206]

Cette spécificité des aires cérébrales, combinée avec l'idée de Good, nous a poussés à tester tout simplement le pressentiment en mesurant l'activité cérébrale. Nous avons prédit que nous trouverions des différences dans les potentiels corticaux lents juste avant un flash lumineux et juste avant une situation sans flash. En nous basant sur les précédentes études du pressentiment impliquant des mesures d'électro-encéphalographie (EEG),[207] nous avons déduit que cet effet deviendrait plus évident environ une seconde avant le stimulus. Et parce que le stimulus anticipé dans notre protocole était un simple flash lumineux, les changements que nous en serions en droit d'attendre auraient dû se situer dans la région traitant l'information visuelle, qui n'est autre que le lobe occipital. Pour développer le protocole le plus simple possible, nous avons intégré une unique mesure au niveau du lobe occipital.

Appelons notre participante Susie. Nous préparons Susie avec les électrodes appropriées et enregistrons son activité cérébrale tout au long de la session expérimentale. Tandis qu'elle se relaxe dans une chaise confortable, elle enfile une paire de lunettes de stimulation visuelle sur laquelle sont montées trois diodes électroluminescentes blanches (des LED), au niveau de chaque œil. Un ordinateur contrôle l'arrivée d'énergie aux LED.

Comme dans les autres expérimentations du pressentiment, Susie est libre de cliquer sur une souris lorsqu'elle le souhaite. Cela fait démarrer un minuteur qui attend quatre secondes, puis l'ordinateur passe par un générateur de nombres aléatoires pour décider d'allumer ou pas les six LED. Après la stimulation, le minuteur attend encore quatre autres secondes, puis l'ordinateur émet un son bref pour signaler la fin de la période d'essai.

Susie peut ensuite démarrer l'essai suivant lorsqu'elle s'en sent prête. En tout, on lui demande de réaliser cent essais de ce genre pour chaque session. Durant la période de quatre secondes avant le stimulus, la décision concernant l'allumage ou pas des lunettes n'est pas encore prise et, de ce fait, le protocole se fait en double aveugle. C'est-à-dire que ni Susie ni moi, ni personne d'autre dans le laboratoire, ni même l'ordinateur lui-même ne sait quel sera le stimulus. Ainsi, dans une perspective classique, le stimulus n'est pas seulement inconnu mais *inconnaissable.**

Pour vérifier si le matériel informatique, le logiciel, les procédures analytiques et les pulsations électromagnétiques produites par le stimulateur des lunettes avaient pu introduire, par inadvertance, des erreurs qui prendraient l'apparence d'effets de pressentiment, après avoir collecté toutes les données expérimentales, nous avons enregistré à nouveau un millier d'essais avec un « cerveau artificiel » (en réalité, un pamplemousse mûr !). Nous avons attaché les mêmes électrodes et les lunettes de stimulation au « cerveau-pamplemousse » avant de lui faire passer dix sessions comportant chacune cent essais, avec un protocole identique au précédent à une différence près : au lieu de demander à un humain de presser le bouton pour initier chaque essai, l'ordinateur générait une période aléatoire de temps entre chaque essai avant de passer automatiquement à l'essai suivant. Pourquoi prendre un pamplemousse ? Parce que sa taille est assez similaire à celle d'un crâne humain et parce que nous avons beaucoup apprécié, une fois la contre-expérience achevée, d'en faire notre goûter !

Au final, nous avons enregistré deux mille essais réalisés par treize femmes et sept hommes. Parce que le cerveau ne traite pas les informations visuelles de la même façon chez les hommes et chez les femmes, nous avons séparé les données en fonction du genre. Pour les participants femmes, l'hypothèse du pressentiment était confirmée avec une cote de 140 contre 1. Les hommes ne montraient pas de différences significatives. La Figure 4 montre la moyenne des réactions des cerveaux de femme avant, durant et après la stimulation, après avoir lissé un peu le signal pour gagner en clarté. Le test de contrôle avec le cerveau-pamplemousse obtint des résultats conformes au hasard.

* La même chose prévaut pour toutes les expérimentations sur le pressentiment. J'ai juste mis l'accent sur cet aspect du protocole ici.

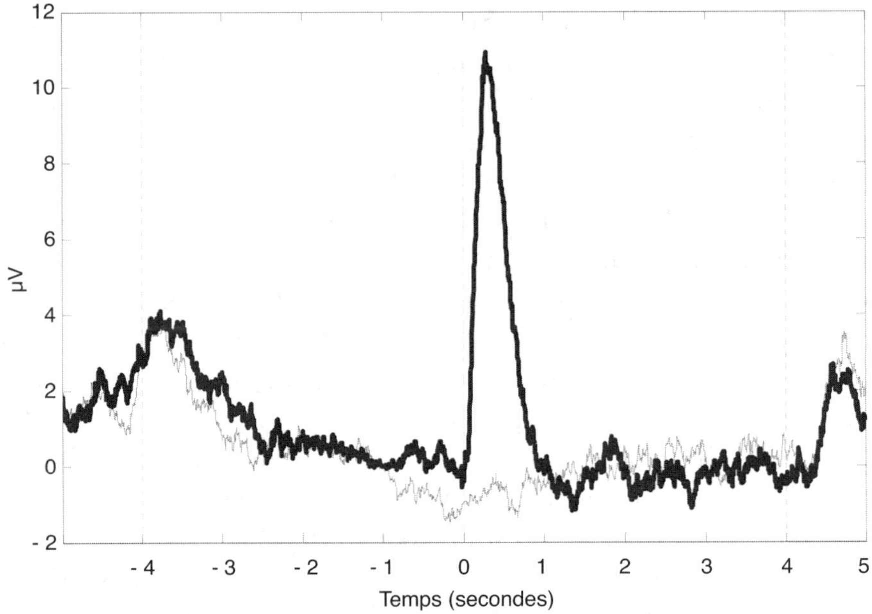

Figure 4. Cette figure montre la moyenne des signaux électriques du cerveau de treize femmes cinq secondes avant et cinq secondes après la stimulation (temps 0). Après le flash lumineux, il y a une importante augmentation de l'activité cérébrale (ligne épaisse) ; En l'absence de flash, aucun changement n'était observé (ligne fine). Lorsqu'on examine ces mêmes signaux quelques secondes plus tôt, on peut voir que le cerveau est plus activé une seconde avant le flash lumineux par rapport aux conditions sans flash lumineux. Le type de stimulus (flash *vs* absence de flash) était déterminé complètement aléatoirement juste avant sa survenue.

Comme d'habitude dans ces études, nous avons cherché à savoir si ce résultat pouvait être dû à des artefacts que nous n'aurions pas anticipé, par exemple des indices sensoriels ou un biais lié aux attentes, ou encore des artefacts dans la procédure et les mouvements. Nous n'avions rien trouvé de tel. Nous avons néanmoins encore envisagé une autre explication. Puisque j'avais été assisté, lors de cette étude, par la psychologue hollandaise Eva Lobach, qui s'est occupée seule de quelques participants, nous avons analysé les données en essayant de voir si les résultats obtenus par chaque participant étaient liés à l'expérimentateur qui interagissait avec lui. Or nous avons obtenu les mêmes résultats. Autre interrogation : est-ce qu'un ou deux participants particulièrement en réussite étaient responsables de l'effet moyen ? Aucune preuve de cela. Au final, cette étude indique que le cerveau peut effectivement anticiper des événements futurs, comme Good l'avait suggéré.

Les pressentiments chez les méditants

A la suite de l'expérience précédente, nous avons décidé de tester plus directement les siddhis yogiques portant sur la perception du temps. Notre point de départ était l'idée que les praticiens expérimentés en matière de méditation témoignaient occasionnellement d'états d'absorption exceptionnellement profonds.[208, 209] Durant de telles expériences, les distinctions de tous les jours entre sujet et objet, moi et vous, ou encore passé et futur se dissolvaient sur le plan subjectif. Avec de la pratique, le méditant pourrait atteindre un espace mental dans lequel sa conscience non seulement n'est pas contrainte par les distances, mais se défait également du *temps*.[210]

Dans une perspective neuroscientifique classique, l'expérience subjective de « l'intemporalité » est ramenée à une illusion générée par le cerveau.[211] Mais étant donnés les résultats de nos expérimentations sur le pressentiment, et les réplications auxquelles sont parvenues nos collègues dans le monde entier, nous avons l'impression que ces vécus méritent qu'on leur prête davantage d'attention. Comme nous l'avons déjà vu, Patanjali affirme que ceux qui ont atteint la stabilité dans le samyama et qui contemplent la nature de la cause et de l'effet allaient naturellement développer la capacité à percevoir simultanément le passé, le présent et le futur.[17, 18, 212, 213]

Alors que la plupart des neuroscientifiques ne seraient même pas tentés de tester la description de Patanjali, simplement parce qu'ils l'imaginent infondée, il se pourrait bien qu'il y ait une catégorie d'anomalies temporelles, déjà décrites dans la littérature conventionnelle, qui ressemble au concept d'intemporalité. On y croise notamment des termes tels que « précognition » et « pressentiment », qui sont malheureusement souvent employés sur un ton apologétique.

Plus souvent on tombe sur des euphémismes tels que « conscience exceptionnelle de la situation »,[214] faisant référence à la performance des pilotes d'avions de combat qui réagissent plus vite en situations de combat que ce qui sont censés faire ; ou « systèmes anticipatoires »,[215] une phrase employée pour décrire comment des organismes planifient et exécutent leurs comportements futurs ; et des termes tels que « postdiction »,[216] « anti-datage subjectif »[217], « retard de bande »[218] et « référence remontant dans le temps »[219]. Toutes ces notions proposent d'expliquer par des processus cérébraux les effets qui ressemblent beaucoup trop à ces épouvantables effets rétrocausaux (à rebours du temps). L'idée sous-jacente serait que le cerveau possède une sorte de mécanisme de délai qui nous induit en erreur, nous faisant percevoir consciemment maintenant ce qui s'est en réalité produit bien après.

A mon avis, tous ces efforts de la part des neuroscientifiques pour minimiser les effets rétrocausaux tout en les intégrant dans leurs modèles théoriques font penser à ceux des scholastiques du Moyen-âge, s'évertuant à assimiler les épicycles du système solaire à des observations légèrement améliorées des mouvements des planètes. En effet, au tout début de l'astronomie, on supposait que la Terre était le centre du système solaire et que les corps célestes dérivaient selon des cercles parfaits. C'est le modèle « géocentrique ». Avec la précision gagnée par les observations astronomiques, ce modèle a nécessité quelques ajustements. L'astronomie hellénistique de Ptolémée a introduit l'idée que les planètes se mouvaient selon des cercles multiples, connus comme étant les déférents et les épicycles. Tout cela venait réduire l'élégance des modèles géocentriques originaux, et rendait le calcul des déplacements astronomiques incroyablement compliqué. Mais cela s'avéra nécessaire, et les difficultés rencontrées finirent par mener à des modèles centrés sur le soleil (ou héliocentrés) du système solaire.

Le fait est que, parfois, des scénarios de complexité croissante tels que les « anté-datages subjectifs » dans le cerveau vont dans la mauvaise direction, et qu'il serait plus simple de prendre en compte une alternative : et si la perspective yogique était correcte ? Et si la perception ordinaire du temps était effectivement une approximation d'une réalité plus profonde qui va au-delà des apparences habituelles du temps et de l'espace ? Et si cette réalité plus profonde était perçue de *l'extérieur* des confins de l'espace et du temps, peut-être y verrait-on que passé comme futur influencent le présent.

L'influence du futur sur la conscience présente est ce que les études sur le pressentiment cherchent à tester, si bien que mes collègues et moi-même avons conçu une expérimentation pour seize sujets : huit méditants expérimentés et huit non-méditants, d'âge, de genre, de main dominante, de revenus et d'ethnicité correspondantes.[220] Nous avons spécifiquement recruté des méditants spécialisés dans une forme de méditation *non-duelle* car ce style de méditation est associé avec la dissolution intérieure des dualités, dont le dualisme du « maintenant » et de « l'après ». Des éléments de non-dualité peuvent être trouvés dans de nombreuses traditions contemplatives et philosophiques. Ces pratiques sont mieux connues en Occident à travers les formes de méditation Zen dites Dzogchen et Advaita.[221]

Deux simples stimuli étaient employés dans cette expérimentation : un flash lumineux et un signal sonore. Le stimulus lumineux était un flash d'un quart de seconde envoyé par des lunettes à stimulation visuelle ; celles-ci produisent un flash blanc éblouissant à environ un centimètre devant les yeux. Le signal sonore était un bruit court et modérément fort, transmis par des écouteurs. C'est un circuit comportant un générateur de nombres aléatoires qui décidait au hasard de présenter soit un son, soit un flash lumineux ; et un autre circuit électronique signalait avec précision dans l'enregistrement électroencéphalographique (EEG) les moments où la stimulation débutait. Nous avons mesuré les ondes cérébrales de chaque participant avec un EEG à trente-deux canaux.

Imaginons donc notre participante, que nous appellerons Lisa, à qui nous installons les électrodes, les lunettes à stimulation visuelle et les écouteurs. On lui explique qu'elle va devoir fermer les yeux pendant toute la durée de l'expérience, avec deux sessions de quinze minutes chacune séparées par une pause de cinq minutes. Chaque session repose sur deux tâches qu'il faut accomplir cinquante fois. L'ensemble du test prend environ quarante minutes.

La première tâche nécessite que Lisa appuie sur un bouton lorsqu'elle le souhaite. Trois secondes passent alors avant que l'un des quatre stimuli possibles soit sélectionné au hasard et présenté immédiatement. Les quatre possibilités sont le flash lumineux, le son, le flash et le son en même temps, ou aucun stimulus. Ces quatre possibilités sont sélectionnées de manière à ce que le stimulus le plus probable soit l'absence de stimulus, et que les trois autres soient répartis équitablement.

La seconde tâche commence également lorsque Lisa presse un bouton. S'ensuit un intervalle aléatoire entre deux et six secondes généré automatiquement. Puis une période de pré-stimulation de deux secondes, avant que ne soit envoyé un flash, un son ou un stimulus contrôle (chacun des trois ayant la même probabilité de survenir). Deux secondes plus tard, l'essai suivant commence automatiquement. Dans chaque tâche, les stimuli qui nous intéressaient étaient les stimuli lumineux et sonores. Les autres stimuli étaient utilisés comme des distractions pour réduire les stratégies de comptage inconscient ou d'anticipation, et pour dissimuler à Lisa ce qui nous intéressait réellement.

Les méditants dans notre étude avaient une moyenne de vingt-et-une années de pratique quotidienne de la méditation ; les non-méditants n'avaient aucune pratique comparable et la méditation leur était parfois totalement étrangère. Nous avons prédit que le cerveau montrerait des différences d'activité électrique *avant* un signal sonore imprévisible par rapport à *avant* un flash lumineux (car le cerveau traite ces stimuli dans des régions différentes, créant ainsi des états cérébraux différents dans le futur, dont on envisageait qu'ils « ondulent » à rebours du temps).

Les résultats de cette expérimentation indiquent que les non-méditants ne montrent aucune différence significative dans l'activité cérébrale avant de recevoir les sons par rapport à avant de recevoir les flashs (voir Figure 5). Mais, dans le groupe de méditants, cinq des 32 électrodes EEG ont montré des différences significatives (de l'ordre d'une chance contre 20 pour chaque électrode) entre la pré-réception du signal sonore et la pré-réception du stimulus lumineux une seconde avant les stimuli.*

* Toutes les analyses statistiques étaient basées sur des méthodes non-paramétriques conservatrices et ajustées pour les comparaisons multiples.

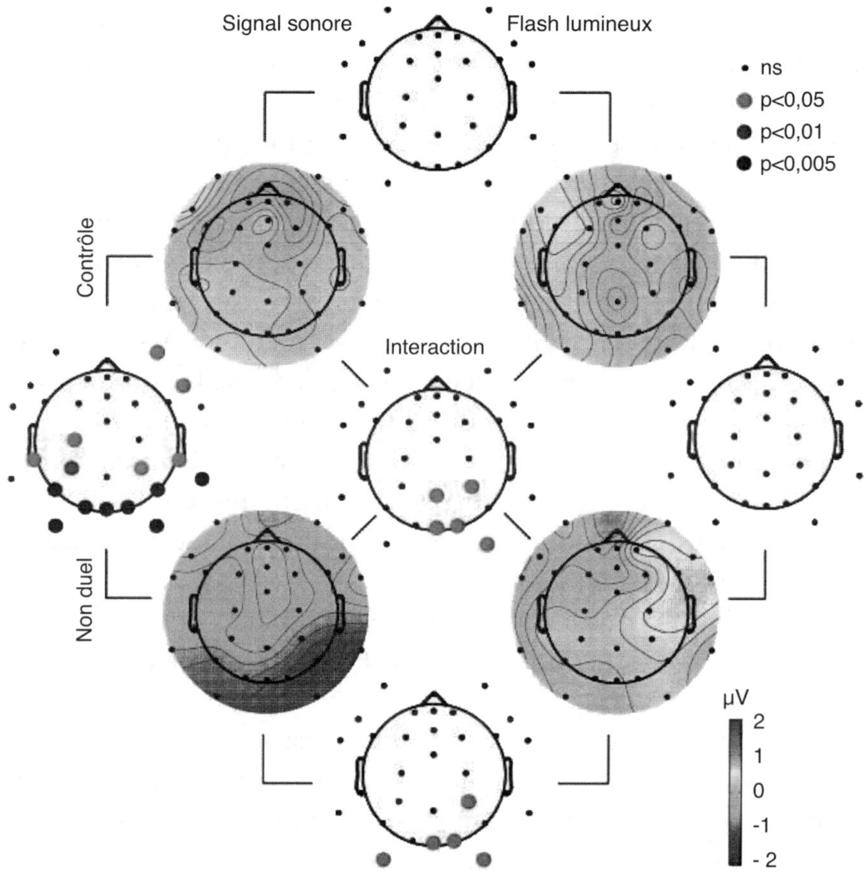

Figure 5. Potentiels électriques moyens en faisant la somme de tous les essais dans le groupe de méditants (labélisé « non-duel ») et le groupe contrôle, entre une seconde avant le stimulus et le début de la stimulation, avec les stimuli sonores et visuels. Selon l'hypothèse nulle, il ne devrait y avoir aucune différence électrique au niveau des préstimulations dans le cerveau avant les deux stimuli. (Images en blanc :) Les comparaisons statistiquement significatives entre les stimuli sont vues comme des points à chaque site d'électrode. Toutes les analystes statistiques sont corrigées pour tenir compte des comparaisons multiples.

En comparant les réactions cérébrales entre les cerveaux des méditants et ceux des non-méditants, nous avons trouvé que, avant le stimulus sonore, 15 des 32 électrodes EEG montraient des différences statistiquement très significatives distribuées largement au-dessus du cortex (avec une cote allant à 200 contre 1 pour certaines électrodes). Cela signifie que les cerveaux des méditants se comportaient de façon dramatiquement différente avant le signal sonore par rapport à ceux des non-méditants.

Pour faciliter la visualisation de l'activité EEG des méditants avant le flash lumineux par rapport à avant le son, nous avons examiné l'évolution temporelle du signal EEG pour une unique électrode (celle située dans la zone centro-pariétale supérieure droite). La Figure 6 montre le voltage EEG moyen pour les stimuli auditifs et lumineux pour les groupes contrôle et méditation séparément, pour une période allant de deux secondes avant la stimulation à une seconde après la stimulation. On y voit que les cerveaux des méditants se comportent de façon radicalement différente environ 1,5 secondes avant que les stimuli ne soient présentés de façon aléatoire, mais qu'aucune différence similaire n'apparaît dans les cerveaux des non-méditants.

Ce résultat conforte l'idée que ces méditants ont accès à des informations futures comme le décrit Patanjali dans sa présentation de la première siddhi.

On pourra objecter : qu'est-ce que cela change 1,5 secondes d'anticipation ? Tout d'abord, il faut se souvenir que les conditions d'une expérimentation en laboratoire imposent des contraintes fortes qui tendent à ne produire que des versions artificielles des expériences de la vie réelle. La magnitude de ces effets n'est pas très impressionnante, mais ce que nous gagnons en retour, c'est la certitude de leur réalité. Ainsi, réagir à un événement qui va se produire 1,5 secondes plus tard dans le laboratoire ne devrait pas permettre d'éviter un désastre le mois prochain, mais c'est déjà une avancée formidable que de pouvoir sortir Patanjali de la liste des auteurs de contes de fées – car il dit vrai : *la précognition est possible.*

Méta-analyse du pressentiment

Un test du pressentiment peut donner des résultats intéressants, mais pour vraiment capter l'attention des scientifiques, rien de mieux que de multiples rapports indépendants faisant état de reproductions réussies du même effet. Quand cela arrive, l'effet a de bonnes

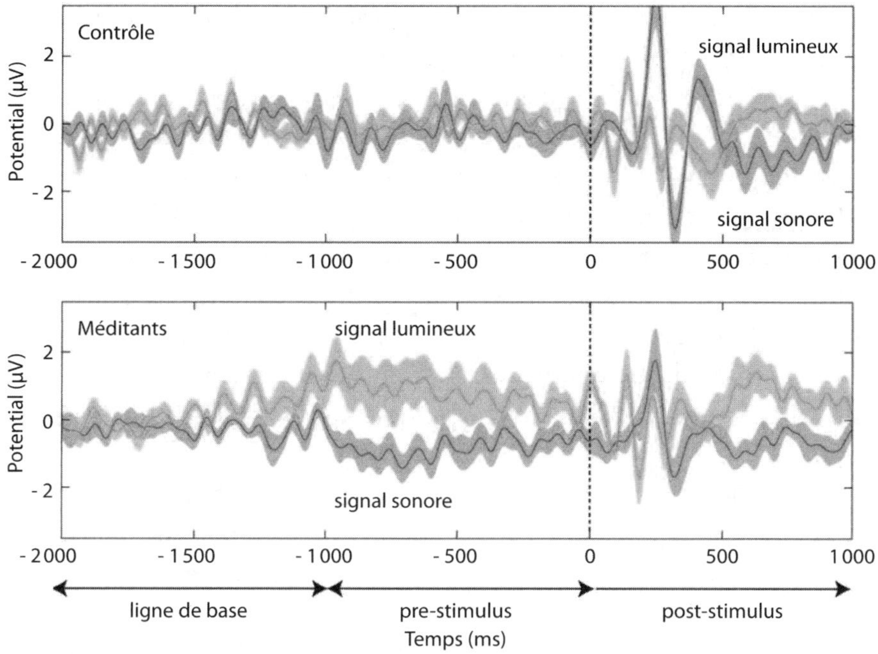

Figure 6. Les voltages moyens (en microvolts) et un écart-type des enveloppes moyennes pour les stimuli sonores et lumineux, selon chacun des deux groupes, au niveau d'une électrode positionnée sur la zone centro-pariétale supérieure droite du cortex. Les signaux sont ajustés en ligne de base de 2000 à 1000 millisecondes avant le stimulus. Le temps 0 est le moment où le stimulus apparaît. Pour faciliter la visualisation des résultats, ces données ont été lissées avec un filtre passe-haut (ne laissant passer que les fréquences hautes) de 10 Hz.[220]

chances d'être réel et de ne plus pouvoir être assimilé à un artefact qui serait passé inaperçu ou à une erreur stupide.

Est-ce que l'effet du pressentiment est reproductible ? Pour le savoir, la neuroscientifique Julia Mossbridge de l'Université de Northwestern, le psychologue Patrizio Tressoldi de l'Université de Padoue (en Italie), et la statisticienne Jessica Utts de l'Université de Californie, à Irvine, ont conduit une méta-analyse.[222] Ils ont tenu compte des études sur le pressentiment publiées entre 1978 et 2010 qui répondaient aux conditions suivantes :

Leurs analyses étaient planifiées à l'avance ;*

* C'est-à-dire qu'aucune « fouille » dans les données n'était permise.

Les mesures de la physiologie humaine étaient enregistrées avant les stimulations sélectionnées aléatoirement ;

Et les résultats étaient clairement directionnels avant et après les stimuli.

Ils ont trouvé 49 expérimentations publiées ou en passe d'être publiées, dont 26 conduites par sept laboratoires différents qui entraient dans leurs critères. Cinq autres laboratoires ont réalisé des études similaires, la plupart avec des résultats tout aussi significatifs, mais ces dernières ne répondaient pas à tous les critères exigés pour cette méta-analyse spécifique. Les 26 études recensées montrent une cote combinée allant de 17 millions à 370 milliards de chances contre 1.

La cote de 17 millions contre un s'appuyait sur l'hypothèse la plus conservatrice, à savoir que l'effet de pressentiment varie de façon aléatoire d'une expérimentation à l'autre. La cote de 370 milliards contre 1 se basait sur l'hypothèse plus tolérante selon laquelle l'effet de pressentiment était constant au cours des diverses études. La taille d'effet reste dans les deux cas de 0,21, c'est-à-dire de cette taille qui nous est désormais si familière à force de la voir apparaître, en moyenne, sur toutes ces expérimentations impliquant la performance humaine, y compris celles qui portent sur le psi.

Mossbridge et ses collègues ont également trouvé que les expérimentations sur le pressentiment avec la meilleure qualité méthodologique obtenaient les plus grandes tailles d'effet. Ils se sont ainsi assuré que les résultats obtenus étaient authentiques et non liés à des erreurs dans les protocoles. Ils ont aussi trouvé que le nombre de rapports non-publiés nécessaires pour annuler l'effet allait de 87 à 256 rapports dormant dans les fonds de tiroir, suivant qu'on choisissait une estimation conservatrice ou plus libérale. Même dans les expérimentations qui cherchaient à expliquer leurs résultats par d'éventuelles stratégies d'anticipation ou d'autres biais, rien de compromettant ne fut découvert.

Jusqu'ici, tout va bien. Les tests du pressentiment obtiennent des preuves robustes d'un effet précognitif inconscient et reproductible. Toutefois, ne manque-t-on pas de nous objecter, si ce phénomène s'avère aussi réel que nous le prétendons, comment se fait-il qu'il n'ait pas été découvert depuis bien longtemps ?

Eh bien, peut-être l'a-t-il été, sauf que personne n'y a prêté suffisamment attention. Il se trouve justement que des effets de pressentiment *ont* été observés de façon complètement non-intentionnelle : ils apparaissent dans les résultats d'expérimentations déjà publiées mais conduites pour de toutes autres raisons.

Le pressentiment omniprésent

Le psychologue Dick Bierman, de l'Université d'Amsterdam, qui a déjà obtenu à maintes reprises des effets de pressentiment en laboratoire, s'est dit que si un tel effet était réel, alors il n'avait rien de magique – il devait apparaître dans d'autres expérimentations, même si les expérimentateurs ne les recherchaient pas. Pour tester cette idée, il a fouillé la littérature psychologique en quête d'expérimentations similaires à celles utilisées pour tester le pressentiment, et il trouva trois d'entre elles dont les données pouvaient être extraites des graphiques publiés. Il se mit à explorer ces données pour vérifier si ne s'y cachaient pas des effets de pressentiment.[169]

La première expérimentation était une étude sur la vitesse à laquelle la peur survient chez des personnes ayant la phobie des animaux par rapport aux personnes non-phobiques ; la seconde étude s'intéressait à la prise de décision, utilisant une tâche baptisée « le jeu d'Iowa » ; la troisième étude investiguait l'effet de l'amorçage émotionnel sur l'évaluation des caractères japonais. Pour ces trois études, Bierman a demandé à l'un de ses assistants, qui ne connaissait pas le but de la manœuvre, d'extraire les données de conductance cutanée des graphes apparaissant dans les rapports publiés.

En analysant ces valeurs, il découvrit dans les trois études qu'avant qu'un stimulus n'apparaisse, la conductance cutanée se comportait comme cela était prédit par l'hypothèse du pressentiment. En combinant les données des trois études, on observait un résultat statistiquement significatif confirmant cette hypothèse. Les effets de pressentiment ne sortiraient donc pas de nulle part : au contraire, ils viennent de partout, et *tout le temps*. Il suffit simplement de jeter un regard neuf aux données déjà existantes.

Ce phénomène va tout à fait dans le sens de la doctrine yogique affirmant que notre conscience a accès à des quantités importantes d'information, mais que la majorité de celles-ci ne dépassent pas les niveaux profonds de l'esprit, et n'atteignent donc pas le niveau où se situe notre attention consciente. La pratique de la méditation est censée favoriser l'accès à ces zones profondes. Et après une pratique intensive, on pourrait même acquérir un accès conscient total à ce type d'information.

Si ce que Bierman a trouvé est exact, et que les effets de pressentiment sont dissimulés – à la vue de tous ! – au sein de données collectées pour d'autres raisons, alors il devrait être possible de répéter cette découverte avec de nouvelles données. Julia Mossbridge se donna les moyens de tester cette idée. Elle et ses collègues étudièrent certaines expérimentations publiées après 2000, qui est l'année où Bierman a publié son analyse, à la recherche de nouvelles preuves. Ils ont demandé les données complètes de quatorze chercheurs ayant tous publié des expérimentations pertinentes dans des revues de physiologie et psychologie après 2000. Chacune de ces expérimentations testaient des hypothèses psychologiques conventionnelles sur les réactions humaines *après* une stimulation. Julia n'obtint finalement les données originales que de deux de ces études.

L'une impliquait 34 participants avec des données correspondant aux signaux électriques associés avec les muscles faciaux (électromyographie), la conductance cutanée, le rythme cardiaque et la température à la surface de la peau. Toutes ces mesures étaient enregistrées en continu avant, pendant et après la présentation aléatoire de quatre catégories de photographies : neutre (par exemple, un arbre), plaisante-relaxante (un lapin), plaisante-excitante (un couple érotique), et déplaisante-excitante (un accident macabre). En utilisant des méthodes très conservatrices pour examiner ces données, Mossbridge ne trouva aucune preuve de pressentiment dans les données électromyographiques, mais elle en trouva dans la conductance cutanée et le rythme cardiaque, ainsi qu'un effet positivement significatif dans les mesures de température de la peau (qui est associée avec le fait de rougir ou de pâlir, en réaction aux flux sanguins périphériques).

Les données de la seconde expérimentation contenaient des enregistrements de conductance cutanée et d'ondes cérébrales (EEG) avant, pendant et après la présentation de photos avec des images plaisantes et peu excitantes, plaisantes et très excitantes, déplaisantes et peu excitantes, et déplaisantes et très excitantes. Au niveau des électrodes EEG avec des effets significatifs *post*-stimulation, c'est-à-dire dans les zones du cortex qui réagissaient fortement aux images après les avoir vues, Mossbridge a trouvé, en employant sa méthode d'analyse la plus conservatrice, des différences significatives indiquant du pressentiment chez les participantes à l'étude (avec une cote supérieure à 5 000 contre 1), et des effets similaires mais non significatifs sur les mêmes électrodes chez les participants.

La conclusion originale de l'étude mainstream était que les femmes et les hommes diffèrent dans leurs réactions *après* un événement émouvant. Mossbridge trouva exactement la même conclusion mais pour leurs réactions *avant* les événements émotionnels. Lorsqu'elle combina les données pré-stimulation des deux genres, la cote fut supérieure à 1000 chances contre 1 en faveur d'un effet de pressentiment.

Tant les découvertes de Bierman que celles de Mossbridge suggèrent que les effets de pressentiment sont omniprésents. Cela signifie que nous avons tous une *sensibilité inconsciente et permanente aux informations futures*. La première siddhi – la conscience simultanée du passé, du présent et du futur – nous fait simplement nous rendre compte de cette sensibilité.

Tout cela conforte l'idée que les siddhis sont des raffinements du potentiel de chacun – du *super*-normal. Les seules choses qui nous empêchent de devenir des superstars des siddhis sont à chercher dans nos esprits distraits et nos croyances filtrant la manière dont nous nous percevons nous-mêmes.

LE COMPORTEMENT IMPLICITE

Les preuves de la précognition ne s'arrêtent pas là. Depuis le début du XXIe siècle, une nouvelle catégorie de preuves a fait son apparition.

L'idée à la source de ces études repose sur une inversion temporelle des séquences ordinaires de cause à effet employées dans de nombreux phénomènes bien connus des sciences cognitives et sociales. Par exemple, dans une expérimentation de psychologie sociale conventionnelle, une personne peut avoir pour consigne de regarder une paire d'images affichées sur un écran d'ordinateur. Les images peuvent représenter n'importe quoi et avoir plus ou moins de liens : deux visages, deux objets ou deux formes abstraites.

La tâche donnée au participant est simple : il doit sélectionner son image préférée. Puisque les paires d'images employées dans ces expérimentations ont été évaluées en amont par des juges indépendants afin de garantir que chaque image est au moins aussi plaisante que l'autre image de la paire, on peut s'attendre à ce que chaque image soit sélectionnée une fois sur deux tout au long de nombreux essais.

Pour étudier le phénomène connu sous le nom d'effet de « simple exposition* »[223], un ordinateur sélectionne aléatoirement l'une des deux images et la présente à plusieurs reprises de façon subliminale (c'est-à-dire qu'elle apparaît et disparaît trop vite pour qu'un individu en prenne conscience) *avant* que les participants n'aient à choisir leur image préférée. Les participants finissent invariablement par choisir l'image à laquelle ils ont été exposés subliminalement, sans en avoir conscience. Ce test de l'effet de « simple exposition » montre que nous avons tendance à préférer ce qui nous est familier, même si la familiarité est due à une exposition inconsciente intervenant peu avant la formulation de notre choix.

Dans la version de ce protocole impliquant un renversement temporel, le participant doit *d'abord* sélectionner l'image qu'il préfère au sein d'une paire, et ce n'est qu'*ensuite* que l'ordinateur sélectionne aléatoirement l'une des deux images et la présente à plusieurs reprises de manière subliminale. Le protocole avec l'inversion temporelle prédit que le fait d'être sensibilisé à l'image *dans le futur* va « fuir en arrière », remontant le temps et biaisant la décision du sujet *dans le présent*.

Dans une série de neuf expérimentations, toutes impliquant une inversion temporelle d'expérimentations conventionnelles, le psychologue Daryl Bem, de l'Université de Cornell, a obtenu un

* Le terme technique pour désigner cet effet est « amorçage » (*priming*).

résultat statistiquement significatif dans huit des neuf études, impliquant un total de plus d'un millier de participants, principalement des étudiants. Ses études furent publiées au début de 2011 dans le célèbre *Journal of Personality and Social Psychology*, sous le titre « Sentir le futur : preuves expérimentales d'influences rétroactives anomales sur la cognition et l'affect. »[224] En faisant le cumul des neuf expérimentations, la taille d'effet moyenne était de 0,22 et la cote combinée de 73 milliards de chances contre 1.[225]

L'affrontement de paradigmes

En plus de fournir une nouvelle forme de preuves d'effets rétrocausaux, l'article de Bem offre une excellente occasion de constater comment des scientifiques et des journalistes scientifiques habituellement calmes et rationnels peuvent subitement se comporter bizarrement face à des résultats inattendus. Pour le dire crûment, ils sont devenus enragés.

Avant que l'article de Bem ne paraisse, un éditorial du *New York Times*, publié le 5 janvier 2011, poussait déjà les scientifiques à s'indigner. Sous le titre, « Un article sur la perception extra-sensorielle va susciter la colère », le journaliste scientifique Benedict Carey dissimulait à peine son dédain :

> Cette décision pourra ravir ceux qui croient aux soi-disant phénomènes paranormaux, mais elle mortifie déjà les scientifiques. L'article qui sera publié cette année dans le *Journal of Personality and Social Psychology* circule déjà sur Internet et auprès des chercheurs en psychologie, générant un mélange d'amusement et de mépris. Certains scientifiques affirment que ce rapport mérite d'être publié, au nom de la liberté de la science ; d'autres affirment que l'acceptation d'un tel article dans une revue de haut niveau ne fait qu'accentuer l'impression que l'évaluation par les pairs a ses failles dans les sciences sociales.
>
> « C'est de la folie, de la pure folie. Je ne peux croire qu'une revue majeure permet cela, clame Ray Hyman, un professeur émérite de psychologie à l'Université de l'Oregon, depuis longtemps critique de la recherche sur la perception extra-sensorielle. Je crois que tout le champ de la psychologie est embarrassé. »
>
> L'éditeur de la revue, Charles Judd, un psychologue de l'Université du Colorado, affirme que l'article est passé par le processus de révision habituel. « Quatre réviseurs ont fait des commentaires sur le manuscrit, a-t-il dit, et ce sont quatre personnes dignes de confiance. » Tous les quatre ont décidé que l'article répondait aux critères habituels de la revue, ajouta Dr Judd, même si « il n'y a pas de mécanisme connu permettant de comprendre les résultats. »

> Mais plusieurs experts expliquent que c'est précisément là le problème. Des revendications qui défient presque toutes les lois scientifiques sont par définition extraordinaires et nécessitent donc des preuves extraordinaires. Ne pas prendre en compte cet aspect – en n'appliquant que le type d'analyse pratiquée habituellement en sciences sociales – revient à donner plus d'importance à ces résultats qu'ils n'en ont vraiment, affirment les experts.

En dehors de l'insulte gratuite taxant de « pure folie » une étude scientifique soumise à un comité de lecture et publiée dans un journal de haut niveau, il est malheureusement courant de lire de tels avis d'experts qui tirent à boulets rouges sur tout ce qui ressemble, de près ou de loin, à des effets « défiant presque toutes les lois scientifiques. » Dans le même commentaire journalistique, le cognitiviste Douglas Hofstadter de l'Université d'Indiana a protesté car, « si la moindre des revendications de Bem était vraie, alors cela mettrait à terre toutes les bases de la science contemporaine en nous obligeant à repenser tout ce que nous savons sur la nature de l'univers. »

De telles affirmations alarmistes sous-entendent que les lois scientifiques sont gravées dans le marbre comme les Dix Commandements, et donc impossibles à violer, sinon au prix d'un sacrilège risquant de passablement énerver Moïse ou le Dieu des scientifiques. Alors qu'en réalité, les lois scientifiques sont seulement des régularités qui sont vraies « en moyenne » et dans des contextes limités. Et de toute manière, ces lois qui seraient supposément bafouées ne sont jamais spécifiées pour la simple et bonne raison *qu'il n'existe pas de telles violations*. Des déclarations semblables à celle d'Hoftstadter sont basées sur l'anxiété, et non sur l'attitude scientifique qui voudrait qu'on examine les faits en toute quiétude.

Mais l'idée même de précognition reste si contrariante pour certains scientifiques qu'il devient plus facile pour eux de croire que les méthodes scientifiques de base se sont soudainement et mystérieusement mises à se dérégler, plutôt que d'imaginer qu'une revendication aussi subversive ait le moindre fond de vérité.

Ce n'est pas une réaction si déraisonnable au premier abord, car des améliorations méthodologiques sont toujours possibles. Mais c'est un paradoxe des plus classiques : pour éviter d'être confronté à la possibilité que « les lois scientifiques » puissent être fausses, on prétend que des techniques reconnues, employées dans des milliers d'autres publications, *doivent* être fausses. C'est là que le bât blesse : ce sont ces mêmes techniques présumées erronées qui ont auparavant été utilisées pour établir ces si précieuses lois scientifiques !

En définitive, nous sommes mis en demeure d'accepter et de rejeter les mêmes techniques...

Ce paradoxe n'a rien de neuf. Dans les années 1930, lorsque Rhine et ses tests de perception extra-sensorielle (PES) avec des cartes rencontraient un succès remarquable, les critiques suspectaient que les méthodes mathématiques employées ne l'étaient pas d'une façon correcte. Elles *devaient* être fausses. Ce débat a persisté jusqu'à ce que les critiques se fassent rabattre le caquet par le président de l'Institute of Mathematical Statistics, qui à cette époque était Burton Camp, de l'Universalité de Wesleyan. Après avoir été consulté, Camp envoya une déclaration à la presse, reprise dans le premier volume du *Journal of Parapsychology*, où il concluait ceci :

> Les investigations du Dr Rhine comportent deux volets : un volet expérimental et un volet statistique. Sur le plan expérimental, les mathématiciens n'ont bien sûr rien à dire. Sur le plan statistique, en revanche, de récents travaux mathématiques ont établi que, pour peu que les tests aient été bien conduits, l'analyse statistique appliquée est fondamentalement valide. Si les recherches de Rhine devaient être attaquées d'une manière correcte, cela ne devrait pas être sur leurs bases mathématiques.[226]

Un exemple moderne de cet argument récurrent selon lequel « quelque chose doit forcément clocher » est apparu dans un éditorial à propos de l'étude de Bem dans l'une des plus grandes revues scientifiques, *Science*. Sous le titre « Un article sur la PES relance des discussions sur les statistiques », le journaliste Greg Miller admet que :

> « La véritable leçon à tirer de tout cela n'est pas que la PES existe, c'est que les méthodes que nous utilisons ne nous protègent pas contre des résultats fallacieux », a dit David Krantz, un statisticien de l'Université de Columbia.[227]

Un autre exemple provient de l'article du journaliste Bob Holmes dans le magazine *New Scientist*, intitulé : « Des preuves de la PES salissent la science. »[228] Cet objet salissant est présenté dans une citation d'un statisticien de l'Université de Duke comme : « Une grande partie de ce qui est publié ici est faux. » Holmes renchérit :

> En dépit d'un scepticisme largement diffusé chez les scientifiques orthodoxes, des études sur la précognition et d'autres formes de perception extra-sensorielle refont surface de temps à autre. Dans les années 1940, il s'agissait de deviner des cartes ; dans les années 1980, on mettait en avant la capacité à influencer des générateurs de nombre aléatoires, et au cours de la dernière décennie, on a eu droit au soi-disant « pressentiment » – dans lequel des participants montraient des modifications dans la conductance cutanée juste avant de voir des images perturbantes. A chaque fois, des chercheurs indépendants ne sont pas parvenus à reproduire les résultats initiaux, concluant finalement qu'ils n'étaient dus qu'à des défauts dans les protocoles ou à des coïncidences.

Comme nous l'avons vu plus haut lors de notre passage en revue des expérimentations sur le pressentiment, l'opinion de Holmes est spectaculairement et absolument fausse. Il a tout aussi faux en ce qui concerne les autres types de phénomènes psi, démontrant cette fascinante capacité de l'humain à ignorer ce qu'il ne veut pas voir.

Dans un autre article intitulé « Avoir peur du futur de la psychologie expérimentale », publié dans la *Review of General Psychology*, les psychologues Etienne LeBel et Kurt Peters touchent du doigt le cœur du problème :

> En employant ce que nous considérons comme des standards en matière d'expérimentation, d'analyse et d'exposition des données, tout en parvenant à une conclusion fantastique, Bem a mis les psychologues expérimentalistes dans une position difficile : ils sont forcés soit de réviser leurs croyances sur la nature fondamentale du temps et de la causalité, soit de réviser leurs croyances sur le bien-fondé de la pratique de recherche modale.[229] (p. 371)

Les méthodes bayésiennes

Dans une autre critique intitulée : « Pourquoi les psychologues devraient changer leur façon d'analyser les données : le cas du psi », le psychologue Jan Wagenmakers et ses collègues de l'Université d'Amsterdam ont affirmé qu'une technique statistique plus appropriée pour analyser ce type de données controversées consistait à utiliser les techniques bayésiennes, appelées ainsi en référence au mathématicien et théologien du XVIIIe siècle Thomas Bayes.[230]

Cette méthode est utile parce qu'elle spécifie objectivement comment les croyances antérieures du chercheur doivent changer lorsqu'il est confronté avec de nouvelles données.

Cette méthode nécessite que l'analyse spécifie deux types de croyance – l'une sur la probabilité que l'hypothèse « nulle » ou le hasard soit vrai (ce que nous appelons, dans le jargon statistique, l'hypothèse nulle « H0 ») ; et l'autre sur la taille que doit avoir l'effet pour que l'hypothèse alternative soit vraie (appelée alors « H1 »). H1, dans le cas qui nous préoccupe, est l'hypothèse que des personnes *puissent* recevoir des informations du futur, et H0 est l'hypothèse qu'*ils ne le peuvent pas*.

Pour commencer, il a donc fallu définir H0, soit la croyance selon laquelle les gens *ne peuvent pas* recevoir de l'information du futur. Wagenmakers l'a établi avec une cote colossale de 1 000 000 000 000 000 000 000 de chances contre 1, soit un millier de milliard de milliards contre 1, ce qui reflète sa conviction dans l'impossibilité de la précognition.*

L'étape suivante consiste à spécifier la croyance sur les tailles d'effets attendues sur plusieurs expérimentations si la précognition se révélait être vraie (c'est-à-dire l'hypothèse alternative, ou H1).

Spécifier H1 implique de connaître la variation et la distribution des tailles d'effets que l'on serait en droit d'attendre après avoir conduit beaucoup d'études, plutôt qu'une simple estimation de la taille d'effet attendu pour une seule étude. La *forme* de la distribution attendue est un point critique, car cette forme fait écho aux croyances sur l'effet étudié. Est-ce que l'effet étudié est présumé infime et rare, ou immense et commun, ou quelque part entre les deux ?

Le résultat de ce type d'analyse est exprimé en termes de « facteur de Bayes », qui est la cote de l'hypothèse alternative (H1) comparée à l'hypothèse nulle (H0) *après* analyse des nouvelles données expérimentales.

En employant cette méthode, Wagenmakers a évalué chacune des neuf expérimentations de Bem séparément. Sa gigantesque

* Le nombre exact fut 10^{-20}, soit une cote de 99 999 999 999 999 999 999 chances contre 1.

cote en faveur de l'hypothèse nulle, combinée avec son choix de distribution pour l'hypothèse alternative, éliminaient toute possibilité que *n'importe* quelle donnée nouvelle vienne influencer son opinion sur la précognition. Il n'est donc pas surprenant qu'il ait conclu que l'étude de Bem ne fournissait aucune preuve en faveur de ce phénomène.

L'article de Wagenmakers fut immédiatement publié et adopté avec un soupir de soulagement par l'orthodoxie comme étant une raison valable pour continuer à ignorer les résultats de Bem. Mais était-il valide ?

Bem a répliqué à Wagenmakers, avec l'aide de Jessica Utts et Wesley Johnson, tous deux professeurs de statistiques à l'Université de Californie, à Irvine.[225] Fait remarquable, Johnson était le co-développeur de la méthode statistique utilisée par Wagenmakers, et, à ce titre, il dispose d'une compétence unique pour juger de la façon adéquate de l'employer. D'entrée, Bem et ses collègues remarquent calmement « que l'application correcte des méthodes bayésiennes nécessite une certaine prudence, et nous croyons que Wagenmakers et al. ... n'en ont pas fait preuve » (p. 716).

Non seulement Wagenmakers a sélectionné une cote déraisonnable d'un millier de milliard de milliards contre un en faveur de l'hypothèse nulle, mais il a aussi sélectionné une distribution extrêmement peu réaliste des tailles d'effet par rapport à ce qu'on peut attendre d'expérimentations sur la précognition.* En bref, Wagenmakers suppose que les résultats d'une étude typique de précognition devraient obtenir des effets si immensément puissants que, pour peu que la précognition fonctionne réellement de cette manière, il ne soit absolument plus possible d'avoir de doutes sur l'existence de ce phénomène. En d'autres termes, la précognition telle que la voit Wagenmakers doit être *à la fois* a priori impossible *et* absolument évidente lorsqu'elle se manifesterait en laboratoire.

A l'inverse de l'approche de Wagenmakers, Bem, Utts et Johnson ne se sont pas appuyés sur des croyances personnelles pour établir les cotes de H0 et H1. Ils ont sélectionné ces valeurs en se basant sur les preuves expérimentales de la précognition publiées antérieurement.

---

* Il a utilisé la distribution de Cauchy.

Ils ont aussi considéré les neuf études de Bem comme ne formant qu'un seul groupe plutôt qu'en les examinant séparément.

Ils ont trouvé que le facteur de Bayes en faveur de l'authenticité de la précognition à partir des expérimentations de Bem était de 13 669 contre 1, dans une estimation basse et conservatrice.* Cela signifie que si votre préjugé *contre* la précognition est estimable à la cote de 100 millions contre 1, alors les résultats obtenus par Bem devraient suffire à faire basculer votre croyance *du côté* de la précognition, pour peu que vous soyez capables de vous comporter rationnellement face à ces données.

Bem, Utts et Johnson ont fini leur article en reprenant à leur compte la question posée par Wagenmakers : est-ce que les psychologues devraient changer la manière dont ils analysent leurs données ? Ils conclurent que la réponse était non, car tout se passe déjà très bien. Mais ils mettent en garde contre toute analyse qui ne serait pas conduite correctement, car c'est là que le bât blesse :

> Ce débat est une excellente illustration de la façon dont la science fonctionne. Des individus différents travaillant sur le même problème scientifique parviennent à des conclusions différentes selon leurs propres hypothèses et modèles théoriques – que les méthodes bayésiennes rendent explicites. De tels désaccords persistent jusqu'à ce qu'une information suffisante soit disponible pour convaincre l'ensemble de la communauté scientifique... De façon ironique, la critique de Wagenmakers et al. (2011) fournit à elle seule une illustration grandiose de la façon dont des vices ou des artefacts cachés peuvent s'infiltrer dans des analyses statistiques avec lesquelles nous sommes peu familiers – bien qu'ici ce soit au service de la défense de l'hypothèse nulle.[225] (p. 718)

Beaucoup reste encore à dire sur les statistiques utilisées pour analyser les expérimentations psi, mais apprécier pleinement ces arguments nous écarterait trop de ce qui est l'objet de ce livre. Nous résumerons donc la chose à l'essentiel : cette façon dont les revues académiques tremblent face à ce supposé danger pour la science engendré par les preuves positives du psi n'est qu'une

* Le facteur de Bayes dans l'article de Bem, Utts et Johnson fut calculé de façon conservatrice pour une alternative bilatérale. L'exemple que je prends ici, sur comment un facteur de Bayes peut influencer des croyances antérieures, s'appuie sur une alternative unilatérale.

tentative désespérée pour maintenir une vision du monde stable dans laquelle le psi n'a pas sa place. Mais, lorsqu'elles sont correctement appliquées, les méthodes scientifiques sont des outils extrêmement puissants et généralement parfaitement sains. La réalité du psi vient effectivement défier certaines hypothèses scientifiques, mais cela ne veut pas dire qu'il faut remettre radicalement en cause tout ce que nous savons.

Du moins, pas tout de suite.

L'approche innovante de Bem est relativement neuve, si bien qu'on ne peut pas encore se prononcer sur la possibilité que d'autres viennent reproduire facilement ses résultats. A l'heure où j'écris ce chapitre, plusieurs tentatives de réplication ont été faites. Certaines sont parvenues à reproduire ses effets et d'autres non. Dix-neuf réplications basées sur l'un des protocoles de Bem ont fait l'objet d'une méta-analyse dans un article de Jeff Galak, de l'Université Carnegie Mellon, et ses collègues.[231] L'article de Galak s'intitulait : « Echecs de réplication du psi » en dépit du fait que seules 15 des 19 réplications employaient réellement des méthodes similaires à celles utilisées par Bem. Lorsqu'on analysait à part ce groupe de 15 études, l'effet global était positif et significatif, ce qui suggérait la reproductibilité des effets. Mais les quatre autres expérimentations avaient employé une méthode de recrutement des participants plus facile : les tests étaient conduits directement sur Internet. Or, ce mode de passation a introduit des variables incontrôlables qui abaissent la qualité méthodologique du protocole (ce qui explique d'ailleurs pourquoi Bem n'a pas conduit ses tests de cette manière). L'article de Galak fanfaronne en soulignant que ses tentatives de réplications – sept au total – ont inclus 3 289 participants, soit environ trois fois plus que toutes les études de Bem réunies. L'excitation retombe dès que l'on comprend que 80 % de ces participants sont passés par Internet. Le diable est souvent dans les détails, et parfois les détails au sein de ces articles revendiquant des échecs de réplication ne sont pas aussi négatifs que dans la promotion qui leur est faite.

LES PRESSENTIMENTS DES ANIMAUX

A côté de tous ces récits de précognition et de pressentiment chez les humains, on trouve également un épais corpus d'observations d'animaux réagissant de façon anticipée à des catastrophes naturelles majeures, telles que des tsunamis et des tremblements de terre.[232] Les explications généralement proposées pour de telles observations suggèrent que les animaux auraient des sensibilités particulières au géomagnétisme, à l'électromagnétisme et aux perturbations atmosphériques qui précèdent de tels événements. Une autre possibilité serait que les animaux, comme les humains, pourraient sentir le futur.

Intrigués par les preuves cumulées en matière de pressentiment humain, les chercheurs ont commencé à étendre cette voie de recherche pour y inclure les comportements animaux. Cette catégorie d'expérimentation est relativement neuve, mais trois tests ont déjà fourni quelques raisons de croire que les animaux perçoivent effectivement le futur. Ces études impliquent des vers de terre, des pinsons bengalis et des pinsons mandarins.

Dans la première étude, pour son mémoire en ingénierie électrique, Chester Wildey a cherché à savoir si les vers de terre pouvaient montrer un effet de pressentiment en utilisant une vibration mécanique pour créer un équivalent de stimulation émotionnelle pour les vers. Les périodes sans vibration faisaient office de conditions de contrôle, « calmes », non-émotionnelles.[233] Ses résultats expérimentaux allaient dans le même sens que ceux obtenus dans les expérimentations du pressentiment humain ; c'est-à-dire qu'il constatait davantage d'activité avant les stimulations par vibration que pendant les périodes sans vibration. Il découvrit aussi que plus il accumulait d'essais, et plus ses résultats renforçaient l'hypothèse du pressentiment, ce qu'on serait en droit d'attendre si le « signal » était authentique.

Dans la seconde étude, Fernando Alvarez de la station biologique de Doñana, à Séville en Espagne, a placé 47 pinsons bengalis (*Lonchura striata*) dans une cage, l'un après l'autre et un seul à la fois.[234] Après avoir laissé les oiseaux s'acclimater dans la cage pendant quinze minutes, un générateur de nombres aléatoires sélectionnait un temps aléatoire pour diffuser un clip vidéo de quinze secondes sur un écran à côté de la cage de l'oiseau. La vidéo montrait une couleuvre fer-à-cheval (*Coluber hippocrepis*), apparemment en train de fondre sur les oiseaux. Lorsque les pinsons bengalis voient ce type de serpent, ils montrent des mouvements d'alarme très distinctifs (que le jargon ornithologique qualifie de « panique »). Comme condition de contrôle, Alvarez a utilisé la même procédure mais sans montrer aucun clip vidéo. Un autre type de condition contrôle consiste à mesurer le comportement d'alarme des oiseaux dix minutes avant la période initiale d'acclimatation.

Les oiseaux étaient filmés en continu durant le test, et la fréquence des comportements d'alarme était comptée entre 0 à 3, 3 à 6 et 6 à 9 secondes avant que l'image du serpent n'apparaisse. La même procédure était employée pour les essais de contrôle. Pour éviter d'être influencé par la condition testée, les comptages étaient réalisés en aveugle, sans savoir si les images avaient été enregistrées avant l'apparition virtuelle d'un serpent ou dans la condition sans serpent.

Les résultats ont montré que les oiseaux ont réagi au clip vidéo du serpent jusqu'à neuf secondes avant qu'il ne soit montré, avec une fréquence d'alarme durant cette période significativement plus importante que celle observée dans la première condition contrôle. La cote montait à 5 393 chances contre 1. Par rapport à la seconde condition de contrôle, avant l'acclimatation, la cote atteignait un chiffre encore plus important : 280 000 contre 1. Par contre, aucune différence ne fut observée entre les deux conditions de contrôle, comme on pouvait s'y attendre.

Dans une troisième étude avec des objectifs similaires, Alvarez réplica avec succès son étude en utilisant des pinsons mandarins femelles adultes (*Taeniopygia guttata*) en utilisant un stimulant mettant l'accent sur la surprise (le son d'un coup de feu) plutôt qu'une vidéo de serpent.[235]

Résumé

L'accumulation des preuves ne peut signifier qu'une chose : la précognition existe. En 2011, j'ai présenté certaines des preuves discutées dans ce chapitre à un symposium de physique sur la rétrocausalité quantique. Ce colloque était organisé à l'Université de San Diego sous les auspices de l'American Association for the Advancement of Science.[236] Les preuves de

☞

☞

la précognition étaient pertinentes dans le cadre de ce symposium car la rétrocausalité – une inversion de la séquence habituelle de cause à effet – est entièrement compatible avec les équations de la physique classique comme de la physique quantique. Les physiciens acceptent déjà l'inversion temporelle au niveau des particules élémentaires, mais la précognition chez les humains suggère que les phénomènes d'inversion temporelle se produisent également dans le monde macroscopique, notre monde de tous les jours. Si bien que les preuves de précognition jouent un grand rôle dans les théories physiques qui tentent de modéliser la nature fondamentale du temps, ainsi que dans la compréhension des transitions entre la physique du monde microscopique et celle du monde macroscopique.

Les articles techniques de ce colloque de 2011, ainsi que ceux d'un colloque similaire en 2006 sur les « frontières du temps », ont été publiés par l'American Institute of Physics[236, 237], une maison d'édition de pointe dans les sciences physiques.

Au-delà du monde abscons de la physique théorique, il y a eu tout au long de l'histoire des personnes ordinaires faisant mention d'intuitions, de prémonitions et de prévisions d'événements futurs dont l'exactitude fut ensuite vérifiée. Les explications conventionnelles telles que les coïncidences et la mémoire sélective peuvent rendre compte de nombre de ces anecdotes. Mais depuis plus de 75 ans, des études en laboratoire ont étudié la possibilité d'expliquer ces vécus en tant que véritables effets d'inversion temporelle ou de rétrocausalité. En 2013, nous avons désormais une base de données expérimentales cumulant les recherches de centaines d'études en laboratoire publiées par des chercheurs des Etats-Unis, d'Italie, d'Espagne, des Pays-Bas, d'Autriche, de Suède, d'Angleterre, d'Ecosse, d'Iran, du Japon et d'Australie.[236]

Cela signifie-t-il que des personnes sont capables de prévoir toutes les catastrophes futures, ou d'exceller dans les casinos ou sur les marchés financiers grâce à ces capacités ? Non, car les tailles d'effet dans ces expérimentations sont plutôt petites. Mais, comme nous le verrons plus tard, la précognition peut être utilisée pour des applications pratiques. Elle indique également que la plupart des humains ont au moins l'une des siddhis que le yoga affirme être capable de développer.

Sur quoi d'autre Patanjali avait-il raison ? Pouvez-vous le lire dans mes pensées ?

10

LA TÉLÉPATHIE

Il y a de nombreux livres expliquant comment se faire des amis et influencer les gens, mais il est surprenant d'en trouver si peu expliquant comment se faire des ennemis et écarter les gens. Voici une suggestion pour compenser ce vide : allez à la rencontrer d'un groupe de scientifiques et annoncez leur que vous croyez à la parapsychologie.

Roger Walsh

DANS LES YOGAS SUTRAS, le *Pada Vibhuti* III. 19-20 décrit les siddhis suggérant la possibilité d'acquérir des connaissances sur ce qui traverse l'esprit des autres. De nos jours, nous appellerions cette capacité de la télépathie, une connexion d'esprit à esprit. Comme pour d'autres phénomènes psi, les témoignages de communications télépathiques se rencontrent dans toutes les cultures tant ces expériences sont communes, aujourd'hui comme aux siècles précédents.

Samuel Clemens, qui utilisa le célèbre pseudonyme Mark Twain pour écrire, au XIXe siècle, des œuvres classiques telles que *Tom Sawyer* et *Les aventures de Huckleberry Finn*, a eu de nombreuses expériences télépathiques. Il les baptisa « télégraphies mentales » car le télégraphe était la technologie de communication à longue distance la plus époustouflante de son époque. Twain était soucieux de sa réputation d'auteur sérieux, alors il préféra passer sous silence ses expériences pendant des années, allant même jusqu'à les consigner dans un manuscrit qu'il ne fit pas publier. Finalement, après que des scientifiques britanniques eurent commencé à prendre au sérieux ce sujet en 1882, avec la formation de la Society for Psychical Research, Twain décida de publier un article dans le *Harper's New Monthly Magazine* en 1891. Il commence ainsi :

> Note à l'éditeur. – En jetant un œil sur ce vieux manuscrit poussiéreux, vous comprendrez qu'il m'est arrivé de faire une grande découverte : la découverte de certaines choses qui, depuis que le monde est monde, ont surtout été considérées comme des « coïncidences curieuses » – autrement dit, des accidents – mais qui ne sont pas plus accidentelles que d'envoyer et de recevoir un télégramme. J'ai fait cette découverte seize ou dix-sept ans plus tôt et lui donnait alors le nom de « télégraphie mentale ». C'est le même genre de phénomène marginal qu'a rassemblé (et manipulé) la société psychique d'Angleterre depuis quatre ou cinq ans, sous le nom de « télépathie ».
>
> Durant les deux ou trois dernières années, ces chercheurs ont pénétré au cœur de la matière et y ont découvert que l'esprit peut agir sur l'esprit d'une façon précise et élaborée, par-delà les larges étendues de terre et d'eau. Et ils sont parvenus à faire, grâce à leur autorité et leur influence, ce que je n'ai jamais pu accomplir : convaincre le monde entier que la télégraphie mentale n'était pas une farce mais un fait bien réel, qui non seulement n'était pas rare mais se trouvait être extrêmement commun. Ils ont rendu à notre époque un service, un immense service à mon humble avis.[238]

Twain a surestimé la réaction de la communauté scientifique aux preuves de la télépathie, mais il voit juste en ce qui concerne l'intérêt du grand public. Aujourd'hui, ses histoires de télépathie passionneraient le public et pourraient même fournir la base d'une série télé.

LES TESTS DE TÉLÉPATHIE

Comment savoir si une impression de télépathie est une coïncidence, une hallucination, un problème psychiatrique, une illusion ou un fait authentique ? Nous allons prendre l'exemple de deux amis, Gwenola et Tom.

Gwenola vous dit qu'elle pense être en contact télépathique avec Tom. Elle semble savoir ce qu'il pense et *vice versa*, même si elle capte plutôt ses intentions que les mots qui traversent son esprit. Elle fournit des exemples d'épisodes spontanés qui semblent crédibles, et vous la connaissez assez bien pour admettre qu'elle n'est pas en train de vous raconter des bobards. Vous décidez donc de tester sa capacité.

Vous commencez par demander à Gwenola de penser à un nombre, au hasard, entre 1 et 10, puis de multiplier ce nombre par 9. Si le résultat est un nombre à deux chiffres, alors Gwenola doit additionner les deux chiffres ensemble puis soustraire 5 au total. (Essayez vous-même, pour voir ce qui se produit.)

Maintenant vous lui demandez de déterminer quelle lettre dans l'alphabet correspond au nombre auquel elle est parvenu (par exemple : 1 = A, 2 = B, 3 = C, etc.).

Demandez-lui maintenant de penser à un *pays* qui commence par cette lettre et de se souvenir de la dernière lettre du nom de ce pays. Finalement demandez-lui de penser au nom d'un *animal* qui commence avec cette lettre.

Demandez alors à Gwenola si, par hasard, elle ne penserait pas à un kangourou au Danemark ?

Si c'est bien le cas, vous venez d'apprendre votre première leçon sur la manière de *ne pas* tester la télépathie. Ce truc fonctionne avec la majorité des Français car nous partageons une connaissance commune quant à la fréquence des mots et des concepts, et cela nous permet d'être promenés sur le même chemin, nous conduisant à faire les mêmes choix pour les mots commençant par ces lettres. Les magiciens utilisent des trucages similaires, s'appuyant sur les mêmes biais bien connus, pour vous forcer à sélectionner l'objet qu'ils souhaitent tout en vous faisant croire que vous le choisissez librement.

Bon, prenons un autre protocole. D'abord vous faites asseoir Gwenola et Tom dos à dos. Vous demandez à Tom de penser fortement à ce qui lui vient à l'esprit, quoi que ce soit, et vous demandez alors à Gwenola de dire à quoi il pense. Si vous faites cela quelques fois, vous serez surpris du nombre de fois où Gwenola tombe juste. Mais peut-être se sont-ils servis d'indices transmis par leurs positions corporelles ou par des sons anodins. Ou bien encore ont-ils décidé de vous jouer un tour en préparant secrètement une série de cibles mentales à l'avance.

Par conséquent, vous les placer dans des pièces différentes en prenant garde à ce qu'ils ne puissent pas communiquer de manière conventionnelle : ni avec les sons, ni avec les vibrations, les odeurs ou les téléphones portables ; ni même avec un troisième larron dont ils auraient secrètement fait leur messager. Reproduisez maintenant le test, en demandant à Tom de penser à quelque chose au hasard et en vérifiant si Gwenola parvenait à le deviner. Il se trouve qu'elle vise juste quelques fois, et même avec une précision démesurément bonne. Mais il y a toujours quelque chose qui cloche. La télépathie n'est sûrement pas aussi facile. Sinon pourquoi est-ce que cette question serait toujours aussi controversée ?

En y réfléchissant, vous vous dîtes que, puisque Gwenola et Tom se connaissent très bien, ces « succès télépathiques » ne seraient en fait que des connaissances partagées. Ainsi, s'ils sont partis faire de la voile la matinée du test, il est fortement probable que les sports aquatiques occupent leurs esprits, si bien que Tom pourrait sélectionner une pensée associée à ces sports aquatiques comme cible pour le test de télépathie. Et Gwenola ferait de même, parce que les gens ne sont pas bons lorsqu'il s'agit de sélectionner des objets aléatoirement. En définitive, une combinaison de connaissances communes et de souvenirs récents pourrait facilement biaiser les résultats et prendre l'apparence d'un échange télépathique.

Pour contourner ce problème, vous mettez en place une méthode dans laquelle vous sélectionnez une photographie qui fera office de cible. Vous la prenez parmi tout un ensemble d'images différentes. Et en plus, pour réaliser cette sélection sans user de votre faible capacité à simuler le hasard, vous lancez un dé ou mélangez des cartes, ou faites même confiance à un programme informatique pour choisir la cible aléatoirement. Mais vous vous demandez maintenant comment vous allez faire pour évaluer la correspondance entre ce que dit Gwenola et la cible sur laquelle Tom se concentre sans introduire de nouveaux biais ? Car que se passe-t-il si vous avez sélectionné une image avec un ballon rouge et que Gwenola parle de « ballon rose » ? Est-ce que c'est tout de même assez bon pour être considéré comme de la télépathie ?

Pour faciliter votre jugement sur ce qui constitue un succès et ce qui doit être compté comme un échec, vous sélectionnez désormais quatre images, avec le maximum de différences entre elles. L'une d'elles sera choisie au hasard pour faire office de cible. Maintenant, vous avez de quoi juger adéquatement « l'envoi télépathique » : vous montrez à Gwenola les quatre photos en lui demandant de sélectionner celle qui lui semble correspondre le mieux aux impressions transmises par Tom.

Et pour éviter tout indice fourni accidentellement à Gwenola, vous faites en sorte que quelqu'un d'autre soit responsable de la sélection des photographies et de leur transmission à Tom. De sorte que lorsque vous vous retrouvez avec Gwenola durant la phase d'évaluation, vous ignorez tout autant qu'elle celle des quatre photographies qui se trouve être la bonne cible. D'ailleurs, lorsque vous lui présentez les quatre images à évaluer, vous utilisez des copies toutes neuves car il ne faut pas que Tom ait pu laisser des indices sur les photos qu'il a manipulées. Et voilà enfin que Gwenola sélectionne l'une des quatre images comme étant la bonne cible, parvenant parfois à tomber juste.

Disons que vous avez fait tout cela et qu'au final Gwenola a sélectionné correctement la cible : est-ce que cela prouve la télépathie ? Eh bien, pas encore.

Gwenola a par exemple pu ressentir la compagnie d'un chien, alors que la photo cible était celle d'un éléphant. Les trois leurres étaient de l'herbe, un arbre et un oiseau. Gwenola a sélectionné l'éléphant parce que c'est le seul animal avec quatre pattes parmi les cibles disponibles. Bien que cela compte comme un succès, nous ne sommes pas très impressionnés car elle n'est pas parvenue à capter directement la cible.

Supposons qu'elle était en méforme. On refait un essai et elle obtient encore un « hit », mais à nouveau sans établir une correspondance parfaite entre ses impressions et l'image cible. Une douzaine d'essais plus tard, vous faites face à un mélange de succès et d'échecs. Pour peu que Gwenola n'ait rien d'une télépathe, elle en est réduite à faire ses choix au pif. Et on peut alors s'attendre à ce qu'elle tombe juste une fois sur quatre, c'est-à-dire 25 % du temps. Sans pouvoir télépathique, subissant les aléas du hasard, elle n'aurait aucun moyen d'améliorer ce taux de succès sur le long terme.

Maintenant vous décidez de voir plus grand en incluant différentes paires d'individus. Vous collectez des données au cours de douzaines, puis de centaines voire de milliers de sessions, car vous souhaitez vraiment savoir si la télépathie existe chez monsieur et madame tout le monde, ou si cela ne marche que pour Gwenola et Tom. Au cours de ces expérimentations, vous allez même jusqu'à améliorer les contrôles pour empêcher toute triche ou tout biais de la part des participants, et vous ajoutez des méthodes sophistiquées pour vous prémunir aussi de toute triche ou de tout biais de votre part ou de celle de vos assistants. Vous employez alors des techniques entièrement automatisées pour enregistrer correctement les données et des méthodes statistiques à la fois simples mais parfaitement appropriées pour évaluer vos données.

Après avoir effectué plusieurs milliers d'essais, vous observez que les « récepteurs » ont sélectionné correctement la cible choisie aléatoirement une fois sur trois en moyenne, ce qui est au-dessus de la probabilité d'une chance sur quatre associée au hasard seul. Dit ainsi, cela n'a rien de très impressionnant. Puis vous calculez la probabilité d'un tel résultat, à savoir obtenir 33 % de bonnes réponses lorsque 25 % correspondent à ce qu'on est en droit d'attendre du hasard, après tous les essais effectués. Et là le résultat vous fait tourner la tête.

Tout ce que je viens de vous décrire s'applique à une situation réelle : je n'ai fait que récapituler brièvement l'évolution des tests de télépathie depuis les années 1880 jusqu'à aujourd'hui. Une méthode mise au point dans les années 1970 et baptisée test *Ganzfeld* n'est que la plus récente reprise du test imaginaire entre Gwenola et Tom. Ce protocole est devenu une technique standard dans le test de la télépathie. Et il se révèle extrêmement pertinent dans notre étude croisée du psi et des siddhis, car ce dispositif a été développé en faisant explicitement référence à ces pratiques yogiques qui supposent que la télépathie serait plus facile à détecter en réduisant le « bruit sensoriel ». Dans la tradition yogique, le retrait des sens doit aider le yogi à prendre davantage conscience de subtiles impressions à l'intérieur de son esprit et de son corps, dont font partie les manifestations télépathiques.

LE GANZFELD

Ganzfeld est un mot allemand signifiant « champ total ». C'est une forme modérée de stimulation sensorielle non-structurée, développée à l'origine par des psychologues gestaltistes pour étudier la nature de la perception et de l'imagerie visuelle.[239] Lors d'un test Ganzfeld, on demande au « récepteur », Gwenola dans notre exemple, de se relaxer dans un siège inclinable confortable. L'expérimentateur place des demi-balles de ping-pong sur ses yeux et des écouteurs sur ses oreilles. Ceux-ci diffusent un bruit blanc, une sorte de sifflement similaire au son que fait l'eau dans une cascade. Puis l'expérimentateur braque une lumière rouge vers le visage de Gwenola et lui demande de garder ses yeux grand-ouverts sous les balles de ping-pong. Tout ce qu'elle voit, partout où se tourne son regard, c'est une douce atmosphère rougeâtre sur fond de cascade mélodieuse.

Après dix ou quinze minutes, Gwenola ne sera plus capable de dire si ses yeux sont ouverts ou fermés. Combiné avec le bruit non-structuré qu'elle entend, l'ensemble va stimuler son cerveau pour qu'il produise quelque chose de plus intéressant. Beaucoup de gens placés dans le dispositif Ganzfeld décrivent un état de conscience plaisant, à la fois onirique et propice aux visions.

Après avoir pu se relaxer dans cet état de rêverie pendant un certain temps, on demande à Gwenola de dire à voix haute tout ce qui lui vient à l'esprit durant les trente minutes suivantes. Dans le même temps, « l'émetteur » Tom, agissant à distance et en étant strictement isolé de Gwenola, essaye mentalement de lui envoyer une image cible. Dans plusieurs expérimentations Ganzfeld modernes, les phrases prononcées par Gwenola sont enregistrées de manière à ce qu'elle puisse réécouter ses expressions verbales durant la phase de jugement, où elle aura à trouver la bonne cible en écartant trois leurres. Cet enregistrement est utile car beaucoup de personnes ne parviennent pas à se remémorer clairement leurs impressions après s'être extraites de l'environnement Ganzfeld, de la même manière que les souvenirs du rêve s'évaporent au réveil.

Tout ce qui vient après correspond à ce que nous avons déjà décrit. En s'appuyant uniquement sur le hasard, Gwenola devrait sélectionner correctement la bonne cible une fois sur quatre, soit avec un taux de succès 25 %. Si elle parvient à faire mieux et que le dispositif est irréprochable, cela nous donne des preuves d'un transfert d'information allant de Tom à Gwenola.

UN EXEMPLE DE SESSION GANZFELD

Ce qui va suivre est la description d'un test Ganzfeld conduit dans notre laboratoire en septembre 2010. Les noms des participants seront... Gwenola et Tom !

Avant leur arrivée au laboratoire, notre équipe a constitué un lot de cibles avec quatre photographies :

1. Un pré avec de grandes fleurs jaunes et de petites fleurs bleues ;
2. Un nid d'oiseau avec des brindilles brunes et quatre œufs ;
3. La grande pyramide de Khéops dans le désert égyptien, avec les deux autres pyramides dans le fond.
4. Et une route plate séparée par une double ligne jaune s'étendant à perte de vue, avec une cabine téléphonique sur le côté de l'asphalte, et un paysage plat et aride en fond.

Ces images étaient conservées dans des enveloppes opaques séparées, et le lot de cibles était mis en sécurité de manière à ce que ni Tom ni Gwenola n'aient le moindre indice sur sa contenance.

Après leur arrivée, je leur ai expliqué qu'après une courte séance de relaxation guidée, Gwenola devrait commencer à parler à voix haute pour communiquer toutes les impressions qui lui passeraient par la tête. Tom, installé dans un autre lieu, pourrait l'entendre grâce à un système de micro à sens unique. Dans le cadre de ce protocole, j'ai conseillé également à Gwenola d'éviter de *nommer* ses impressions. C'est-à-dire que le fait d'avoir une impression fulgurante, par exemple en apercevant la couleur jaune, ne vient pas signifier que la cible doit automatiquement être une banane. Les recherches antérieures suggèrent que cette sorte de projection analytique est généralement fausse, et qu'elle a même tendance à prendre le pas sur les impressions télépathiques. A sa place, il faut donc restituer de façon privilégiée les perceptions primaires telles que les couleurs, les formes et les textures.

Quand la session expérimentale commence, un assistant accompagne Gwenola dans une salle de notre laboratoire particulièrement isolée. Il la place dans le siège confortable, lui installe les balles de ping-pong, la lumière rouge, les écouteurs et lance un CD diffusant un programme de relaxation guidée. Quand Gwenola est en place, j'escorte Tom dans une autre salle de l'immeuble. Je lui confie un dé pour qu'il puisse tirer au hasard l'une des quatre photos du lot de cibles. Après avoir attendu que la période de relaxation s'achève pour Gwenola, je demande à Tom de passer les prochaines vingt minutes à envoyer mentalement l'image cible sélectionnée. Il peut entendre la voix de Gwenola mais elle ne peut pas l'entendre.

Ce qui suit est la transcription complète de tout ce que Gwenola a dit durant cette période d'émission de vingt minutes. Chaque nouvelle ligne indique une pause dans son discours. En lisant cette transcription, il faut garder à l'esprit que Gwenola ignore totalement quelle est la cible. En vous appuyant sur ses impressions, essayez de voir si vous parvenez à deviner quelle image Tom a sélectionné aléatoirement.

> Encore l'impression de regarder quelque chose de grand, je lève la tête vers quelque chose de grand.
>
> Quelque chose à propos de la texture. Texture.
>
> J'ai la sensation de quelque chose avec une texture rugueuse.
>
> Grand, impression de vraiment grand.
>
> Me sens comme si je faisais le tour en observant quelque chose, comme lorsqu'on déambule dans une galerie d'art ou un musée et qu'on veut regarder quelque chose.

Wow.

D'abord j'ai l'impression de grands arbres, puis j'ai l'impression de grands immeubles et enfin je suis comme au parc national de Yosémite avec une image de grand rocher ou de quelque chose comme une grande pierre solide

je vois des bruns et des gris

quelque chose comme un sentiment de me promener autour, regardant en l'air et craignant quelque chose.

Monolithique ou un mot dont je ne connais pas le sens.

Je reçois des images du Mont Rushmore, même si je sais qu'on n'est pas supposé dire des choses.

Un demi-dôme, comme une grande pierre.

J'ai cette sorte d'impression de marcher autour d'un tableau, et je donne ma main et on l'escalade,

ou quelque chose qui monte, il y a...

Il semble y avoir aussi comme une sorte de grand cylindre rond, et...

Quelque chose de long et de gris sur la droite.

Une fontaine d'eau.

De la pierre.

Au début j'avais vraiment l'impression d'être comme dans la nature, une sorte de forêt...

et maintenant je sens davantage

quelque chose à propos d'un..., comme...

une esplanade.

Lors Gwenola dit « Je reçois des images du Mont Rushmore, même si je sais qu'on n'est pas supposé dire des choses », elle fait référence à ma recommandation d'éviter de *nommer* ses impressions.

Après la période d'émission, Gwenola s'est vue remettre les quatre images afin qu'elle choisisse celle qui correspondait le mieux à ses vécus. En se basant sur son impression de quelque chose de grand, un objet qu'on pourrait voir dans un musée, et le concept de monument ou monolithe, de rochers sculptés, de pierre et d'esplanade, elle sélectionna prestement et en toute confiance la photo des pyramides. Et en effet, c'était la cible choisie aléatoirement par Tom, ce qui nous permet donc de considérer que cette session a débouché sur un « hit ».

Cette session vient confirmer à Gwenola et Tom que leur impression d'être connectés mentalement a un fond de réalité, mais bien sûr n'importe qui d'autre pourrait considérer qu'il s'agit d'une heureuse coïncidence. Qu'en serait-il si le même test était conduit avec des centaines de participants ? S'il était répété par des douzaines de laboratoires indépendants autour du monde ? Que se passerait-il si des sceptiques ne croyant absolument pas à la télépathie se mettaient à reproduire ce test et à obtenir des résultats positifs similaires à ceux-ci ? Où cela nous mènerait-il ?

DES SESSIONS MULTIPLES

Les psychologues Charles Honorton, William Braud et Adrian Parker ont indépendamment développé la technique Ganzfeld dans les années 1970. Ces expérimentations ont généré plus de débats chez les scientifiques que n'importe quelle autre classe d'expérimentation psi moderne. Une conséquence non négligeable de toute cette controverse est qu'elle a permis d'attirer l'attention sur tous les biais connus et tous les indices qui auraient éventuellement pu orienter le récepteur lorsqu'il essaye de deviner la cible.

Certains diront que ce protocole n'est pas adéquat car il n'inclut pas de condition contrôle sans participants jouant le rôle d'émetteurs. Pour introduire une condition contrôle, il faudrait que Gwenola soit préparée de la même façon tandis que Tom serait invité à concentrer son attention sur une toute autre tâche, sans lien avec l'expérimentation Ganzfeld. Et l'ordinateur sélectionnerait aléatoirement la cible sans la montrer à quiconque. Dans ce cas, Gwenola devrait toujours sélectionner la cible de façon hasardeuse, n'est-ce pas ?

En fait, non. Le problème d'un protocole « sans émetteur » est qu'il est virtuellement identique à une expérimentation de clairvoyance. De même, si Gwenola est amenée après-coup à évaluer si sa sélection de la cible était correcte ou non, le même test pourra aussi être considéré comme mettant à l'épreuve la précognition. Au-delà de ces problèmes théoriques, le test Ganzfeld ne nécessite pas de groupe contrôle. Les vérifications et équilibrages qui ont été intégrés afin d'éviter tout éventuel artefact dans ces études parent à tous les défauts potentiels, avec une obsession qui est d'empêcher Gwenola d'obtenir le moindre indice sur la cible par des moyens normaux. Si Gwenola n'a pas de capacité télépathique, alors le mieux qu'elle puisse faire ne dépassera pas, en moyenne, ce qu'on attend du hasard.

Jusqu'à très récemment, ces expérimentations étaient en grande partie méconnues en dehors du champ étroit de la parapsychologie. Mais, en 1994, les psychologues Daryl Bem, de l'Université de Cornell, et Charles Honorton, de l'Université d'Edimbourg, ont publié une méta-analyse des expérimentations Ganzfeld dans la revue très-en-vue *Psychological Bulletin.* Cet article fournit des preuves solides d'un effet psi authentique. Le passage en revue des premières études Ganzfeld par Bem et Honorton a dégagé une preuve de la télépathie avec une cote globale de 48 milliards contre 1. Quant aux études les plus récentes, des expérimentations totalement automatisées conçues spécifiquement pour prendre en compte toutes les remarques des sceptiques sur les études antérieures, elles obtinrent également un effet positif significatif avec une cote globale de 517 contre 1.

Dans mes précédents livres, j'ai déjà eu l'occasion de traiter l'histoire de ce débat académique sur les preuves de la télépathie issues des expérimentations Ganzfeld.[1, 2] J'ai montré que toutes les critiques valides sur les résultats de ces expérimentations avaient été réduites à néant grâce à des améliorations de la méthodologie. Les sceptiques purs et durs qui sont maintenant familiers de ces études s'accordent désormais sur ce point : on ne connaît aucune lacune ou aucun défaut qui permettrait d'expliquer ces résultats.*

De 1974 à 2004, quelques 88 expérimentations Ganzfeld ont été publiées. Ces études impliquent 1 008 succès en 3 145 essais, avec un taux de succès combiné de 32 % au lieu des 25 % associés au hasard. On pourrait tout à fait suspecter que cet effet positif de 7 % est lui aussi le produit du hasard, sauf qu'une telle hypothèse a *29 millions de milliards de milliards de chances contre une* d'être fausse. Des arguments attribuant ce résultat à la publication des études qui ont fonctionné et à la dissimulation des échecs, soit l'effet des fonds de tiroir, ont été analysés puis réanalysés à plusieurs reprises. Et

* Voir http://deanradin.blogspot.com/2009/09/skeptic-agrees-that-remote-viewing-is.html, consulté le 9 juin 2012.

même les chercheurs les plus sceptiques ont dû admettre que la publication sélective des études ne pouvait expliquer de tels résultats positifs.

Si nous poussons le scrupule jusqu'à envisager *qu'il y ait bien eu* un problème de publication sélective, alors une estimation basse du nombre d'études nécessaires pour annuler les résultats déjà rassemblés se porte à 2 002. Dit autrement, il faudrait que, pour chaque étude publiée avec des résultats positifs, 23 autres aient été cachées. Cela veut dire que chacun des chercheurs (jusqu'en 2004) qui ont pris la peine de conduire de telles expérimentations auraient également dû effectuer 67 études supplémentaires sans jamais les publier. Puisque les études Ganzfeld déjà publiées impliquent en moyenne 36 essais, ces 2 002 études supposées « manquantes » auraient nécessité 67 x 36 (soit 72 072) sessions additionnelles. Pour produire autant de sessions, un chercheur devrait faire tourner son dispositif Ganzfeld 24h/24, sept jours par semaine, pendant 36 ans. Et tout cela pour qu'au final aucune de ces sessions hypothétiques ne conduise à une publication ou ne parvienne aux oreilles d'un autre chercheur. Et bien sûr, tous ces essais sans jamais obtenir de résultats non-conformes au hasard. Je crois possible qu'une personne avec des ressources massives, une patience à toute épreuve et une détermination redoutable puisse être tentée par ce défi à la Sisyphe, mais cela semble très improbable.

Lorsque nous avons mis à jour la méta-analyse avec les études publiées jusqu'en 2010, nous avons trouvé 1 323 succès sur 4 196 essais, pour un taux de succès combiné de 31,5 %. Les données les plus récentes accroissent encore la cote de la PES en Ganzfeld qui passe de seulement 29 millions de milliards de milliards contre 1 en 2004 à un étonnant chiffre de *13 milliards de milliards de milliards contre 1*. Cette augmentation conforte l'idée que la télépathie est réelle, permettant aux données cumulées à son sujet d'améliorer notre capacité à détecter son effet grâce aux statistiques.

LE SCEPTICISME

D'aucuns objecteront que toutes ces expérimentations ont été conduites par des « croyants » et que, dès lors, la crédibilité de ces résultats s'en trouve amoindrie. Que se passerait-il si des « incroyants » convaincus menaient de telles études ? Pourraient-ils les reproduire avec succès ? Il n'était pas possible de répondre à cette question jusqu'à tout récemment, car la grande majorité des incroyants restent tranquillement dans leurs fauteuils sans jamais en passer par le laboratoire. Ils sont très bons pour diffuser leurs opinions quant à ce qu'il faut croire et ne pas croire, mais ils ont beaucoup de difficulté à mettre à l'épreuve leurs propres convictions.

Cet état des choses changea en 2005.

Deux psychologues qui se gargarisaient de leur incroyance dans les « pouvoirs psychiques », comme ils aimaient à les appeler, ont tenté de reproduire une expérimentation de télépathie en Ganzfeld en utilisant la méthode décrite ci-dessus. Edward Delgado-Romero, de l'Université de Georgia, et George Howard, de l'Université de Notre-Dame, ont publié leurs résultats dans la revue *Humanistic Psychologist*.[240] Ils y écrivent que :

> Après huit études, nous avons obtenu un taux de succès de 32 % (qui correspond à celui dégagé dans les méta-analyses positives) et, effectivement, notre taux de succès était statistiquement significatif... (p. 298)

Apparemment, ils ne s'attendaient pas à obtenir un résultat positif, alors ils se mirent à ajouter leurs essais à ceux d'une précédente méta-analyse des études Ganzfeld, publiée par les psychologues Julie Milton et Richard Wiseman, qui affirmaient n'avoir pas obtenu de preuves en faveur de la télépathie (Il s'avéra par la suite que leur analyse était erronée et que leurs propres résultats *étaient* positifs[241]). Après quoi Delgado-Romero et Howard trouvèrent que

> [lorsque] nos résultats sont ajoutés à ceux de la méta-analyse de Milton et Wiseman (1999), le pourcentage global des réponses correctes passe de 26 % à 27 %, et cette valeur frôle le seuil de significativité statistique. Si bien que, pour le moment, même les preuves contre les pouvoirs psychiques humains sont toutes proches de démontrer l'idée inverse.[240] (p. 298)

A ce stade de leur exposé, confronté au problème d'avoir possiblement à accepter l'inacceptable, les deux psychologues sortent de leur chapeau une « théorie parapsychique » *ad hoc* :

> Dans la procédure Ganzfeld, les participants font le test par paires. Selon la théorie parapsychique, si l'un des membres de la paire est parapsychique (P) mais que l'autre ne l'est pas (n), il n'y aura pas de transmission d'information. Seules les paires PP [c'est-à-dire avec un émetteur parapsychique et un récepteur parapsychique] parviennent à se transmettre des messages.[240] (p. 298)

En se basant sur cette théorie toute fraîche, ils conçoivent une expérimentation pour capitaliser sur leur nouvelle capacité imaginaire à prédire lorsque la télépathie devrait se produire. Puis ils font passer ce nouveau protocole et obtiennent encore *quelques* hits, mais si peu que les résultats deviennent statistiquement significatifs dans le sens *négatif*. Le plus étonnant est que c'est à partir des résultats de ce test pilote qu'ils élaborent cette conclusion ahurissante :

> Voilà des données qui décevront énormément tous ceux qui croient posséder des pouvoirs psychiques – en particulier parce que nous avions pris soin de sélectionner un échantillon de personnes ayant plus de chances de produire des résultats. Mais les dernières données obtenues nous obligent à conclure que, d'après nous, les humains ne possèdent pas de pouvoirs télépathiques. Pour ce qu'il en est de ces 32 % de réponses correctes obtenues dans de nombreuses études du psi, cette approximation laisse perplexe. Peut-être que ce phénomène représenté par les 7 % d'écart est comparable à ce que Meehl a appelé le « facteur brut » : toute chose est corrélée avec chaque autre chose à un degré plus ou moins grand.[240] (p. 300)

En d'autres termes, plutôt que d'admettre l'existence du psi, ces professeurs trouvèrent plus confortable de réfuter des milliers d'essais expérimentaux décrits par des chercheurs du monde entier, *eux y compris*, en se basant sur une unique étude pilote, une théorie douteuse et le supposé pouvoir explicatif du « facteur brut ».

LA TOUTE PREMIÈRE FOIS

En janvier 2008, les journaux du monde entier saluèrent ce qu'ils désignèrent comme « la première étude concluante sur la télépathie », conduite par deux chercheurs de la prestigieuse université de Harvard. Selon un article à ce sujet dans le *Boston Globe* :

> Des scans du cerveau ont échoué à prouver la réalité de la PES. La recherche en parapsychologie constituait un tabou dans le monde académique, mais deux scientifiques de Harvard ont transgressé l'interdit afin de trancher pour de bon cette question déjà ancienne : est-ce que la perception extra-sensorielle, ou PES, est réelle ? Leur test sophistiqué permet de répondre : non, au moins dans ce sens que rien n'a pu être détecté au niveau neurologique en employant des technologies de pointe en imagerie cérébrale.[242]

Flûte alors ! Une fois pour toute ! Un scanner sophistiqué a été utilisé pour répondre à la question déjà ancienne de la télépathie ! Cette réponse négative teintée de haute-technologie a de quoi impressionner, jusqu'à que vous vous mettiez à lire l'article en question. Celui-ci comporte 16 tests dont un qui montra un résultat prodigieusement significatif et parfaitement aligné avec ce que prédit l'hypothèse psi.[243] Les auteurs de cette étude se donnèrent beaucoup de mal pour expliquer que ce résultat ne pouvait être qu'un artefact ou une erreur, enfin quoi que ce soit d'autre qu'un effet psi, si bien que les journaux ne mentionnèrent même pas ce résultat étonnant. Mais cette étude soulève d'autres questions embarrassantes, à commencer par celle-ci : pourquoi les auteurs ont utilisé un nouveau protocole qui n'avait jamais été testé auparavant, où l'effet qu'ils prétendaient rechercher serait de toute façon assimilé à une erreur ?

Etant donné que cette expérimentation fut conduite à l'Université d'Harvard, l'équivalent académique du Mont Sinaï, du moins pour un journaliste scientifique, alors elle nous autoriserait à clore définitivement le chapitre de ces ennuyeuses croyances sur les pouvoirs parapsychiques qui ont eu le mauvais goût de persister jusqu'au XXIe siècle. Après tout, les scientifiques d'Harvard n'ont-ils pas employé l'une de ces machines à scanner les cerveaux, rutilante et extrêmement coûteuse ? (Il s'agissait en fait de l'imagerie à résonnance magnétique fonctionnelle, ou IRMf.) N'ont-ils pas creusé très profondément dans le cerveau sans y trouver la moindre pépite de psi ? Pas besoin de chercher plus loin : l'histoire du psi s'arrête là.

Peut-on se permettre de ne pas enterrer le psi trop vite ? Ne doit-on pas aussi analyser de façon critique cette étude clinquante et arrogante ? Commençons par nous poser une petite question, celle par laquelle doit passer tout scientifique lorsqu'il aborde une problématique : y a-t-il d'autres études utilisant le même dispositif pour tester ce phénomène ? Ou bien cette étude est-elle réellement la première étude avec un IRMf à tester les capacités psi ? Eh bien, il se trouve qu'elle n'était pas la première. Ce n'était pas non plus la deuxième. Ni la troisième. Ni la quatrième. Ni la cinquième. Pas davantage la sixième. C'était la septième.

Et chacune de ces six autres expérimentations, toutes conduites depuis les années 2000, avaient obtenu des résultats extrêmement significatifs en faveur des phénomènes psi.[190, 244-248] Quelle qu'en soit la raison, les chercheurs de Harvard ont entièrement négligé toutes ces études, et les journalistes scientifiques qui sont intervenus ensuite n'ont pas fait leur travail de vérification. Quatre des six études étaient pourtant accessibles par une simple recherche sur la bibliographie en ligne du National Institutes of Health. Les autres études pouvaient être localisées aussi aisément en posant la question aux chercheurs familiers avec ce domaine de recherche.

Comment est-il possible que des scientifiques et des journalistes d'un si haut niveau de formation ne remarquent même pas la fausseté de l'affirmation selon laquelle il s'agissait de la première étude à utiliser l'IRMf pour tester le psi ; et ne suspectent même pas que la conclusion selon laquelle « la PES n'existe pas »* était directement contredite par une masse de preuves expérimentales positives ? La réponse est simple : cette étude souffle dans le sens du vent, elle vient confirmer des préjugés si enracinés que personne ne croit plus nécessaire de vérifier les faits.

Malheureusement, il y a d'autres exemples de ce genre. Les préjugés pervertissent toutes les affaires humaines, y compris la

* Il n'est pas possible d'utiliser un résultat nul dans une expérimentation pour prouver qu'une chose n'existe pas.

science, et ils agissent comme des œillères extrêmement efficaces. Dans le contexte actuel, de tels partis-pris nuisent à la démarche scientifique car elle l'empêche de s'appliquer normalement. La plupart des agences et des fondations qui financent la recherche, s'appuyant sur l'expertise des scientifiques de pointe pour évaluer les projets soumis, ne prendront pas le risque d'être ridiculisés en soutenant des études de phénomènes qui, selon les experts, n'existent évidemment pas.

LA RÉDUCTION DU BRUIT

Comme nous l'avons mentionné précédemment, la technique Ganzfeld fut spécifiquement développée pour tester le modèle de « réduction du bruit » afin d'améliorer la sensibilité à de subtiles impressions intérieures, dont celles générées par la télépathie. Alors que les preuves se sont accumulées en faveur de la télépathie dans le dispositif Ganzfeld, ces données ne nous permettent pas à elles seules d'évaluer cette hypothèse de la réduction du bruit. Est-ce que cette idée, qui s'appuie sur la tradition yogique, décrit effectivement un état favorisant les perceptions psi ?

Années après années, de nombreux indices ont convergé, mais ce n'est que récemment que trois psychologues ont analysé des douzaines d'expérimentations pour comparer les capacités psi selon trois types d'études à réponse libre : le test de télépathie en Ganzfeld ; d'autres tests de réduction du bruit impliquant les rêves, la relaxation, l'hypnose ou d'autres techniques ; et les expérimentations n'employant aucune méthode pour modifier la conscience.[166] Cette analyse fut conduite par Lance Storm, de l'Université d'Adelaïde en Australie, et Patrizio Tressoldi et Lorenzo Di Risio, de l'Université de Padoue en Italie. Elle fut publiée en 2010 dans la prestigieuse revue *Psychological Bulletin*.

Storm et ses collègues ont trouvé que dans un sous-ensemble clairement défini de trente études Ganzfeld, la cote combinée des résultats était de 8,7 milliards contre 1. Les expérimentations non-Ganzfeld impliquant tout de même une réduction du bruit ont obtenu une cote de 4 800 contre 1. Et les expérimentations dans des états ordinaires de conscience ont montré une cote de 67 contre 1. Cette diminution de la performance suggère que les expérimentations Ganzfeld produisent des meilleures performances que celles employant des états ordinaires de conscience, mais aussi une performance accrue (quoique de façon non significative sur le plan statistique) par rapport aux études non-Ganzfeld. Ces psychologues trouvèrent également que, dans les expérimentations Ganzfeld, les personnes sélectionnées sur la base de leurs précédentes expériences paranormales, de leurs précédentes performances dans des laboratoires de parapsychologie, ou de leur expérience de la méditation obtiennent des performances significativement meilleures que les participants non-sélectionnés. Et ils montrèrent aussi que ces résultats ne dépendaient pas du laboratoire qui conduisait les études. Les auteurs concluaient, en toute modestie, que :

> la condition de réduction du bruit tend à produire des effets plus forts comparativement aux études à réponse libre de base... Pour finir, nous souhaitons souligner l'importance de libérer cette voie d'étude de toute forme de scepticisme inapproprié et de jugements prématurés, afin que ces anomalies de communication puissent être traitées et investiguées avec le même égard que les autres fonctions psychologiques.[166] (p. 480)

LA MULTIPLICATION DES MÉTA-ANALYSES

Les premières expérimentations Ganzfeld furent réalisées en 1974. Depuis lors, sept méta-analyses ont été réalisées : deux publiées en 1985, une en 1994, une en 1999, deux en 2001 et la plus récente en 2010.[166, 176, 241, 249-252] Les méta-analyses examinent habituellement tout le corpus des données expérimentales sur un sujet donné, si bien que les méta-analyses Ganzfeld incluent les données des études récentes et anciennes. Sur les sept méta-analyses, six concluent à l'existence de la télépathie avec une cote allant d'un modeste 20 contre 1 à plus d'un milliards de milliards contre 1.* Essayons de mettre les choses au clair pour expliquer ces apparentes disparités.

* La cote de 20 contre 1 fait référence à une méta-analyse de Milton et Wiseman, qui affirmèrent constater un échec de réplication des effets de télépathie via le protocole

Toutes les analyses sont au moins d'accord sur une chose : les résultats ne peuvent pas être expliqués par des artefacts liés à la publication sélective des résultats ou à des variations de la qualité méthodologique des protocoles. La seule et unique méta-analyse affirmant que l'effet Ganzfeld n'a pas été démontré a été publiée en 1985 par un psychologue qui fit carrière dans le scepticisme, Ray Hyman.* Celui-ci, peut-être à l'image de Delgado-Romero et Howard, a pu se sentir si peu à l'aise avec l'idée d'une authentique télépathie qu'il a préféré ne pas publier des études allant à l'encontre de ses croyances[252].

Le fait que les six autres analyses, y compris celle co-signée par le sceptique britannique Richard Wiseman, ont toutes montré des résultats positifs et statistiquement significatifs a de quoi étonner. Cela indique que la télépathie a été reproduite avec succès dans de nombreux laboratoires, avec des chercheurs et des participants différents, dans des cultures différentes, et cela au cours de quatre décennies. Un phénomène persistant, reproductible, y compris par des sceptiques militants : qu'est-ce que la science demande de plus ?

Il semble donc se passer quelque chose d'intéressant. Mais comment pouvons-nous commencer à comprendre ces effets sans faire violence à la physique telle que nous la connaissons ? La solution pourrait venir de l'approche yogique des siddhis. Le Yoga dit que ce n'est pas l'action magique de la poussière de fée qui fait advenir les siddhis, mais bien un esprit entraîné à devenir progressivement plus

---

Ganzfeld, en se basant sur un sous-ensemble d'études qu'ils avaient sélectionné. L'examen de leur méthode d'analyse a montré qu'ils avaient sous-estimé l'effet réel, lequel était en réalité positif et modestement significatif.

* Hyman s'inquiétait de ce qu'il considérait comme de possibles problèmes liés à la randomisation, et à l'évaluation de la qualité des études. Lorsque des désaccords surviennent dans des analyses de la même littérature, il est d'usage de prendre l'opinion d'autres réviseurs ayant les compétences techniques pour évaluer ces désaccords. Dans ce cas, comme je l'ai décrit dans mon livre *La conscience invisible*, dix psychologues et statisticiens ont évalué la méta-analyse négative de Hyman et celle positive de Charles Honorton. Aucun des réviseurs ne fut de l'avis de Hyman et, sur les dix réviseurs, deux statisticiens et deux psychologues qui n'avaient jamais été associés explicitement au débat sur le psi se montrèrent d'accord avec Honorton. En conclusion : tous les experts neutres s'accordent sur le fait que les données vont dans le sens de l'existence de la télépathie.

sensible à cette nature holistique de la réalité que nous ne pouvons normalement pas appréhender.

Dit autrement, et malgré la terminologie parapsychologique qui nous induit en erreur, la télépathie n'est pas la transmission d'une chose de l'esprit de Tom à celui de Gwenola car, dans une perspective holistique, les objets que nous percevons comme étant « Gwenola » et « Tom » ne sont pas séparés. Au niveau le plus profond de la réalité, cette séparation apparente n'a pas cours, il n'y a pas de Gwenola totalement isolée d'un Tom. En fait, Gwenola peut connaître la pensée de Tom parce qu'une partie de Gwenola est déjà identique à une partie de Tom.

ANALYSES BAYÉSIENNES

En dehors de ces bribes de réflexions visant, en définitive, à parvenir un jour à expliquer la télépathie en termes scientifiques, une autre avancée dans la recherche télépathique est l'emploi de manières plus convaincantes d'analyser les données. Le psychologue Patrizio Tressoldi a examiné les études Ganzfeld et plusieurs autres catégories d'expérimentations psi en utilisant les techniques *bayésiennes*, avec lesquelles nous avons fait connaissance dans le chapitre précédent. Tressoldi a publié ses résultats en 2011 dans la revue *Frontiers in Psychology*.[253] Il y indiquait que le mantra des sceptiques selon lequel « des revendications extraordinaires nécessitent des preuves extraordinaires » se révélait problématique à double titre. Premièrement, comment savons-nous que les preuves que nous produisons sont suffisamment extraordinaires pour être convaincantes ; et, deuxièmement, qui pourrait être convaincu avec des preuves extraordinaires ? Ces questions renvoient en définitive à la part des opinions et croyances subjectives, ce qui correspond justement à ce que les statistiques bayésiennes tentent de prendre en compte.

Tressoldi a trouvé, dans un recensement de 108 études Ganzfeld impliquant un total de 3 650 participants, une analyse bayésienne basse correspondant à une cote de 12 milliards contre 1 en faveur de l'hypothèse psi.* Le « facteur de Bayes », ou ratio entre la cote en faveur de l'hypothèse télépathique *versus* celle en faveur de l'hypothèse de l'absence de télépathie, s'élevait à 18,8 millions contre 1 en faveur de la télépathie. En règle générale, un facteur de Bayes supérieur à 100 contre 1 est considéré comme « décisif ».[254]

En employant ce critère, la preuve de la télépathie serait donc absolument indubitable. Les études de télépathie par Ganzfeld sont si performantes qu'elles *devraient* faire fléchir l'opinion de n'importe qui se comportant rationnellement. Que cela se produise ou non est une toute autre histoire, comme nous le verrons.

Tressoldi examina une autre catégorie d'études : celles sur le pressentiment, discutées dans le précédent chapitre. Une analyse conservatrice de 37 études sur le pressentiment parvint à dégager une cote de 1,5 millions contre 1 et un facteur de Bayes de 29 milliards de milliards contre 1 en faveur du pressentiment.

Une troisième classe regroupait deux ensembles d'expérimentations de vision à distance avec un protocole employant la précognition et les réponses libres, également discutées dans le précédent chapitre. Ces ensembles de données obtenaient une cote de 6,7 milliards contre 1 pour le premier cas[182] et de 166 millions contre 1 dans le second,[255] avec un facteur de Bayes s'élevant à 25 milliards contre 1. Ces trois catégories d'études obtiennent des preuves qui seraient indubitablement qualifiées d'extraordinaires par quiconque les évaluerait rationnellement.

En constatant ces succès, on pourrait être tenté de croire que les méthodes bayésiennes fournissent trop facilement un appui à la parapsychologie, qu'elles sont capables de faire apparaître des preuves comme par magie. Mais ce n'est pas le cas. Par exemple, Tressoldi a examiné de nombreuses autres catégories d'expérimentations avec les techniques bayésiennes sans obtenir de résultats positifs. Les expérimentations psi conduites sans états modifiés de conscience *autre* que le Ganzfeld obtiennent un facteur de Bayes limité à 0,05. Ce chiffre indique une preuve négative, c'est-à-dire que les preuves accumulées favorisent l'hypothèse nulle

* L'analyse était « basse » ou « conservatrice » au sens où elle estimait que la taille d'effet variait de façon aléatoire d'une étude à l'autre.

de l'absence de psi. De la même manière, les facteurs de Bayes des expérimentations conduites dans des états de conscience normaux confortaient également l'hypothèse nulle. Il ne s'agit donc pas d'un grand tour de magie.

Tressoldi conclut qu'après avoir analysé plusieurs catégories d'expérimentations psi, impliquant plus de 6 000 participants ayant pris part à plus de 200 études, que ce soit en utilisant l'analyse conventionnelle (dite « fréquentiste ») ou les statistiques bayésiennes, les résultats se révélaient effectivement extraordinaires selon n'importe quel critère raisonnable.[253] Si des études dont les résultats combinés ont une cote située entre des millions et des milliards de milliards de chances contre une ne sont pas suffisamment extraordinaires, à quel niveau doit-on fixer la norme à atteindre ?

LA TÉLÉPATHIE À L'ÉTAT SAUVAGE

Une série d'expérimentations intelligentes mises au point par le biologiste britannique Rupert Sheldrake, et conduites depuis 2003, impliquent des tests de connexions télépathiques en dehors du laboratoire.* Ces études utilisent des téléphones[256, 257], des SMS[258], des e-mails[259] et des navigateurs web[260, 261] pour que n'importe qui puisse tester ses capacités de télépathie sans avoir à mettre un pied dans un laboratoire.

Les cotes combinées pour ces études vont au-delà de 10^{34} contre 1 (c'est-à-dire un 10 suivi par 34 zéros !). La plupart de ces expérimentations étaient ouvertes au public et se déroulaient dans des conditions où la triche ne pouvait pas être systématiquement écartée, si bien que ces résultats statistiques subissent probablement une inflation artificielle. Toutefois, certains participants ont poursuivi l'aventure en acceptant d'être testés à nouveau, mais cette fois dans les conditions du laboratoire, avec des contrôles très stricts tels que l'enregistrement vidéo continu de chaque session. Or, les

* Voir http://www.sheldrake.org/Articles&Papers/papers/telepathy/index.html, consulté le 9 juin 2012.

résultats de ces nouveaux tests obtinrent des résultats similaires aux précédents.[257]

Résumé

Les tests de la télépathie furent développés au cours de plusieurs décennies jusqu'à atteindre un niveau proche de la perfection. Leurs résultats indiquent que la probabilité de l'existence de la télépathie est si élevée qu'elle atteint ce que la science contemporaine définit comme étant le plus haut niveau de certitude.

Nous avons vu lors du dernier chapitre que Patanjali disait vrai en ce qui concerne la siddhi sur la précognition. Il ne s'est pas trompé non plus en ce qui concerne la télépathie. Mais qu'en est-il de ces affirmations surprenantes sur les interactions esprit-matière ?

11

LA PSYCHOKINÈSE SUR LES SYSTÈMES VIVANTS

Peut-être que les seules limites de l'esprit humain sont celles qu'il se fixe.
Willis Harman

CERTAINES DES SIDDHIS dans les *Yoga Sutras* sont décrites comme des interactions entre l'esprit et la matière, et correspondent à nos modernes « psychokinèses ». Plus précisément, le *Pada Vibhuti* III.23 suggère que l'acte de cultiver l'amour bienveillant pourrait créer une sorte de champ d'influence qui va affecter l'humeur, l'attention et le comportement de toute personne dans les environs. Le Sutra III.38 porte sur le pouvoir d'influencer les autres. Les III.39 et III.42 parlent de lévitation, et les III.44 et III.45 impliquent la maîtrise des éléments.

Etonnamment, les siddhis impliquant des manières exceptionnelles d'acquérir des connaissances à travers la clairvoyance sont listées en tout premier, tandis que la plupart des siddhis sur les interactions esprit-matière sont proches du bas de la liste. Cela peut vouloir signifier que ce sont des capacités plus avancées et donc maîtrisées par un nombre encore plus restreint de personnes.

L'une des revendications les plus spectaculaires porte sur la lévitation. On ne compte plus les anecdotes historiques sur des personnes capables d'une telle prouesse, parfois à volonté comme chez certains yogis et médiums à effets physiques, et parfois spontanément, comme pour plusieurs saints catholiques. Certains auraient même développé une maîtrise complète de la matière. Le Swami Rama écrit dans *Living with the Himalayan Masters* :

> Je n'avais jamais vu auparavant un homme qui pouvait rester assis, immobile, sans même cligner des paupières, pendant huit à dix heures, mais ce moine ne manquait pas de surprises. Il lévitait de quelques dizaines de centimètres, presque d'un mètre, durant ses méditations. Nous avons mesuré cette distance avec une chaîne que nous avons ensuite comparée à une règle d'un mètre. Que ce soit clair : comme je vous l'ai déjà dit, je ne considère pas que la lévitation soit une pratique spirituelle. C'est une pratique avancée du pranayama avec l'application de *band has* (verrous). Celui qui comprend la relation entre la masse et le poids sait qu'il est possible de léviter, mais seulement après une longue pratique...
>
> Il a [également] le pouvoir de faire prendre à la matière différentes formes, par exemple en transformant une pierre en morceau de sucre. Jour après jour, il pratiquait de telles choses. Une fois, il me demanda de toucher le sable – et les grains de sable devinrent des amandes et des noix de cajou. J'ai déjà entendu parler de cette science, j'en connaissais même les principes de base, mais il m'était difficile de croire à de telles histoires. Je n'ai pas exploré davantage ce champ, mais je suis parfaitement au courant des lois qui gouvernent la science.[145] (p. 2560)

LA LÉVITATION

Dans l'ère moderne, les tentatives les plus déterminées et les plus enthousiastes pour démontrer publiquement la lévitation furent promues par la Méditation Transcendantale (TM). En 1976, cette organisation lança le programme TM-Sidhi qui promettait d'entraîner les gens à réaliser différentes siddhis, dont le « vol yogique ». Durant des années, la TM a vaillamment défendu ses Olympiades de « vol yogique » lorsqu'elle se présentait au public. Dans un séduisant livre de six cent pages publié en 2008, *The Complete Book of Yogic*

Flying, cette histoire est contée avec un certain souci du détail, accompagnée de centaines de fantastiques photos en couleur de yogi volants.[262]

Ce que l'on voit dans ces photos n'est pas de la lévitation. Il s'agit en réalité de personnes photographiées en train de sauter et figées sur la pellicule au sommet de leur impulsion, dans une position du lotus obtenue en pliant rapidement les jambes. Ces images donnent l'impression que des méditants planent dans les airs. Quelques cas historiques de lévitation sont également présentés dans le livre, mais il y manque cruellement la moindre petite preuve qu'une personne engagée dans la pratique du programme TM-Sidhi aie jamais pu maîtriser la lévitation. Il n'y en a d'ailleurs pas davantage ailleurs : à l'heure actuelle, aucun humain n'est parvenu à léviter dans des conditions contrôlées scientifiquement.

Pourquoi une telle fantaisie ? Le vol yogique est décrit dans ce livre comme un processus en trois étapes, la première consistant uniquement à sauter ! Planer et voler, les deux étapes suivantes, semblent plus difficiles à démontrer, comme l'explique une courte note vers la fin du livre : « Que faut-il aux yogis volants pour flotter dans les airs ? ». La réponse est celle-ci :

> Lors d'une de ses conférences de presse globales, un journaliste a demandé à Maharishi : « Que faudrait-il pour que les yogis volants flottent dans l'air, à la seconde étape, et se mettent à voler, à la troisième étape ? » Maharishi répondit : « La cohérence dans le monde de la conscience. C'est un manque de cohérence dans le monde de la conscience qui ne permet pas au vol d'aller plus haut. Mais au fur et à mesure que la conscience est de plus en plus cohérente, les vols iront à n'importe quelle hauteur, n'importe quelle hauteur. Lorsque je dis n'importe quelle hauteur, cela signifie *n'importe quelle hauteur*. La seule limite vient de l'atmosphère polluée autour de la conscience collective. Mais c'est complètement à notre portée aujourd'hui. Dès que nous aurons établi un fonds de réserve, l'intérêt pour une telle chose sera suffisant pour que des yogis volants védiques et pandits maintiennent de façon permanente la cohérence dans le monde de la conscience. »[262] (p. 553)

Ce n'est pas impossible, mais cette réponse fut faite en 2003 et nous attendons toujours les faits qui viendraient la confirmer. Dans l'intervalle et avec le recul, il est légitime d'interroger l'accent mis par le programme TM sur cette siddhi particulière. Comme Philip Goldberg l'a écrit dans *American Veda*,

> En termes de perception par le public... la TM a sacrifié une grande partie de la respectabilité qu'elle était parvenue à obtenir. Ses soutiens les plus en vue furent si embarrassés qu'ils rompirent leurs liens. Puis vint une autre affirmation controversée : les scientifiques de la TM ont prédit que si la racine carrée d'un pourcent de la population mondiale s'engageait dans le vol yogique, la paix et l'harmonie régneraient sur Terre.[51] (p. 170)

LES EFFETS DE CHAMP DE LA CONSCIENCE

La précédente citation sur la paix et l'harmonie mentionnait un phénomène qui fut bientôt dénommé « l'effet Maharishi ». Ce dernier peut être interprété comme un effet de champ, assimilable au Sutra III.23, les effets de la culture de l'amour bienveillant, ou au Sutra III.38, le pouvoir d'influencer les autres, ou encore au Sutra III.35, la cessation des hostilités en présence de quelqu'un qui est établi dans la non-violence.

Ce coup-ci, les chercheurs en TM conduisirent de nombreux tests pour voir si les praticiens du programme TM-Sidhi, lorsqu'ils méditaient sur la paix et la non-violence, contribuaient effectivement à diminuer localement le crime, la violence et d'autres actes d'agression. La plus connue de ces études est probablement cette expérimentation visant à voir si les méditants pouvaient réduire le taux de crimes violents à Washington, en juin et juillet 1993.

Cette étude fut publiée en 1999 dans la revue reconnue *Social Indicators Research*.[263] C'était une étude prospective, c'est-à-dire qu'elle fut planifiée et approuvée à l'avance. Deux douzaines de sociologues et criminologues universitaires, des représentants du département de police et du gouvernement du district de Columbia, ainsi que les leaders civiques locaux ont participé au processus de planification et d'approbation.

Le crime violent fut mesuré par un rapport normé obtenu auprès du département de police métropolitaine du district de Columbia. A titre de comparaison, ils utilisèrent les données issues des mêmes rapports pour les mêmes mois lors des cinq années précédentes (1988-1992). Ils cherchèrent également les variables connues pour influencer le crime violent, dont les changements météorologiques, les modifications des activités de la police et de la communauté anti-crime, les tendances criminelles antérieures dans ce district et les tendances criminelles dans les villes avoisinantes.

Lorsque les chercheurs ont analysé les données après avoir pris en compte toutes les variables connues pouvant influencer ces chiffres, ils trouvèrent un déclin très significatif des crimes violents et, comme ils l'avaient prédit, ce déclin était corrélé avec l'augmentation du nombre de méditants dans le groupe. Le déclin maximum fut de 23,3 % de réduction du crime comparé au taux recensé à la même période lors des années précédentes. La cote de ce résultat est de 500 millions de chance contre 1.

Cela semble impressionnant, et d'autres expérimentations de la TM testant la même idée dans différents contextes ont montré des résultats similaires. Mais les critiques font remarquer qu'il n'y a pas d'explications plausibles sur la façon dont une telle chose a pu se produire, et qu'il serait donc plus légitime de considérer qu'il s'agit d'un coup de chance, ou que des erreurs ou des problèmes statistiques passés inaperçus seraient plus à même d'expliquer les résultats. Ce sont, bien entendu, les mêmes arguments que ceux employés pour dénigrer les recherches sur la télépathie et la précognition, il est donc justifié de les accueillir avec un certain scepticisme.

Pour autant, l'accent mis par la TM sur la philosophie védique, qui n'est pas bien connue des scientifiques formés en Occident, en a persuadé plus d'un qu'il s'agissait en fait de prosélytisme religieux déguisé et non de science véritable. Dès lors, cette voie de recherche, malgré les implications gigantesques qu'elle pourrait avoir, est restée pour l'essentiel à la marge de la science orthodoxe.

INFLUENCES INTENTIONNELLES À DISTANCE

Si la recherche en TM était la seule source de preuves suggérant que des intentions collectives pouvaient influencer les autres à distance, ces données resteraient intéressantes mais on serait toujours inquiet d'avoir à les interpréter dans ce cadre quasi-religieux. Heureusement, il existe des expérimentations complètement indépendantes, conduites dans des contextes entièrement séculiers et montrant des effets similaires.

Avant de discuter de ces expérimentations, il est intéressant de considérer un cas individuel de « pouvoir de non-violence irradiante ». Paul Ekman est un psychologue américain de premier plan, un pionnier de l'analyse des micro-mouvements dans les expressions faciales. Dans son livre de 2008, *La voie des émotions*,[265] co-écrit avec le Dalaï Lama, Ekman a décrit comment il fut guéri d'un problème persistant de colère juste en étant en présence du Dalaï Lama :

> J'éprouvais une sensation physique très forte, pour laquelle ma langue manque de mots – le plus proche pourrait être le ressenti de « chaleur » mais sans cette idée de chaud. C'était très agréable, comme rien de ce que j'ai pu ressentir avant ou après... En tant que scientifique, je ne peux ignorer ce que j'ai vécu... Je pense que le changement qui s'est produit en moi a commencé avec cette sensation physique. Je crois que j'ai fait l'expérience de la « bonté » – un terme on ne peut moins scientifique. Chacune des huit personnes que j'ai interrogées [et qui relataient des expériences similaires] disaient avoir également ressenti de la bonté ; elle les irradiait et leur apportait la même chaleur que dans mon cas. Je n'ai aucune idée de ce qui s'est produit, mais ce n'était pas dans mon imagination. Bien que nous n'ayons pas les outils pour le comprendre, cela ne veut pas dire que ça n'existe pas.[264] (p. 229)

Etonné par sa réaction à la présence du Dalaï Lama, Ekman continua à étudier ce phénomène qu'il mentionna dans une interview en 2009 avec le psychologue David van Nuys. Lorsqu'il fut interrogé sur son étude encore non-publiée, il répondit :

> La seule chose que nous ayons déjà achevée est l'étude d'un unique moine bouddhiste, qui est moine depuis 32 ans. Et nous fûmes capables d'identifier les différences entre diverses formes de méditation et leurs impacts sur son état mental ; nous avons également réussi à montrer l'effet calmant de sa présence lorsqu'il discutait avec des gens qui sont habituellement agressifs voire très agressifs.*

Venons-en maintenant aux études publiées. La première catégorie d'expérimentations examine si l'intention d'une personne peut

* Voir www.mentalhelp.net/poc/view_doc.php?type=doc&id=30709&w=9&cn=116, consulté le 5 juin 2012

influencer l'état physiologique d'une personne distante. Une autre catégorie étudie si l'intention d'une personne peut moduler la capacité de concentration d'une personne distante. Enfin, une troisième catégorie étudie un possible effet global associé avec des événements à grande-échelle qui captent d'un seul coup l'attention de millions de personnes.

La première catégorie, connue généralement sous le nom d'« intentionnalité à distance », a fait l'objet d'expérimentations répétées des douzaines de fois par des laboratoires du monde entier. Dans un protocole de ce type, une personne peut tenter d'activer ou de calmer le système nerveux d'une personne isolée et distante. Un « émetteur » regarde alors en direct un moniteur diffusant l'image du « récepteur », ce qui est une manière formelle de tester la « sensation d'être observé ». Lors de ces études, la personne distante n'a aucune idée des périodes durant lesquelles elle est regardée et de leurs durées. Le plus souvent, on cherche à mesurer des indicateurs physiologiques d'activité du système nerveux sympathique, à travers la conductance cutanée ou le rythme cardiaque.

En 2004, le psychologue Stefan Schmidt et ses collègues de l'hôpital universitaire de Fribourg-en-Brisgau, en Allemagne, ont publié une méta-analyse de toutes les expérimentations connues sur l'intentionnalité à distance et la sensation d'être observé dans le *British Journal of Psychology*.[194] Pour un total de 51 études conduites entre 1977 et 2000 par de multiples laboratoires, impliquant 1 394 paires de participants testées lors de sessions individuelles, la cote combinée atteignait 15 600 chances contre 1.

Schmidt concluait, avec une juste prudence scientifique, qu'il s'agissait là « d'un effet petit mais significatif. Ce résultat correspond aux récentes découvertes sur la guérison à distance et la 'sensation d'être observée'. C'est pourquoi l'existence de certaines anomalies associées à l'intentionnalité à distance ne peut pas être écartée. »[194]

LA LOVE STUDY

En se basant sur les résultats de Schmidt et d'autres études antérieures examinant des effets similaires en laboratoire, notre équipe a décidé d'étudier les rôles joués par la motivation et l'entraînement de l'attention dans cet effet.[265] Nous nous sommes focalisés sur la guérison à distance car elle fournit un moyen simple d'impliquer le facteur motivationnel.

Nous avons surnommé cette recherche la « love study », en partie parce qu'elle a été financée par l'Institut de Recherche sur l'Amour illimité (Institute for Research on Unlimited Love), alors localisé à l'école de médecine de l'Université de Case Western Reserve ; et parce qu'un aspect crucial dans cette étude consistait à cultiver et à envoyer une intention compatissante vers une personne distante. Cette pratique a été élevée au rang d'art supérieur dans la méditation Tonglen, issue de la tradition bouddhiste tibétaine.

L'autre facteur important dans cette étude était la motivation, et soigner est une source de motivation particulièrement forte. Un sondage gouvernemental en 2004 chez les adultes Américains, conduit par le National Center for Health Statistics aux Etats-Unis, a montré qu'en tête du Top 10 des pratiques de médecines complémentaires et alternatives, la plus populaire était la prière pour soi-même, et la seconde la prière pour les autres.[266]

Parmi les travailleurs sociaux, un sondage a montré que, sur plus de 2 000 répondants, 28 % avaient déjà pris part à une prière verbale avec les personnes dont elles s'occupent, tandis que 57 % ont prié pour elles en privé.[267] Dans une enquête auprès de 1 900 survivants au cancer, 62 % affirmaient prier pour leur propre santé, 39 % avaient des personnes qui priaient pour eux, et 15 % participaient à des groupes de prière.[268] Si on se base sur des sondages de la population générale entre 2002 et 2008, l'usage de la prière pour des raisons de santé a évolué de façon croissante aux Etats-Unis, même lorsqu'on prend en compte les variables démographiques, les statuts socio-économiques, la santé et le style de vie.[269]

Dans une perspective psychologique, prier pour soi-même peut être pensé comme un mécanisme raisonnable d'ajustement (stratégie de *coping*) face à l'incertitude et les cas de force majeure. Cette prière pour soi-même qui viendrait renforcer sa propre santé n'est plus aussi controversée qu'auparavant, car il y a maintenant beaucoup de travaux sur les effets salutaires de la méditation et du placebo. La prière pour les autres est également compréhensible en tant que mécanisme d'ajustement pratique. Mais l'idée que la prière pourrait affecter une personne à distance à son insu reste très litigieuse.

Pour éviter toutes les implications religieuses dont notre étude n'avait pas besoin, nous avons utilisé l'expression neutre « intention de guérison à distance ». De tels effets sont scientifiquement peu plausibles, penseront certains, car ce terme de « distance » signale un obstacle empêchant toutes les interactions causales ordinaires.[270] La science commence à peine à comprendre le concept « d'action fantomatique à distance » suggéré par Einstein à propos des phénomènes quantiques, et elle joue prudemment avec l'idée que certains effets *non-locaux* pourraient aussi intervenir dans des systèmes vivants[271]. Mais l'idée que des connexions non-locales puissent être *utilisées* de façon pragmatique provoque autant de mépris de la part des scientifiques orthodoxes qu'elle n'a d'intérêt pour tous les autres.

Petit aparté : il est utile de savoir qu'il y a diverses définitions techniques du terme « non-local » en physique, mais le concept de base est très simple. Le sens commun nous dit que les objets physiques interagissent en se heurtant. Alors que les *champs*, tels que la gravité, ne semblent pas se ranger dans une métaphore aussi simple, même s'ils sont finalement interprétés comme des forces portées par des particules se déplaçant à la vitesse de la lumière. Au sein de la physique classique, les idées de champs et de forces semblaient à même de tout décrire. Tout, à l'exception de quelques bizarreries sur la nature de la lumière. Or, pour mieux comprendre la lumière, il a fallu développer la mécanique quantique et, à travers elle, les concepts basiques de force et de causalité ont dû être radicalement transformés. Refaire le détail de cette histoire risque de nous obliger à un trop long détour, disons simplement qu'un effet non-local est une interaction qui n'implique ni force, ni transfert de signaux, et qu'elle survient instantanément quelle que soit la distance entre les objets. *Instantanément* ne veut pas dire plus vite que la lumière ; cela veut plutôt dire sans passer par la case « temps ». Plus loin dans cet ouvrage, nous rediscuterons de ces conceptions quantiques qui transgressent tant le sens commun qu'elles en deviennent difficiles à saisir.

Puisqu'on ne connaît pas les mécanismes sous-tendant l'intention de guérir, la plupart des expérimentations se sont focalisées sur une question empirique simple : *est-ce que ça marche ?* Est-ce que l'intention de guérir à distance altère véritablement les symptômes et les résultats médicaux ? Quelques études cliniques de patients hospitalisés ou en ambulatoires suggèrent que cela peut avoir une utilité médicale,[272] mais dans l'ensemble les preuves cliniques nous laissent dans l'incertitude.

Par exemple, dans une méta-analyse de 17 études contrôlées et aléatoirisées sur l'intention de guérir à distance, les auteurs ont conclu que les effets produits étaient petits mais significatifs pour la prière par intercession.[273, 274] Une autre méta-analyse a examiné 15 études portant spécifiquement sur la prière par intercession mais n'a trouvé qu'un résultat positif non-significatif.[275] Cette étude montrait également que la taille d'effet, quoique petite, se trouvait être presque quinze fois plus grande pour les patients en mauvaise santé que pour les patients contrôles en bonne santé, suggérant que la motivation à guérir pouvait jouer un rôle dans l'efficacité de la guérison à distance. Néanmoins, parce que les résultats globaux de ces méta-analyses ne sont pas assez robustes, les analystes ont conclu leurs rapports en recommandant l'allocation de nouvelles ressources pour ce type de recherche.

La méta-analyse la plus récente, une recension systématique publiée en 2011,[276] trouva moins de décès dans la condition avec prière par rapport à la condition avec seulement les soins normaux. Les résultats étaient très significatifs pour les patients à haut-risque et fortement motivés (avec une cote supérieure à 100 000 contre 1). Mais la conclusion de cette analyse était curieusement pessimiste : « Les preuves présentées jusqu'ici sont suffisamment intéressantes pour encourager la poursuite des recherches. Toutefois, si des ressources sont disponibles pour un tel essai, nous les utiliserions probablement pour autre chose » (p. 24).[276]

Cette conclusion n'est pas déraisonnable, elle est simplement pragmatique. Les fonds disponibles pour la recherche sont toujours octroyés en quantité limitée, si bien que les effets qui ne s'expliquent pas facilement attirent rarement les soutiens financiers. En tout cas, le test de l'intention de guérir à distance dans les conditions contrôlées du laboratoire fournira peut-être une conclusion plus claire, car il n'y a pas dans ce cadre d'intentions « concurrentes » venant interférer avec les résultats des tests, telles que les prières des proches de patients qui prient sans être formellement intégrés dans l'étude. Elle sera également plus claire car les fluctuations physiologiques peuvent être contrôlées objectivement en temps réel, alors que les réactions aux prières dans une situation clinique peuvent se faire sur plusieurs jours voire plusieurs semaines.

Toutefois, le contexte des études de laboratoire est aussi dramatiquement différent de celui des études cliniques. Dans le labo, la personne qui doit « émettre » une intention de guérison à distance (que nous appellerons désormais *l'émetteur*) est en général un volontaire qui n'est ni particulièrement motivé, ni particulièrement entraîné pour cette tâche. De même, la personne chargée de recevoir l'intention de guérir à distance (le *récepteur*) est le plus souvent simplement curieuse de voir ce qui va se passer, sans que l'enjeu ne soit vital pour elle.

Le but de notre « love study » était de voir ce qui se passerait lorsque les motivations puissantes et concrètes des essais cliniques étaient combinées avec le contexte contrôlé et les mesures objectives fournies par les protocoles de laboratoire. Nous nous intéressions également aux effets de la motivation et de l'entraînement à la méditation dans le renforcement de l'effet. C'est pourquoi nous avons recruté des couples, des amis et des membres d'une même famille, c'est-à-dire des paires d'individus liés émotionnellement depuis longtemps. Etant donné le contexte du laboratoire, nous ne testions pas la *guérison* à distance *per se*, mais plutôt les effets physiologiques de l'intention d'une personne sur une personne distante.

Le protocole

Nous avons recruté des paires d'adultes, dont l'un était en bonne santé et l'autre était en traitement pour un cancer. La personne en bonne santé avait le rôle d'*émetteur* tandis que le patient avait le rôle de *récepteur*. Dans le « groupe entraîné », nous invitions l'émetteur à participer à un programme impliquant des échanges et des applications pratiques dans le domaine de l'intention compassionnelle, définie comme l'acte de diriger l'amour que l'on se porte vers une autre personne, avec l'intention de soulager sa souffrance et de renforcer son bien-être.

Le programme d'entraînement à la méditation consistait en un atelier en groupe de huit heures. L'émetteur était invité ensuite à pratiquer la méditation une demi-heure chaque jour pendant trois mois, au terme desquels ces paires étaient testées en laboratoire. Dans un « groupe passif », la paire était testée avant que le partenaire sain ne participe au programme d'entraînement. Un troisième groupe contrôle était constitué de paires qui ne recevaient aucun entraînement.

Lorsqu'une paire arrivait au laboratoire, on attachait des électrodes sur chaque personne pour contrôler leur conductance cutanée et d'autres variables, dont le rythme cardiaque et la respiration. On demandait à la paire de maintenir une « sensation de connectivité » entre eux durant tout le temps du test. Dans le groupe contrôle, les paires devaient décider lequel des deux serait le plus réceptif, et cette personne prenait le rôle de récepteur. Dans les groupes entraînés et passifs, le récepteur était toujours le patient atteint d'un cancer.

L'environnement

On demandait au récepteur de se relaxer sur une chaise inclinable dans une pièce de notre laboratoire protégé électromagnétiquement et isolé par des murs doublés. On informait le récepteur que l'émetteur verrait en direct son image à des intervalles de temps aléatoires depuis un lieu distant, et que, durant ces périodes, l'émetteur se concentrerait pour se connecter mentalement à lui. Le reste du temps, l'image filmée par la caméra serait remplacée par autre chose, l'émetteur n'ayant plus qu'à se relaxer et à cesser d'émettre cette intention.

Aucune des personnes prenant part à ce test ne savait exactement quand ces périodes de concentration auraient lieu, car le timing était géré par un ordinateur. Le récepteur ne savait pas non plus combien de temps allait durer les périodes de concentration et de relaxation, car les dix secondes de concentration étaient espacées par des délais aléatoires allant de cinq à quarante secondes.

Comme dans toutes les expérimentations étudiant les connexions à distance, nous avons dû d'abord nous assurer qu'aucune forme ordinaire d'information ne pouvait être transmise entre les membres du couple. Ainsi, nous avons produit un son de 110 dB dans la salle de l'émetteur afin de voir si quelque chose pouvait être détecté dans la chambre blindée du récepteur. Nous avons utilisé une corne de brume à pression d'air pour ce test, et le bruit fut si puissant que les pompiers, dont la caserne était située à plusieurs kilomètres, débarquèrent en croyant avoir entendu une alarme incendie.

Nous avons conduit ces tests en nous basant à la fois sur ce que captent nos oreilles et ce que mesure un appareil prévu à cet effet. Et les explosions sonores de la corne de brume ne furent pas distinguables du bruit ambiant au sein de la chambre blindée. De sorte que les sons ordinaires parvenant jusqu'à cette pièce ne pouvaient fournir aucun indice au récepteur. Pour isoler encore davantage cette pièce de possibles infrasons et autres indices liés aux vibrations, un tapis amortissant les vibrations fut installé sur le sol en béton.

Après que le récepteur se soit confortablement installé dans la chambre blindée, l'émetteur était emmené dans une autre petite pièce, séparée par un couloir de 20 mètres et deux portes closes, avant de s'asseoir en face du moniteur diffusant en direct les faits et gestes de son partenaire.

Résultats

Trente-six paires de participants prirent part à cette étude. L'analyse des niveaux de conductance cutanée auprès de tous les émetteurs montre une augmentation substantielle de celle-ci *après* que se soit affichée sur l'écran la vidéo du récepteur. Cela était tout à fait prévisible et ne faisait que confirmer que le système nerveux sympathique des émetteurs s'active lorsqu'ils font plus d'efforts mentaux pour envoyer leur intention de guérir à distance. Comme nous le voyons dans la Figure 7, deux secondes après que la vidéo se soit affichée, la conductance cutanée moyenne des émetteurs (également appelée activité électrodermale, ou EDA) commence à augmenter jusqu'à atteindre un pic trois secondes plus tard.

En termes statistiques, cette montée de conductance cutanée chez l'émetteur était associée à une cote de plus de 10^{32} contre 1 (c'est-à-dire un 10 suivi de 32 zéros), ce qui rend absolument certain l'engagement du groupe des émetteurs dans une tâche qui, comme on peut l'espérer, correspondait à la tâche demandée. Cette large différence démontre également que les émetteurs, en tant que groupe, n'ont pas montré de signes de somnolence durant l'expérimentation (ce qui peut arriver occasionnellement au niveau individuel).

Mais la question la plus intéressante consiste plutôt à savoir ce qui se passe du côté des récepteurs, eux qu'on laisse se reposer confortablement dans la chambre blindée. Les données montrent que, même s'ils ne s'en rendent pas compte, leur conductance cutanée augmente aussi significativement peu après que les émetteurs aient commencé à voir les images diffusées par la caméra braquée sur eux (la ligne épaisse sur la Figure 7). Le pic est atteint au moment où la vidéo s'arrête dix secondes plus tard, ce qui correspond à une cote de 21 000 chances contre 1.

La comparaison de la conductance cutanée du récepteur sur les trois groupes révèle une tendance intéressante, illustrée par la Figure 8. Les récepteurs dans chacun des groupes ont répondu rapidement au début de la période d'émission, mais les réactions du groupe contrôle s'affaissent après quatre secondes, tandis que les réactions du groupe passif étaient initialement plus fortes mais s'affaissaient après cinq secondes. Seules les réactions du groupe entraîné continuaient à augmenter progressivement durant huit secondes, atteignant finalement la déviation maximale observée sur l'ensemble des trois groupes. Cela suggère que l'émetteur a profité de son entraînement à la méditation et de sa motivation pour renforcer la réaction du récepteur. Cette réaction va donc plus loin que ce qui est produit par la motivation seule ; et cette motivation dont fait preuve l'émetteur semble contenir quelque chose de plus qu'un simple investissement personnel.

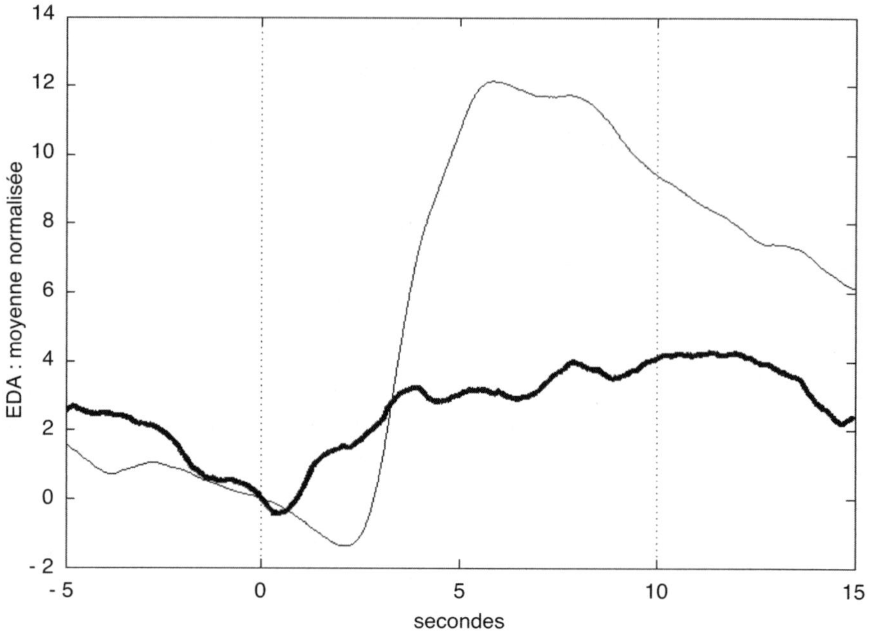

Figure 7. Moyenne normalisée des activités électrodermales (EDA) de l'émetteur (ligne fine) et du récepteur (ligne épaisse) sur les 38 sessions de test (N = 1 104 épochès), de 5 secondes avant le début de la stimulation (à 0 seconde sur l'axe des abscisses) jusqu'à 5 secondes après l'arrêt de la stimulation (à 10 secondes) afin de montrer l'effet en contexte.

LA FACILITATION À DISTANCE

Jusqu'à présent, nous avons discuté des preuves indiquant que l'intention d'une personne pouvait influencer la physiologie d'une personne distante, en constatant que les intentions des personnes entraînées à la méditation avaient des effets plus forts que ceux obtenus par les non-méditants. A travers le programme TM-Sidhi, nous avions vu que les intentions des méditants pouvaient affecter le comportement de la population locale tel que mesuré par une diminution des taux de violence. Une troisième catégorie d'études, correspondant au protocole de « facilitation de la focalisation de l'attention », introduit une variante de la revendication du programme TM-Sidhi dans les conditions contrôlées du laboratoire, afin de voir si une personne qui doit focaliser son attention sur une tâche peut

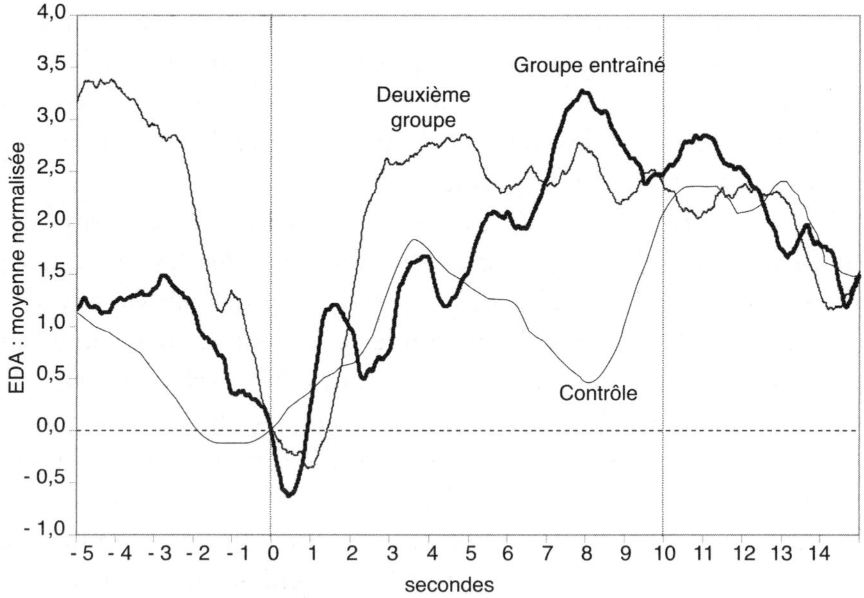

Figure 8. Comparaison des niveaux de conductance cutanée des récepteurs dans les trois groupes.

être aidée à distance par une personne qui s'évertue à renforcer cette capacité d'attention.

Prenons un exemple pour rendre la situation plus concrète. Dans une expérimentation de « facilitation à distance de l'attention », la personne distante – que nous appellerons Holly – a pour consigne de focaliser son attention sur la flamme d'une bougie. C'est un petit exercice classique pour les débutants en méditation. Aussitôt que Holly remarque que son esprit s'est détourné de la flamme pour flâner ailleurs, elle doit presser un bouton et concentrer à nouveau son attention sur la bougie. La fréquence à laquelle Holly presse ce bouton donne une mesure du niveau d'attention focalisée dont elle fait preuve. Et c'est cette mesure qui est au cœur de ce protocole.

Un second participant, que nous appellerons Vernon, est placé dans une pièce distante et isolée. Holly et Vernon sont strictement coupés l'un de l'autre pour exclure tout moyen de communication normal. Le rôle de Vernon est d'agir en tant que « facilitateur d'attention ». En face de lui se trouve un moniteur d'ordinateur qui lui indique s'il doit « attendre » ou « aider ». Durant les périodes d'aide, Vernon focalise son attention sur la flamme de la bougie devant lui, tout en maintenant son intention d'aider Holly à rester focalisée sur sa propre bougie. Durant les périodes contrôles, Vernon ne doit plus faire attention ni à la bougie, ni à Holly, en laissant ses pensées voguer sur d'autres rivages.

En 2010, Stefan Schmidt, de l'hôpital universitaire de Fribourg-en-Brisgau (Allemagne), a conduit une méta-analyse de toutes les expérimentations publiées et non-publiées s'appuyant sur ce protocole.[277] Il a trouvé douze études quasi-identiques conduites entre 1993 et 2006. Une de ces études fut exclue du fait de possibles artefacts identifiés par les chercheurs qui l'ont conduite. Pour les onze études restantes, impliquant 576 sessions individuelles, Schmidt calcula une taille d'effet de 0,11, qui était associée avec une cote de 100 chances contre 1. Cela correspond à une preuve modeste de la possible existence d'une facilitation à distance de l'attention. Néanmoins, cette preuve convergeait manifestement avec les résultats déjà obtenus pour les autres formes d'influence à distance.

Résumé

Les études sur la psychokinèse discutées dans ce chapitre fournissent des preuves des interactions de l'esprit et de la matière, mais les causes de ces interactions peuvent principalement être interprétées de deux manières. Soit on comprend cette capacité à générer une réaction physiologique dans le corps d'un récepteur comme supposant l'application d'une force, au sens classique. Soit on la considère comme un doux chuchotement : « Tu viens juste de gagner à la loterie ». La première interprétation suggère que l'interaction de l'esprit et du corps implique une *force* ou une influence à distance en provenance de l'émetteur. La seconde incite à considérer l'interaction d'esprit à esprit comme un échange *d'informations* qui n'impliquerait pas nécessairement une force. Avec ce type d'études, il n'est pas possible d'affirmer avec certitude laquelle des deux explications est la bonne. C'est pourquoi, afin d'explorer les interactions de l'esprit et de la matière en excluant les influences d'esprit à esprit, nous devons prendre en compte les expérimentations où les intentions visent des cibles non-vivantes.

12

LA PSYCHOKINÈSE SUR LES SYSTÈMES INANIMÉS

Voir clairement une chose dans son esprit
lui fait déjà prendre forme.
Henry Ford,
dans le *Theosophist Magazine*, février 1930

LES EXPÉRIMENTATIONS ÉTUDIANT les interactions de l'esprit et de la matière ont exploré différentes sortes de cibles physiques inanimées, allant d'objets assez grands pour être visibles à l'œil nu (connus comme étant des cibles de « macro-PK ») à des objets ou des systèmes microscopiques (connus en tant que cibles de « micro-PK »).

Le système cible qui a été le plus utilisé dans la majorité des études de la psychokinèse est le comportement de systèmes physiques aléatoires. Il s'est révélé être une cible de prédilection pour la micro-PK car on a estimé qu'il ne fallait qu'une toute petite quantité de force pour, par exemple, faire rebondir un photon plutôt que de le faire passer à travers un miroir semi-réfléchissant, ou pour influencer le temps entre deux désintégrations successives de particules radioactives. Pour parler d'une manière métaphorique, des modifications spectaculaires dans de tels systèmes ne nécessitent que le chatouillis d'une plume. L'aléatoire se trouve être aussi une cible de choix, car les statistiques des variables aléatoires sont bien connues. Cela rend plus aisé l'analyse des données dans ces expérimentations. Mais débutons notre enquête par les cibles de macro-PK.

LA MACRO-PK

Tordre mentalement des couverts ou des barres d'aluminium, c'est même devenu l'objet de tests informels lors des « fêtes de la PK » (*PK parties*), des moments où on s'amuse à jouer à la PK. Conçues par l'ingénieur en aéronautique Jack Houck, ces fêtes furent lancées à l'origine en réaction aux performances médiatiques de l'israélien Uri Geller, qui parcourait les plateaux télé dans les années 1970 pour « tordre des cuillères » devant les caméras en affirmant que c'était de la psychokinèse. Ce phénomène a été étudié à quelques reprises dans des circonstances permettant un minimum de contrôle et, à mon avis, il semble qu'il y ait eu des résultats intéressants. Toutefois, puisqu'il existe tellement de façons subtiles de tordre des cuillères lorsqu'on pratique la prestidigitation, les preuves sont insuffisantes dans une perspective scientifique et le jury s'est donc prononcé contre.

Cela dit, si nous étions forcés de décider s'il était *possible* ou non de tordre du métal sans utiliser la force mécanique ou des méthodes de magicien, alors je dirais que oui, c'est possible. Je l'ai vu faire de près tant par des magiciens qui truquaient le phénomène que par des gens ordinaires qui ne trichaient pas. Et encore, si je devais décider en me basant seulement sur ces deux catégories d'observations, je serais encore dubitatif. Mais j'y suis également parvenu moi-même et je sais que ce que j'ai fait ne reposait pas sur un truc artificiel.

Voici ce qui s'est passé : je participais à l'une de ces fêtes de la PK avec la ferme intention de surveiller une femme qui affirmait avoir déjà plié l'arrondi d'une cuillère à soupe. Pour jouer le jeu, je tenais également dans ma main une grande et pesante cuillère à soupe, imitant les mouvements qu'elle faisait avec sa main afin de mieux ressentir ce qu'elle était en train de faire.

Alors que je la surveillais intensément, j'ai entendu quelqu'un crier : « Regarde ce que tu as fait ! » Je levai les yeux pour voir où ça se passait et quelqu'un me fit comprendre que c'était de moi qu'il s'agissait, de ce que *j'*avais fait. Je ne sais comment, mais l'arrondi de la cuillère que je tenais était plié à 90 degrés. J'ai immédiatement vérifié mes doigts pour voir si je n'avais pas inconsciemment utilisé ma force, car il aurait fallu un effort énorme pour créer cette pliure et que cet effort aurait laissé des marques claires sur mes doigts. Mais il n'y avait aucun signe d'une telle action.

Alors quelqu'un s'enthousiasma : « Plie-là complètement ! »

A ma grande surprise, l'arrondi de la cuillère était mou, comme du mastic. Je l'ai donc pincé entre mon pouce et mon index pour le plier manuellement. Après quoi il se mit à se raidir et, en quelques secondes, il devint aussi dur comme l'acier. La cuillère était froide au toucher, la portion pliée était lisse et brillante, et il n'y avait aucun signe de fatigue du métal. J'ai toujours cette cuillère posée sur mon étagère ; elle se rit de moi à chaque fois que je lui jette un regard dubitatif, et me rappelle quelle étrange expérience j'ai eu la chance de faire et d'accepter quand tant d'autres l'auraient écartée.

Plus tard, j'ai fait un contre-test en essayant de plier manuellement le même modèle de cuillère sans endommager mes doigts ou mes mains. Je ne suis pas parvenu à la faire bouger malgré toute la force que j'y ai mise. Je suppose qu'il est possible que le métal se comporte étrangement dans certaines conditions qui pourraient être catalysées par leur maniement, mais je n'avais jamais vu un couvert agir de la sorte dans un usage aussi ordinaire, sans passer du froid glacial à une chaleur brûlante, ou d'une pression superficielle à une forte pression. Et je n'ai jamais été capable de répéter ce phénomène. Je ne peux donc pas expliquer *comment* cela s'est produit, et je ne considère pas non plus qu'il s'agisse d'une preuve de macro-PK. Mais c'est arrivé.

Le déplacement d'objets

Une seconde catégorie de phénomènes qui n'ont pas été testés d'une manière systématique avec toute la rigueur scientifique nécessaire implique des cibles de macro-PK extrêmement mobiles : elles prennent la forme de fines feuilles métalliques ou de roues crantées en papier, ou de spirales de papier suspendues à un fil, ou encore de petits objets comme des balles de ping pong ou des miettes de papier qui flottent sur l'eau. Toutes ces cibles sont très populaires auprès d'amateurs qui s'enthousiasment pour la psychokinèse (ou télékinèse). On trouve ainsi des centaines de vidéos sur YouTube où des personnes exhibent leurs prétendues capacités à influencer le déplacement de ces objets. Je cherche toujours des cas ayant fait l'objet d'une investigation rigoureuse dans des conditions qui permettent d'exclure toutes les influences physiques ordinaires.

Cela dit, je connais quelques cas où c'est en toute sincérité que de tels amateurs pensent avoir obtenu des petits mouvements dans des conditions plutôt bien contrôlées. Il faut donc envisager qu'il *puisse* s'y passer d'authentiques interactions entre l'esprit et la matière. Mais pour être sûr, le dispositif de test doit permettre d'exclure tous les artefacts qui peuvent imiter les effets PK, dont les courants de convection dans l'air causé par la chaleur des mains, les champs de force liés à l'électricité statique, les vibrations dues à la proximité et aux mouvements du corps, les flux d'air causés par la respiration, etc. Etablir de tels contrôles reste possible, mais le faire correctement sera plutôt coûteux.

La téléportation d'objets

Une autre source d'affirmations remarquables sur la macro-PK nous vient de Chine. Là-bas, la recherche psi se traduit approximativement en étude des « fonctions exceptionnelles du corps humain ». Depuis les années 1970, il est très courant que des effets psi très impressionnants soient consignés dans des rapports, dont des manifestations de clairvoyance et de psychokinèse.

Dans un rapport publié en 2010 par Dong Shen, un chercheur en chimie à la retraite, une expérimentation décrit la téléportation mentale de bouts de papier à l'extérieur d'un containeur scellé par du film plastique.[278] Ce n'est déjà pas rien comme affirmation, mais le plus étonnant est que cette aptitude est présentée comme étant le fruit d'un entraînement. Cette technique est appelée le développement d'un « second état de conscience », et les chercheurs qui l'étudient affirment qu'elle a été enseignée à des centaines de personnes avec un taux de succès de 40 %.[279] Malheureusement, il est difficile d'évaluer les détails et la crédibilité de ces études car la plupart de ces articles paraissent seulement en Chinois, que ces techniques n'ont jamais été reproduites en dehors de Chine et que les méthodes expérimentales employées pour conduire de tels tests ne paraissent pas aussi rigoureuses que les méthodes occidentales habituelles.

★

En fin de compte, le jury doit se prononcer contre la macro-PK. Nous n'avons pas collecté suffisamment de données dans des conditions de contrôle assez strictes pour affirmer en toute confiance que les interactions entre l'esprit et la matière sont assez puissantes pour être vues à l'œil nue. La tradition yogique nous dit que c'est possible, mais la science, du moins telle qu'elle est pratiquée en Occident, considère qu'on ne peut pas encore en être certain.

Toutefois, le verdict n'est pas du tout le même en ce qui concerne les effets de psychokinèse à petite échelle.

LA MICRO-PK

Prenons une expérimentation intitulée « Processus quantiques et conscience », conduite par le neuroscientifique Lawrence Farwell et le physicien George Farwell et présentée en 1995 au congrès de l'American Physical Society.[280, 281] Leur étude est décrite ainsi :

> Nous avons étudié les effets possibles de la conscience et de l'intention humaine sur un processus quantique. Le dispositif expérimental comportait une petite source de particules alpha, un détecteur à l'état solide de particules, des amplificateurs, un analyseur monocanal et un système de mise en forme des impulsions, un oscilloscope et un ordinateur avec un numériseur. Des taux de comptage d'1 kHz étaient observés, et les intervalles de temps

> (en [microsecondes]) entre les événements successifs de désintégration des particules alpha étaient détectés et enregistrés. Sans influence extérieure, on prédit que 50 % des intervalles de temps seront pairs et 50 % seront impairs pour les détections successives des particules.
>
> En agissant sur une successions d'intervalles de 10 [secondes] assignés aléatoirement à l'une des trois conditions décrites ci-dessous, les 23 expérimentateurs, ayant tous déjà fait l'expérience d'états supérieurs de conscience, tentaient d'influencer le processus de désintégration afin d'obtenir :
>
> • Un excès d'intervalles avec un nombre pair de [microsecondes] (« événements pairs »)
>
> • Un excès d' « événements impairs », ou
>
> • L'un ou l'autre (condition contrôle).
>
> Pour 11 721 660 événements dans les conditions « paires » ou « impaires », nous avons observé un total d'excédents de 12 176 événements dans la direction attendue (c'est-à-dire soit « pair » dans la condition (1), soit « impair » dans la condition (2)), [associé avec une cote de 5 000 contre 1]. (Dans la condition contrôle, les nombres de « pair » et « impair » ne se distinguaient pas significativement sur le plan statistique.)[281] (pp. 956-957)

Lawrence Farwell fut satisfait – et on le comprend – d'avoir obtenu un tel résultat, mais la façon dont il présenta ensuite son étude fut par trop enthousiaste. Il écrivit : « J'ai désormais collecté les données nécessaires pour aboutir à une conclusion définitive : oui, la conscience peut et parvient à commander à la matière au niveau quantique » (p. 5).[280] C'est faire preuve de trop de confiance car, comme je l'ai mentionné précédemment, une seule expérimentation ne peut pas fournir un résultat *définitif*. Pour atteindre un tel degré de confiance, il faut parvenir à reproduire ce même résultat dans plusieurs laboratoires différents.

Pour les effets de micro-PK, nous y sommes parvenus. Nous possédons des preuves à la pelle !

LES GÉNÉRATEURS DE NOMBRES ALÉATOIRES

L'étude de Farwell venait reproduire des expérimentations réalisées depuis des décennies. La première étude testant si l'intention pouvait accélérer ou ralentir la dégradation radioactive fut publiée par le psychologue John Beloff et son collègue Leonard Evans en 1961, lorsqu'ils étaient à l'Université de la Reine, à Belfast, en Irlande.[282] Ils ont mesuré le taux de dégradation des particules radioactives alpha du nitrate d'uranyle, et trente participants hommes et femmes ont participé. Cette étude ne trouva aucune preuve d'un effet de micro-PK.

Mais, peu après l'étude de Beloff, lorsque les circuits électroniques puis les microprocesseurs sont devenus plus accessibles, le physicien Helmut Schmidt développa un meilleur dispositif pour tester la micro-PK. Il créa un générateur de nombres aléatoires (GNA) électronique dans lequel l'aléatoire était basé sur des événements quantiques considérés comme fondamentalement aléatoires ; c'est-à-dire qu'ils sont tout bonnement complètement imprévisibles.

L'appareil de Schmidt n'est ni plus ni moins qu'un système extrêmement rapide pour jouer à pile ou face, capable d'enregistrer automatiquement les résultats et avec, en guise de pièces à lancer en l'air, le comportement de particules élémentaires telles que les électrons. Avec l'amélioration des technologies, les appareils GNA purent être complètement contrôlés par ordinateur. Cela ouvrit la porte à toutes sortes de techniques pertinentes d'affichage des cibles et de feedback. Dans sa forme la plus moderne, le GNA est une petite boîte alimenté et contrôlé par n'importe quel ordinateur possédant une connexion USB.

Durant la dernière moitié du XXe siècle, des centaines de tests de psychokinèse utilisant des GNA ont été publiées, et plusieurs méta-analyses en ont synthétisé les résultats. La plus récente fut publiée en 2006 dans la revue *Psychological Bulletin* par Holger Bösch de l'hôpital universitaire de Fribourg-en-Brisgau, en Allemagne, et ses collègues.[196] (Pour faciliter ma présentation, je vais me référer à cet article comme s'il avait été publié uniquement par Bösch.)

Dans son analyse, Bösch a exclu toutes les études GNA impliquant (a) des formes indirectes ou implicites d'intention ; des participants (b) animaux, (c) plantes (d) ou bébés ; (e) l'utilisation de GNA cachés comme cibles ; (f) des protocoles rétro-causaux étudiant les possibles influences intentionnelles depuis le futur, ou (g) des protocoles utilisant des générateurs de hasard pseudo-aléatoires ou basées sur des algorithmes. Furent également exclues toutes les études (h) dont les résultats ne pouvaient pas être transformés en « taille d'effet » par le calcul employé par Bösch dans son analyse. Ces nombreux critères d'exclusion finirent par écarter plus de 200 expérimentations, mais la littérature scientifique ne fut pas totalement vidée puisqu'il restait encore un sous-ensemble comportant 380 expérimentations testant toutes la corrélation entre l'intention humaine et les données d'un GNA.

Bösch concluait en constatant la présence d'une « taille d'effet significative bien que très petite » qui pourrait « plus facilement et plus globalement être expliquée » par un biais de publication sélective.[196]

Mes collègues et moi-même avons conduit plusieurs méta-analyses de la même littérature avant celle-ci, et notre évaluation des preuves en faveur d'une authentique interaction entre l'esprit et la matière était bien plus claire que la conclusion ambivalente de Bösch. Alors nous avons examiné avec grand intérêt le détail de ses arguments pour finir par tomber d'accord sur plusieurs choses : les études publiées indiquaient effectivement l'existence d'un authentique effet psychokinétique ; et les effets étaient distribués de façon hétérogène, ce qui signifie que les chercheurs avaient obtenu un large éventail de tailles d'effet. En fait, la seule chose sur laquelle nous n'étions pas d'accord était la source de cette hétérogénéité.

Bösch proposait effectivement qu'un problème de publication sélective créait une inflation des résultats de la méta-analyse, et que s'il était possible de réintégrer ces études négatives dissimulées (dont il estimait le nombre à 1 544), alors les résultats globaux ne montreraient aucune preuve de psychokinèse.

Ayant conduit moi-même certaines de ces expérimentations avec des GNA, et connaissant personnellement la plupart des chercheurs ayant réalisé de semblables contributions à la science, je trouve extrêmement peu plausible qu'il y ait 1 544 expérimentations manquantes dont personne n'aurait jamais entendu parler. Alors je décidai de pousser mon enquête un peu plus loin pour comprendre pourquoi Bösch parvenait à cette conclusion, et je découvris qu'il calculait la taille d'effet de ces études indépendamment de la taille de l'échantillon.

Dit comme cela, on a l'impression qu'il s'agit d'un problème de statisticiens, mais en fait c'est très simple à comprendre. Bösch avait tort, et voici comment mes collègues et moi le lui avons expliqué dans notre commentaire de sa méta-analyse publiée à la suite de son article dans le *Psychological Bulletin*.[197]

> [Imaginez] que nous conduisons une étude impliquant 1 000 méditants expérimentés, chacun d'entre eux étant sélectionné sur la base sur des précédentes performances à une tâche [de psychokinèse] similaire. Chaque participant reçoit pour consigne, de la part d'un chercheur à la fois cordial et enthousiaste, de s'impliquer dans une pratique quotidienne de focalisation de l'intention pendant quatre semaines en vue de se préparer pour ces expérimentations où il lui sera demandé d'influencer intentionnellement la génération d'un seul bit aléatoire, ce qui équivaut à un seul tirage à pile ou face. On explique aux participants que le résultat de cette simple décision basée sur une unité de hasard va déterminer le résultat d'un bonus magnifique, par exemple faire gagner une bourse d'études.
>
> Maintenant, considérez une seconde étude dans laquelle un étudiant nonchalant et peu motivé recrute un de ses camarades de façon arbitraire et indifférente, et lui demande d'influencer la génération de 1 000 bits aléatoires

> en une milliseconde, sans aucun feedback sur les résultats et sans que ceux-ci n'aient de conséquences.
>
> Le contexte physique de ces deux études pourrait être identique, utilisant le même [générateur de nombres aléatoires] et les mêmes statistiques pour analyser les données qui correspondent, dans chaque cas, à un total de 1 000 bits générés aléatoirement. Il est toutefois clair que le contexte psychologique diffère radicalement. Si nous supposons que le seul facteur important dans ce type d'expérimentation est le nombre de bits générés, alors les deux études devraient fournir à peu près les mêmes résultats. Mais si une variable significative est la quantité d'effort ou de temps qu'une personne parvient à consacrer à une tâche de focalisation de son intention mentale sur chaque événement aléatoire, alors la première étude pourrait avoir un résultat avec une magnitude de taille d'effet plus importante que la seconde. (p. 529)

En dehors du problème de l'hypothèse initiale de Bösch, nous avons remarqué qu'il avait exclu trois très grandes expérimentations avec des résultats extrêmement significatifs comme étant des « aberrations ». Or ces trois études contiennent plus de 210 fois plus de données que toutes les 377 autres études combinées (grâce à l'utilisation d'un Méga-GNA encore plus rapide). De plus, l'idée de Bösch pour expliquer tous ces résultats par une publication sélective était basé sur un modèle mathématique avec des paramètres tellement flexibles qu'ils pouvaient être manipulés pour obtenir n'importe quel résultat désiré, si bien qu'il ne constitue pas une approche correcte pour estimer la taille de l'effet tiroir.

Pour vérifier l'estimation de Bösch, nous avons conduit un sondage auprès des chercheurs qui ont conduit la plupart de ces études avec GNA afin d'estimer le nombre réel d'expérimentations qu'ils n'avaient pas encore pris la peine de publier. La réponse fut « 1 », c'est-à-dire qu'en moyenne, chaque chercheur n'avait qu'une étude encore dans l'anti-chambre de la science. De plus, ces études manquantes n'étaient pas uniformément négatives. Certaines montraient des résultats positifs statistiquement significatifs.

Cela suggère que peut-être 59 études (autant que le nombre de chercheurs interrogés) manquaient potentiellement dans la base de données de Bösch, loin des 1 544 estimées. Même si on prenait en compte ces 59 études et que chacune d'entre elles avait obtenu un résultat nul (ce que nous savons n'être pas le cas), les résultats globaux ne bougeraient pas d'un iota. C'est pourquoi nous considérons injustifiée la conclusion de Bösch sur le biais de publication comme meilleure explication des résultats de sa méta-analyse.

Une autre critique des expérimentations avec GNA, par Martin Schub,[283] prend comme point de départ la même hypothèse que Bösch : les effets obtenus dans ces expérimentations devraient être exactement les mêmes pour toute donnée générée aléatoirement, indépendamment du nombre et du taux de données employées dans l'expérimentation, ou des conditions psychologiques de la tâche. Comme nous l'avons dit dans notre commentaire de la méta-analyse de Bösch,

> Le problème avec cette hypothèse est qu'il n'y a aucune raison valide d'attendre des [interactions esprit-matière] qu'elles se comportent de cette manière. En effet, nous ne connaissons aucune sorte de performance humaine qui ne soit pas affectée par de tels changements de paramètres. Par exemple, un ouvrier qui peut identifier des défauts dans les pièces avec une précision de 100 % si le tapis roulant en achemine une ou deux par seconde, ne fera pas mieux que le hasard si le tapis se met soudainement à accélérer à plus de 1 000 pièces par seconde. Or, le taux de données dans les diverses expérimentations avec des [générateurs de nombre aléatoires] ne passe pas d'un rapport de 1 à 1 000, mais d'1 à 1 000 000. On note d'ailleurs des différences physiques significatives entre les mécanismes sous-jacents à ces différents modes de générations de bits aléatoires.[284] (p. 362)

LA RÉGRESSION DES EXPÉRIMENTATEURS

La plupart des scientifiques seraient probablement d'accord pour dire que la démonstration de véritables effets d'interactions entre l'esprit et la matière, quelle que soit la magnitude de l'effet, serait d'une profonde importance. Et c'est pourquoi un examen minutieux de ce sujet est grandement nécessaire. Mais des différences dans les croyances personnelles et les sujets de prédilections mènent invariablement à des évaluations différentes des mêmes preuves. Les scientifiques qui s'inquiètent d'accepter à tort comme étant vrai une chose qui ne l'est pas (ce qu'on appelle l'erreur de Type I) insistent sur l'importance d'avoir toutes les garanties avant de prendre au sérieux des preuves. D'autres qui se soucient davantage d'avoir rejeté par erreur des phénomènes pourtant réels (ce qu'on appelle l'erreur de Type II) préfèrent se montrer plus ouverts et affirmatifs.

La personnalité de Type 1 se repère dans des affirmations comme celle faite par Bösch : « cette approche expérimentale unique en son genre ne pourra acquérir la reconnaissance de la communauté scientifique que lorsque nous saurons *avec certitude* ce à quoi devrait ressembler la distribution non-biaisée des résultats » (p. 517).[196] Nous trouvons une affirmation similaire dans le commentaire de Schub : « une *qualité méthodologique parfaite* est une nécessité logique pour la parapsychologie, car un effet paranormal ne peut être démontré que si toutes les possibles causes paranormales ont pu être écartées » (p. 410).[283]

Demander des résultats parfaits et absolument certains, voilà qui n'est pas très réaliste. La perfection ne peut être atteinte en pratique, dans aucune expérimentation, et lorsqu'on nous expose ce plaidoyer pour la perfection, il faut bien comprendre qu'il contient un paradoxe insoluble connu sous le nom de *régression des expérimentateurs*.[285] C'est une alternative infernale qui émerge dès que le résultat correct d'une expérimentation n'est pas connu. En effet, dans le cas où nous voudrions répondre à la question « Est-ce que cette chose existe ? », la seule manière de le faire est de comparer le résultat d'une expérimentation à celui qui serait clairement prédit par une théorie bien acceptée. Si les résultats se conforment à la théorie, alors nous savons que l'étude a été correctement conduite. Si les résultats en diffèrent, que faut-il en penser ? Ne doit-on pas supposer que l'expérimentation doit avoir un défaut ? Cette approche basée sur la confirmation de nos connaissances antérieures est la base de la plupart des protocoles en laboratoire. Si vous obtenez les résultats attendus, vous êtes récompensés ; dans le cas contraire, vos résultats sont écartés comme étant des fautes ou des aberrations, et vous n'avez plus qu'à recommencer.

Malheureusement, lorsqu'on vient à ressortir des conceptions pré-théoriques – comme c'est toujours le cas à la fine pointe des connaissances – afin de juger si une expérimentation a été réalisée « parfaitement » ou s'il est possible de savoir à quoi *sont supposés* ressembler des résultats avec un certain degré de certitude, la première chose à faire serait déjà de savoir si ce phénomène en question existe et comment il se comporte. Mais comment faire autrement qu'en conduisant l'expérimentation correcte ? Et pour qu'elle soit correcte, nous avons besoin d'une théorie bien-acceptée pour nous expliquer ce que « correcte » peut bien vouloir signifier.

Vous voyez venir le problème ?

Pour les scientifiques avec un tempérament de Type I, ce paradoxe va se prolonger indéfiniment. La rigueur des investigations scientifiques n'y changera rien – elle ne sera jamais assez bonne. Seuls les scientifiques de Type II ont les moyens de sortir de cette impasse car ils acceptent la possibilité que la nature soit pleine de phénomènes merveilleux, dont la plupart nous échappe encore.

Etant donnés les effets puissants des biais liés aux croyances, il n'est pas étonnant que tant de scientifiques tendent à percevoir uniquement ce qu'ils sont préparés à voir. (Il y a une autre possibilité plus radicale que nous discuterons dans le dernier chapitre.) Bien sûr, le but de la science est d'aller au-delà des croyances personnelles pour découvrir la vérité objective, autant que possible. Les attaques sceptiques peuvent irriter, mais elles sont également utiles car elles révèlent les biais que l'on trouve couramment des deux côtés du débat. Parfois, elles permettent même d'améliorer l'état des connaissances.

LE CHAMP DE LA CONSCIENCE

Parce que les tests en laboratoire suggèrent que les interactions entre l'esprit et la matière peuvent être détectés à travers le comportement statistique d'événements aléatoires, lorsque des intentions sont appliquées sur des GNA, les mêmes dispositifs pourraient aussi être utilisés pour tester la siddhi suggérant des influences semblables à des champs telles qu'elles sont décrites dans le *Pada Vibhuti* III.23. De telles études, surnommées études du « champ de la conscience », furent inaugurées au milieu des années 1990 par Roger Nelson, psychologue à l'Université de Princeton.

L'idée d'un champ de conscience fait référence à ce moment où les pensées et les actions d'individus semblent se fondre dans la pensée et l'action d'un unique groupe. Cette forme de cohérence est sous-entendue par des phrases telles que « être dans la zone » ou « être dans le flux » ou « sur la même longueur d'onde ». Des témoignages d'une telle sensation se retrouvent chez les personnes qui participent à des rituels religieux, sur des sites sacrés, au milieu de discours tirant sur la corde émotionnelle ; ou pour les sportifs pratiquant un sport collectif ; ou encore pour ceux qui chantent dans des chorales. A de tels moments, la dispersion des esprits fait place à une sorte d'unification. Les individus disent avoir eu l'impression d'avoir glissé dans un état très différent, comme si une pièce s'était refermée et qu'ils se trouvaient à l'intérieur.

Les expérimentations du champ de conscience cherchent à savoir si de tels ressentis de glissements dans un état autre sont associés avec de véritables modifications physiques dans l'environnement local. Dit autrement, elles posent la question suivante : est-ce que lorsque la part de l'esprit dans les interactions esprit-matière devient inhabituellement cohérent, est-ce que la part de la matière devient elle aussi plus cohérente ?

Pour détecter cet hypothétique effet de cohérence, on a utilisé des GNA car ces systèmes physiques sont conçus pour produire le maximum d'entropie (d'aléatoire). Dès lors, si de l'ordre se met à apparaître de manière inattendue, il pourrait être détecté à partir d'une simple analyse statistique des données du GNA. Dans ce type d'expérimentation, le GNA génère une séquence de bits aléatoires (des 0 et des 1) qui est enregistrée en continu, pendant que des personnes se regroupent autour de certaines activités. Dans certaines études, des déviations de ces données ont pu être comparées à ce qui était attendu par la chance seule ; dans d'autres, une ligne de base est mesurée et on collecte des données durant des périodes contrôles où aucune activité de groupe n'a lieu, qui nous servira de point de comparaison avec les périodes avec activité. L'hypothèse du champ de conscience prédit dans les deux cas qu'un ordre va apparaître de façon statistiquement significative dans les données expérimentales durant les moments de plus grande cohérence mentale.

Prenons par exemple un *échantillon* d'une de ces expérimentations qui comporterait deux cents bits aléatoires successifs. Si le GNA a été correctement construit, on devrait théoriquement s'attendre à obtenir 100 fois le chiffre 1 et 100 fois le chiffre 0. Ce qui pourrait paraître être de l'ordre au niveau des statistiques correspond alors à plus de 0 *ou* à plus de 1 que ce qu'on ne pourrait attendre du hasard seul. La notion statistique employée ici pour mesurer la présence d'un ordre est un changement dans ce qu'on appelle la *variance* de l'échantillon. Si nous étions simplement intéressés par une augmentation d'un des chiffres, disons le 1, alors nous aurions scruté les variations dans la moyenne de l'échantillon ou la valeur *moyenne*. La variance fait référence à la variété ou à la distribution que montrent les collections d'échantillons, plutôt qu'à la valeur moyenne de ces échantillons.

Plus d'une centaine d'expérimentations du champ de conscience ont été publiées.[286-289] Les preuves accumulées sont très favorables à l'hypothèse d'un authentique effet, avec une cote supérieure à un million contre un. Mais les résultats varient beaucoup d'une étude à l'autre. Une portion de ces variations est probablement due à des différences entre la composition des groupes, leurs activités, le contexte environnemental, etc., mais il pourrait également être dû à l'identification encore très incertaine des pics de cohérence mentale.

L'EXPÉRIMENTATION DE L'HEMI-SYNC

Pour trouver une solution à ce problème, j'ai collaboré avec Skip Atwater, ancien président de l'Institut Monroe (TMI), pour voir si le dispositif connu sous le nom de Hemi-Sync – un système sonore renforçant la cohérence mentale par battements binauraux – nous permettrait de détecter de manière plus fiable un effet de champ de conscience. Les « battements binauraux » font référence à une méthode où une tonalité, disons de 400 Hz, est jouée à une oreille tandis qu'une autre tonalité, disons de 406 Hz, est jouée à une autre. Ces deux tonalités pures sont entendues en même temps qu'une fréquence de battements subjectifs, ou tonalité modulée, générée par le chevauchement des circuits neuronaux dans les régions des deux hémisphères du cerveau qui traitent les sons.

La fréquence de battement entraîne le rythme oscillatoire du cerveau. Par exemple, dans l'exemple ci-dessus, le battement binaural aura tendance à déclencher un rythme thêta de 6 Hz.[290, 291] Les programmes audio Hemi-Sync combinent la technique du battement binaural avec des techniques de relaxation, de réduction des stimuli environnants, de contrôle de la respiration, d'affirmations guidées et de visualisation. Les programmes de battement binaural ont la réputation de réduire le stress et d'encourager d'autres phénomènes bénéfiques pour la santé physique et mentale.[292]

Dans notre expérimentation, nous nous sommes focalisés sur un atelier de six jours régulièrement organisé à l'Institut Monroe. Cet atelier baptisé « le voyage sur la passerelle » (*Gateway Voyage*) regroupe vingt à vingt-cinq personnes écoutant simultanément une séquence de programmes Hemi-Sync transmis au moyen d'écouteurs, à raison de six heures par jour, pendant que chaque personne se relaxe dans sa propre chambre d'écoute.

Nous avons fait l'hypothèse que durant ces périodes d'écoute en groupe, où chaque personne est amenée à avoir les mêmes rythmes cérébraux, il pourrait se produire une forme de cohérence mentale collective similaire à ce qu'une cérémonie chamanique à base de percussions entraîne à la fois chez les percussionnistes et chez les spectateurs. Dans l'atelier du « voyage sur la passerelle », après que les individus aient écouté le programme Hemi-Sync pendant environ quarante-cinq minutes, le groupe se rassemble et discute de ses expériences. Ce cycle d'écoute et de discussion est répété plusieurs fois par jour pendant les six jours. A chaque, c'est la même séquence de programmes sonores Hemi-Sync qui est utilisée.

En supposant correcte l'idée d'un champ de conscience, si la cohérence du groupe augmente en écoutant ces sons, et qu'elle est à son minimal durant les pauses, les repas ou les siestes, alors des variations similaires devraient apparaître dans l'ordre des données aléatoires générées par le GNA d'un atelier à l'autre.

Pour tester cette idée, nous avons calculé les corrélations entre les données générées par le GNA au cours de plusieurs ateliers identiques, et nous avons prédit que la corrélation croisée moyenne entre les données pour chaque atelier serait significativement positive. En d'autres termes, nous avons prédit que l'aléatoire physique serait modulé par la même séquence d'activités mentales répétée encore et encore, créant de ce fait une relation positive entre les lots de données alors que le hasard seul ne prévoit aucune relation de ce genre. A titre de comparaison, nous avons prédit que les données collectées avec les mêmes générateurs d'aléatoire, aux mêmes endroits, démarrant l'enregistrement au même moment et jusqu'à la fin des six jours, mais durant les semaines où aucun atelier n'avait lieu, ne montreraient aucune corrélation croisée systématique.

Tous les ateliers de « voyage sur la passerelle » intégrés dans notre étude se sont déroulés au même endroit au sein de l'Institut Monroe. Nous avons également enregistré les données de deux GNA situés à des lieux distants pendant que l'atelier avait lieu. L'un se trouvait dans un laboratoire à environ une dizaine de kilomètres du lieu de l'atelier, et l'autre était dans un immeuble situé à environ un kilomètre. Ces deux GNA se trouvaient dans des endroits calmes où il n'y avait pas particulièrement d'activités humaines.

La plupart des participants à l'atelier ne savaient pas que les GNA étaient installés, et aucun n'a obtenu de feedback sur leurs productions durant le temps du test. Seul Skip Atwater savait où ils étaient localisés. Comme dans les autres expérimentations du champ de conscience, il ne s'agissait pas de tester les *intentions* cohérentes du groupe, mais plutôt leur *attention* collective.

Résultats

Deux des GNA* électroniques que nous avons utilisés pour cette recherche ont été vérifiés et calibrés au cours d'une précédente recherche ; nous en avons également utilisé un troisième, un GNA basé sur un compteur Geiger. Nous avons collecté des données sur un à trois GNA en les laissant fonctionner en continu et simultanément durant quatorze semaines d'ateliers. Ces mêmes GNA ont également enregistré des données pendant huit jours durant lesquels aucun atelier n'avait lieu, afin d'établir des données de contrôle. Tout cela réunit nous donne un total de 108 milliards de bits aléatoires générés et stockés au cours de toute cette expérimentation.

* Voir http://www.aw-el.com/, consulté le 9 juin 2012

Les analyses montrent que la corrélation croisée moyenne des données pour chaque semaine d'atelier était significativement positive, comme cela avait été prédit, avec une cote de 500 contre 1.[293] La même analyse fut appliquée aux données contrôles sans montrer aucun effet. Les données issues des GNA distants, collectées à la fois durant l'atelier et dans les conditions de contrôle, ne montraient pas davantage d'effet. Cette expérimentation conforte les résultats des études précédentes, en venant suggérer que les personnes impliquées dans des activités de renforcement de la cohérence modulent effectivement l'aléatoire physique dans leur environnement.

LE PROJET DE CONSCIENCE GLOBALE

Le Projet de Conscience Globale (*Global Consciousness Project*, ou GCP) est dirigé par le psychologue Roger Nelson depuis sa création en 1998, lorsqu'il était à l'Université de Princeton. Il fut conçu pour étendre l'expérimentation sur le champ de conscience au-delà des petits groupes impliqués dans un événement commun, pour s'intéresser à la cohérence mentale globale résultant de nouveaux événements majeurs qui attirent l'attention dans le monde entier.

Avec l'explosion des sites internet de réseaux sociaux, et du nombre croissant d'alertes basées sur Internet pour recevoir instantanément les informations, le GCP propose que durant quelques minutes de ces événements majeurs, une fraction considérable de l'attention du monde s'oriente vers le même sujet. Il en résulterait un changement global et avec lui une cohérence mentale. Les GNA localisés tout autour du monde devraient alors dévier du hasard.

Le GCP peut être compris comme une sorte de système de détection des tsunamis mentaux. Plutôt que de surveiller un océan d'eau, il surveille un « océan de consciences ». Imaginez un vaste océan avec des dizaines de bouées dansant sur les vagues. Sur chacune de ces bouées est accrochée une cloche qui sert à prévenir les navires qu'ils passent à côté de récifs ou de hauts-fonds. Les tintements de la cloche sont diffusés par radio à une station centrale dans les terres qui assure la réception de tous ces sons. Cette station reçoit toutes les transmissions radio et procède à leur consolidation sous la forme d'une unique tonalité collective reflétant la grande danse de l'Océan.

La plupart du temps, ce son ne semble avoir aucune structure, pas plus que n'en a un carillon d'éolienne qui tinte aléatoirement suivant comment la brise le balance.

Mais de temps en temps, les bouées se synchronisent mystérieusement et leurs sons s'additionnent pour donner un grand accord harmonique. Quand cela se produit, nous pouvons être sûrs que quelque chose de grand a affecté tout l'océan. Les bouées reflètent seulement les mouvements à la surface de l'eau, mais l'océan est complexe et profond. Ainsi, la plupart du temps, nous ne pouvons qu'inférer ce qui a causé ce grand événement. Les possibilités incluent un tremblement de terre, la chute d'une météorite, ou peut-être quelques agitations dans les profondeurs de l'océan. Cette chose pourrait bien être assez petite et subtile au départ, mais si elle est suffisamment profonde, alors elle pourra être incroyablement puissante lorsqu'elle remontra à la surface, entraînant avec elle tout l'océan.

Quelle qu'en soit la cause, nous nous intéressons à deux types d'analyses lorsque les clochettes de bouées se mettent à s'unir dans un accord harmonieux. La première consiste à savoir à quel point c'est bruyant (par analogie, l'amplitude du son) ; et la deuxième quelle cohérence cela a (le degré d'harmonie du son).

Le réseau de GCP a commencé en 1998 avec trois sites où furent installés des GNA. Au fur et à mesure, le réseau a grandi grâce à de nombreux bénévoles acceptant d'accueillir un GNA sur l'un de leurs ordinateurs personnels. Après quelques années, la taille du réseau s'est stabilisée autour de 65 GNA actifs localisés tout autour du monde. Chaque GNA collecte un échantillon (de 200 bits aléatoires chacun) par seconde, et chaque échantillon est horodaté et synchronisé grâce à Internet. Toutes les cinq minutes, toutes les données du réseau sont assemblées et envoyées à travers Internet vers un serveur central situé à Princeton, dans le New Jersey, où elles sont automatiquement entrées dans une base de données gigantesque.

Les données sont analysées d'une manière rigoureusement définie : une hypothèse est formulée *avant* que les données ne soient examinées, afin de voir si les flux d'échantillons aléatoires générés par les GNA dévient de manières prédéfinies par rapport au hasard. Pour la plupart des événements, l'analyse examine les données quelques minutes avant l'événement intéressant jusqu'à quelques heures après celui-ci. En septembre 2012, un total de 415 événements d'intérêts globaux avait été défini, et les données furent analysées et vérifiées une deuxième fois par des analystes indépendants. Parmi ces événements, on retrouvait les célébrations du Nouvel an, les désastres naturels, certaines activités terroristes, des méditations prévues pour regrouper un très grand nombre de méditants, des événements sportifs, des déclenchements de guerre, des déclenchements de paix, des morts inattendues de célébrité, etc.

Les résultats globaux montre une déviation par rapport au hasard qui est loin d'être ambiguë, avec une cote de 284 milliards contre 1 (voir les Figures 9 à 11).[294] Cela voudrait dire que lorsqu'une proportion importante de la population de la planète focalise son attention *mentale* sur le même événement, alors la quantité de cohérence *physique* dans le monde augmente. Ces épisodes de cohérence physique inhabituelle ne se limitent pas aux données des GNA ; en théorie, elles pourraient tout affecter, pour peu qu'on admette la justesse de cette idée de champ de conscience.

LE « OU » EXCLUSIF

Nous avons passé en revue des études impliquant des GNA électroniques. De tels appareils se sont montrés capables de changer leur comportement statistique en s'alignant avec l'intention ou l'attention humaine.[197] Les études utilisant les GNA étaient conçues à l'origine en se basant sur une théorie développée dans les années 1970 pour expliquer les mécanismes physiques sous-jacents au psi ; on l'appelait la « théorie observationnelle » ou OT.[295]

Le postulat de base derrière l'OT est simple : « L'acte d'observer par un observateur motivé influence le résultat de tout processus quantique incertain. » Cette proposition est basée sur une interprétation du *problème de la mesure en physique quantique*, que nous examinerons de façon détaillée bientôt. C'est aussi pour cette raison

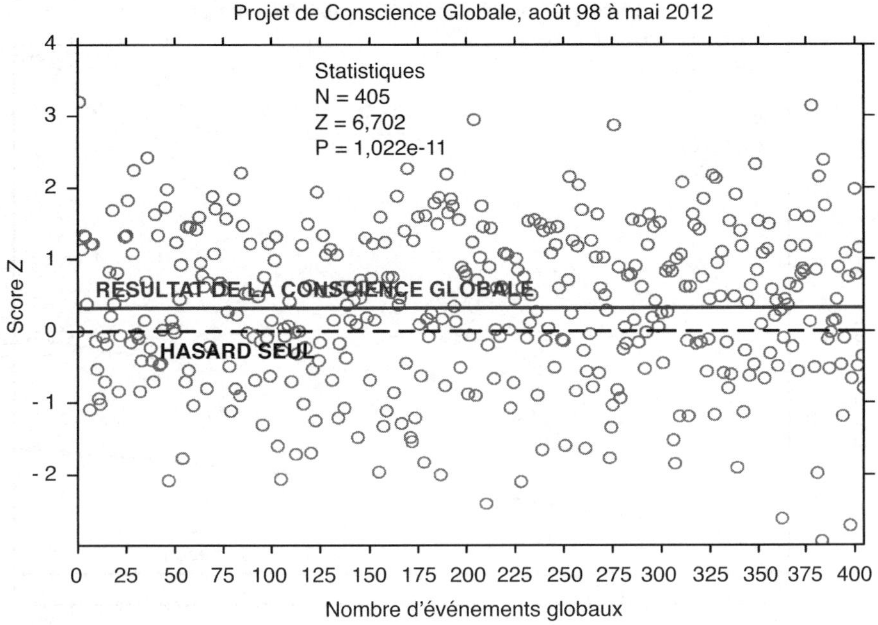

Figure 9. Résultats statistiques du Projet de Conscience Globale sous la forme d'une déviation normale standard (scores *z*) pour chacun des 415 événements globaux formellement spécifiés depuis août 1998 à mai 2012. Pour chaque événement, la méthode d'analyse des données associée avec chaque événement est spécifiée avant que les données ne soient examinées. Le hasard seul est fixé à 0 ; la moyenne globale de tous les résultats dépasse donc le hasard d'une manière astronomique.[a]

a. Voir également le site : http://noosphere.princeton.edu/ pour les derniers résultats du Projet de conscience globale, consulté le 4 juin 2012.

que la source d'aléatoire dans les GNA d'origine était basée sur des événements quantiques.

Créer un GNA qui génère des séquences d'événements réellement aléatoires n'est pas une mince affaire. « Réellement aléatoire » veut dire deux choses : (1) Chaque bit aléatoire successif dans une séquence aléatoire est indépendant de tout autre bit aléatoire, ou, dit autrement, tout bit aléatoire est généré comme s'il était le premier, sans aucune considération pour ceux qui l'ont précédé et ceux qui lui succéderont ; et (2) la probabilité avec laquelle chaque bit est généré reste identique. Cela signifie que chaque 0 et chaque 1 est

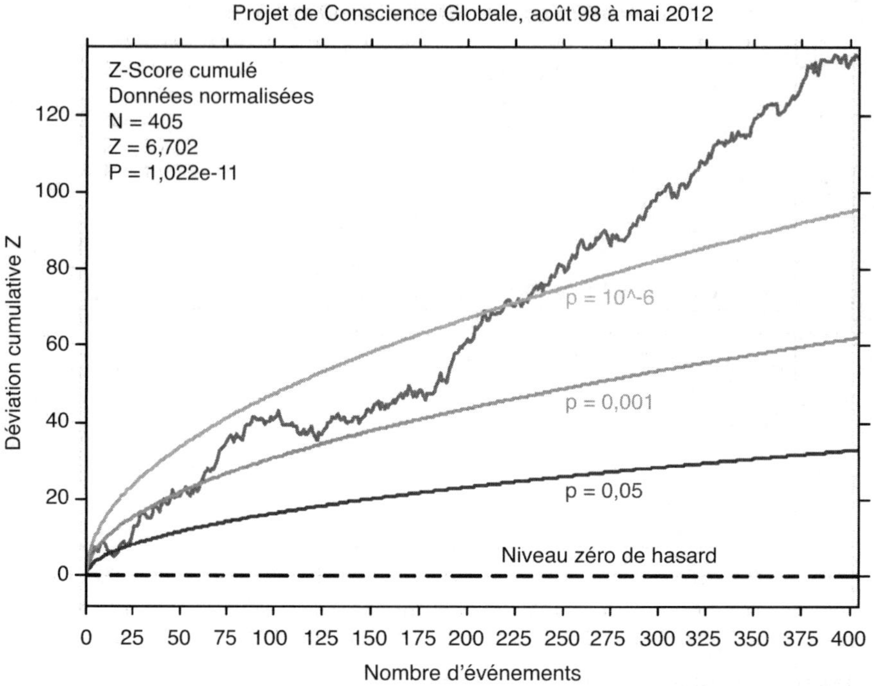

Figure 10. La déviation cumulative par rapport à ce qui serait attendu du hasard est présentée sous la forme d'une ligne horizontale en pointillés au niveau de déviation 0. Des données aléatoires classiques devraient produire une courbe oscillant autour de cette ligne horizontale. Les paraboles montrent les niveaux de signification par rapport au hasard aux seuils de 0,05, 0,001 et 0,000001. La ligne qui augmente graduellement correspond aux résultats statistiques du Projet de Conscience Globale depuis son démarrage en août 1998 jusqu'en mai 2012.

généré avec la même probabilité d'$\frac{1}{2}$, comme une pièce parfaitement équilibrée. Lorsque vous concevez un circuit électronique pour créer des bits aléatoires, il n'est pas difficile de satisfaire le critère (1), mais le critère (2) est beaucoup plus difficile à obtenir. Dès lors, pour satisfaire à (2), on utilise généralement un filtre logique de type « OU exclusif » (XOR) qu'on ajoute à la sortie du GNA.

Le filtre logique XOR combine des valeurs aléatoires d'entrée en une seule valeur de sortie qui est proche de l'aléatoire parfait. Dans certains GNA, cela fonctionne en comparant un flux de bits aléatoires à la séquence 010101... Si le XOR voit que le premier bit aléatoire est un 0 et que le bit de comparaison est 0, alors le

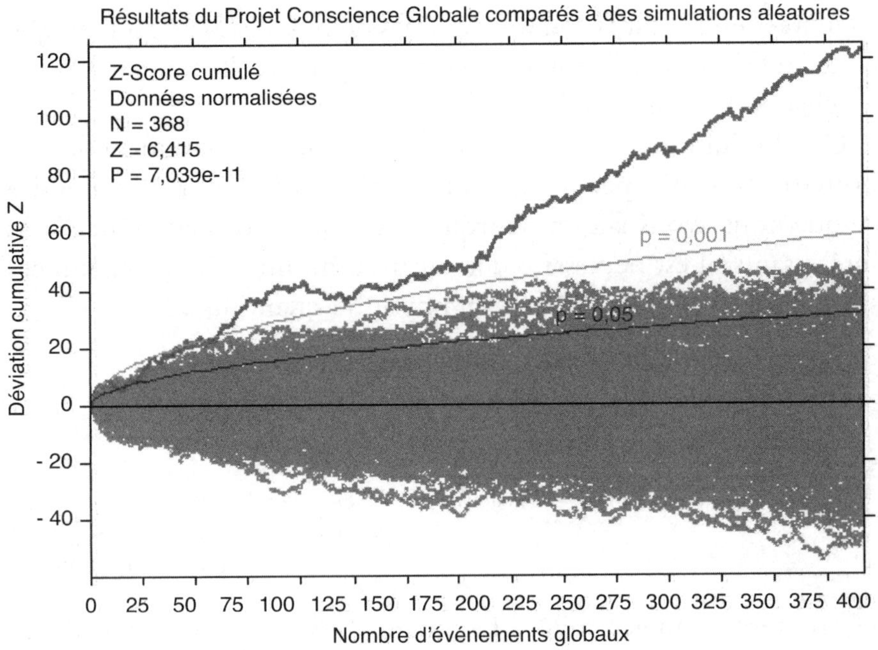

Figure 11. Comparaison des données pour les expérimentations réelles par rapport à 401 expérimentations simulées sur des fenêtres de temps équivalentes, à partir de données récemment générées aléatoirement.

résultat est 1. Si les deux bits d'entrée sont des 1, alors le bit résultant sera un 0. A travers ce processus, ce qui sort en moyenne du GNA sur le long terme sera très proche de ce qui est prédit par le seul hasard, même si le flux de données aléatoires n'est plus fonctionnel et commence à ne sortir que des 0 ou que des 1.

Les GNA employés dans la grande majorité des expérimentations psi ont utilisé des filtres XOR qui viennent garantir que leur comportement moyen sera proche de l'aléatoire idéal. Les résultats de ces tests indiquent que *quelque chose* d'intéressant se passe, donc cela justifie que nous continuions à étudier les interactions entre l'esprit et la matière.

Mais tenter de retracer les résultats des études avec GNA, comme le fait un ingénieur qui doit comprendre le fonctionnement d'une machine, ne permet pas de comprendre facilement *pourquoi* l'aléatoire changerait. La logique XOR masque l'identité des bits d'origine ; de plus, les échantillons aléatoires utilisés dans ces études sont créés en faisant la somme de séries de bits aléatoires, si bien que cette addition cache à son tour ce qui se joue réellement au niveau de chaque bit pris individuellement.

Ces limitations techniques nous ont poussé à concevoir un nouveau type d'expérimentation de micro-PK. Pour comprendre ce que nous avons fait, et pourquoi les résultats de cette étude sont intéressants, il est nécessaire d'avoir un minimum de connaissances sur le problème de la mesure en physique quantique.

LA MESURE QUANTIQUE

[L'expérimentation de la double fente] est au cœur de la mécanique quantique. En réalité, tout son mystère y est contenu.
Richard Feynman[296]

Le mystère auquel se réfère Feynman dans la citation précédente correspond au curieux comportement d'un objet quantique, particule lorsqu'il est observé, mais se comportant comme une onde lorsqu'il ne l'est pas. Cela peut facilement être démontré par un interféromètre à double fente, un simple appareil dans lequel on envoie des particules de lumière (ou des électrons, mais cela fonctionne avec n'importe quelle particule élémentaire) à travers deux fentes étroites tout en enregistrant, sur un écran ou avec un appareil photo, la figure (*pattern*) de lumière qui en émerge.

Si les particules de lumière (appelées photons) se comportaient comme des objets bien distincts, comme de petites billes par exemple, on pourrait s'attendre à ce que la figure de lumière émergeant au travers des deux fentes corresponde toujours à deux bandes de lumière. Et c'est en effet ce qu'on constate sur l'écran lorsqu'on retrace le parcours de chaque photon passant à travers les fentes.* Toutefois, si vous *ne* faites *pas* l'effort de retracer la route suivie par les photons, alors vous verrez une séquence alternative de bandes lumineuses et sombres, que l'on appelle « figure d'interférence ». C'est cela le mystère de la nature duelle de la lumière – observer

* On devrait en fait observer un pattern de diffraction dans un système typique à double fente, mais l'idée de base reste la même.

une figure similaire à celle d'une onde ou à celle d'une particule va dépendre de la façon dont vous regardez. C'est comme si toute la matière – les photons, les électrons, les molécules, etc.[297] – « savait » qu'elle était surveillée. Cette exquise timidité, connue dans le jargon de la physique sous le nom de complémentarité onde-particule, est au cœur de la mécanique quantique.

On la connaît aussi sous le nom du problème de la mesure quantique, ou PMQ. C'est un problème car cela transgresse de façon flagrante les hypothèses du sens commun au sujet de l'objectivité de notre réalité qui serait complètement indépendante des observateurs. Les fondateurs de la théorie quantique, dont Niels Bohr, Max Planck, Louis de Broglie, Werner Heisenberg, Erwin Schrödinger et Albert Einstein, savaient qu'en introduisant la notion d'observateur dans la théorie quantique, ils allaient provoquer un changement radical dans la façon dont la physique allait être pratiquée, et ils ont d'ailleurs écrit sur les conséquences de ce bouleversement.

Quelques physiciens, tels que Wolfgang Pauli, Pascual Jordan et Eugène Wigner, croyaient que la conscience n'était pas seulement importante mais fondamentalement responsable de la formation de la réalité. Jordan a écrit : « Les observations viennent non seulement perturber ce qui doit être mesuré, mais elles le produisent... Nous forçons [l'électron] à prendre une position définie... Nous produisons nous-mêmes les résultats de ce que nous mesurons » (p. 151).[298]

Cette « perspective forte » sur le rôle de la conscience dans le PMQ a été soutenue par des physiciens de renom allant de John von Neumann à Bernard d'Espagnat, et plus tard par Euan Squires jusqu'à Henry Stapp.[299-302] Il est difficile de fermer les yeux sur cette idée du fait de l'importance de cette proposition et de la proéminence de ceux qui l'ont proposée, même s'il s'agit d'un défi à l'encontre de l'intuition très profonde que nous avons du monde physique. Celui-ci, pensons-nous, était là, plus ou moins dans sa forme actuelle, bien avant que n'émerge une conscience humaine pour venir l'observer. On comprendra très bien que de nombreux scientifiques résistent farouchement à l'idée que la conscience puisse venir jouer un quelconque rôle dans la formation de la réalité physique.[303-304]

Une perspective un peu plus douce du PMQ fut exprimée par le physicien John Bell, qui protestait contre le fait que

> le concept de « mesure » est devenu si flou, si difficile à penser, qu'il est un peu surprenant de le voir apparaître dans les théories physiques *à son niveau le plus fondamental*... Est-ce que chaque analyse de la mesure ne requiert pas elle-même des concepts plus *fondamentaux* que la mesure ? Et est-ce que la théorie fondamentale ne devrait pas plutôt concerner ces concepts plus fondamentaux ?[305] (p. 117)

Bien que Bell ne désigne pas explicitement la conscience comme concept plus fondamental, c'est bien de cela qu'il s'agit au cœur même du processus de mesure.

Toutefois, les résistances sont fortes. Une approche visant à éliminer l'observateur du PMQ a consisté à redéfinir le problème en proposant que tout ce que faisait une observation ne revenait qu'à augmenter notre connaissance sur le système mesuré. C'est pourquoi, selon le physicien Anton Zellinger de l'Université de Vienne, « Le soi-disant problème de la mesure... n'est pas un problème mais une conséquence du rôle plus fondamental que joue l'information en physique quantique par rapport à son rôle dans la physique classique » (p. 288).[306] Une autre approche se base sur la « théorie de la décohérence » qui affirme que les effets quantiques se dissipent dès qu'il y a interaction avec l'environnement, ce qui vient éliminer le PMQ. Mais cette proposition fait également l'objet de critiques.[307, 308] Le physicien Jeffrey Bub dit de la théorie de la décohérence qu'elle est une « interprétation par l'ignorance », loin de résoudre le PMQ.[309]

D'autres se sont contentés de faire nonchalamment l'impasse sur le PMQ en niant simplement qu'il n'y ait jamais eu un problème. Selon le physicien Sheldon Goldstein : « Plusieurs physiciens admettent du bout des lèvres que... la physique quantique interroge ce que sont l'observation et le processus de mesure. Mais plus personne ne croit vraiment à cela désormais – et il m'est même difficile de croire que quelqu'un l'ait réellement cru. »[303]

D'autres encore proposent que la seule manière de lever toute ambiguïté pour éviter d'introduire le rôle de l'observateur en physique revient à ne plus croire dans le libre-arbitre.[310] Avec le libre-arbitre réduit à n'être qu'une illusion générée par le cerveau –

idée très populaire dans les neurosciences contemporaines[171] –, nous faisons face à une idée très éloignée de notre seule forme de contact direct avec la réalité : l'expérience subjective. Paradoxalement, celle-ci nous permet de décider de ne pas croire à l'inexistence du libre-arbitre !

Les arguments philosophiques et théoriques mis à part, l'expérimentation de la double fente amène une nouvelle manière d'explorer le possible rôle de la conscience dans le PMQ, et un lien reconnu (bien que mal compris) entre un phénomène physique et une relation directe entre l'esprit et la matière.

LES DEUX FENTES

L'expérimentation des doubles fentes a fourni une preuve cinglante de la nature fondamentalement quantique du monde.* Thomas Young l'a décrite pour la première fois en 1801 et, deux siècles plus tard, les lecteurs du magazine *Physics World* l'ont élu la « plus belle expérimentation » en physique. Ainsi qu'elle est décrite dans le *New York Times*,

> Bien que la [lumière] ne soit pas simplement faite de particules, elle ne peut pas non plus être décrite uniquement comme une onde. Durant les cinq premières années du XXe siècle, Max Planck puis Albert Einstein ont montré, respectivement, que la lumière était émise et absorbée par paquets – les dits photons. Mais d'autres expérimentations ont continué à vérifier qu'elle se comportait également comme une onde.
>
> Il a fallu la théorie quantique... pour réconcilier ces deux idées : les photons et les autres particules subatomiques – électrons, protons, et ainsi de suite – présentent deux qualités complémentaires ; ce sont, comme l'a dit un physicien, des « ondicules ».
>
> Pour expliquer cette idée... les physiciens se servent souvent d'une expérience de pensée dans laquelle l'expérimentation des doubles fentes de Young est reproduite avec un faisceau d'électrons plutôt que de lumière. Obéissant aux lois de la mécanique quantique, le flux de particules devrait se diviser en deux, et les flux divisés devraient interférer entre eux, laissant le même type de figure rayée, alternant bandes claires et bandes sombres, que celui produit par la

* Voir http://physics-animations.com/Physics/English/top10.htm pour une animation de l'expérimentation à double fente, consulté le 9 juin 2012

> lumière. En bref, les particules devraient se comporter comme si elles étaient des ondes.[311]

En 1961, cette idée a été réellement testée avec des électrons, et cela fonctionna comme il avait été prévu. Les particules élémentaires, ces morceaux de quelque chose que nous visualisons comme des boules de billard, se comportent comme des ondes, *tant que nous les regardons pas*. Cela peut être démontré facilement même si vous ne faites qu'envoyer un seul photon à la fois à travers un appareil à double fente.[312] Toutefois – et c'est là que le problème de la mesure quantique jette un froid glacial – ces mêmes morceaux de quelque chose se comportent comme des particules lorsque vous les *regardez*. Techniquement, le processus d'observation revient à acquérir une information sur « le chemin emprunté », c'est-à-dire savoir par quelle fente le photon est passé lorsqu'il a traversé l'appareil à double fente.

Pour récapituler : si vous *savez* si le photon est passé par la fente gauche ou par la fente droite, en utilisant généralement un détecteur placé derrière chaque fente, alors le photon se comportera comme une particule et ne passera que par une des deux fentes. Tandis que si vous ne *savez pas* quel chemin il a emprunté, alors il se comportera comme une onde et passera simultanément par les deux fentes.

Hypothèses

L'expérimentation que nous avons réalisée tire avantage de cet effet intrigant. Elle se base sur deux hypothèses :

Si une information est acquise – *par n'importe quel moyen* – sur le chemin emprunté par le photon lorsqu'il passe à travers les deux fentes, alors la figure d'interférence similaire à une onde, produite par le photon passant simultanément par les deux fentes, va « collapser » en proportion de la certitude de la connaissance acquise.

Si certains aspects de la conscience sont primordiaux dans la fabrique de la réalité, et que nous modulons cette propriété de prise de conscience à travers des fonctions telles que l'attention et l'intention, alors une attention humaine focalisée sur un système à double fente pourrait extraire l'information sur le chemin emprunté par le photon, et conduirait dès lors à modifier la figure d'interférence.

La première de ces hypothèses est déjà bien établie.[313] La seconde, basée sur l'idée philosophique du panpsychisme que nous discuterons plus tard, reste controversée bien qu'elle soit plutôt respectée dans le domaine de la philosophie de l'esprit.[53]

Après avoir passé en revue la littérature portant sur le problème de la mesure, les physiciens Bruce Rosenblum et Fred Kuttner ont conclu que, bien que la plupart des physiciens ne croient pas que l'observation crée *littéralement* la réalité, il y a quelque chose d'important et de profondément mystérieux qui continue à lui être associé :

> Si nous supposons qu'il n'existe pas de phénomènes physiques observables autres que ceux spécifiés par la théorie quantique actuelle, le rôle de l'observateur dans cette expérimentation ne peut être nié qu'au prix de la négation de tout libre-arbitre de la part de l'observateur. Il ne serait pas libre de choisir à quel moment et de quelle manière il effectue son observation. Or, ce prix est si élevé qu'il est raisonnable de penser qu'aucune interprétation de l'actuelle théorie ne parvient véritablement à établir l'indépendance de l'observateur, et cela même au niveau de la physique classique.[310]

Les études antérieures

Parce que le problème de la mesure quantique est central dans l'interprétation de la théorie quantique, les discussions philosophiques et théoriques à son sujet abondent dans les revues et ouvrages de physique. On pourrait dès lors penser que de nombreuses expérimentations permettent d'étayer ces discussions. Mais ce n'est pas le cas, les expérimentations correspondantes manquent, pour une raison qui ne fait pas de mystères.

Le lien entre la conscience et la formation de la réalité physique est davantage associé avec les films d'horreur et la magie médiévale qu'avec la sobriété de la science. Il est dès lors plus sûr pour qui veut faire une carrière scientifique d'éviter d'associer son nom avec de tels sujets sulfureux, et il est rare de trouver de telles études publiées dans les revues de physique.

En effet, le tabou qui pèse sur certaines questions – celles qui génèrent le plus d'inconfort – est devenu si grand qu'il s'est étendu à l'étude expérimentale des fondations philosophiques de la théorie quantique. Celles-ci sont considérées comme intouchables pour tout scientifique sérieux depuis plus de cinquante ans.[314] Comme le remarquait l'historien Olival Freire en discutant l'histoire des tests du théorème de Bell,

> certains des physiciens qui ont décidé de ne pas engager Clauser [le premier à tester l'intrication quantique] furent influencés par leurs préjugés, car ils considéraient que les expérimentations sur les variables cachées n'étaient pas de la « vraie physique ». Son précédent superviseur, P. Thaddeus, a écrit des lettres pour avertir ses collègues de ne pas engager Clauser pour faire des expérimentations sur les variables cachées en mécanique quantique car c'était de la « science de pacotille », et nombre des employeurs potentiels se rangèrent à son opinion.[314] (p. 284)

Il est décevant que de tels préjugés dressent leurs têtes hideuses au sein même du fleuron de la rationalité scientifique, la physique académique, mais c'est à ces moments-là que la science expérimentale a l'opportunité et la capacité de briller. A l'inverse des nombreux débats en philosophie et en religion, qui se perpétuent durant des millénaires pour la moindre bricole, la science a la capacité de trancher certaines questions controversées grâce à l'empirie, ou du moins l'expérimentation peut fournir de nouveaux moyens de penser les problèmes jusqu'à ce qu'ils soient résolus. Cela n'arrive jamais dans les débats sur des problèmes théologiques, pour prendre un exemple.

Quatre catégories d'expérimentations psi ont étudié le problème de la mesure quantique.[295] Elles impliquent :

1. des études testant les effets de l'intention sur le comportement statistique d'événements aléatoires liés à des sources quantiques, discutées plus haut dans ce chapitre ;[196, 197, 281, 315, 316]

2. des études impliquant des systèmes macroscopiques tels que la physiologie humaine, qui deviennent les « cibles » de l'influence intentionnelle, dont nous avons parlé dans le chapitre précédent ;[2, 194]

3. les expérimentations impliquant une observation séquentielle pour voir si un second observateur pourrait consciemment ou inconsciemment détecter si un événement quantique a été

observé par le premier observateur (dont ne discuterons pas ici, mais le lecteur pourra se reporter aux références bibliographiques) ;[316-318]

4. et notre focalisation actuelle sur des expérimentations testant l'influence consciente sur des photons (particules de lumière) avec des interféromètres optiques.[319-321]

L'expérimentation

Mise côte à côte, ces quatre catégories d'expérimentations comptent plus d'un millier d'études conduites par plus de cent chercheurs sur soixante ans. Parmi toutes ces études, celle qui se rapproche le plus du « seul mystère » auquel faisait référence Feynman, tel qu'il était démontré dans l'expérimentation avec la double fente, fut une étude publiée en 1998 par les physiciens Michael Ibison, de l'Université de Princeton, et Stanley Jeffers, de l'Université de York.[320]

Jeffers demanda aux participants à l'étude à York de « "visualiser" (d'observer par des moyens extra-sensoriels) une lumière monochromatique passant à travers une double fente, avant que ne soit enregistrée la figure d'interférence par un détecteur optique » (p. 543).[320] Ibison demanda à une autre équipe à Princeton, utilisant un appareil amélioré, de se concentrer mentalement pour qu'un graphique en barre indiquant le contraste entre les figures d'interférence optique enregistrées avec ou sans observation « de rester aussi bas que possible » (p. 546).[320] En d'autres termes, ils ont surveillé certains aspects des figures d'interférence liées aux doubles fentes tandis que des personnes observaient le système, mais uniquement avec l'œil de leur esprit. Ils ont tenté de prédire les changements dans les figures d'interférence. Est-ce que les particules de lumière « savaient » qu'elles étaient observées, même si l'observateur en question n'était qu'un esprit humain ?

Dans les deux cas, les périodes d'effort mental s'étendaient sur trente secondes et alternaient avec des périodes contrôles sans effort. L'équipe à Princeton obtint des preuves expérimentales légèrement significatives en faveur d'un effet observationnel, et l'équipe de York obtint un effet non-significatif (bien que, curieusement, leurs données montrent une variance d'échantillon bien plus grande que ne le prédit le hasard, suggérant qu'il y ait pu y avoir des effets sans que ceux-ci ne se manifestent de façon stable d'un participant à l'autre).

En interprétant ce résultat ambivalent, il est bon de savoir que le test réalisé à Princeton impliquait une équipe de participants habitués à focaliser leur intention sur de longues périodes, ainsi que des chercheurs ouverts à la possibilité d'interactions entre l'esprit et la matière. En revanche, le test à York employait des participants non-sélectionnés recrutés sans considération pour leur intérêt ou leur aptitude à réaliser cette tâche, par un chercheur qui a su faire preuve de curiosité, même s'il n'avait aucune expérience des études impliquant des participants humains.

L'interféromètre de Michelson

Nous avons décidé de reproduire ce protocole en utilisant d'abord un interféromètre de Michelson plutôt qu'un dispositif à double fente.[322] Toutes les interférences optiques montrent le même effet basique, à savoir des figures d'interférence similaires à celles produites par des ondes lorsque l'observateur ne sait pas comment les photons traversent l'appareillage optique, et des figures de diffraction similaires à celles produites par des particules lorsque l'observateur en sait davantage.

L'interféromètre de Michelson est fait de deux « bras », chacun mesurant plusieurs centimètres, comme le montre la Figure 12. L'un de ces bras était la zone cible. Nous demandions aux personnes d'imaginer qu'elles pouvaient voir, seulement avec l'œil de leur esprit, si les photons passaient par cette zone. Si elles parvenaient à voir les photons (par clairvoyance, puisque les sens ordinaires n'étaient ici d'aucune utilité), alors elles acquéraient en théorie une information sur « le chemin emprunté », ce qui aurait pour conséquence de faire « collapser » l'interférence de type ondulatoire. Le collapse devait être proportionnel au degré d'information obtenu. Mais puisque la plupart des gens n'ont qu'une faible capacité de clairvoyance, nous nous attendions à mesurer une quantité très faible de collapse lors de cette expérimentation.

Nous avons utilisé un laser à faible puissance pour envoyer un faisceau d'un millimètre dans l'interféromètre. Le faisceau passait à travers un filtre pour diminuer l'intensité de l'illumination, puis il passait à travers une lentille et un miroir à moitié recouvert d'argent. Ce miroir renvoyait la moitié du faisceau dans un premier miroir plein et l'autre moitié dans un second miroir plein.

Les deux faisceaux ainsi reflétés par ces miroirs étaient directement renvoyés vers le miroir semi-réfléchissant puis combiné dans un seul faisceau pour créer une figure d'interférence. La figure était enregistrée par un appareil photo digital refroidi thermo-électriquement et de haute sensibilité, qui était contrôlé par un ordinateur pour enregistrer une image digitale par seconde.

Les interféromètres optiques sont incroyablement sensibles. De petites vibrations dans le sol causées par des camions sur des routes à près d'un kilomètre auraient pu souiller la figure d'interférence si l'interféromètre n'avait pas été totalement isolé. Notre appareil fut mis à l'abri du sol dans une pièce optiquement scellée, protégée électro-magnétiquement, avec plus d'une tonne de murs doublement renforcés par de l'acier. Le tout reposait sur un tapis anti-vibration au niveau du sol en béton.

Durant une session de test, les participants s'asseyaient tranquillement sur une chaise ou sur le sol, à environ deux mètres du mur extérieur de la pièce blindée. J'ai demandé à chaque participant d'imaginer qu'il pouvait mentalement « voir » les photons dans le bras cible de l'interféromètre. Ou si c'était trop difficile à imaginer pour eux, ils pouvaient essayaient de « bloquer » mentalement ces photons.

L'ordinateur prenait automatiquement des photographies de la figure d'interférence, et chaque essai était précédé d'une annonce suivant un ordre préétabli de conditions équilibrées : les participants devaient soit *se concentrer* sur l'interféromètre, soit *se relaxer* ou ne pas fixer leur attention sur l'interféromètre.

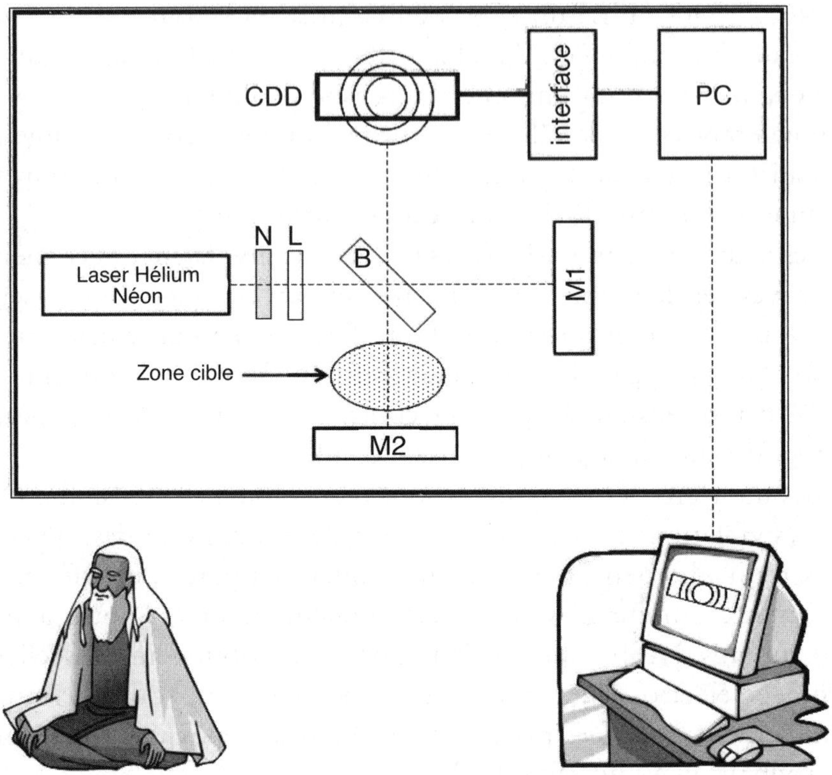

Figure 12. Un laser hélium-néon de faible puissance fut réduit en intensité en passant à travers un filtre à densité neutre (N). Le faisceau qui en résultait était dirigé à travers une lentille divergente (L), puis un diviseur de faisceau semi-réfléchissant (B), puis il rebondissait sur deux miroirs (M1, M2). La figure d'interférence qui en résultait passait à travers un filtre passe-bande à bande étroite et était reproduite sur un appareil photo refroidi thermoélectriquement (CDD). Le système optique était logé à l'intérieur d'une pièce aux murs doublés en acier, protégé des vibrations, des sons et des phénomènes électromagnétiques. Durant les sessions expérimentales, cette pièce était étanche à la lumière et l'ordinateur contrôlant l'appareil photo était lui-même contrôlé à distance par un second ordinateur via une connexion par fibre optique. Les participants s'asseyaient calmement en dehors de la pièce protégée.

Analyse

Chaque session expérimentale comportait une série alternant des périodes de concentration et de relaxation, chacune durant vingt-cinq secondes, pour un total de sept minutes. Cela ne semble pas particulièrement exigeant, mais je vous assure que réaliser cette tâche en étant très concentré et en maintenant sa focalisation n'est pas si aisé. Sans la pratique de la méditation, les pensées commencent tout simplement à vagabonder tous les deux secondes si bien que, même dans des sessions ne durant pas plus de quelques minutes, la plupart des esprits des non-méditants commencent à dériver vers d'alléchants fantasmes de cheeseburgers plutôt que sur l'expérimentation en cours. Pour voir si la capacité à focaliser l'attention jouait un rôle ici, certains des participants recrutés pour cette étude devaient avoir une expérience d'une ou plusieurs techniques de focalisation mentale telles que la méditation.

La Figure 13 (en haut) montre une figure d'interférence tel qu'elle est captée par une image de l'appareil photo lorsque les deux bras de l'interféromètre sont ouverts (c'est-à-dire lorsque les deux faisceaux divisés sont autorisés à passer à travers l'interféromètre qui n'est pas obstrué). Les variations du diagramme indiquent l'intensité de l'image enregistrée en différents endroits. La Figure 13 (en bas) montre ce qui arrive lorsque je bloque la « zone à cibler mentalement » dans l'un des bras de l'interféromètre avec une pièce de plastique opaque. Ces images montrent seulement une petite portion de la figure d'interférence car l'ouverture de la caméra était relativement petite.

Dans ces images, nous pouvons voir que le fait de bloquer un bras de l'interféromètre occasionnait deux modifications évidentes : la figure d'interférence ondulée se transformait en une figure plate ; et le niveau global d'intensité de lumière chutait. Cette première modification survenait car la figure d'interférence de type ondulatoire était éliminée en bloquant l'un des faisceaux de lumière. La seconde modification survenait car près de la moitié des photons disponibles ne pouvaient plus atteindre l'appareil photo.

Puis j'ai calculé le niveau moyen d'illumination collapsé sur l'axe des ordonnés dans la Figure 14 ; le résultat s'affiche sous la forme d'une courbe donnant un taux moyen d'illumination entre les sections. Si nous prenons maintenant la moyenne haute à travers cinquante des images entre les sections, captées par l'appareil photo à une seconde d'intervalle à la fois dans les états bloqués et ouverts, nous obtenons deux courbes, visibles dans la Figure 14, et la différence entre elles, illustrée dans la Figure 15.

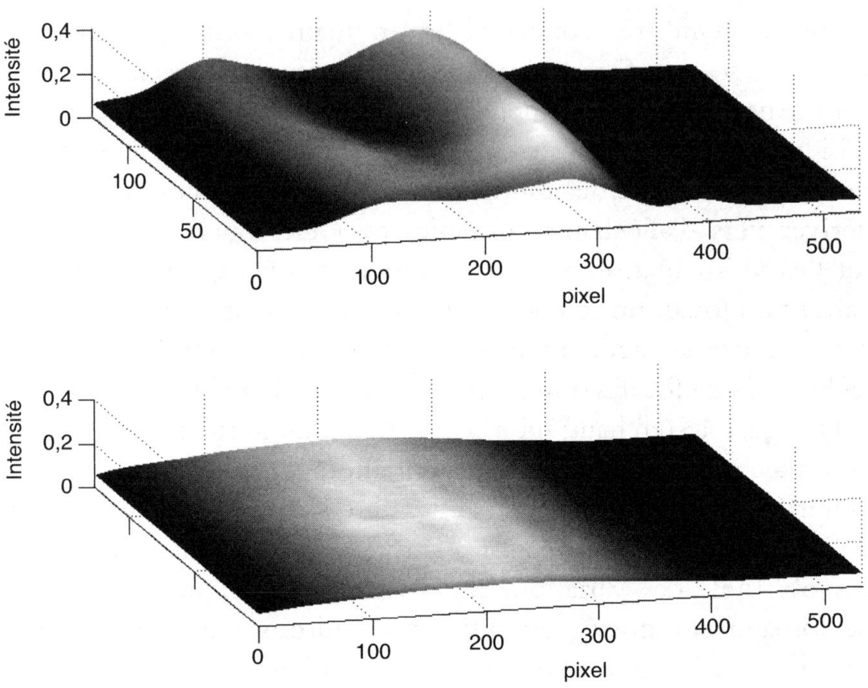

Figure 13. Images enregistrées par l'appareil photo digital lors d'une exposition d'une demi-seconde. L'image du haut montre l'intensité d'illumination (axe des abscisses) observée lorsque les deux bras de l'interféromètre sont ouverts ; l'image du bas montre l'intensité de la figure lorsqu'un bras de l'interféromètre était bloqué physiquement.

D'une session à l'autre, les figures d'interférence tendaient à différer du fait de légères variations dans la température ambiante et dans les vibrations. Pour aller au plus simple, j'ai donc basé l'analyse statistique formelle non pas sur une modification de la forme précise de la figure d'interférence, mais plutôt sur une diminution du niveau d'illumination sur l'ensemble de l'image prise par l'appareil photo en comparant la condition avec concentration ou « blocage mental » et la condition avec relaxation ou « passage mental ».

Pour tester ce protocole et les procédures d'analyse afin d'éliminer tout problème, j'ai également inclus des essais de contrôle pour permettre au système d'enregistrer les figures d'interférence automatiquement sans que personne ne soit présent dans le laboratoire ou sans que quiconque ne prête attention à l'interféromètre. Les

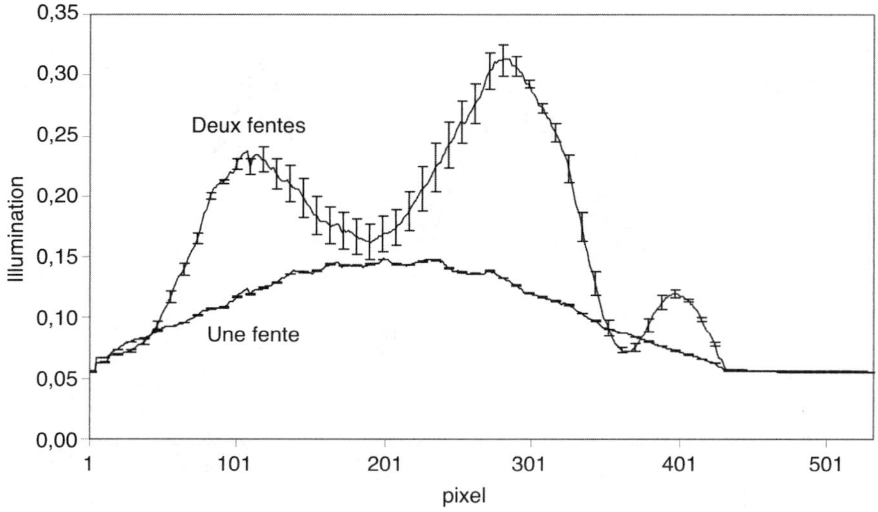

Figure 14. Intensité moyenne d'illumination dans les conditions ouvertes (les deux fentes ouvertes) et bloquées (une fente fermée), en se basant sur cinquante images dans chaque condition. L'écart-type est présenté par des barres pour les deux courbes. Pour la condition avec une fente, les barres d'écart-type sont plutôt petites, indiquant la stabilité du laser et de l'appareil photo. Les barres d'écart-type plus larges dans la condition avec deux fentes reflètent la sensibilité importante de l'interféromètre aux fluctuations dans l'environnement.

données issues de ces sessions contrôles furent analysées de la même manière que dans les sessions expérimentales.

Résultats

J'ai eu la chance de pouvoir recruter cinq méditants, dont quatre ayant derrière eux plusieurs décennies de pratique quotidienne de la méditation. Ces cinq participants prirent part à neuf sessions. Cinq autres individus sans expérience de la méditation (ou avec moins de deux ans de pratique) participèrent à neuf autres sessions. Je ferais référence à ce deuxième groupe comme étant celui des non-méditants.

J'ai prédit un score global négatif pour toutes les sessions expérimentales (illustré par la courbe négative idéalisée montrée à la Figure 15). Les résultats combinés furent effectivement négatifs de façon significative, avec une cote de 500 chances contre 1. Une

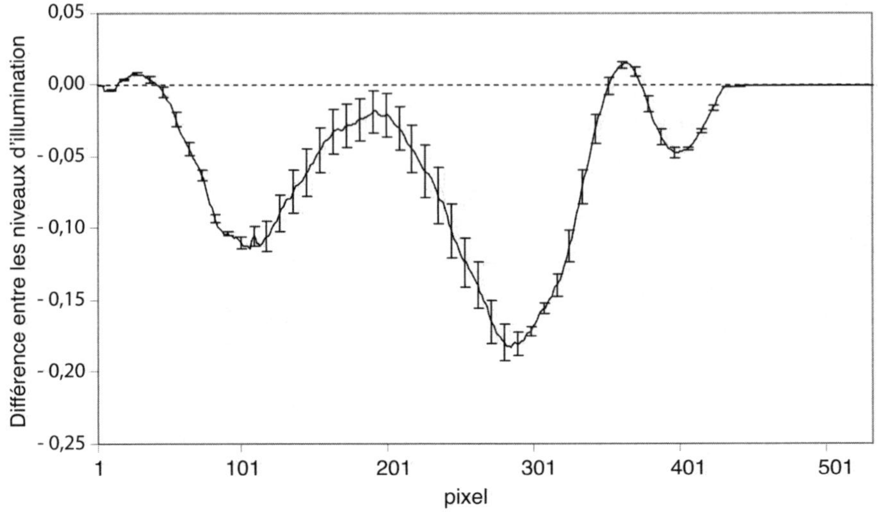

Figure 15. Différence entre les niveaux d'illuminations à partir de la précédente figure. Les barres d'erreurs montrent une erreur standard de différence. L'ensemble montre le résultat idéal hypothétique tel qu'il est prédit dans cette expérimentation.

analyse identique opérée sur toutes les sessions contrôles obtint une cote proche de 1 chance sur 1, ce qui vient indiquer que les résultats expérimentaux n'étaient pas dus à des biais dans la procédure ou l'analyse.

La Figure 16 montre le score cumulatif (en terme de déviation normale standard, ou score *z*) pour les neuf sessions auxquelles avaient participé les méditants expérimentés et les neuf autres sessions avec des non-méditants. La cote des méditants expérimentés atteint 107 000 chances contre 1, alors que les non-méditants ont obtenu des résultats proches du hasard. Cela va dans le sens de mon hypothèse sur l'importance des capacités de focalisation des intentions pour la réussite à cette tâche.

Quelque chose d'étrange

Ce qui s'est passé avec les méditants expérimentés fut particulièrement intéressant. La courbe en gras dans la Figure 17 montre la différence entre les conditions avec concentration et les moments de relaxation dans les sessions expérimentales, et la courbe fine

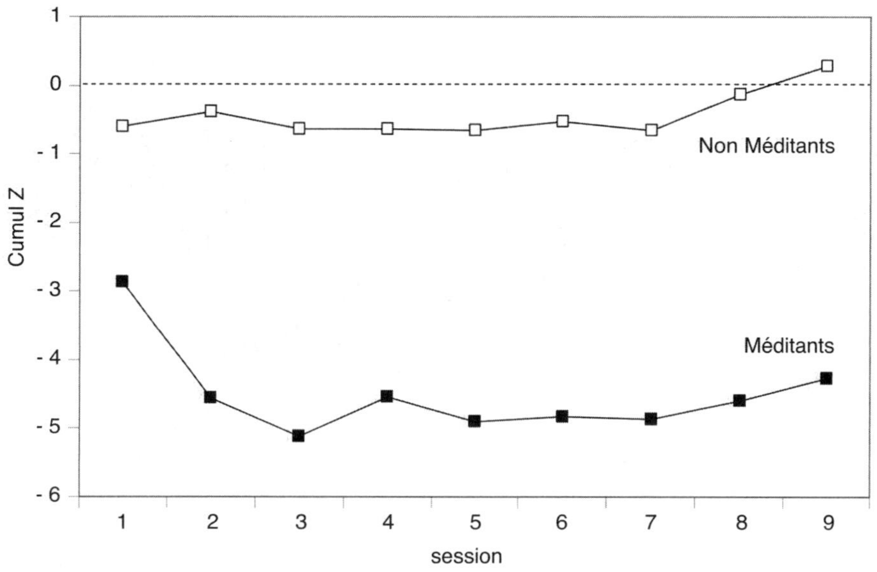

Figure 16. Les méditants expérimentés (ayant plus de deux ans de pratique quotidienne) ont obtenu une cote combinée de 107 000 chances contre 1. Les non-méditants ont obtenu des résultats proches du hasard.

montre la même analyse appliquée à une session contrôle conduite immédiatement après leur passage, sans que personne ne soit présent.

En examinant ces courbes, nous pouvons voir que la *magnitude* des changements d'illumination était minuscule, mais que les barres d'écart-type montrent que la différence entre périodes de concentration et période de relaxation allaient en pente descendante, comme cela avait été prédit. Si seul le hasard était responsable de cet effet, alors l'analyse aurait dû montrer une ligne droite, comme ce fut le cas pour les sessions contrôles. Les barres d'écart-type dans les deux sessions étaient similaires, ce qui indique que les résultats de la session expérimentale n'étaient pas dus à des mouvements inattendus dans le dispositif.

Il est important de réaliser que la courbe présentée sur la Figure 17 fut produite par un méditant tranquillement assis à l'extérieur de la chambre scellée contenant l'interféromètre. Ce résultat, qui ressemble à s'y méprendre à ce qui serait arrivé si le faisceau laser avait été bloqué physiquement avec votre main, fut causé, apparemment, par l'action de l'*esprit* du méditant et de lui seul.

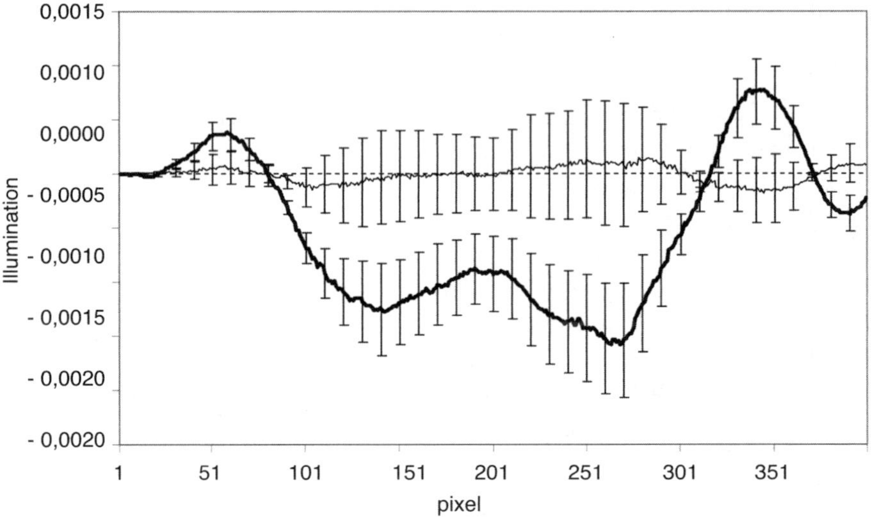

Figure 17. Les niveaux moyens d'illumination pour les sessions expérimentales (ligne du bas en gras) et contrôles (ligne du haut fine), avec les barres d'erreur standard. On peut remarquer que les barres d'erreur standard sont quasiment les mêmes dans les deux cas, ce qui indique que le niveau le plus bas d'illumination enregistré durant le test n'était pas dû à des artefacts.

Cette session fournit des preuves intrigantes d'une interaction objective entre l'esprit et la matière, mais il se passa également un événement subjectif qui mérite d'être mentionné. Durant cette session, sachant que le participant allait être un méditant extrêmement expérimenté, j'avais décidé de le filmer pour en faire une référence. J'ai demandé à deux vidéastes de filmer le déroulement de sa session. Ils mirent en place leurs caméras et commencèrent à filmer et, après que le méditant se soit préparé mentalement pendant une dizaine de minutes, ils signalèrent qu'ils étaient prêts à débuter.

Je mis en route le test et tout se passa sans incident jusqu'à environ la moitié de la session. Alors, pendant quelques secondes, je me suis senti comme étrangement désorienté, comme si toutes mes activités mentales s'étaient soudainement arrêtées. Je secouai la tête pour me débarrasser de cette étrange sensation et la désorientation de dissipa bientôt. La session s'arrêta et je remerciai le méditant avant qu'il ne s'en aille. J'ai pris ensuite quelques minutes pour discuter de la session avec les deux vidéastes pendant qu'ils remballaient leur matériel.

Je ne me faisais aucune idée particulière sur la signification de ce moment où mon esprit fut étrangement suspendu, mais j'avais appris que, lorsqu'on étudie des effets à la frontière du subjectif et de l'objectif, il est important de faire attention à ses états internes. Si bien que j'ai mentionné cet épisode aux deux vidéastes et ils furent tous les deux pris de court. Ils avaient en fait ressenti le même phénomène indépendamment l'un de l'autre. Nous avions partagé un moment où nos trois esprits semblaient s'être éteints.

Je ne savais pas à ce moment-là si les données collectées durant cette session donnaient des résultats positifs ou non. Quand il s'avéra que c'était bien le cas, je contactais le méditant qui était alors déjà revenu dans son ashram en Inde. Je lui ai demandé s'il avait eu l'impression de parvenir à *faire* quelque chose durant la session. Il répondit que oui, mais qu'il lui avait fallu être presque à mi-parcours pour comprendre comment il devait procéder.

Cet épisode est anecdotique et ne rejoint pas le lot des preuves scientifiques. Mais il est toujours intéressant qu'une expérimentation obtienne des preuves objectives d'une interaction entre l'esprit et la matière au moment précis où trois personnes se mettent à ressentir quelque chose d'étrange et d'inattendu.

L'expérimentation avec l'interféromètre de Michelson suggère qu'un système optique observé se comporte différemment d'un système non-observé, d'une façon qui vient suggérer l'authenticité de l'effet de l'observateur quantique. En d'autres termes, nous avons trouvé des preuves d'une interaction directe entre l'esprit et la matière – comme d'autres avant nous. C'était intéressant, mais ce n'était pas assez. Ce que nous voulions savoir, c'était si ces interactions reflétaient le « collapse » de la fonction d'onde quantique par la conscience. Si c'était effectivement le cas, alors cela pourrait indiquer que la théorie physique la plus en réussite de toute l'histoire contiendrait, en son sein, les graines de la psychokinèse.

L'EXPÉRIMENTATION DE LA DOUBLE FENTE

Nous avons décidé de donner suite à l'étude avec l'interféromètre de Michelson en utilisant un système optique à double fente.[323] L'appareil que nous avons conçu dirigeait un faisceau laser de faible puissance à travers un filtre pour réduire davantage l'intensité de l'illumination, puis à travers deux fentes percées dans une plaque métallique. Chaque fente avait une largeur de 10 microns (un millionième de mètre) et elles étaient séparées de 200 microns. La figure d'interférence de type ondulatoire produite par cet appareil était enregistrée par un appareil photo digital de haute résolution (3 000 pixels sur une seule ligne), et l'ensemble de l'appareillage était logé dans une boîte en aluminium faite sur mesure et étanche à la lumière.

Pour tester si l'observation par l'œil de l'esprit modifiait la figure d'interférence, une approche pourrait consister à surveiller le niveau d'illumination maximum (appelé le « pic ») autour du pixel 1500 dans la Figure 18-A, ainsi que les niveaux d'illumination minimum (appelés les « creux ») aux environs des pixels 60 avant et après le pic. Si la nature ondulatoire de la lumière « collapse » du fait de l'observation, alors le pic devrait chuter (légèrement) et les creux devraient remonter (beaucoup). Ce sont ces mesures qui furent pratiquées par Stanley Jeffers et Michael Ibison lorsqu'ils réalisèrent leurs tests avec un système à double fente.

Nous avons décidé d'utiliser une méthode plus générale. Nous n'allions pas nous intéresser aux comportements de pics ou de creux spécifiques, mais à la façon dont l'ensemble de la figure d'interférence se modifiait lorsque des personnes cherchaient à diriger leur attention vers lui ou vers autre chose.

Pour ce faire, il faut calculer une transformation spectrale (ou de Fourier) de la figure d'interférence sur l'image captée par l'appareil photo. C'est moins complexe qu'il n'y paraît. On peut le comparer à la méthode permettant de déterminer le spectre de fréquence d'un signal audio. Par exemple, la Figure 18-A montre un aperçu d'une figure d'interférence en double-fente tel qu'elle est affichée par l'appareil photo. La figure ondulée montre l'intensité de la lumière – plus elle est brillante, plus la valeur sur le graphique va haut.

Si vous pouvez imaginer que ce n'est pas une image issue d'un appareil photo mais plutôt un signal audio, alors vous pouvez voir que la figure est composée de deux fréquences principales : une fréquence rapide associée avec l'interférence produite par la lumière passant à travers une double fente, et une fréquence lente associée avec la figure de diffraction produite par chacune des deux fentes individuellement (c'est-à-dire la forme ressemblant à une cloche qui restreint les fréquences les plus rapides).

La transformation de Fourier de la figure présentée dans la Figure 18-A est montrée dans la Figure 18-B. Trois pics spectraux sont évidents. Le pic près de la valeur 1 sur l'axe des abscisses représente une fréquence lente associée avec chacune des fentes prises seules (appelée S), et le pic au niveau du nombre 45 correspond à une fréquence rapide associée avec les deux fentes agissant ensemble comme une double-fente (appelée D).* Le pic à 90 est une résonance (ou « harmonique ») de celui obtenu à 45. Le ratio de pics spectraux doubles sur le nombre de pics simples correspond au ratio de puissance R, où $R = D / S$. C'est la variable que nous avons utilisé pour mesurer à quel point une figure d'interférence était « double-fentisée » au cours d'une session.

Voilà comment se déroulait le test. Une participante – que nous appellerons Daisy – entendait une voix synthétisée émise par un ordinateur lui donner la consigne de concentrer son attention sur l'appareil à double fente ou de cesser de lui porter son attention et de se relaxer. Lorsqu'on lui demandait de se concentrer, Daisy dirigeait son attention sur les deux petites fentes logées au sein du système optique à double fente. On lui expliquait que cette tâche se passait uniquement dans « l'œil de l'esprit », c'est-à-dire qu'il s'agissait d'un acte d'imagination duquel nous attendions des conséquences bien réelles.

Pour certaines personnes, cette consigne se révéla trop abstraite, si bien que nous leur avons donné un coup de main en leur montrant

* Dans la figure, les valeurs sur l'axe des abscisses sont appelées les « nombres d'onde ». Chaque nombre d'onde correspond à une fréquence décomposée par la transformation de Fourier, avec les nombres les plus faibles associés aux fréquences les plus lentes, et les nombres les plus élevés avec les fréquences les plus élevées.

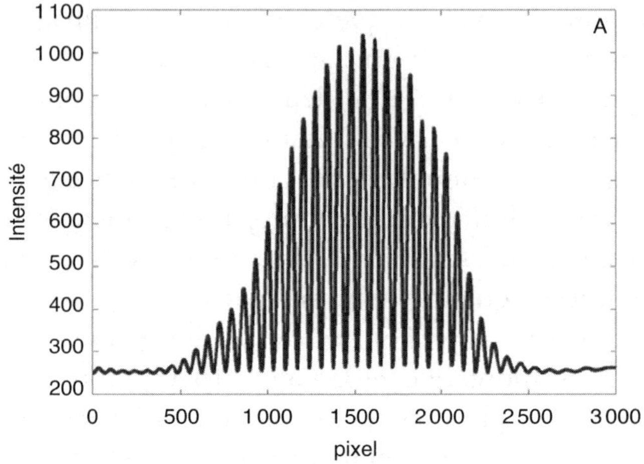

Figure 18 (A). L'intensité de la figure d'interférence enregistrée dans un système optique à double fente par un appareil photo avec une ligne de 3 000 pixels, moyenné sur les 10 000 images prises par l'appareil photo. Cette figure montre comment la lumière se comporte à la manière d'ondes interférentes (similaires aux ondes dans l'eau) aussi longtemps que vous ne connaissez pas le chemin emprunté par chaque photon lorsqu'il passe à travers les fentes.

un dessin animé de cinq minutes sur l'expérimentation de la double fente, où un détecteur de particule est présenté sous la forme d'un œil humain.* Si la tâche n'en devenait pas plus limpide, nous suggérions à Daisy de se concentrer pour bloquer l'une des fentes, ou de « ne faire qu'un » avec le système optique sur une modalité contemplative, ou encore de pousser mentalement le faisceau du laser pour qu'il ne passe que par une seule des deux fentes plutôt que par les deux.

Une fois que la session était lancée, la voix synthétisée dirigeait l'attention de Daisy vers ou loin du système optique durant des périodes de quinze secondes. Une session de test comportait quarante périodes de ce type dans un ordre aléatoire contrebalancé du type concentration-relaxation-concentration-relaxation, etc.

Daisy s'asseyait dans le calme à environ deux mètres de l'appareil scellé. A aucun moment elle n'était autorisée à le toucher ou à s'en

* Voir http://www.youtube.com/watch?v=DfPeprQ7oGc, consulté le 9 juin 2012

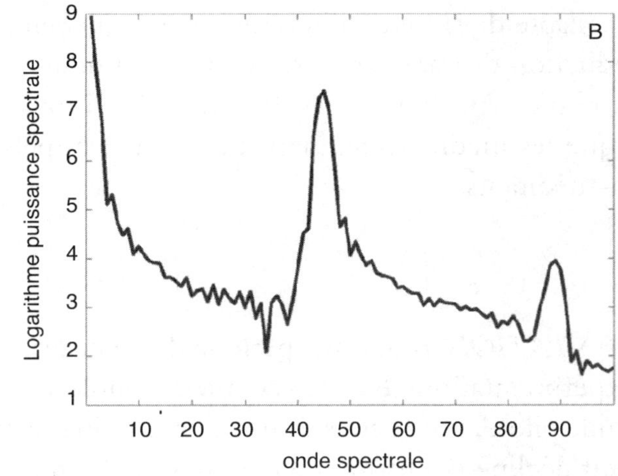

Figure 18 (B). Le logarithme de la puissance spectrale spatiale avec une puissance en double fente faisant un pic autour de l'onde spectrale d'index 45 et une puissance en simple-fente à 1. Le pic autour de l'onde spectrale d'index 90 est le premier harmonique de la fréquence de la double fente[a].

a. NdT : Une décomposition spectrale est obtenue a partir de l'image contenant 3000 pixels. Cette décomposition spectrale contient 3000 valeurs indiquant la puissance spectrale à différentes fréquences de façon croissante. Dean Radin fait ici référence à la puissance spectrale à l'index 45 et 90 (sur 3000), qui correspondent aux fréquences d'oscillation dues a l'interférence dans le système à double fente.

approcher. Toutes les sessions étaient conduites au sein de notre pièce blindée à l'Institut des Sciences Noétiques. Cette pièce, dans son état de base, est un cube d'acier plutôt imposant, sans fenêtres, que nous avons rendu plus accueillant en couvrant les murs et le plafond avec un tissu de mousseline, et en installant de la moquette antistatique sur le sol en acier, en plus d'y ajouter du mobilier confortable.

Notre prédiction quant aux résultats de ce test étaient très simples : si la conscience a quelque chose à voir avec le « collapse » de la fonction d'onde quantique, alors l'acte de concentrer son attention sur la double fente devrait faire que la variable que nous mesurions, le ratio spectral *R*, *diminuerait* par rapport aux périodes où l'attention serait concentrée sur autre chose. Cet effet serait lié au déclin de l'aspect ondulatoire de la lumière causé par l'observation, qui entraîne le collapse de la figure d'interférence, lequel entraîne à son tour une réduction du caractère interférent de la figure, autrement dit de la puissance spectrale de la double fente. Nous prédisions également que les méditants auraient de meilleures performances que les non-méditants.

Résultats

EXPERIMENTATION 1. Sur une période de deux ans, nous avons mené six expérimentations avec le système à double-fente. Dans la première étude pilote, nous avons trouvé que le ratio spectral *R* avait modestement décliné conformément à l'hypothèse du « collapse », avec une cote de 17 chances contre 1. Les méditants ont obtenu des résultats légèrement meilleurs, à une cote de 18 contre 1, et les non-méditants ont obtenu des résultats proches du hasard. Les tests de contrôle employant le même équipement au même endroit, mais sans faire intervenir de participants, montraient également un résultat non-significatif. La taille d'effet pour toutes les sessions expérimentales était –0,26 (comme nous avions prévu un déclin, cette taille d'effet négative va en fait dans la direction attendue), ce qui correspond, comme nous l'avions vu, à la taille d'effet global pour des dizaines de milliers d'études en sciences du comportement et sciences sociales, ainsi qu'à la taille d'effet fréquemment observée dans les expérimentations psi.

EXPERIMENTATION 2. Dans la seconde expérimentation, nous avons développé un moyen de fournir en temps réel un feedback audio du signal *R*, et nous avons augmenté la durée des périodes d'attention pour les faire passer à trente secondes. Pour le feedback, durant les périodes de relaxation, l'ordinateur jouait une tonalité monocorde douce, et durant les périodes de concentration, il jouait une note musicale dont la hauteur changeait en fonction des montées et des baisses du signal *R*. On expliquait aux participants que leur réussite au cours des périodes de concentration serait signifiée avec une note musicale qui descendrait dans les graves (pour indiquer le collapse de la fonction d'onde).

Cette étude apporta à son tour des preuves en faveur de notre hypothèse, avec une cote modeste de 12 chances contre 1. De nouveau, les méditants ont eu des performances meilleures que les non-méditants avec une cote de 48 contre 1. Les résultats des non-méditants furent à nouveau proches du hasard. En termes de taille d'effet, cette expérimentation a obtenu des résultats globaux quasi-identiques à la première expérimentation, avec une taille d'effet de –0,25.

EXPERIMENTATION 3. Dans cette troisième étude, nous avons tenté de savoir si la proximité des participants avec le système optique pouvait avoir influencé la figure d'interférence. Alors que des différences de température associées à de petites modifications dans la posture corporelle, même à deux mètres du système optique, pourraient modifier très légèrement la température locale, nous avons voulu vérifier si le système optique s'étendait ou se contractait systématiquement du fait des fluctuations potentielles de la température.

Pour réaliser ce test, nous avons placé quatre thermocouples sur le système optique et en face de lui. Treize personnes prirent part à 33 sessions, et nous avons identifié toutes les sessions obtenant une chute marquée du *R*. Pour ces sessions, nous avons vérifié si les mesures des thermocouples montraient également une modification de température. Si cela avait le cas, alors tout ce que nous avions cru observer auparavant pouvait être lié à des modifications dans la température ambiante plutôt qu'à des basculements dans l'attention humaine.

Six méditants ont pris part à 22 sessions et 7 non-méditants en ont réalisé 11. Les 22 sessions des méditants ont obtenu une taille d'effet comparable à celle produite par les méditants lors de la première expérimentation ($es = -0{,}39$ contre $es = -0{,}32$, respectivement). Pour tester ensuite les effets médiatisés par la température, nous avons examiné toutes les sessions des méditants qui s'étaient conclues par des scores négatifs (et donc, encore une fois, dans la direction prédite !), soit 16 sessions sur 22.

Les résultats de cette analyse ne mit à jour aucune différence significative de température, ni sur le tube laser lui-même, ni sur la boîte contenant l'appareil à double fente, ni en face de l'appareil ou à un mètre en face du participant. Cela nous apprend que le déclin robuste du *R* observé dans les 16 sessions sélectionnées n'était pas entraîné par des variations systématiques dans la température. Par conséquent, la proximité du corps humain n'est pas à même d'expliquer les résultats que nous avons observés.

EXPERIMENTATION 4. Dans la quatrième expérimentation, nous avons testé un aspect « non-local » de l'interprétation du collapse par la conscience. C'est un peu bizarre au premier abord, parce que cela fait référence à la nature intemporelle du monde quantique. Je vais donc la décrire pas à pas.

L'idée que la fonction d'onde quantique collapse à cause de l'observation implique, en substance, que le collapse se produit seulement lorsque l'observation survient, *et non quand les données sont générées*.[295] C'est-à-dire que, contrairement aux événements de la vie de tous les jours, où les actions se produisent à des endroits précis en suivant le cours du temps ordinaire, les événements dans le domaine quantique n'arrivent pas *au moment* où nous en faisons normalement l'expérience. Voilà bien ce qu'il y a d'étrange dans la nature « non-locale » de la mécanique quantique – les événements y sont connectés au-delà des habituelles limites de l'espace *et du temps*.

Lorsqu'un objet quantique élémentaire n'est pas observé, il reste dans ce qui est appelé un « état d'indétermination ». Dans cet état non-observé, l'objet *n'a pas encore de propriétés définies* – ni taille, ni forme, ni localisation, ni polarisation, ni spin, ni toute autre propriété que nous pouvons assigner au moindre des objets de la réalité ordinaire. L'idée du collapse induit par la conscience va même jusqu'à affirmer que c'est seulement lorsqu'un objet est observé *consciemment* qu'il acquière ses propriétés réelles.

Pour le reformuler, au risque d'être redondant – et parce que ces idées peuvent secouer vos méninges la première fois que vous les rencontrez –, si vous réalisez des mesures d'un système quantique à l'aide d'appareils d'enregistrement inanimés, par exemple un appareil photo, alors le système va rester dans un état indéterminé *jusqu'à ce que vous l'observiez*. Cette idée qui frise le ridicule a pourtant été testée et approuvée dans les laboratoires de physique conventionnelle. On appelle des études de ce type les expérimentations à choix retardé.[154, 324]

Nous avons testé cette idée dans le même contexte que les autres, simplement en développant une version de notre expérimentation de la double fente avec une inversion temporelle. L'astuce est la même que pour les études conduites par Daryl Bem et dont nous avons parlé dans le chapitre sur la précognition. De plus, ce test fournit une méthode encore plus rigoureuse pour évaluer l'effet de la présence des participants à quelques mètres du système optique, car toutes les données de cette étude furent générées et enregistrées alors que l'appareil était dans la chambre blindée sans que personne ne soit présent dans le laboratoire.

Pour préparer cette étude, nous avons enregistré cinquante sessions dans le laboratoire en avril 2009. Personne n'était présent durant les processus de génération et d'enregistrement de ces données, et personne n'a pu les consulter avant la fin du test. En juin 2009, on demanda à des participants de regarder un écran où défilait un graphique en bandes qui, à leur insu, se trouvait être les données enregistrées en avril et restées non-observées.

Comme pour les autres expérimentations, les participants étaient invités à diminuer mentalement la valeur R autant que possible lorsque l'ordinateur leur donnerait la consigne de se concentrer sur la double fente, et de retirer leur attention lorsque l'instruction serait de se relaxer. Ce qui rend cette expérimentation « en temps inversé » ou « rétrocausale » réside donc dans le fait que les instructions furent données lors de la phase d'observation, soit trois mois *après* que les données aient été générées et enregistrées !

Vingt-deux participants furent recrutés lors d'un colloque à Tucson, en Arizona. Le test fut réalisé dans un bureau dans l'hôtel du colloque. Après que toutes les sessions de test furent achevées, 22 dossiers de données restées inobservées furent utilisés en tant que sessions contrôles. Sur les 22 participants, 10 ont indiqué qu'ils avaient une pratique régulière de la méditation ; les 12 autres furent rangés dans le groupe des non-méditants. Le sous-groupe des méditants a obtenu une performance allant dans le sens de notre hypothèse, avec une cote de 175 chances contre 1. Le groupe des non-méditants avait des résultats conformes au hasard.

Ce qu'il faut retenir, c'est que l'effet observationnel ne semble donc pas se limiter à fonctionner en temps réel ; il fonctionne également d'une manière qui apparaît, du point de vue conventionnel, comme allant *à rebours* du temps. En se basant sur les preuves expérimentales recensées dans les précédents chapitres, vous devriez maintenant être familiers de l'idée que l'esprit a accès à des informations qui sont « au-delà » des frontières habituelles de l'espace et du temps. Cela implique soit que l'esprit peut les atteindre *à travers* l'espace et le temps ou bien – et cette interprétation a ma faveur – que l'esprit n'est pas *dans* un espace-temps ordinaire.

Pendant que vous prenez le temps de songer à cela, je vais résumer ce que nous avons vu jusqu'ici. Pour l'ensemble des quatre études avec la double fente, nous avons enregistré 121 sessions de test. Toutes les sessions combinées donnent un résultat qui a une cote de 67 contre 1. Toutes les 67 sessions avec des méditants obtiennent une cote globale de 13 800 chances contre 1, et toutes les 41 sessions avec les non-méditants sont au niveau du hasard. Les 149 sessions contrôles ont produit des résultats systématiquement conformes au hasard.

EXPERIMENTATION 5. Notre cinquième étude fut conçue pour répliquer formellement ce que nous avions vu lors des quatre premières expérimentations, avec 50 sessions pré-planifiées. Nous avons sélectionné 31 participants dont on pensait qu'ils seraient performants puisqu'ils pratiquaient tous la méditation ou une autre forme de focalisation de l'attention. Les résultats furent remarquables : la cote globale fut de 268 000 chances contre 1. Les sessions contrôles ne montraient que des résultats conformes au hasard.

EXPERIMENTATION 6. Dans cette étude, nous avons examiné le rôle de la personnalité et des croyances des participants. Nous avons à nouveau réalisé une série de 50 sessions pré-planifiées avec 50 participants qui, contrairement à l'étude précédente où nous avons tenté d'optimiser notre sélection, étaient simplement des volontaires avec un large éventail de traits de personnalités, d'expérience de la méditation et de croyances. Chaque personne remplissait un questionnaire à propos de ses croyances dans les phénomènes paranormaux et de ses années de pratique de la méditation ou d'autres formations de l'attention ; puis elle remplissait encore un questionnaire pour mesurer leur tendance à s'absorber dans une tâche lorsqu'elle se focalisait.[325] Nous avons posé ces questions sur les croyances car, comme nous l'avons précédemment mentionné, nous savons depuis les années 1940 que l'ouverture à la possibilité de la PES permet de prédire de façon fiable la performance à ce type de tâche parapsychologique.[326]

Le résultat global de cette étude atteint une cote modeste de 9 chances contre 1. Cette taille d'effet d'une magnitude plus faible était attendue puisque nous avons recruté des personnes avec une grande variété de croyances *a priori*, d'expériences de la méditation et de tendances à l'absorption. Les 50 essais de contrôle étaient conformes au hasard. Nous avons également trouvé que la corrélation entre la performance et la croyance aux phénomènes paranormaux était significative et dans la direction prédite, avec une cote de 30 contre 1. Les corrélations entre les performances et les tendances à l'absorption ou les expériences de méditation n'étaient pas statistiquement significatives, peut-être parce que les personnes recrutées pour cette étude n'avaient pas eu des scores très élevés sur ces échelles.

RÉSUMÉ DES EXPÉRIMENTATIONS SUR LA DOUBLE FENTE

Dans une série de six expérimentations testant l'hypothèse d'un « collapse de la fonction d'onde » avec un système à double fente, nous avons obtenus un résultat combiné avec une cote de 184 000 chances contre 1. Les sessions contrôles n'ont fourni aucune preuve d'un artefact dans la procédure ou l'analyse capable d'expliquer ces effets. Nous avons publié ces résultats dans la revue *Physics Essays* en 2012.[323] Les méditants ont globalement obtenu des performances meilleures que les non-méditants, avec une cote de 300 000 chances contre 1. Lorsque les sessions des méditants dans l'étude avec l'interféromètre de Michelson sont combinées avec les données des méditants dans les études avec l'appareil à double fente, la cote de l'ensemble monte à 3,7 milliards de chances contre 1. Qu'on se le dise : l'esprit et la matière interagissent.

Résumé

Les preuves scientifiques crédibles des interactions entre l'esprit et la matière ne se réduisent pas aux démonstrations spectaculaires que les magiciens de scène adorent « débunker ». Ce sont plutôt des effets à petite échelle qui font sens dans le cadre de la théorie quantique. De ces effets

☞

☞

micro-PK, Patanjali aurait pu dire : « Bien sûr que l'esprit interagit avec la matière. N'avez-vous pas lu les *Yoga Sutras* ? » Et quant aux effets macro-PK relatés dans la tradition yogique et au travers de nombreuses anecdotes historiques, Patanjali aurait pu dire, avec un soupçon d'agacement : « Bon, il n'y a que quelques yogis qui parviennent à réaliser de si gros effets mais, comme vous le savez, ils sont priés de ne pas les afficher publiquement. Pourquoi vous ne vous focaliser pas sur les siddhis élémentaires, telles que la clairvoyance ? Celles-là sont faciles à démontrer. »

13

LA CLAIRVOYANCE

J'étais un visionnaire périphérique.
Je pouvais voir le futur,
mais seulement en me tenant à côté de lui.
Steven Wright

LE MOT CLAIRVOYANCE, D'ORIGINE FRANÇAISE, signifie littéralement « voir clairement », mais il peut aussi rassembler des perceptions paranormales de sons (*clairaudience*) ou d'odeurs, de touchers et de goûts (*clairsentience*). Le terme « perception extra-sensorielle » (PES) est un synonyme de clairvoyance, tout comme le sont les euphémismes modernes « remote viewing », perception ou vision à distance et cognition anomale.

La clairvoyance diffère de la télépathie en ceci que l'information obtenue n'est pas « envoyée » par quiconque. Elle diffère également de la précognition car l'information obtenue par clairvoyance concerne des événements distants dans l'espace plutôt que distants dans le temps. Et du fait de la relativité de l'espace et du temps, si la précognition existe, alors il est probable qu'il en soit de même pour la clairvoyance.

Dans mes précédents ouvrages, *La conscience invisible* et *Entangled Minds*, j'ai décrit plus d'un siècle d'expérimentations scientifiques sur divers aspects de la clairvoyance.[1, 2] Deux types de protocole dominent : les tests à choix forcé avec des cartes, et les tests à réponse libre avec des images et des dessins. Comme pour la télépathie, la précognition et la psychokinèse, les preuves expérimentales en faveur de la clairvoyance sont abondantes et claires : elle existe au-delà de tout doute raisonnable. Patanjali voyait juste lorsqu'il considérait cette siddhi comme un phénomène de base. Mais dans les *Yoga Sutras*, plusieurs types de clairvoyance sont décrits, dont certaines plutôt remarquables.

LA CLAIRVOYANCE EXTRÊME

Par exemple, le *Pada* III.26, *La connaissance de l'univers extérieur*, peut être interprété comme une capacité de percevoir à des distances cosmiques, c'est-à-dire au-delà de la terre, sur d'autres planètes et même sur de lointains systèmes solaires. Et le *Pada* III.27-28, *La connaissance de l'univers intérieur*, suggère qu'on peut percevoir des objets microscopiques, jusqu'aux particules élémentaires et même encore plus petits.

Dans un certain sens, ces formes extrêmes de clairvoyance ne devraient pas être si surprenantes, car si une personne est capable de percevoir ce qui se passe dans une pièce distante, ou ce qui se trouve à l'intérieur d'une enveloppe opaque placée en face d'elle, alors, en principe, jeter un coup d'œil sur une planète à l'autre bout de l'univers ou à l'intérieur d'un atome fait appel au même processus. La clairvoyance, telle qu'elle se présente dans tous ces cas, ne serait pas contrainte par l'espace-temps ou les sens ordinaires. Dès lors, ce qu'il est possible de percevoir serait davantage limité par la petitesse de notre imagination que par une borne spatiale ou temporelle. Heureusement, nous n'avons pas à nous fier totalement à notre imagination car il existe quelques preuves en faveur des formes les plus extrêmes de clairvoyance.

Le premier cas implique l'artiste Ingo Swann, qui fut une cheville ouvrière du développement des systèmes de clairvoyance pour le compte du gouvernement américain, dans le cadre du programme de recherche popularisé sous l'un de ses noms de code : « Stargate ». Ce projet, d'abord top secret, fut financé par plusieurs départements de la défense et des agences d'espionnage durant plus de vingt ans. Il avait pour but d'étudier les méthodes pour améliorer l'usage de la clairvoyance à des fins d'espionnage paranormal. De nombreux livres sont disponibles sur les visées et les réalisations de Stargate, qui comportait à la fois une unité militaire en service actif et une unité de recherche civile.[327-329]

Lors d'une des premières phases du programme, on demanda à Swann d'explorer la planète Jupiter au moyen de la vision à distance. Nous étions alors en 1973, la sonde spatiale *Pioneer 10* était lancée en direction de Jupiter, mais il n'y avait encore pas de photographies en plan rapproché. C'était donc une bonne occasion d'en faire la cible d'un test de clairvoyance. Dans sa description de Jupiter datée du 27 avril 1973, Swann a dit :

> Très haut dans l'atmosphère, il y a des cristaux... ils scintillent.
>
> Peut-être que les rayures sont comme des bandes de cristaux, peut-être comme les anneaux de Saturne, ou quelque chose d'approchant. Très proche de l'atmosphère. Je vous parie qu'ils vont renvoyer les ondes radio.[329] (p. 32)

Souvenez-vous qu'à cette époque, il n'y avait aucune preuve de l'existence de tels anneaux autour de Jupiter. Il n'y avait d'ailleurs aucune raison de les suspecter. Six années plus tard, des anneaux furent effectivement découverts par la sonde *Voyager*. Comme cela fut relaté par le magazine *Time*,

> Et, ce qui fut le surprenant, [Voyager] révéla la présence d'un anneau fin et plat autour de la grande planète. Selon les mots de l'astronome Bradford Smith, de l'Université d'Arizona : « Nous étions là avec la bouche grande ouverte, sans aucune envie de nous en aller. »[329] (p. 32)

Pour ce qu'il en est de la perception au niveau atomique, on peut se pencher sur les investigations des théosophes Charles Leadbeater et Annie Besant. Dans un article intitulé « La chimie occulte » publié en 1895 dans la revue théosophique *Lucifer*, puis dans un ouvrage du même nom, ils exposèrent leurs efforts pour découvrir la structure de l'atome par clairvoyance.* Leurs études furent en grande partie oubliées jusqu'à ce que le physicien Stephen Phillips publie en 1980 un livre au titre évocateur : *La perception extra-sensorielle des Quarks* (« Extra-Sensory Perception of Quarks »).[330] Après avoir précisé plusieurs éléments de son analyse, Phillips concluait dans un article en 1995 :

> Nous avons analysé une revendication vieille de 100 ans faite par deux des premiers leaders de la Société Théosophique qui avaient prétendu observer par clairvoyance des particules subatomiques. Ces observations se sont avérées compatibles avec les faits de la physique nucléaire et avec le modèle des quarks, pour peu qu'on rejette leur prétention à avoir observé les atomes. Leur vision d'une force liant entre eux les constituants fondamentaux de la matière semble en accord avec la théorie des cordes. Leur description de ces particules de base montre d'étonnantes similitudes avec les postulats de base de la théorie des super-cordes.[331] (p. 489)

Voici donc deux cas de ce qu'on peut appeler la macro et la micro-clairvoyance, qui semblent aller dans le sens des *Yogas Sutras*, en particulier des *Pada* III.26-28, mais il y a une subtilité dans la façon dont nous devons les interpréter. La première interprétation consisterait à dire que, grâce à la clairvoyance, il devient possible de voir, ici et maintenant, tout ce qui passe depuis l'autre bout de l'univers jusqu'au monde subatomique. Une deuxième interprétation est que ce qui semble être de la clairvoyance est en réalité une version banale de la précognition ou de la télépathie, voire un mélange des deux. La raison en est qu'il n'est pas possible de limiter les perceptions psi aux contraintes de l'espace et du temps du moment présent. Si quiconque dans le futur sait ce qu'il y a à savoir

---

* Vous pouvez télécharger gratuitement « Occult Chemistry » grâce au projet Gutenberg sur ce site : http://www.gutenberg.org/ebooks/16058, consulté le 10 juin 2012.

sur la cible, alors ce qui paraît être une clairvoyance sur cette cible pourrait être dû à d'autres formes, plus générales, de perception psi.

Une troisième interprétation consisterait à réduire chacun de ces cas à un coup de chance. N'y a-t-il pas une grande différence entre des études de cas individuels et des séries d'expérimentations contrôlées ? Les premières peuvent être intrigantes, mais les dernières fournissent un degré de confiance supérieur quant au statut des effets observés. Pur hasard ou véritable phénomène ? Les études de cas, aussi bonnes soient-elles, ne permettent pas de trancher.

Et même lorsqu'il y a des raisons valables d'accepter des preuves d'effets psi authentiques, le dilemme des interprétations multiples illustre les défis épistémologiques auxquels se confronte l'étude de phénomènes qui transcendent les limites ordinaires de l'espace et du temps. Ce problème a conduit de plus en plus de parapsychologues à penser qu'il n'y aurait, en réalité, que deux phénomènes psi auxquels tous les autres se réduisent : une *entrée d'information* ou « perception psi », qui inclut la clairvoyance, la précognition et la télépathie ; et une *sortie d'information* représentée par la psychokinèse et la guérison à distance. Selon cette perspective, il n'y aurait donc qu'un seul phénomène sous-tendant tous les autres : l'information. La réalité elle-même ne serait construite que sur de l'information. Voici une idée que nous discuterons plus en détail tout à l'heure.

UN EXEMPLE DE VISION À DISTANCE

Plutôt que de reproduire la synthèse des études de vision à distance précognitives exposées dans le Chapitre 9 (présentées comme des études à réponse libre puisqu'il s'agissait alors de mettre l'accent sur la méthodologie expérimentale), je préfère vous donner un exemple concret. On trouvera de nombreux autres exemples de visions à distance dans d'autres ouvrages.[327, 329, 332-335]

Notre exemple implique un professeur, Robert Hogan, qui enseignait l'écriture à l'Université d'état de l'Illinois, à l'Université de Pittsburgh et dans d'autres écoles. Il me proposa de démontrer ses compétences en vision à distance. Alors que j'étais chez moi en Californie et lui en Illinois (soit une distance de plus de 2 500 km), j'ai trouvé un petit objet et j'ai prié Hogan de me le décrire, alors que personne d'autre n'était dans mon bureau ni ne savait que j'allais effectuer ce test. Lorsque de ma recherche de l'objet approprié pour ce test, j'avais pris soin de vérifier que personne ne parvenait à voir dans mon bureau à travers les mini-stores. Ceux-ci formaient un angle permettant à la lumière de passer, mais sans que personne ne puisse voir à travers. En toute confiance, j'ai donc sélectionné l'objet cible que j'ai placé dans un tiroir de mon bureau.

Le jour suivant, j'ai reçu l'e-mail suivant de la part de Hogan :

> Comme d'habitude, j'ai eu plusieurs impressions distinctes. Je vais les décrire l'une à la fois.
>
> La première qui m'est venue concernait une texture comme de l'or sombre, arrondie, aplanie ou polie, rétrécissant vers une sorte de pointe arrondie. Brillant, un ressenti comme du métal mais ça pourrait très bien être du bois ou de la céramique.
>
> La deuxième impression fut du vert jusqu'à du vert-jaune, l'impression de voler au niveau du sommet des arbres, quelque chose comme passer à travers une grande masse verte en mouvement.
>
> La troisième fut dorée, rouge, comme du bronze, avec des petites parties rondes, sculptées de façon nette, comme un visage, mais dont les parties ont été profondément sculptées.

L'objet que j'avais sélectionné était un pin's en plastique des Northwest Airlines, de couleur bronze, que j'avais accroché à un Post-it jaune et vert. J'ai sélectionné cet objet parce que ce n'est pas quelque chose qu'on s'attendrait à trouver dans un bureau.

J'ai demandé à Hogan de décrire sa manière de procéder pour réaliser cette tâche. Voilà ce qu'il me répondit :

> En 1998, j'ai lu *Tracks in the Psychic Wilderness* par Dale Graff[333] [un membre de la Defense Intelligence Agency à la retraite qui avait dirigé le programme de recherche psi classifié du gouvernement américain] dans lequel il décrivait une méthode pour voir à distance. Je me suis assis en face d'un écran avec le code d'une cible dans mon esprit et j'ai fermé les yeux. J'ai vidé mon esprit comme s'il s'agissait d'un « bol de riz ». Je me suis répété le code plusieurs fois et j'ai attendu. Les impressions sont venues et je les ai dessinées. J'ai trouvé la cible du premier coup.
>
> Ma pratique n'a pas beaucoup changé depuis, mais il y a néanmoins certaines nuances. Je vais dans une pièce au calme et je m'assois. Je ferme les yeux et je me calme pendant une minute ou deux en me relaxant. Joe McMoneagle [un ancien « espion psychique » de l'Armée] prend 45 minutes pour se calmer. Si j'en fais autant, je m'endors ! Je ne peux

Figure 19. Cible de la vision à distance : un pin's des NorthWest airlines sur un Post-it jaune et vert.

tenir qu'une minute ou deux. Avec mes yeux clos, je vide mon esprit et je me répète le code de la cible ou du lieu. Cela peut être un code avec des lettres, tels que AMEF, ou un lieu tel que « sur la table du bureau de Wayne ». J'ai juste besoin d'une chose sur laquelle focaliser mon attention au détriment des innombrables autres choses dans l'univers. Il y a un endroit dans mon esprit où je « regarde », et je sais que mes yeux sont vraiment focalisés là-dessus. Ce n'est pas comme un zoom infini avec un appareil photo. Je pense plutôt que c'est un focus d'environ 1 m.

La partie suivante est plus difficile à décrire. Je permets aux images de m'arriver. Si quelqu'un dit que c'est un objet sur une table, je permets à une « impression » de table de venir dans cet espace. Ce n'est pas vraiment comme si j'allais voir à distance la table en question. C'est uniquement une plateforme. Alors mon esprit se relaxe et permet aux impressions liées à la cible de venir. Je peux dire : « Laisse-moi voir l'objet sur la table de Wayne ». Pendant que je me relaxe, j'ai l'impression que c'est un peu similaire à cette toute petite sensation que l'on a lorsque nous commençons à entrer dans le sommeil.

Je peux deviner que ça doit correspondre à un Alpha [un rythme cérébral] rencontrant un Thêta, mais je n'en sais rien. Il faut dire que je ne tiens pas très longtemps. J'en sors et j'y retourne. J'ouvre mes yeux et je tente de noter ou de faire une esquisse de ce que j'ai perçu, mais je ne suis pas un bon artiste et, le temps que je fasse une partie de mon dessin, j'ai déjà perdu la cible. J'écris mes impressions sous formes de mots et je gribouille ce que je peux. Puis je dois de nouveau fermer les yeux, me calmer brièvement, et répéter le processus. J'essaye de rester au niveau des détails, en évitant de nommer la chose. Je suis meilleur avec les objets qu'avec les images.

> J'ai appris que tout ce que je ressentais avait du sens, mais qu'une partie pouvait ne pas être associée avec un objet. Cela reste toujours attaché à une chose réelle. Je n'ai pas eu de véritable formation, et mon expérience se résume à une centaine de sessions depuis la première fois que j'ai constaté que je pouvais le faire, en 1998.

Alors que je préparais ce chapitre, il m'est venu à l'esprit l'envie de solliciter Hogan pour savoir où il vivait lorsqu'il avait réalisé ce test. Sa réponse fut : « A Normal, dans l'Illinois », ce qui aurait bien fait rire Patanjali.

Robert Hogan méditait juste quelques minutes ; il n'avait pas de véritable formation à la clairvoyance et très peu de pratique. Et pourtant, il se montrait capable de percevoir de manière précise une cible située à des milliers de kilomètres. Peut-être est-il naturellement doué de la siddhi de la clairvoyance ? Ces dons naturels sont mentionnés par Patanjali comme étant une manière dont les siddhis se manifestent.

Mais les *Yoga Sutras* nous disent également que le développement des siddhis est intimement relié à la pratique du yoga, et en particulier à la composante méditative du yoga. Est-ce qu'il y a des preuves scientifiques confortant cette affirmation ? Nous avons déjà vu que, dans les études impliquant des interactions entre l'esprit et la matière avec des interféromètres optiques, les méditants obtenaient de meilleurs résultats que les non-méditants, et nous avons vu des résultats similaires dans l'étude de la précognition testant l'activité cérébrale des méditants et des non-méditants. Existe-t-il d'autres études décelant la même tendance ?

RÉSUMÉ

Si l'on prend soin d'examiner les preuves historiques et anecdotiques, mais aussi les études de cas et les preuves expérimentales, alors il nous faut conclure que la clairvoyance est une capacité réelle. Le seul aspect qui aurait pu surprendre Patanjali est qu'une civilisation venue après la sienne ait pu déclarer impossible la clairvoyance uniquement sur des bases théoriques. Peut-être l'avait-il tout de même prévu, tout en sachant que les théories scientifiques vont et viennent inlassablement. Elles sont vouées à être remplacées, en temps et en heure, par un modèle sophistiqué de la réalité qui intégrera la clairvoyance comme sous-ensemble de quelque chose d'encore plus remarquable.

14

PSI ET MÉDITATION

« Les étudiants parvenant à l'Unité passeront ensuite à la Dualité. »
Woody Allen

DEPUIS LES ANNÉES 1970, en écho à l'intérêt populaire grandissant pour la méditation, certains scientifiques ont commencé à étudier sa relation avec le psi. La plupart de ces études avaient eu vent de ce que Patanjali prescrivait pour développer les siddhis, et ils cherchèrent donc à vérifier ses affirmations dans le cadre du laboratoire.

L'une des premières études de ce genre fut publiée par la psychologue Gertrude Schmeidler en 1970[336]. Elle testa six étudiants en psychologie qui avaient peu de connaissances ou d'intérêt pour la parapsychologie et pour la méditation. Ils passèrent un simple test de PES à choix forcé avant et après avoir reçu une courte formation à la méditation et aux techniques de respiration (pranayama) par un yogi Indien. Les performances avant la méditation étaient au niveau du hasard ; celles qui vinrent ensuite étaient significativement au-dessus du hasard.

D'autres expérimentations publiées dans les années 1970 et 1980 se basent sur l'un des trois protocoles suivants :

1. des participants qui méditent avant et après un test de clairvoyance à choix forcé ou à réponse libre ;
2. des méditants *versus* des non-méditants dans des tâches de psychokinèse ;
3. et des études de l'activité électrique cérébrale des méditants pour voir si certains états cérébraux sont associés avec une amélioration des performances à un test de télépathie.

Une synthèse de 16 expérimentations impliquant l'un ou l'autre de ces protocoles a été faite dans les années 1970, et elle montrait que 9 des 16 expérimentations avaient des résultats statistiquement significatifs, chacun avec une cote d'au moins 20 chances contre 1. Ce niveau de réussite est assez époustouflant car on aurait dû s'attendre à ce qu'une seule expérimentation (voire moins !) de ce groupe donne des résultats significatifs par pur hasard. Ce succès est tellement improbable qu'il s'évalue même à une cote de 61 millions contre 1.[168]

Plus tard, Schmeidler a également entrepris une revue de cette littérature en intégrant les études réalisées jusqu'en 1994. Elle concluait modestement que « la méditation favorise le succès de la PES si (et seulement si) les méditants acceptent de bon cœur la procédure expérimentale et les objectifs de la recherche. »[337]

Cette première vague de recherche, regroupant seulement une douzaine d'études, venait suggérer que la pratique de la méditation semblait améliorer la capacité psi, mais ces études n'étaient pas conduites de manière à instituer un programme de recherche systématique sur le long-terme. Si bien que leurs conclusions ne firent pas grande impression à l'époque.[338]

L'intérêt pour la relation entre la méditation et le psi a commencé à décliner avec l'intérêt croissant pour les expérimentations de télépathie en Ganzfeld, si bien que, durant deux décennies, rien ne permit d'aller plus loin que la conclusion en demi-teinte de Schmeidler. Mais le vent tourne. Nos plus récentes expérimentations impliquant des méditants ont produit des résultats qui confortent l'idée que la pratique de la méditation améliore la performance psi, cependant, tant de questions restent posées. Est-ce que certaines techniques de méditation favorisent davantage le psi que d'autres ? Est que le niveau de pratique est corrélé avec la performance psi ?

Ce manque d'attention sur l'apport de la méditation en tant que possible modulateur de la performance psi pourrait être l'une des raisons de la faiblesse des performances psi dans les études habituelles. On est si loin des prodiges décrits dans la tradition yogique ! Certes, quelques-unes de ces différences pourraient être dues à un embellissement d'histoires passées du côté de la légende, créant davantage d'attentes quant à ce que les siddhis permettent réellement de faire. Ces faibles performances s'expliquent également par une autre raison, en partie liée à la première : les tests sont généralement pratiqués avec des personnes sans entraînement, dans des contextes culturels qui sont méfiants voire totalement effrayés par les phénomènes psi.

Ce dont nous avons besoin, c'est d'une étude sérieuse de la relation entre la méditation, les siddhis et le psi, avec un effort systématique pour soumettre les mêmes tests psi, de manière répétée, à des méditants expérimentés dans les mêmes environnements sur une longue période. Et le premier pas a été fait.

LES YOGIS ET LES MOINES TIBÉTAINS

En 2001, la psychologue britannique Serena Roney-Dougal fut invitée à enseigner la recherche psi à l'Université du Yoga du Swami Satyananda Saraswati, appelée Bihar Yoga Bharati, dans son ashram à Bihar, au nord-est de l'Inde. Roney-Dougal utilisa cette opportunité pour développer un programme de recherche avec des nonnes et des moines yogiques afin d'étudier la relation entre les progrès de la méditation et les performances psi. Depuis lors, elle et ses collègues ont élargi leurs études pour inclure des bouddhistes tibétains présents dans divers monastères en Inde.[169, 170, 339-341]

De la même manière que dans la tradition yogique, le bouddhisme tibétain décrit comment les siddhis émergent seulement après avoir développé la capacité de maintenir la profonde absorption dite samadhi. Toutefois, il reconnaît également que toutes les personnes qui méditent ne parviennent pas à développer le samadhi, ou que leurs siddhis ne sont pas nécessairement stables. Comme l'explique Roney-Dougal :

> Les Tibétains distinguent deux types de « clairvoyance ». Ils considèrent que celle qui émerge dans les recherches des parapsychologues occidentaux est une capacité de faible niveau, peu fiable et sujette à la fraude. Ils considèrent que beaucoup de personnes ont cette capacité et que ce serait une capacité innée liée au karma dans les vies passées, bien qu'elle puisse néanmoins bénéficier de l'entraînement à la méditation.
>
> La clairvoyance accessible lorsque vous atteignez le Samadhi serait une capacité de haut niveau et fiable. Lors d'entretiens avec plusieurs moines, l'accent fut mis encore et encore sur le fait que peu de personnes atteignent le Samadhi et les capacités de clairvoyance, et même à ce niveau la clairvoyance ne serait fiable qu'à 80 %. L'omniscience ne survient qu'avec l'illumination totale. Toutes les personnes qui pratiquent la méditation ne vont pas atteindre le Samadhi, si bien que toutes les personnes qui pratiquent la méditation ne vont pas devenir des sujets psi.[169] (p. 163)

Alors qu'un fonctionnement de psi de haut-niveau serait très rare, même parmi les méditants, Roney-Dougal a examiné une question plus simple : est-ce que des niveaux d'expertise supérieurs dans la pratique de la méditation se corrélaient avec une amélioration des performances psi ? Cela devrait être le cas si on suit les enseignements yogiques, car une conséquence majeure de la pratique du yoga serait de ramener à la surface des aptitudes enfouies chez chacun.

Roney-Dougal a testé des méditants avec différents niveaux de pratique en utilisant le même test psi. Pour réduire les variations d'environnement et de procédure entre les sessions, elle a testé ces personnes à la même heure de la journée, dans le même lieu, et avec le même timing entre les sessions (généralement quotidiennes). Elle avait également fait traduire et enregistrer vocalement les consignes expérimentales dans la langue locale.

Le test psi standardisé utilisé par Roney-Dougal était installé sur un ordinateur portable. Le méditant commençait* chaque session par cinq minutes de relaxation. Puis il formulait l'intention de devenir conscient de la photo qui apparaîtrait sur l'écran de l'ordinateur après une courte période de méditation. Cela était suivi par quinze minutes de méditation, avant qu'on ne demande au méditant d'autoriser son esprit à faire le vide pour accueillir les impressions relatives à la cible durant les quatre prochaines minutes.

Après quoi il décrivait ses impressions et dessinait ce qui lui venait à l'esprit. Quatre photos lui étaient ensuite présentées sur l'écran. Celles-ci avaient été sélectionnées aléatoirement par l'ordinateur à partir d'un réservoir de 25 lots de quatre photographies où, comme pour le Ganzfeld, chacune des photos avait été choisie pour être aussi différente que possible des trois autres.

Les participants pouvaient examiner les photos sur l'écran aussi longtemps qu'ils le désiraient, ensemble ou séparément. Lorsqu'ils étaient prêts à continuer, ils évaluaient chacune des photos sur une échelle de 0 à 100 en indiquant leur degré de confiance sur la correspondance entre leurs impressions antérieures et ce que dégageait l'image. Ce test avait deux variantes possibles : pour un essai de précognition, c'est seulement après cette évaluation que l'ordinateur sélectionnait aléatoirement la bonne cible et la diffusait ; pour un essai de clairvoyance, l'ordinateur passait directement à l'étape d'affichage de la photo cible qu'il avait déjà sélectionnée aléatoirement au début de la session. Après avoir effectué huit sessions, chaque méditant remplissait un questionnaire sur ses acquis en matière de méditation.

Roney-Dougal a employé ce test car les Tibétains ont une longue tradition d'acceptation de la précognition, sous la forme d'oracles et de divinations réalisés par les lamas (des moines avancés dans leur réalisation spirituelle). La clairvoyance est également culturellement acceptée comme un moyen-clef pour localiser les réincarnations des moines (connus sous le nom de *tulkus*).

---

* Dans certains essais antérieurs, la cible était un clip vidéo.

Au cours de six années de recherche, avec la bénédiction du Dalaï Lama et du Swami Satyananda, Roney-Dougal a testé des visiteurs, des étudiants, des sannyasins (des étudiants qui ont atteint un certain niveau d'initiation au yoga), des moines, des nonnes, des rinpochés (supposés être la réincarnation de lamas tibétains), des lamas (des moines avancés qui ont réalisé une retraite de trois ans) et des guéshés (des moines avec l'équivalent d'un doctorat en philosophie bouddhique). Elle a conduit deux études dans un ashram yogique et deux autres dans divers monastères tibétains, avec la participation de 52 yogis et 28 moines tibétains au total.

Les résultats des expérimentations dans l'ashram yogique montraient des preuves modestes d'une corrélation entre la durée de pratique de la méditation et les scores psi, avec une cote de 33 chances contre 1. Les tests dans les monastères tibétains ont fourni des résultats plus forts, avec une cote de 2000 contre 1. Lorsqu'on combine les résultats des deux séries, la relation entre méditation et psi devient plus claire avec une cote de 8 500 contre 1. En ajoutant ces résultats à ceux des premières expérimentations sur la méditation et le psi, cela renforce l'idée que la méditation améliore la performance psi et qu'il faut donc considérer comme de plus en plus plausible la prescription des *Yoga Sutras* pour développer les siddhis.

LE DALAÏ LAMA

Même face à cette avalanche de résultats positifs, il reste extrêmement difficile pour un esprit occidental d'accepter la réalité des capacités supernormales. Le Dalaï Lama, souvent questionné sur ce problème, en parle dans son autobiographie :

> Beaucoup d'Occidentaux veulent savoir si les livres sur le Tibet écrits par des personnes telles que Lobsang Rampa et quelques autres, décrivant certaines pratiques occultes, ont un fond de vérité. Ils me demandent aussi si Shambala (une contrée légendaire dont parlent certains écrits et qui serait supposée se cacher au nord du Tibet) existe vraiment...
>
> En réponse à ces deux questions, je réponds habituellement que la plupart de ces livres sont le produit de l'imagination, mais que, oui, Shambala existe néanmoins, mais pas au sens conventionnel. Et, dans la foulée, qu'il serait

> faux de nier que certaines pratiques tantriques font émerger de mystérieux phénomènes.[6]

Cette affirmation est formulée de façon prudente, ce qui est approprié pour un leader spirituel qui est également un leader politique depuis de nombreuses années. Mais il n'en dit pas moins que, oui, les pratiques avancées de méditation font advenir d'étranges effets, quand bien même la science les ignore en grande partie.

Le Dalaï Lama a été personnellement intéressé par la promotion de dialogues sur la science et l'esprit, mais, au départ, ces échanges n'étaient pas simples à organiser, même pour quelqu'un comme lui. Il y a aussi un tabou du côté des traditions orientales car les méthodes avancées de méditation sont considérées comme une doctrine secrète. Comme il est répété à plusieurs reprises dans les *Yoga Sutras*, faire la démonstration de ses capacités pour des raisons séculaires est fortement déconseillé. Néanmoins, le Dalaï Lama croit qu'il est important de pousser la science à étudier ces phénomènes :

> J'espère un jour organiser une sorte d'enquête scientifique sur les phénomènes des oracles, qui constituent une parte importante du mode de vie tibétain. Avant que je ne parle d'eux en détail, je dois cependant rappeler que le but des oracles n'est pas, comme on le suppose, de simplement prédire le futur. Car cela est seulement n'est qu'une partie de leur action. Ils peuvent aussi être appelés pour apporter une protection et, dans certains cas, être employés comme des guérisseurs...
>
> A travers l'entraînement mental, nous avons développé des techniques pour faire des choses que la science ne peut pas encore expliquer de façon adéquate. C'est cela et rien d'autre qui est à la base de la supposée « magie mystérieuse » du bouddhisme tibétain.[6] (p. 220)

DU PROGRÈS

Un nouvel élément dans la relation entre méditation, siddhi et psi est apparu dans une méta-analyse des études sur la méditation, publiée en 2012 dans le *Psychological Bulletin* par Peter Sedlmeier de l'Université Chemnitz de Technologie (en Allemagne) et ses collègues.[47]

La méta-analyse de Sedlmeier cherche à savoir si la méditation a des effets positifs. La réponse est un grand OUI. La méditation a « un impact substantiel sur plusieurs variables psychologiques » (p. 21). Une seconde question porte sur l'intérêt de la pratique de méditation – c'est-à-dire si ces effets sont suffisamment forts pour engendrer des bénéfices sur le plan thérapeutique. De nouveau, un OUI solide. Les effets sont comparables aux traitements comportementaux ou psychothérapeutiques standards. Une troisième question cherchait à savoir si la méditation pouvait n'être qu'une technique de relaxation parmi d'autres. La réponse était NON, bien que les deux techniques partagent des points communs. Jusqu'ici, tout va bien : cette méta-analyse exhaustive confirmait de manière rigoureuse ce que plusieurs chercheurs suspectaient depuis longtemps, à savoir que la méditation fonctionne. Mais il y avait un nouvel élément dans la partie « discussion » de cet article, un sujet qui est habituellement dissimulé voire complètement écarté dans la plupart des études académiques sur la méditation : les siddhis y sont abordées sans aucun détour.

Cela n'a l'air de rien, mais les enjeux sont cruciaux. Dans nos précédents chapitres, nous avons vu de nombreux exemples de préjugés scientifiques contre la simple possibilité qu'il y ait des phénomènes psi. Ces préjugés ont conduit de nombreux scientifiques et intellectuels à traiter de yoga sans jamais mentionner les siddhis.

Mais voilà qu'un article, publié dans une revue de psychologie orthodoxe de premier plan, mentionne les siddhis sans chercher immédiatement à s'en excuser. Les siddhis sont un composant essentiel de la plupart des traditions de méditation, alors pourquoi ne pas inclure une discussion sur les siddhis dans chaque contribution rigoureuse sur ce sujet ? Même si cela aurait *dû* être fait, la plupart des chercheurs s'en abstiennent. Cet abîme est particulièrement visible dans les neurosciences où il est strictement interdit de ne serait-ce que mentionner ce sujet de manière positive.

Vous comprendrez dès lors comme il est rafraîchissant de lire ce qu'a écrit Sedlmeier :

> Dans l'introduction de notre article, nous avons tiré une prédiction générale (« la méditation produit généralement des effets psychologiques positifs ») des pratiques de la méditation de niveau débutant et intermédiaire, à partir des approches hindouistes et bouddhistes. Mais nous n'avons pas traité les prédictions qui se réfèrent aux niveaux avancés et finaux de la pratique de la méditation. Voici ce qui pourrait faire office de prédiction : tant les approches

> hindouistes que bouddhistes affirment que les praticiens de la méditation pourraient développer une sorte de supercognition, des facultés spéciales (les *siddhis*) qui dépassent nos capacités normales.
> La théorie bouddhique prédit que six sortes de siddhis peuvent émerger... Il est remarquable que la siddhi la moins spectaculaire – la destruction des pulsions impures – soit également vue comme la plus importante. Les autres sont la psychokinèse, la clairaudience, la connaissance télépathique, la connaissance rétro-cognitive... et la clairvoyance. Les *Yogas Sutras* présentent la plupart de ces siddhis comme découlant de la pratique prolongée du yoga. A la fois dans l'approche hindouiste et dans l'approche bouddhiste, les siddhis ne sont pas considérées comme très importantes, et le Bouddha, ainsi que de célèbres yogis, ont averti des dangers inhérents à ces siddhis...
> Néanmoins, une théorie sur les effets de la méditation ne pourrait être complète si elle ne prend pas en compte ces états modifiés de la conscience. Il y a quelques preuves montrant que ces états altérés peuvent se produire spontanément..., mais les effets obtenus dans les méta-analyses sont habituellement relativement petits... Pour autant que nous sachions, personne n'a examiné si ces effets étaient plus prononcés pour les praticiens experts en méditation, comme le prédiraient les approches hindouistes et bouddhistes.[47] (p. 23)

Comme nous l'avons mentionné plus tôt dans ce chapitre, Serena Roney-Dougal a trouvé que les méditants expérimentés avaient de meilleures performances sur des tests de précognition, et c'est en général ce qu'indique la littérature parapsychologique. Cela va dans le sens de la prédiction de Sedlmeier quant aux effets des niveaux avancés de la pratique de la méditation, et, encore une fois, cela donne raison à Patanjali.

RÉSUMÉ

Jusqu'ici, nous avons appris qu'il y avait des bases rationnelles et empiriques pour accepter que certaines des siddhis – celles qui ont pu être reproduites lors d'expérimentations en conditions contrôlées – soient réelles. Nous avons également examiné des preuves suggérant que la méditation avancée pouvait être associée avec une augmentation de la performance psi. Et, excepté pour de rares individus et certains méditants expérimentés, nous avons vu que ces facultés avaient tendance à être faibles, sporadiques et incontrôlables au sein de la population générale.

Dans une perspective scientifique, la simple *existence* de ces phénomènes, même faibles et peu fiables, est déjà en soi étourdissante. Elle nous révèle que la compréhension moderne de l'esprit humain, basée sur les neurosciences et son approche de l'étude du fonctionnement cérébral, a complètement négligé un aspect fondamental de l'homme qui a trait à ses capacités et à son potentiel. Cela vient nous dire que la science comme les études religieuses ont rejeté prématurément les siddhis dans le fourre-tout des superstitions. Il ne fait aucun doute que nombre de ces récits légendaires sont de purs produits de l'imagination. Mais nous savons désormais que *certains* d'entre eux décrivent des joyaux qui ont été noircis par les distorsions de l'histoire. Identifier et polir ces joyaux avec des techniques modernes nous ouvrira la porte vers de nouvelles découvertes et de nouveaux domaines pour la connaissance.

Au fil du temps, avec l'accroissement de l'intérêt orthodoxe pour l'étude des capacités des méditants expérimentés, nous parviendrons probablement à comprendre le psi et les siddhis d'une manière nouvelle. Comme cela se produit déjà, des modèles intégratifs de la réalité vont émerger et se multiplier, et ils nous conduiront peut-être vers de nouvelles technologies. Combien de temps devrons-nous attendre avant de pouvoir trouver un usage pratique à cette connaissance ?

Pas si longtemps.

Partie III ... ET AU-DELÀ

APRÈS S'ÊTRE ASSURÉ DE LA RÉALITÉ de certains de superpouvoirs du yoga, qu'est-ce que cela nous apprend sur la frontière scintillante entre le monde intérieur et le monde extérieur ?
La science ne s'est pas beaucoup aventurée dans ces domaines marginaux, c'est pourquoi nous devons prolonger notre enquête en nous appuyant sur certaines possibilités et spéculations au-delà de la science et des siddhis.

15

PRAGMATIQUES

Le questionnement propre au pragmatisme est le suivant : en admettant qu'une idée ou qu'une croyance soit vraie, quelle différence va-t-il en résulter dans la vie que nous vivons ? De quelle manière cette vérité va-t-elle se réaliser ? Quelles expériences vont se produire, au lieu de celles qui se produiraient si cette croyance était fausse ? Bref, quelle sera la valeur concrète de cette vérité pour ceux qui vont la vivre ?

William James

LES HISTOIRES DE SUPERPOUVOIRS sont une chose, faire de l'argent avec en est une autre.

Face à ceux qui se désintéressent des problèmes intellectuels portant par exemple sur la nature profonde de la réalité, ou des problèmes spirituels interrogeant le chemin à suivre pour accéder à la libération, il reste une chose qui ne manquera pas de capter leur attention : gagner de l'argent à Wall Street.

LES SIDDHIS À L'ASSAUT DE WALL STREET

Les athlètes professionnels ont des capacités physiques au-dessus de la moyenne, mais il y a un facteur clef pour discriminer entre le compétiteur et le champion du monde : une discipline mentale supérieure. Pendant des années, le golfeur Tiger Woods fut l'idéal de la solidité mentale. Il détenait un record incroyable : avoir gagné 76 tournois professionnels de golf (au printemps 2013).

Mais après que ses infidélités firent scandales en décembre 2009, son mental fut brisé et il descendit rapidement de la première place à la 58e place dans le classement des meilleurs golfeurs mondiaux*. Maintenir cette absorption mentale nécessaire à des succès au niveau professionnel, quel qu'en soit le sport, montre toute la dévotion et le talent qu'il faut pour atteindre le samadhi. Cela suggère que certains athlètes accomplis feraient de bons candidats pour démontrer le psi.

Greg Kolodziejzyk est un coureur de triathlon invincible qui détient des records mondiaux sur le vélo couché ou le bateau à pédales, dont le record du monde homologué par le Guinness Book pour la plus grande distance couverte grâce à la puissance humaine sur un jour, à la fois sur terre et sur mer (1041 km sur terre et 244 km sur mer). Contrairement aux simples mortels, Greg ne craint pas les défis majeurs, et c'est pourquoi il décida de voir s'il pouvait utiliser une forme précognitive de vision à distance pour réussir à prévoir certains mouvements de la bourse.[342]

Il a utilisé une méthode connue sous le nom de *remote viewing par association*. Développée par l'anthropologue et explorateur Stephan Schwartz,[343] cette méthode est un moyen pour optimiser la clairvoyance afin de l'employer dans des applications pratiques. Si le but est de déterminer si une certaine action aura une valeur d'échange haute ou basse, alors tenter de percevoir directement la valeur de cette action avec la clairvoyance ne fonctionnera probablement pas. L'information paranormale semble plus facile à acquérir à partir de perceptions primaires, telles que la silhouette, la forme et la couleur, plutôt que par des facteurs analytiques tels qu'une localisation précise, un mot spécifique ou un nombre.

* Au 4 juin 2012, Woods était redevenu le n°4 mondial. En 2013, il redevint n°1.

Cette distinction correspond grossièrement à celle qui est faite sur les différences dans le traitement de l'information opéré par chacun des deux hémisphères cérébraux. Chez les droitiers, l'hémisphère gauche est davantage associé avec le traitement de tout ce qui a trait au langage et à la pensée analytique et rationnelle, tandis que l'hémisphère droit est davantage associé avec la pensée intuitive, émotionnelle et symbolique. En réalité, la distinction cerveau droit – cerveau gauche est une simplification extrême de ce qui se passe véritablement, car il y a habituellement de nombreuses collaborations entre les hémisphères. Mais puisque certaines zones cérébrales traitent différemment l'information, et que certaines de ces différences sont pertinentes lorsqu'on discute de perceptions psi, surtout lorsqu'on cherche à faire un usage pratique de la clairvoyance, cette astuce finit par s'imposer.

L'ASTUCE

Voilà l'astuce : vous demandez d'abord à un assistant de préparer une paire d'images, avec le maximum de différences entre elles, et sans qu'il ne vous informe de ses choix afin que vous ne soyez pas influencés par vos préférences.

Disons que cette paire d'images comporte la photo d'un œuf et celle d'un cactus. Vous demandez à votre assistant, ou à un ordinateur, d'associer aléatoirement l'une des images avec une action si son prix grimpe vendredi, et l'autre image avec la même action si son prix chute vendredi. Cette association permettra de montrer la photo de l'œuf ou celle du cactus dépendamment de la variation du cours de cette action dès le samedi.

Imaginez maintenant que vous êtes lundi et que vous voulez préparer vos opérations sur l'action avant vendredi. Vous conduisez un essai de remote viewing où vous vous représentez l'image que vous verrez le samedi.

Vous méditez et videz votre esprit. Après un certain temps, vous avez un flash : quelque chose de vert et de piquant. Vous enregistrez vos impressions. Puis, le mardi, on vous montre deux images, celle d'un œuf et celle d'un cactus. Vous évaluez la correspondance entre vos impressions et chacune de ces images, afin de décider avec quel degré de confiance vous pensez avoir vu la bonne cible. Le mercredi, on vous informe que le cactus – cette chose verte et piquante qui correspond à vos impressions – avait été associé aléatoirement avec une baisse du cours de l'action, dès lors vous préparez votre opération financière en fonction de cette information. Vendredi arrive et vous constatez effectivement la baisse du cours de l'action. Dès le samedi, votre assistant vous envoie la photographie du cactus en guise de feedback, pour refermer la boucle.

Réaliser ce type d'opération sur la base d'un seul essai de remote viewing peut fonctionner, mais pour augmenter la probabilité de prendre une décision correcte, vous répétez ce processus plusieurs fois et basez votre décision sur un vote majoritaire. Vous pouvez également améliorer votre décision en donnant un score de confiance à chaque essai (avant de voir la cible). Si vous faites plusieurs essais et que vos scores de confiance demeurent excessivement faibles, alors vous pouvez décider de passer votre tour en n'engageant aucune opération.

Depuis 1998, Greg Kolodziejzyk utilise cette technique de remote viewing par association pour gagner de l'argent sur les marchés financiers. Son ordinateur choisit aléatoirement l'une des huit possibilités suivantes : l'indice S&P 500, les bons du Trésor américain, le blé, le pétrole, l'or, le franc suisse, la livre britannique et le dollar canadien. Il sélectionne ensuite une date future pour marquer le début et la fin de l'opération. Cette date le projette dans un avenir allant d'un jour à deux semaines.

Il réalise ensuite plusieurs essais de remote viewing pour développer une décision consensuelle – acheter ou vendre – et les images qu'il utilise comme cibles sont sélectionnées à partir d'une base de données photographiques comportant des milliers d'images en provenance d'Internet ou de sources commerciales.

Pour anticiper le futur, Greg prend quelques minutes pour se calmer, puis quelques autres pour réaliser la tâche de remote viewing. Dans une seule session, il répète cinq à dix fois ce processus, sur une vingtaine ou une trentaine de minutes au total. Selon ses propres termes :

> Mon objectif durant ce processus consiste à générer des pensées aléatoires au sujet de l'image qui apparaîtra lors du feedback. J'essaye de nettoyer mon esprit et de ne penser à rien d'autre que de m'imaginer moi-même dans le futur, au moment où je recevrai le feedback, en train de regarder l'image sur mon écran d'ordinateur. Je dessine ou rédige toute pensée aléatoire qui entre dans mon esprit. J'ignore les pensées qui ne paraissent pas être le fruit du hasard mais bien des productions de mon esprit conscient. Je fais particulièrement attention aux pensées qui me surprennent par leur caractère fortement aléatoire – et plus encore si elles sont très détaillées.
>
> Par exemple, lors d'une récente session de remote viewing, j'ai pensé que j'avais un petit animal à fourrure dans la poche de ma chemise. C'était une perception détaillée et d'apparence tout à fait aléatoire, et c'est pourquoi j'ai retenu particulièrement cette pensée dans ma prise de notes. Il s'avéra que l'image montrée lors du feedback était un homme portant un tout petit chien dans la poche de sa chemise.[344]

Durant le processus de remote viewing, Greg ne sait pas quelle image sera assignée à son futur achat (image A) ou à sa future vente (image B). Lorsqu'il a fini tous les essais pour une opération donnée, son ordinateur crée automatiquement un score combiné pour l'image A et un autre score pour l'image B, et l'image avec le score le plus élevé devient la meilleure prédiction.

Si la différence de score entre les images A et B est assez grande (« assez grande » étant une valeur déterminée sur la base de ses précédents résultats), alors il procède à l'opération financière. Pour éviter que sa décision d'agir ou de ne pas agir ne soit influencée par le comportement des marchés, il évite minutieusement de prêter la moindre attention aux nouvelles concernant les marchés financiers dans les jours qui précèdent l'opération.

LE RÉSULTAT

En utilisant cette méthode, sur les treize années qui se sont écoulées entre mai 1998 et septembre 2011, Greg a réalisé 285 tentatives d'opération basées sur 5 677 essais de remote viewing par association. Sur ces essais, 53 % prédirent correctement le comportement futur de la bourse. S'il s'agissait d'une simple expérimentation de remote viewing, il serait très peu probable que son résultat se soit produit par hasard, avec une cote de 31 000 chances contre 1. Il découvrit aussi que lorsque sa confiance dans ses impressions augmentait, alors son taux de décisions correctes augmentait également. A son plus haut niveau de confiance, son taux de succès grimpe jusqu'à atteindre 78 % de réussite.

Parmi les 285 tentatives d'opération, 181 l'orientèrent vers des décisions dans lesquelles Greg avait suffisamment confiance pour prendre le risque d'y investir de l'argent réel. Ces 181 opérations étaient basées sur 4 007 essais de remote viewing, et 60 % de ces 181 opérations furent profitables. Ayant démarré avec un capital de 37 000 €, il parvint à faire un profit net de 108 000 €.

D'autres personnes ont affirmé avoir réussi à gagner de l'argent à la bourse en utilisant le remote viewing par association.[329] Développé comme une technique de laboratoire dans les années 1980 et connue seulement de quelques personnes à l'époque, sa popularité a explosé. Une trentaine d'années plus tard, lorsqu'on recherche sur Google les termes « remote viewing » et « bourse » (*stock market*), on obtient 55 000 pages ; une recherche plus générale sur les termes « remote viewing » et « applications » ouvre sur 700 000 pages.

Très peu de ces pages exposent des études scientifiques, c'est pourquoi tout ceci doit être pris avec des pincettes. Cela montre *a minima* un intérêt grandissant dans ce qui n'était regardé que comme un sujet ésotérique de la pire espèce. Les résultats des rares études contrôlées qui ont été conduites, dont celle de Greg Kolodziejzyk, donnent néanmoins à penser que des personnes disciplinées, persévérantes et talentueuses peuvent tirer profit de leur perception du futur.

Est-ce que des profits similaires auraient pu être faits par des singes tirant aléatoirement des fléchettes sur une liste d'actions ? La science nous indique qu'il faudrait 31 000 équipes de singes tirant des fléchettes pour que l'une d'elle obtienne un résultat au moins aussi bon que celui de Greg. En général, sur le long terme, les singes ne seraient pas parvenus à gagner en bourse.

Le profit de Greg parle pour lui-même.

Pour autant, le cas de Greg Kolodziejzyk n'est pas représentatif de la façon de faire de l'argent à Wall Street, car les traders professionnels ne se baseraient pas uniquement sur le psi pour prendre une décision. Ils feraient d'abord le meilleur choix analytique en se basant sur les informations disponibles et seulement après, confrontés à une situation ambiguë, ils chercheraient des sources additionnelles d'information dont le psi. C'est là que ce facteur supplémentaire ferait la différence entre des gains de centaines de milliers d'euros et des gains de millions d'euros.

La même approche, utilisant l'information médiatisée par le psi lorsque les autres sources ne sont pas disponibles, nous conduit à une autre application viable qui répond à la question de l'utilité du psi et des siddhis.

LES DÉTECTIVES PSYCHIQUES

Il y a de nombreux témoignages sur le travail de détectives psychiques, et cela n'est pas si étonnant dans un pays où même le gouvernement a mis en place un programme secret d'espionnage paranormal.[327, 345, 346] Les succès rencontrés par ces détectives restent difficiles à évaluer car nous n'entendons presque jamais parler des cas où le psi n'a été d'aucune aide. Pour un sceptique, il est facile d'imaginer qu'un voyant puisse parfois avoir la chance de donner une information qui se révèle utile à l'enquête, tandis que la plupart du temps, son information ne mène à rien.

Si c'était tout ce que nous savions sur les facultés psi, nous n'aurions aucune raison de nous intéresser à ces histoires de voyant ou de médium collaborant avec des détectives. Mais les expérimentations scientifiques sur les capacités de clairvoyance nous montrent que de telles facultés existent, même si elles ne marchent pas à chaque fois, et qu'elles ne se réduisent pas à jouer aux devinettes.

En dehors des raisons scientifiques appuyant la validité du travail des détectives psychiques, certains exemples sont parfois si frappants qu'ils méritent d'être racontés. Un cas de ce genre a été porté à mon attention alors que j'écrivais ce chapitre. C'est l'exemple d'une équipe de détectives psychiques qui a permis de résoudre un crime qui, autrement, aurait rapidement été rangé dans les fameux « cold cases », ces enquêtes non résolues.

Le crime concernait un arnaqueur professionnel qui fut même accusé de meurtre. Il fut présenté dans le journal *Las Vegas Sun* en date du 5 mai 2012.* Celle qui était à la tête de l'équipe de remote viewers ayant apporté des informations permettant de résoudre l'enquête était Angela Thompson Smith, fondatrice du Groupe de remote viewing du Nevada où elle enseigne la vision à distance.

J'avais rencontré Smith dans les années 1980 lorsqu'elle faisait partie de l'équipe du Laboratoire de recherche sur les anomalies techniques de l'Université de Princeton (PEAR Lab), alors que j'étais dans le département de psychologie de la même université. J'avais aussi un lien avec ce cas par l'intermédiaire du photographe Robert Knight, basé à Los Angeles, que j'avais rencontré vers la fin des années 1990 lorsqu'il m'avait pris en photo pour son exposition intitulée « la voie du guerrier ».**

Knight se faisait du souci car il n'avait pas eu de nouvelles d'un ami proche depuis plus d'un mois. Cet ami s'appelait Stephen B. Williams et était une personnalité très connue de la radio à Denver. Knight connaissait l'intérêt d'Angela Smith pour le remote viewing, alors il lui avait demandé de l'aider à retrouver son ami. L'équipe de Smith comptait à cette époque six remote viewers en plus d'elle-même. Parmi eux se trouvaient un capitaine d'aviation à la retraite, une infirmière de l'US Air Force à la retraite, un entrepreneur dans l'aviation civile, un ingénieur civil, un photographe et un bibliothécaire.

Chacune de ces personnes se vit remettre une série aléatoire de lettres et de chiffres en guise de cible. Elles ne savaient pas que ce « code » aléatoire était en lien avec divers aspects de ce cas de personne disparue. Utiliser une cible en aveugle est un élément important dans le remote viewing car cela empêche les « viewers » (tels qu'on les appelle dans le jargon) d'essayer de deviner quelle est la cible par des moyens classiques. On demanda donc aux viewers de chercher des informations sur un homme disparu, le lieu où il se trouve et, dans un second temps, de faire le profil du suspect de son meurtre et de le localiser.

* Voir http://www.lasvegassun.com/news/2012/may/05/seeing-dead-people-remote-viewers-nevada-help-solv/, consulté le 10 juin 2012.

** Voir http://www.bibliotecapleyades.net/imagenes_sociopol/warriorspath/warriorspath.htm, consulté le 10 juin 2012.

L'information disparate que les viewers fournirent indiquait que l'homme disparu était mort, probablement assassiné sur terre avant d'avoir été jeté dans l'océan, probablement près de Santa Barbara en Californie. On peut comprendre à quel point Knight fut effondré en apprenant cette nouvelle, mais il fut encore plus bouleversé lorsque sa femme lui apprit que la télé venait justement de dire qu'un corps non-identifié avait été retrouvé près de l'île Catalina, à environ 35 km au sud-ouest de Los Angeles, près de l'île de Santa Barbara.

En se basant sur les informations fournies par remote viewing et sa crainte qu'elles ne soient correctes, Knight appela la morgue du comté de Los Angeles qui détenait le corps. Il expliqua à l'employé sceptique qu'il devait manquer trois doigts à la main gauche sur le corps non-identifié. (L'ami de Knight avait perdu trois doigts dans un accident à l'école.) L'employé fut sous le choc lorsqu'il constata que c'était vrai. L'examen confirma que c'était l'ami de Knight et qu'il avait été tué d'une balle dans la tête.

Knight devint instantanément le suspect n°1 de ce meurtre, car qui d'autre aurait pu savoir que le corps à la morgue était celui de son ami ? Heureusement, Knight connaissait un officier du département du shérif qui avait eu vent des prouesses du remote viewing, et qui se porta garant pour lui, le lavant ainsi de tout soupçon.

Le sergent Ken Clark du Département du shérif du comté de Los Angeles a fini par admettre que, sans l'information donnée par Knight, et le scénario proposé par les remote viewers, il aurait été extrêmement difficile d'identifier le corps, car celui-ci se trouvait dans un état de décomposition avancé.

Mis en confiance, Knight apporta alors quelques informations supplémentaires obtenues par l'équipe de Smith, dont l'identité du suspect : un homme qui était supposé aider son ami à investir son argent, alors qu'en réalité il était en train de le lui voler. Malheureusement, le suspect demeurait introuvable. Mais, à nouveau, les informations fournies par Knight se révélèrent utiles. Le remote viewing avait permis d'établir que le suspect s'était enfui dans les Caraïbes, ce qui se révéla de nouveau exact.

On retrouva la trace du suspect dans le Montana, où il fut assez idiot pour travailler dans une entreprise dont le patron était un ancien policier. Quand ce patron fit une vérification sur le casier judiciaire de son employé, il vit qu'on cherchait à l'interroger dans le cadre d'un homicide. Le suspect fut finalement arrêté et condamné en 2011 à purger une peine de prison à perpétuité.*

Résumé

Qu'aurait dit Patanjali de l'utilisation des siddhis pour gagner en bourse ? J'imagine qu'il aurait hoché la tête en disant que, oui, ces capacités peuvent être utilisées pour gagner de l'argent. Mais il aurait pu ajouté que, depuis des millénaires, les techniques perfectionnées du yoga étaient gardées secrètes car, sans une préparation morale et éthique substantielle, beaucoup d'entre nous seraient simplement trop immatures pour développer et utiliser à bon escient ces superpouvoirs. Ils finiraient par être l'objet d'abus, par servir des intérêts égoïstes, voire même par devenir des armes. Et bien que résoudre des crimes soit une profession honorable, je suspecte Patanjali de nous encourager surtout à cultiver le Sutra III.23 : *l'amour bienveillant*, afin d'être pour tous un modèle d'amicalité et de bonne volonté. Ce faisant, il n'y aurait à terme plus aucun crime à résoudre.

Et en dehors de leurs applications, que suggèrent encore les siddhis ?

* En juin 2012, Smith continuait toujours à fournir des entraînements au remote viewing et des applications à travers son entreprise, Mindwise Consulting, dans la ville de Boulder au Nevada.

16

LE FUTUR HUMAIN

Parce que la politique est l'art du possible,
il parle surtout aux esprits de second ordre.
*Les esprits de premier ordre ne s'intéressent qu'à l'*impossible.
Arthur C. Clarke,
La fontaine du paradis

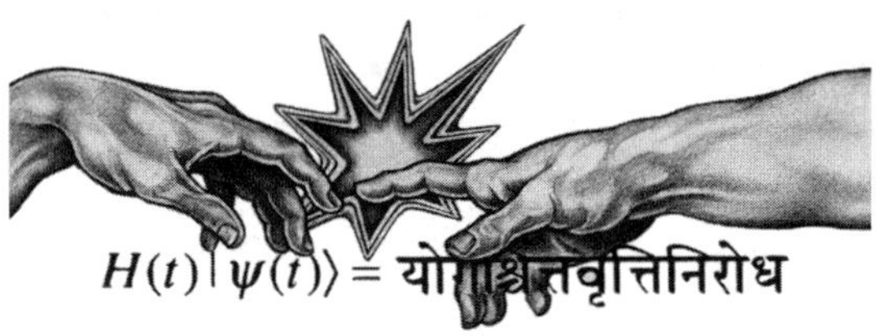

DANS CE LIVRE, nous n'avons exploré qu'une petite portion des preuves scientifiques associées avec les capacités supernormales décrites par les *Yoga Sutras* de Patanjali. Et les phénomènes psi étudiés lors de centaines d'expérimentations par des douzaines de scientifiques indépendants ont fourni, au fil des ans, de quoi nous assurer que Patanjali ne racontait pas que des histoires à dormir debout.

Pour les yogis et les mystiques, cette conclusion est on ne peut plus évidente. Pour la vision dominante en Occident, c'est un dilemme. Si certaines siddhis existent véritablement, alors quelques-uns des postulats fondamentaux de la science moderne sont tout bonnement faux. Mais nous ne faisons pas d'illusions : les croyances qui sont ainsi remises en question sont exceptionnellement bien implantées. Les opinions scientifiques ne changeront pas du jour au lendemain, quelle que soit la quantité de preuves en faveur des siddhis.

Mais pour comprendre pourquoi la science, dans le futur, acceptera certainement comme évidentes certaines des siddhis orientées par le psi, nous devons mieux apprécier ce qui nourrit les résistances actuelles. Pour ce faire, je vais rapidement passer en revue ce que nous pourrions appeler la voie octuple de la science. Elle implique huit doctrines qui fournissent les coordonnées de la réalité dans la vision scientifique contemporaine.

LA VOIE OCTUPLE

En science, les hypothèses ne tombent pas du ciel. Elles sont affinées, siècle après siècle, au moyen d'expérimentations, de développements théoriques et de réflexions critiques. Je ne prétends donc pas que les hypothèses que je vais examiner ici sont sans justification aucune.

Toutefois, au fur et à mesure que la science a sondé de plus en plus profondément la nature de l'univers, nous avons commencé à réaliser que certaines de nos hypothèses antérieures étaient basées sur une vision naïve et superficielle de la réalité. Nous savons désormais que notre sens commun – cette expérience quotidienne remplie d'actes tels que conduire sa voiture, parler à un ami ou acheter un melon au supermarché – est un aperçu extrêmement simplifié d'une réalité hypercomplexe. Mais ce sont ces instantanés qui, lorsqu'ils sont pris pour des vérités générales, forment des doctrines scientifiques que nous établissons au nombre de huit :

Le réalisme : Le monde physique est fait d'objets qui sont complètement indépendants de notre observation. Cela signifie, en appuyant quelque peu le trait pour les besoins de l'exposé, que la lune est toujours là même lorsque nous ne la regardons pas. Cette doctrine écarte la possibilité que notre esprit puisse influencer directement la matière.

Le localisme : Les objets sont complètement séparés. Il n'y a rien de semblable à une « action à distance ». Cette doctrine exclut en pratique tous les effets psi.

Le causalisme : La flèche du temps pointe exclusivement du passé vers le futur, sans exceptions. La précognition est prohibée.

Le mécanicisme : Tout peut être compris sous la forme d'un réseau causal, comme les rouages d'une horloge qui opèrent à un niveau strictement local, de manière causale. Cela n'abolit pas la possibilité des phénomènes psi, mais vient limiter les explications théoriques viables.

Le physicalisme : Tout peut être décrit par des propriétés réelles qui existent dans l'espace et dans le temps, et toutes les affirmations cohérentes peuvent soit être prouvées de façon analytique, comme dans la logique et les mathématiques, soit être réduites à des faits scientifiques vérifiables expérimentalement. Cela ne gêne pas nécessairement la vraisemblance du psi.

Le matérialisme : Tout, même l'esprit, est fait de matière ou d'énergie ; tout ce qui serait « immatériel » ne peut prétendre à l'existence. On ne sait pas bien si le psi est nécessairement immatériel, car la signification du terme *matériel* a changé à maintes reprises au cours du dernier siècle. Dès lors, il n'est pas possible de savoir si cette doctrine élimine également toute possibilité de phénomènes psi.

Le déterminisme : Il n'y a pas de libre arbitre, et tous les événements résultent entièrement des états précédents. Cette doctrine jette le doute sur la précognition et les effets d'interaction entre l'esprit et la matière, mais elle ne les prohibe pas.

Le réductionnisme : Les objets sont disposés de manière hiérarchique, chaque objet étant composé d'un objet plus petit que lui, jusqu'aux particules subatomiques au niveau le plus inférieur. Toute causalité est strictement « ascendante », du monde microscopique jusqu'au monde macroscopique. Cela permet des interactions de la matière sur l'esprit, mais exclut les interactions de l'esprit sur la matière.

La plupart des étudiants du monde occidental se voient enseigner ces doctrines au cours de leur scolarité classique, mais on ne les leur présente que rarement comme étant des hypothèses. Il est rare de trouver un étudiant qui reconnaisse que ces idées sont des lignes directrices et non des faits naturels. Dès lors, les étudiants promis à devenir des scientifiques eux-mêmes n'ont aucune raison de remettre en question ces hypothèses. Comme le physicien Anthony Leggett l'a écrit, en se référant à l'une de ces doctrines : « Il est difficile d'exagérer le degré d'enracinement du réductionnisme dans la pensée, non seulement pour celle du physicien du XXe siècle, mais aussi, dans une large mesure, pour l'homme du commun du XXe siècle » (p. 4).[347] On peut en dire de même pour tous les scientifiques, tous les hommes et toutes les femmes du XXIe siècle.

Ces hypothèses non-examinées au cœur même de la science vont produire une cascade de problèmes lorsqu'il s'agira de comprendre la nature de la réalité, ce qui a des chances d'être vrai ou de ne pas l'être. Aujourd'hui, nous savons qu'une partie de la résistance au psi et aux siddhis est basée sur de faux postulats. Car, pour le dire de but en blanc, nous savons désormais que les avancées en physique ont démontré la fausseté de *chacune de ces huit doctrines*. Par exemple, la doctrine du *réalisme* s'est inclinée face à la physique quantique. Théoriquement et empiriquement, nous savons que les objets quantiques n'ont pas de propriétés totalement déterminées avant qu'ils ne soient observés.[348-350] Le *causalisme* est réfuté par la relativité générale, où l'on sait que le sens figé de la flèche du temps n'est qu'une illusion. Le *localisme* a également cédé face à la mécanique quantique, car les objets liés entre eux par une intrication quantique admettent des « actions fantomatiques » à distance et des corrélations instantanées qui ne sont pas localisées « à l'intérieur » de l'espace-temps ordinaire.[351]

Le *physicalisme*, tout comme le réalisme, est remis en cause par la mécanique quantique, en partie parce que les événements quantiques ne sont pas totalement localisés, avec des propriétés réelles, avant qu'ils ne soient observés ; mais, de façon plus spéculative, parce qu'il est *possible* que toute « observation » nécessite une conscience, laquelle pourrait ne pas être un phénomène purement physique. Les expérimentations sur l'interaction esprit-matière, discutées dans les précédents chapitres, encouragent cette spéculation.

Le *matérialisme*, du moins dans sa forme physicaliste la plus simple, est présenté d'une façon telle qu'elle pourrait donner lieu à une réfutation dans le cas où on ne pourrait rendre compte des phénomènes psi avec les conceptions actuelles de la matière et de l'énergie. C'est loin d'être sûr, mais cela reste possible. Le matérialisme pourrait aussi échouer car des théories inspirées de la physique quantique affirment que le monde est mieux décrit en termes d'*information* plutôt que par des « choses » matérielles. Par exemple, le physicien John Wheeler, de l'Université de Princeton, développa le fameux concept du « it from bit » (la chose dans l'information) :

> Autrement dit, chaque « être » – chaque particule, chaque champ de force, même le continuum espace-temps lui-même – tire sa fonction, sa signification, son existence entière – même si c'est indirectement dans certains contextes – à partir de réponses oui-non suscitées par les questions binaires des appareils. En somme, chaque « chose » est composée d'un nombre plus ou moins grand de « bits ». Le « it from bit » symbolise l'idée que chaque élément du monde physique a fondamentalement – et le plus souvent à son niveau le plus essentiel – une source et une explication immatérielles ; c'est-à-dire que ce que nous appelons réalité découle, en dernière analyse, de la pose de questions oui-non et de l'enregistrement des réponses fournies par les appareils de mesures ; bref, que toutes les choses physiques peuvent être décrites comme des informations, et que dès lors l'univers est fondamentalement participatif.[352] (p.5)

Considérez également la théorie radicale et plus récente du « réalisme conscient » émise par le psychologue Don Hoffman, de l'Université de Californie :

> En dépit d'efforts substantiels par de nombreux chercheurs, nous n'avons toujours pas de théorie scientifique de la façon dont l'activité cérébrale peut créer ou devenir une expérience consciente. C'est perturbant car, malgré cela, nous avons un vaste corpus de corrélations entre l'activité cérébrale et la conscience, des corrélations que nous interprétons généralement comme des démonstrations de la création de l'expérience consciente par l'activité cérébrale. Je vais explorer ici une solution au problème des relations entre l'esprit et le corps qui prend pour origine le postulat inverse : ces corrélations surviennent parce que la conscience crée l'activité cérébrale, et non seulement elle, mais tous les objets et les propriétés du monde physique... Le *réalisme conscient* affirme que le monde objectif est constitué d'agents conscients et de leurs vécus ; ceux-ci peuvent être modélisés mathématiquement et explorés empiriquement d'une manière scientifique normale.[353] (p. 87)

Et finalement, le *déterminisme* tombe à son tour car il est le corollaire de la causalité ; et le *réductionnisme* se brise car les effets psychosomatiques montrent des causes « descendantes » de l'esprit sur le corps, et parce que la psychokinèse va jusqu'à engager une forme encore plus descendante de causalité, directement de l'esprit sur la matière.

Et maintenant, qu'allons-nous faire ? Ces doctrines scientifiques furent si importantes pour construire la vision du monde moderne, et voilà qu'elles sont désormais appelées à n'être que des cas particuliers de principes plus larges. La vision du monde porté par le « bon sens » a fini par s'effondrer.

Une réaction familière à ce changement radical est la panique. Nous la voyons exprimée dans les dénis farouches imprimés dans les pages des éditoriaux, dans les revues et dans les magazines scientifiques. Une approche plus optimiste consiste à accueillir ces changements radicaux (au moins théoriquement) avec un grand entrain, car lorsque le sens commun est bousculé, c'est que *tout* peut changer. La révolution parapsychologique n'appelle-t-elle pas une évolution des mentalités ? Quel rêve ! De nouvelles possibilités ! Des nouveaux mondes à explorer !

INSPIRATIONS QUANTIQUES

Pour se faire une image de ce que pourrait être la nouvelle vision du monde, une possibilité serait de regarder ce qui se fait du côté de la théorie quantique.[354] Cette discussion nous conduit immédiatement en terrain dangereux, car les problèmes fondamentaux de la théorie quantique font toujours l'objet de nombreux débats. La théorie quantique orthodoxe ne fait pas de place à des transferts d'information, et les physiciens n'aiment pas lorsque des « concepts quantiques » sont utilisés d'une manière qu'ils perçoivent comme abusive ou déformée. Cela dit, nous assumons nous avancer uniquement sur un mode spéculatif, alors allons voir où cela nous mène.

Ce qui pourrait mettre fin au débat sur l'existence du psi est l'acceptation de plus en plus grande d'effets quantiques en biologie. Des articles sur ce sujet peuvent désormais être trouvés dans des magazines scientifiques populaires tels que *Discover*, qui titrait par exemple : « Est-ce que la mécanique quantique contrôle vos pensées ? »,[355] et le *New Scientist*, avec un éditorial intitulé : « La biologie quantique sort de son isolement. »[356] L'idée essentielle est que l'application de la théorie quantique à la biologie était encore vue comme une absurdité ridicule voici quelques années. Plus personne n'en rit aujourd'hui.

L'argument habituel pour séparer le territoire de la mécanique quantique et celui de la biologie (et en particulier du cerveau humain) est que les effets quantiques et l'activité biologique sont censés se produire à des échelles totalement différentes. La théorie quantique est incroyablement précise lorsqu'il s'agit de décrire le comportement d'objets à l'échelle du nanomètre (un milliardième de mètre), dans des conditions de froid extrêmes (proches du zéro absolu), et à des fréquences extrêmement rapides (de l'ordre de la nanoseconde). Par comparaison, les processus biologiques sont bien plus gros, plus chauds et plus lents.

Cette distinction est importante car la propriété du monde quantique associée avec le caractère étrange de « non-localité » est appelée *la cohérence*. Maintenir la cohérence quantique n'est pas facile à obtenir dans un laboratoire du fait de sa fragilité et des interactions avec son environnement qui peuvent très facilement la masquer. Jusqu'à tout récemment, la plupart des physiciens croyaient que la bizarrerie quantique était acceptable dans le monde de l'infiniment petit, mais n'avait aucune incidence sur le domaine biologique, et encore moins dans le domaine psychologique.

Ces objections avaient permis aux neuroscientifiques d'écarter les effets psi car on supposait que le cerveau pouvait sans souci être décrit par la bonne vieille physique classique*. Et il n'y a évidemment aucun mécanisme connu dans la physique classique qui puisse s'apparenter aux connexions non-locales si distinctives des phénomènes psi.

Mais si ces arguments étaient populaires dans les années 2000, à la vitesse où avance la science, ils sont déjà complètement dépassés. Un article en 2011 dans *Nature*, l'une des revues scientifiques les plus prestigieuses, s'intitulait : « La physique de la vie : l'aube de la biologie quantique ». Il expliquait pourquoi, malgré tout, la biologie n'était pas séparée du monde quantique :

* Certains physiciens croient que des révisions aux lois de la thermodynamique permettraient la rétrocausalité, ouvrant alors la voie à la précognition.

> Les découvertes réalisées ces dernières années suggèrent que la nature sait faire quelques trucs que les physiciens ignorent : les processus de cohérence quantique pourraient bien être omniprésents dans le monde naturel. Parmi les exemples connus ou suspectés, on trouve la capacité des oiseaux à naviguer en s'appuyant sur le champ magnétique terrestre jusqu'au processus même de photosynthèse – le processus grâce auquel les plantes et les bactéries transforment la lumière du soleil, le dioxyde de carbone et l'eau en matière organique, processus qui peut aisément être considéré comme la réaction biochimique la plus importante sur Terre.
>
> La biologie a le don d'utiliser ce qui fonctionne, dit Seth Lloyd, un physicien du Massachusetts Institute of Technology à Cambridge. Et si cela passe par des « batifolages » quantiques, dit-il, « alors batifolages quantiques il y aura ». Certains chercheurs ont même commencé à discuter d'une discipline émergente baptisée biologie quantique, affirmant que les effets quantiques sont des ingrédients rares mais vitaux qui permettent à la nature de fonctionner telle qu'elle le fait.[357] (pp. 272-273)

C'est également en 2011 que le physicien Vlatko Vedral, des Universités d'Oxford et de Singapour, a écrit dans le *Scientific American* que « la mécanique quantique ne porte pas seulement sur de minuscules particules. Elle s'applique à des choses de toute taille : des oiseaux, des plantes et, qui sait, peut-être des gens... Ces effets sont plus répandus que quiconque ne l'avait suspecté. Ils pourraient opérer dans les cellules de notre corps » (pp. 38-40).[358]

Il y eut pourtant plusieurs physiciens pour émettre l'idée que les effets quantiques ne disparaissaient pas magiquement dans les systèmes plus larges. Ils sont juste plus difficiles à détecter. Mais avec les nouvelles techniques et mesures, on peut les trouver dans des systèmes de plus en plus grands et de plus en plus chauds.[359] On s'attend donc à ce que des théories plus fondamentales que la mécanique quantique soient capables de décrire de nouvelles formes de bizarreries post-quantiques, à toutes les échelles. Comme je l'ai décrit dans mon précédent livre, *Entangled Minds*, la direction prise par la physique la rend de plus en plus compatible avec le type de réalité physique nécessaire pour intégrer les phénomènes psi.

Cela étant, le sens commun nous dit que le monde de tous les jours est figé dans l'espace et le temps. Nos montres nous le rappellent à chaque instant, et nous avons à trimballer nos corps pour aller d'un endroit à un autre. Sauf que la physique a établi depuis longtemps que, sous les apparences du sens commun, l'espace et le temps sont des *relations* et non pas des absolus. Et nous sommes au seuil de théories encore plus affinées qui redéfinissent ces relations comme des aspects secondaires d'une réalité informationnelle sans espace ni temps.

Si nous n'en savions pas plus, nous pourrions imaginer que c'est peut être ce que les yogis ont essayé de nous dire sur la nature holistique de la réalité dont ils ont fait l'expérience dans le samadhi. Ils n'avaient simplement pas le langage technique nécessaire pour le décrire. Comme le physicien Vedral l'a dit :

> L'espace et le temps sont deux des conceptions classiques les plus fondamentales, mais elles ne sont que secondaires du point de vue de la mécanique quantique. Les intrications sont primaires. Elles interconnectent des systèmes quantiques sans faire référence à l'espace et au temps.
>
> S'il y avait une ligne séparant le monde quantique du monde classique, nous pourrions utiliser l'espace et le temps du monde classique pour fournir un cadre de description des processus quantiques. Mais sans une telle ligne de séparation – et, en fait, sans un véritable monde classique – nous avons perdu ce cadre. Nous devons expliquer l'espace et le temps comme des phénomènes émergeant d'une physique qui en est fondamentalement dépourvue.[358] (p. 43)

Un demi-siècle plus tôt, les chercheurs en parapsychologie proposaient déjà des modèles basés sur les concepts quantiques.[1, 2, 295, 360, 361] Il semble que le reste du monde scientifique soit en train de rattraper son retard !

VERS UNE NOUVELLE HISTOIRE

Voici quelques millénaires, la réalité de tous les jours était considérée comme une entité vivante, organique, consciente, imprégnée de divinités mineures et majeures qui influençaient toutes choses. Mais voilà qu'avec l'essor de la science, depuis environ cinq siècles, une nouvelle réalité a émergé. Elle a lentement transformé l'ancienne histoire en une existence mécanique, sans dieu, sans esprit, faite d'isolement, coincée dans quelques dimensions de temps et d'espace.

Cette réalité a été l'histoire dominante depuis maintenant plusieurs générations, et certains de ses aspects se sont révélés fabuleusement productifs. Mais tout cela a un prix. De nombreux auteurs ont montré que cette vision du monde contemporaine conduit une humanité insouciante vers son extinction, aussi sûr que nous fonçons vers un « point de bascule » au niveau de l'écosystème global.[362, 363]

Si notre civilisation est assez chanceuse pour sortir de son immaturité, alors notre compréhension scientifique de la réalité pourrait aussi évoluer vers quelque chose de nouveau. Cette nouvelle histoire n'est pas encore écrite, mais quelques visionnaires ont déjà commencé à décrire la réalité en des termes qui font écho à des thèmes clefs des anciens temps – la réalité vue comme une existence interconnectée, multidimensionnelle, riche d'esprit, vivante et relationnelle. Et contrairement aux limitations conceptuelles rencontrées par les premiers sages, notre époque nous rend désormais capable de décrire la réalité en utilisant des idées scientifiques correctement éprouvées.[144, 364, 365] Dit autrement, Patanjali nous a laissé voici quelques millénaires 196 sutras succincts, mais ces aphorismes étaient écrits dans un langage ayant cours dans une ère pré-scientifique, si bien qu'il ne contient pas de nombreuses idées sur le monde physique qui sont raisonnablement bien comprises aujourd'hui.

Pour acquérir une histoire plus exhaustive de la réalité, nous devons puiser dans le savoir ancien et moderne pour intégrer les idées qui sont à la fois les meilleures et les plus endurantes. Un moyen d'atteindre ce but consiste à examiner une version simplifiée des quatre modèles primaires des interactions entre l'esprit et la matière qui se sont développées au cours des derniers millénaires.[366]

Philosophie	Problème	Miracle
Dualisme	Interaction	Oui
Matérialisme	Emergence	Oui
Idéalisme	Emergence	Oui
Panpsychisme	Connexion	En quelque sorte

Le *dualisme* est l'idée que l'esprit et la matière sont des domaines complètement différents de la réalité. L'esprit est subjectif, non-physique, une chose éthérique reliée à la conscience ; et la matière est objective, une chose physique pure et dure. Cette image forte fut promue par le philosophe français René Descartes. Il en existe une forme légèrement différente dans la philosophie Sankhya, qui est considérée par de nombreux érudits indiens comme la base philosophique du yoga.

Dans le Sankhya, la réalité a deux aspects fondamentaux : la *Prakriti* et le *Purusha*. La Prakriti est la partie physique du monde, évolutive et modifiable, si familière à la science ; alors que le Purusha est la partie permanente et inaltérable du monde, une pure conscience. Contrairement à la version cartésienne du dualisme, le Sankhya maintient un modèle tripartite : la matière, l'esprit et la pure conscience. La matière comme l'esprit font partie du Prakriti, c'est-à-dire du monde physique. Cela est comparable aux modèles développés par les neurosciences modernes – l'esprit serait une machine traitant les informations au moyen du cerveau. Mais l'esprit éprouve également des états de conscience. Si bien que, dans la philosophie Sankhya, l'esprit est le chaînon manquant entre la matière inanimée et l'attention consciente. Il est toujours les deux à la fois.

Le yoga cherche à purifier ce lien, de sorte que la relation entre le monde physique et la conscience s'éclaircisse. Dans ce processus de clarification, l'esprit échappant aux distractions commence à voir les vraies relations entre la matière et la conscience, et, comme un effet secondaire de cette lucidité, surviennent les siddhis. Lorsque le lien est totalement clarifié, il est dit que survient l'illumination. Voilà en quelques mots toute l'histoire du yoga.*

Le problème avec ces philosophies dualistes ou tripartistes est toujours le même : comment ces domaines si radicalement différents sont-ils censés interagir ? C'est pourquoi le philosophe Christian De Quincey dit du dualisme qu'il pousse au miracle. Bien sûr, au sein du Sankhya, l'esprit serait composé à la fois d'esprit et de conscience, mais cette subtilité ne fait que repousser le problème de l'interaction sans le résoudre.

L'autre grande idée sur l'esprit et la matière est le *matérialisme*, qui affirme que tout ce qui existe, y compris l'esprit et la conscience, est fait de matière et d'énergie. Le matérialisme domine la philosophie des sciences d'aujourd'hui, tout en soutenant que la conscience

---

* Il s'agit bien sûr d'une version extrêmement simplifiée de la philosophie Sankhya.

n'est rien de spécial car c'est simplement le produit de l'activité dans le cerveau. Mais comment un cerveau physique dépourvu d'esprit peut-il donner lieu à une expérience subjective ? Personne ne l'explique (correctement). Cette impasse a conduit certains philosophes à contourner le problème en niant simplement que de telles expériences subjectives existent. Dès lors, selon cet étrange point de vue, nous ne serions tous que des zombis.[366-368]

Le miracle du matérialisme est que, comme par magie, un univers insensible serait parvenu à évoluer jusqu'à accueillir en son sein des êtres sensibles. L'émergence de la conscience est parfois expliquée comme la conséquence de la complexité croissante et de la récursivité développées dans les circuits cérébraux. La conscience nous renverrait une information globale de la même manière qu'un miroir nous renvoie notre image. Sauf qu'un miroir n'a pas conscience de lui-même (du moins, je l'espère, étant donné les yeux bouffis et les coiffures miteuses présentés chaque matin à d'innombrables miroirs de salle de bains), si bien que cette analogie n'est pas satisfaisante.

L'*idéalisme* est un matérialisme à l'envers. Il propose que tout ce qui existe ne soit que pure conscience. Tout dans le monde physique, toute la matière et toute l'énergie, seraient des propriétés émergentes de la conscience. Dans sa forme la plus radicale, il soutient que l'ensemble du monde physique n'est qu'une gigantesque illusion générée par l'esprit, un peu comme le monde virtuel dans le film *Matrix*. Comment cela se produit-il ? Par quel genre de miracle notre conscience non-physique éphémère fait-elle émerger un monde physique si concret ? Et une fois qu'il a émergé, ce monde reste-t-il connecté à l'esprit ou fait-il son petit bonhomme de chemin ? D'un autre côté, si l'idéalisme propose que tout dans le monde n'est qu'une projection imaginaire de la conscience, alors l'existence des autres personnes ne serait qu'un produit de mon imagination. Dans ce cas, est-ce que je dois toujours payer mes impôts ?

Le *panpsychisme* est la quatrième grande vision du monde. Il reconnaît une certaine réalité à l'esprit et à la matière, mais il propose que ces éléments de réalité sont inséparables, qu'ils cheminent ensemble depuis les particules élémentaires et « en-dessous » jusqu'au cosmos et « au-delà ». L'idée d'une relation complémentaire, où s'impose le « et » au détriment du « ou », rejoint par certains aspects la théorie quantique. La lumière, par exemple, se comporte *à la fois* comme une onde et comme une particule, suivant la façon dont on la regarde. L'avantage du panpsychisme est qu'aucun miracle n'est requis pour rendre compte de la façon dont la matière devient sensible, ou pour expliquer les éventuelles conséquences physiques de l'esprit. Matière et esprit sont sur le même plan.

Mais tout n'est pas si rose. L'écueil du panpsychisme a pour nom le « problème de la connexion » (*binding problem*) : si toute la matière est déjà sensible, alors chaque atome de votre corps, de vos cellules et de vos organes devraient aussi être sensibles. Comment se fait-il alors que le sens de soi soit une unité et pas une multitude ? Qu'est-ce qui fait la jonction, la connexion de l'ensemble à un « Je » vécu comme unique et non comme un milliard de milliards de minuscules personnalités ?

CE QU'APPORTE LA NOUVELLE HISTOIRE

L'une des plus intéressantes prises de position sur la nouvelle histoire de la réalité en train d'être développée se rencontre chez Jeffrey Kripal, de l'Université de Rice, spécialiste de l'histoire comparée des religions. Il a exploré les thèmes centraux de sa discipline – le sacré, le paranormal, le supernormal, la mystique et le spirituel – dans une voie que peu d'universitaires avaient osé emprunter avant lui.[80] Il perçoit en effet l'intense intérêt populaire pour le paranormal comme étant davantage qu'une fascination pour les miracles fictifs. Il s'agirait plutôt du signe d'une *fascination*, au sens originel du terme : une attirance accompagnée à la fois d'émerveillement et de terreur. Il définit les « phénomènes paranormaux » comme étant « le sacré en transit entre le registre du religieux traditionnel vers celui de la science moderne » ; et le *sacré* comme

> ce que le théologien allemand et historien des religions Rudolf Otto en disait, à savoir qu'il s'agit d'une structure particulière de la conscience humaine lors de sa rencontre avec une présence palpable, une énergie ou un pouvoir dans son environnement. Otto a saisi ce sixième sens du sacré, à la fois subjectif et objectif, dans une juste locution latine : le sacré est le *mysterium tremendum et*

fascinans, c'est-à-dire la mystique (*mysterium*) en tant qu'elle effraye (*tremendum*) tout en fascinant (*fascinans*).[80] (p. 9)

Avec le sacré pris en ce sens d'attraction émotionnellement chargée, il est peu surprenant que les chercheurs en religion ou en science éprouvent des difficultés à se saisir de tels sujets. La présence de réelles siddhis, de véritables effets psi tapis dans les sombres frontières entre l'esprit et la matière, est si effrayante et déboussolante que nos mécanismes de défense s'activent immédiatement pour protéger nos psychés de ces pensées perturbantes. Nous devenons aveugles aux vécus personnels de paranormal et même aux preuves scientifiques qui leur sont favorables ; nous oublions commodément des synchronicités potentiellement bouleversantes et, si le *mysterium tremendum* gagne en intensité, nous nions furieusement tout intérêt pour ce sujet et faisons demi-tour, en pratiquant un vigoureux signe de croix.

Dans la sphère scientifique, ce type de comportement est compréhensible : les scientifiques n'aiment pas ce qu'ils ne peuvent pas expliquer, parce qu'ils ne veulent pas passer pour des gens stupides ! Mais la même résistance est endémique parmi les chercheurs en religion, pourtant la discipline *supposée* étudier le sacré. Comme le dit Kripal, les spécialistes des religions « ignorent tout simplement le sujet... ou brosse leurs données de manière à en écarter tout le résidu "primitif" ou "erroné". Le mot en vogue pour balayer tous ces phénomènes est de les réduire à n'être que des "anecdotes" » (pp. 17-18).[80]

Une des raisons pour lesquelles nous en sommes là est que le psi réel et les authentiques siddhis réfutent avec force le dualisme de Descartes, cette théorie qui a mené à diviser la « science dure » qui s'occupe de la matière et les « humanités » qui s'occupent de l'esprit. Cette distinction a si bien réussi à découper le monde que lorsque des phénomènes semblent mettre en lumière la nature totalement artificielle de cette division, ils « peuvent seulement violer et offenser l'organisation actuelle de notre savoir et de ce que nous considérons comme possible » (p. 24).[80]

Au sortir de cette analyse, Kripal débouche sur son argument principal : les phénomènes paranormaux peuvent être vus comme des *symboles* qui indiquent « l'irruption de la signification dans le monde physique au travers du collapse radical de la structure du sujet et de l'objet. Ces phénomènes ne sont pas de simples événements physiques. Ce sont aussi *des événements de sens* » (p. 25).[80] En d'autres termes, lorsque l'objectif rencontre le subjectif, la texture de la réalité devient elle-même floue. Il y a un endroit qui n'est pas totalement physique, ni totalement mental, mais qui contient et crée les deux. On pourrait croire qu'il s'agit d'un mauvais scénario de science-fiction, mais, selon Kripal :

> La nouvelle sensibilité n'oblige pas à régresser de la rationalité à la superstition ; elle propose plutôt d'étendre la vision du monde au-delà de la perspective unique fournie par le scientisme durant les trois derniers siècles. Nous ne devons jamais oublier le manque de sophistication dans lequel nous ont laissé les préceptes du rationalisme du dix-huitième siècle, que ce soit ceux des croyants et ceux des incroyants, avec cette zone complexe que nous appelons avec insouciance le "spirituel"... Cette perspective unique ne nous a pas permis de reconnaître la dimension positive et endurante de telles idées lorsqu'elles sont consciemment articulées dans notre culture. Nous oublions que la culture occidentale est toute aussi marquée par le platonisme et l'aristotélicisme, l'idéalisme et l'empirisme, la *gnosis* et l'*episteme*, et que tout au long de l'histoire de notre culture, l'un a dominé outrageusement l'autre – tout en cherchant à l'évincer.[80] (p. 59)

LA CONSCIENCE QUI FAIT LIEN

Max Planck, qui fut à l'origine de la théorie quantique, a saisi l'occasion d'une interview pour affirmer la chose suivante : « Je considère la conscience comme quelque chose de fondamental. Je regarde la matière comme un dérivé de la conscience. Nous ne pouvons pas contourner cette question. Tout ce dont nous parlons, tout ce que nous considérons comme existant, postule la conscience. »[369] Et Wolfgang Pauli, considéré comme un immense génie par ceux qui comme lui ont développé la théorie quantique, fit remarquer : « Je pense que, dans la science du futur, la réalité ne sera ni "psychique", ni "physique", mais d'une certaine manière les deux et aucune des deux. »[370]

Une contribution plus récente allant dans le même sens vient du physicien Andrei Linde, de l'Université de Stanford, qui est à l'origine de la théorie inflationniste en cosmologie, une des meilleurs candidates actuelles pour expliquer comment le Big Bang a évolué vers l'univers que nous observons aujourd'hui.[20] Linde souligna, comme de nombreux autres avant lui, que tandis que la physique est l'étude de l'univers objectif, elle reste appréhendée à travers la subjectivité, à travers notre conscience. Ce fait est tellement évident qu'on en vient à le négliger, mais cette omission en pousse plusieurs à croire que la conscience n'est qu'un simple aspect de la matière inanimée sur laquelle est bâtie le reste de l'univers. Ce fait défie le postulat d'objectivité scientifique et, d'ailleurs, il est difficile d'imaginer comment les choses auraient pu être autrement.

Faire jouer à la conscience un rôle superficiel pourrait être une erreur, au même titre que la génération précédente de physiciens a eu tort de croire que l'espace et le temps étaient absolus, ou que la matière et l'énergie étaient des phénomènes complètement distincts. Linde se saisit de cette interrogation :

> Est-il possible que la conscience, comme l'espace-temps, possède son propre degré intrinsèque de liberté, et que négliger cette volonté mène à une description de l'univers fondamentalement incomplète ? Que se passerait-il si nos perceptions étaient aussi réelles (si ce n'est plus, dans un certain sens) que les objets matériels ?[371]

En discutant cette possibilité, le physicien et spécialiste du bouddhisme Alan Wallace a indiqué que les ondes gravitationnelles interagissent avec la matière si faiblement que les preuves de leurs existences tardent à être rassemblées. Mais leur existence est essentielle pour maintenir les modèles physiques des particules élémentaires actuellement en vigueur. Wallace s'interrogea à son tour : « Peut-être que la conscience joue un rôle tout aussi important dans la nature, en dépit du fait qu'il a été ignoré jusqu'à présent dans la compréhension des processus physiques les mieux étudiés, dans le cerveau ou ailleurs » (p. 31).[20]

En effet, la conscience ne serait-elle pas une force fondamentale dans l'univers, qui viendrait lier et façonner ses manifestations ? Tout comme pour la gravité, cette action serait trop faible pour être remarquée à petite échelle, elle ne ferait que peser en « arrière-plan ». Elle serait d'ailleurs si décalée de notre manière de voir le monde objectif que nous ne serions pas capables de la détecter. Mais elle pourrait tout de même être la colle qui maintient l'unité du monde et crée quelque chose là où, sans elle, il n'y aurait rien.

UNE RÉALITÉ SYMBOLIQUE

Le prix Nobel de physique Eugène Wigner s'émerveillait de l'étonnante utilité des mathématiques – le langage symbolique de la science – pour décrire avec précision le comportement du monde physique.[372] Il remarqua qu'en dépit de la complexité déconcertante du monde, certains aspects étaient suffisamment stables pour que nous soyons assez chanceux pour les identifier en tant que « lois de la nature ». Sans ces régularités, la science ne se serait jamais développée. Pour Wigner, que de telles lois *dussent* exister n'avait rien de si évident ou de si naturel, et notre capacité à découvrir certaines de ces lois est encore plus surprenante.

Tout comme Wigner, le mathématicien Roger Penrose a remarqué que certaines des lois de la physique les plus basiques « sont précises à un degré extraordinaire, bien au-delà de la précision de nos sens directs, voire au-delà des capacités combinées de calcul de tous les individus conscients de l'humanité. »[373] Penrose mentionna par exemple la théorie de la gravitation de Newton telle qu'elle est appliquée aux mouvements du système solaire, théorie précise au dix-millionnième près. La théorie de la relativité d'Einstein a amélioré la précision de celle de Newton d'un nouveau dix-millionnième, et elle prédisait également de nouveaux effets bizarres tels que les trous noirs et les lentilles gravitationnelles. Lorsque les astrophysiciens cherchèrent à observer ces phénomènes inattendus, ils les découvrirent tels qu'ils avaient été prédits par la théorie, à la surprise générale.

Penrose a alors suggéré que cette précision fascinante des prédictions mathématiques « n'était pas le résultat d'une nouvelle théorie introduite seulement pour donner un sens à une large quantité de données. Cette précision extraordinaire est plutôt observée *après* que chaque théorie ait été produite. »[373] Une façon d'interpréter cela serait de considérer que les mathématiques pures sont en contact avec le monde des idées et des formes de Platon. Cela impliquerait l'existence indépendante d'une réalité purement mentale, symbolique ou imaginale.

Pour ceux qui considèrent inlassablement l'esprit comme une simple production du cerveau, les mathématiques ne sont pas plus qu'une représentation cérébrale de nos observations d'un monde physique pré-existant. Mais que se passe-t-il lorsqu'ils développent cet argument ? Les symboles mathématiques générés par quelques kilos de chair et de tissus organiques sont capables de décrire non seulement de vastes échantillons de l'univers physique avec un degré de précision inconcevable, mais aussi de prédire des phénomènes qui contredisent fortement le sens commun, telle que l'intrication quantique et les trous noirs. Ce sont ces mêmes équations mathématiques qui doivent nécessairement inclure le comportement de ces cerveaux à l'origine de la création des mathématiques...

Comment est-il donc possible pour un morceau de chair de se décrire non seulement lui-même, mais aussi des domaines plus exotiques, avec une précision si étonnante ?

Est-ce que l'univers est composé d'une substance complémentaire qui possède à la fois des aspects physiques et mentaux, à la manière de la coexistence d'un ordre déplié (explicite) et d'un ordre impliqué (implicite) dans le modèle du physicien David Bohm ? Selon cette perspective, les scientifiques cherchant à confirmer des prédictions théoriques basées sur des mathématiques pures vont inévitablement découvrir que ce qu'ils observeront dans l'univers correspond fortement à leurs prédictions. Non pas parce que les mathématiques sont miraculeuses, mais plutôt parce que la réalité physique va se conformer aux attentes.

Cette idée révoltante a fécondé les élucubrations New Age selon lesquelles, en souhaitant quelque chose très fortement, nous deviendrions capables de faire que notre version de la réalité se manifeste. Presque personne ne prend au sérieux cette sorte de solipsisme radical, sauf qu'il pourrait contenir un noyau de vérité. Peut-être que certains aspects de la réalité physique sont vraiment façonnés par nos attentes et nos intentions. Peut-être que la fabrique de la réalité est tissée à partir du fil de la matière/énergie et de l'aiguille de l'esprit. Et lorsque nous examinerons de près ces tissages, nous pourrions nous apercevoir qu'ils ne sont pas faits avec une étoffe ordinaire, mais avec de l'information pure.[374]

Sauf qu'au lieu de nous octroyer des superpouvoirs grandioses tels que ceux promis par les très populaires « loi d'attraction » ou « pouvoirs de la pensée positive », nous aurions chacun des *micropouvoirs* intentionnels qui façonnent concrètement le monde dont nous faisons l'expérience. A travers de futures technologies, nous pourrions acquérir la capacité d'intensifier ces petits effets, mettant à l'œuvre ce qui est promis par des livres tels que *Le secret* au moyen de technologies d'amplification miraculeuses dignes de la chaîne de lingerie Victoria's Secret.

Au-delà de telles spéculations, une chose est certaine : parvenir à une meilleure compréhension de la conscience sera encore plus crucial au cours du XXIe siècle. Si l'évolution de la connaissance au cours de ce siècle excède les avancées permises par le précédent, ce qui paraît probable, alors nous pouvons songer à un futur capable de redéfinir nos conceptions de la réalité bien au-delà de toutes les conceptions étranges que nous avons d'ores et déjà croisées.[375]

LÀ OÙ SE RENCONTRENT L'ESPACE INTÉRIEUR ET L'ESPACE EXTÉRIEUR

La réalité se construisant à partir de l'imagination, qui serait elle-même une manifestation d'une « substance » primordiale, à la fois esprit et matière ? On nage en pleine science-fiction, n'est-ce pas ? Mais puisqu'il y a des preuves allant en ce sens, et si c'est effectivement le cas, alors cette théorie pourrait expliquer de nombreuses énigmes récalcitrantes, depuis les légendes des siddhis jusqu'au psi dans la vie et dans le laboratoire, et pourquoi pas, des phénomènes aussi invraisemblables que les « objets volants non identifiés » (OVNI).

Les analyses historiques de cas d'OVNI, telles que celles compilées dans les livres exhaustifs de Richard Dolan, *UFOs and the National Security State*[376] et *The Cover-Up Exposed*,[377] laissent peu de toute sur la réalité du phénomène : des choses bizarres ont traversé le ciel (et parfois les océans), depuis de nombreuses années, et personne ne semble avoir une idée claire de ce dont *il* s'agit. Certains des cas inexpliqués pourraient être dus à des tests secrets d'avions ou d'engins spatiaux, mais cela n'explique pas tous les mystères, car ces objets ont effectué des manœuvres en vol bien avant que nous (humains) ne possédions une aviation.[378]

Quoiqu'il se produise en vérité, l'inconfort va grandissant. Il suffit de prendre en considération les cousins énigmatiques des OVNI : cercles de culture (*crop circles*), mutilations animales, hommes en noir, supposés enlèvements par des extraterrestres, etc. Certains témoignages de tels phénomènes sont des faux grossiers. Mais le sont-ils tous ? La même méfiance a porté un temps sur les phénomènes psi, mais désormais les tests scientifiques nous disent que de telles mises à l'écart n'étaient pas valides. Cela nous incite à nous ouvrir à l'idée que *certaines de ces énigmes pourraient avoir un fond de vérité.*

C'est là que s'expose un complexe phénoménologique qui commence à ressembler aux vécus d'un autre monde relatés dans les états psychiques atteints par les pratiques yogiques, chamaniques, psychédéliques et mystiques, états décrits également dans plusieurs traditions folkloriques, mythologiques ou religieuses. Est-ce que ces phénomènes apparemment disparates, dont plusieurs ont été jeté dans le fourre-tout du « paranormal », pourraient être connectés d'une quelconque façon ?

L'ESSOR DE L'IMAGINAL

L'ère moderne des « soucoupes volantes » a débuté en juin 1947 lorsque le pilote Kenneth Arnold a vu une série de disques volants réalisant d'étranges manœuvres en plein vol, « comme, avait-il dit, une soucoupe l'aurait fait si vous l'aviez laissée tomber sur l'eau. » Le 26 juin 1947, cette citation figurait dans le *Chicago Daily Tribune*. Il avait ajouté : « J'ai vu... une série d'objets qui se déplaçaient incroyablement vite. Ils étaient argentés et éblouissants, et ressemblaient à un plat à tarte. »

Trente ans avant le miracle d'Arnold, un miracle similaire, lui aussi basé dans le ciel, fut relaté à Fatima, au Portugal. Trois enfants dirent avoir reçu la visite de la Vierge Marie. En septembre 1917, des milliers de témoins dirent avoir vu quelque chose arriver dans le ciel, comme « un aéroplane de lumière », un « immense globe, volant vers l'Ouest, à une vitesse modérée. »[77, 378] Le mois suivant, la foule avait grossi jusqu'à atteindre 70 000 témoins. L'un d'entre eux, le professeur Almeida Garrett de l'Université de Coimbra, écrivit plus tard :

> Soudainement, le soleil se mit à briller à travers l'épais nuage qui le recouvrait : tout le monde se mit à regarder dans sa direction. Cela ressemblait à un disque, avec des contours bien définis... Ce disque à la silhouette évidente se mit soudainement à tourner. Il effectuait une rotation avec une vitesse croissante. Tout à coup, la foule se mit à pleurer avec une certaine anxiété. Le soleil, qui tournait tout le temps, commença à tomber vers la terre, rougeâtre et sanglant, menaçant d'écraser tout le monde sous sa masse ardente.[77]

De telles expériences ne se présentent pas comme des contes de fées, mais elles semblent devoir être interprétées en accord avec les attentes des observateurs. Les pèlerins religieux à Fatima ont interprété le disque dans le ciel comme un miracle religieux ; Kenneth Arnold a vu un aéronef; les gens dans le Midwest américain à la fin du XIXe siècle ont vu des goélettes volantes.[379, 380] D'autres apercevront des fantômes de défunts, des apparitions de personnes vivantes, des fées, des « orbs » de lumière intelligente. Les Occidentaux d'aujourd'hui tendent à voir des engins volants avec des technologies sophistiquées, pilotés par des humanoïdes, tout droit sortis d'un casting pour un film de science-fiction. Nous espérons avoir des signaux radars correspondant à ceux déclenchés par des machines volantes solides, et parfois nous en avons.

L'un des premiers à explorer le thème de la mythologie se manifestant sous une forme réelle fut le psychologue analytique Carl Jung, qui publia en 1957 le livre *Un mythe moderne : des « signes du ciel »*.[381] Plus récemment, le spécialiste de l'informatique Jacques Vallée,[378] l'auteur Keith Thompson,[382] et les folkloristes Peter Rojcewicz et Thomas Bullard[383] ont écrit sur les parallèles entre les OVNI, le folklore et la mythologie.

Jung utilise le terme « mythe » sans sous-entendre que toutes les observations d'OVNI, ou les rencontres avec les anges, les extraterrestres, les fées, les esprits, les elfes ou les démons, ne sont que de simples illusions. Il suggère à l'inverse que certaines de ces expériences pourraient en réalité être psycho-phyisques, c'est-à-dire appuyées sur un brouillage des frontières habituelles entre les réalités objectives et subjectives.

D'aucuns pourront objecter qu'une telle idée ne s'applique guère aux traces physiques associées avec les témoignages d'OVNI. Mais il se méprendrait sur que Jung et d'autres ont proposé. Ils ont suggéré que le monde manifeste émergerait de l'esprit. En d'autres termes, c'est littéralement *l'esprit qui façonne la matière*, avec l'imaginal et le réel qui ne sont plus aussi séparés qu'ils semblent l'être. Mais où a-t-on déjà entendu une telle chose auparavant ?

LA MODIFICATION PAR L'ESPRIT

Le précédent président de l'Institut des Sciences Noétiques, Willis Harman, a discuté de trois manières basiques d'appréhender le monde dans son livre *Global Mind Change.*[384] Il appelait la vision du monde scientifique de l'Occident contemporain un *monisme matérialiste*. Dans cette perspective, tout vient d'une seule substance : la matière (et l'énergie). De la matière émerge tout, y compris l'illusion générée par le cerveau et que nous appelons communément l'esprit.

Pour ceux qui sont fermement enracinés au monisme matérialiste, les anges et les extraterrestres qui s'aventureraient sur Terre et traverseraient les murs peuvent tout au plus faire de bonnes histoires fantastiques, mais ils sont tout simplement impossibles dans le monde réel. De la même manière, des OVNI authentiques sont concevables, mais uniquement en termes d'engins volants faits de « tôles et boulons », avec des pilotes humanoïdes. Une grande partie de la technologie moderne a été créée sur la base du monisme matérialiste, si bien que son pouvoir de persuasion est énorme. Mais d'ennuyeuses anomalies continuent à surgir par-ci par-là, depuis les siddhis yogiques jusqu'à toute la panoplie des expériences psi, venant finalement suggérer que cette vision du monde n'est pas complète.

La seconde perspective discutée par Harman était le *dualisme*, qui affirme l'existence de deux substances radicalement différentes dans l'univers : la matière et l'esprit. Comme nous l'avons discuté plus haut, la plupart des scientifiques rejettent le dualisme parce qu'ils n'expliquent pas comment ces substances pourraient interagir. Ce problème est partiellement résolu dans la perspective de la philosophie du Sankhya, où l'esprit est une entité complémentaire avec des propriétés à la fois subjectives et objectives.

La troisième vision du monde présentée par Harman était l'*idéalisme*, ou monisme mental, qui, selon lui, était à la fois la source de la sagesse éternelle et la vision du monde émergente du XXIe siècle. Cette vision du monde s'accommode de tous les phénomènes permis par le monisme matérialiste et le dualisme, mais il a également l'avantage d'intégrer des phénomènes aberrants tels que les siddhis, les observations d'OVNI et les effets de champ de conscience.

Si l'intuition de Willis Harman se révèle correcte, et que nous évoluons, en tant qu'espèce, vers une nouvelle vision du monde, alors notre interprétation de ces phénomènes à la croisée de l'esprit et de la matière pourrait trouver une issue grâce à une forme d'unification. Si cela survient, alors l'apparence que prendra ce futur nous sera accessible par un simple effort d'imagination.

Mais peut-être que cette transformation est précisément ce que les mystiques ont préparé pour nous avec tellement de persévérance. Que les expériences du samadhi et les siddhis soient perçues comme ineffables et mystérieuses ne tiendrait pas au langage employé pour les décrire, mais à l'effet qu'auraient ces vécus s'ils étaient vraiment compris. En réalité, *ils changeraient tout.*

★

Ce n'est pas la fin de l'histoire. D'une certaine façon, le savoir yogique a des millénaires d'avance sur la science actuelle. Le développement d'une introspection affinée par des générations d'esprits disciplinés a permis de solutionner certains problèmes de la subjectivité et de la conscience sur lesquels la science bute toujours, avec son approche par « l'extérieur ». Pour acquérir une meilleure assise quant à la nature de la conscience, nous pourrions avoir à prendre plus au sérieux ce passage par « l'intérieur ».

Lorsque la science commencera à prendre en compte toute la gamme des phénomènes associés avec les anciennes pratiques contemplatives, et lorsque les experts de ces pratiques s'accorderont sur la valeur des études scientifiques objectives, chacune de ces traditions pourra en tirer profit. Il y a peu de programmes de recherche qui cherchent ouvertement à avancer vers cette intégration, car la science orthodoxe est handicapée par des préjugés d'un autre temps et un tabou du paranormal qui l'empêchent de se préparer à une telle étude.

Que se passera-t-il lorsque cette intégration de l'ancien et du moderne deviendra une réalité ? Du côté des bénéfices, on peut anticiper une amélioration de la santé grâce à une bien meilleure compréhension de la relation entre l'esprit et le corps. Nous pourrons voir se développer des technologies qui traitent de certains aspects du système esprit-corps qui sont bien compris dans les traditions de sagesse, alors que la médecine occidentale les ignore encore (en grande partie). J'entends par là des phénomènes tels que les « énergies subtiles ». Nous pouvons aussi prévoir une réduction substantielle des conflits interpersonnels à travers une meilleure reconnaissance de l'inter-connectivité de toutes choses vivantes. Comme les frontières entre les réalités subjectives et objectives seront mieux comprises, les industries de la communication et de l'énergie pourraient être radicalement modifiées.

D'un autre côté, nous pourrons nous apercevoir que certains aspects des traditions de sagesse sont sérieusement déformés et que, dans certains cas, cela les rend dangereuses. Nous pourrions trouver une résistance sociale croissante à toute tentative pour « absorber » chaque personne dans un esprit collectif de plus en plus puissant. Et nous pourrions traverser une période sombre voyant le développement d'armes terriblement puissantes conçues pour modifier l'espace-temps et même pour réécrire l'histoire.

Lorsque la science et la société commenceront à reconnaître que certaines des siddhis sont authentiques, et que d'autres aspects de la tradition yogique fournissent des feuilles de route légitimes pour cheminer dans le réel, nous pouvons anticiper que certains scientifiques et certains universitaires, en particulier ceux qui ont fait carrière en défendant les théories du passé, seront de plus en plus marginalisés, accumulant du ressentiment. Mais ces grincements de dents se dissiperont finalement, grâce au renouvellement progressif de la communauté scientifique par une nouvelle génération d'esprits, moins imprégnée des préjugés du passé.

Pour ce que j'ai pu en constater durant ces dernières années, la transition a déjà commencé. Quand elle arrivera à maturité*, l'humanité pourra enfin sortir de l'enfance.

* Lire *Les enfants d'Icare* d'Arthur C. Clarke ou *En terre étrangère* de Robert A. Heinlein pour des projections dans le futur au moyen de la science-fiction.

Remerciements

Je suis redevable de plusieurs fondations et organisations qui ont généreusement soutenu mes recherches scientifiques. Parmi elles se trouve la Federico and Elvia Faggin Foundation, le Fetzer Franklin Fund du John E. Fetzer Memorial Trust, le Fetzer Institute, la Mental Insight Foundation, l'Interval Research Corporation, le HESA Institute, le Samueli Institute, la Parapsychological Foundation, la Bigelow Foundation, le Richard Hodgson Memorial Fund de l'Université de Harvard, la Bial Foundation (Portugal), la Société suédoise pour la recherche psychique, la Society for Psychical Research (Angleterre), l'Institut für Grenzgebiete der Psychologie und Psychohygiene (Allemagne), et le Conseil indien pour la recherche philosophique. Je voudrais aussi remercier pour leur soutien Richard et Connie Adams, ainsi que Claire Russell.

Au cours de toutes ces années, j'ai rencontré quelques gérants et quelques administrateurs dont le seul intérêt était de maintenir à tout prix le *statu quo* en évitant toute controverse. Heureusement, j'en ai aussi rencontré beaucoup d'autres qui comprenaient la valeur et le risque à prendre pour faire des recherches au-delà du connu.

Je remercie mes collègues à l'Institute of Noetic Sciences pour avoir créer un environnement si élégant et coopératif. Pour m'avoir apporté du matériel ou des commentaires sur une version de ce livre, je voudrais particulièrement remercier Michael Bloch, William Braud, Joseph Burnett, Arnaud Delorme, Michael Grosso, Robert Hogan, Greg Kolodziejzyk, Jeffrey Kripal, Andrea Livingston, Jenny Matthews, Leena Michel, Julia Mossbridge, Alan Pierce, Serena Roney-Dougal, Suman Sankar, Stephan Schwartz, Angela Thompson Smith, Patrizio Tressoldi, Jessica Utts et Cassandra Vieten. Je suis aussi redevable à Selma Syrek pour ses superbes illustrations originales, à mon éditeur Gary Jansen, et à Deepak Chopra.

Glossaire

CLAIRVOYANCE : Faculté d'acquérir des informations sur des objets cachés ou distants, sans employer les sens ordinaires, en transcendant les contraintes habituelles de l'espace et du temps.

GNA : Générateur de nombres aléatoires. Il s'agit d'un circuit électronique conçu pour produire des séquences des bits (des 0 et des 1) vraiment aléatoires, en se basant sur une source physique d'événements aléatoires. Il est utilisé pour l'étude de la psychokinèse à petite échelle.

PARAPSYCHOLOGIE : Le terme en vigueur au XXIe siècle pour faire référence à l'étude scientifique des phénomènes psi.

PES : Perception extra-sensorielle, un terme technique pour la clairvoyance.

PHENOMENES PARANORMAUX : Une expression populaire pour les phénomènes psi.

PRECOGNITION : Une forme de clairvoyance où l'objet perçu est distant dans le temps.

PSI : La lettre « p » dans l'alphabet grec, première lettre du mot *psyche*, signifiant esprit ou âme ; il fait référence à la clairvoyance, à la précognition, à la télépathie et à la psychokinèse. Psi n'est pas un acronyme et ne s'écrit donc pas en lettres capitales.

PSYCHOKINESE : L'influence de l'esprit sur la matière sans l'utilisation des forces connues. PK sous sa forme abrégée.

RECHERCHE PSYCHIQUE : Le terme du XIXe siècle pour faire référence à l'étude scientifique des phénomènes psi (autres synonymes : sciences psychiques, métapsychique).

REMOTE VIEWING : Terme anglais qui sert d'euphémisme pour la clairvoyance (« vision à distance »), parfois associé avec une procédure d'entraînement spécifique.

SAMADHI : Terme sanscrit pour décrire un état méditatif au cours duquel les distinctions ordinaires se dissolvent pour laisser place à l'absorption profonde dans l'unité. Souvent décrit comme un état d'extase ou de béatitude.

SAMYAMA : Terme sanscrit pour la combinaison de la concentration, de la méditation et du samadhi, à partir de laquelle émergent les siddhis. On l'écrit parfois « sanyama ».

SIDDHI : Terme sanscrit signifiant la « perfection » ou « l'achèvement », faisant référence à des capacités supernormales légendaires qui sont présentées comme étant accessibles grâce à la méditation avancée, la répétition de mantras, des drogues ou la naissance (c'est-à-dire un talent naturel).

SUPERNATUREL : ou « surnaturel », désigne un monde divin au-delà du monde naturel.

SUPERNORMAL : Aspects de la nature qui ne sont pas encore bien compris, supérieurs au normal sans être supernaturels.

TELEPATHIE : Communication d'esprit à esprit ; pas une « lecture des pensées ».

Travaux cités

1. Radin DI. *The conscious universe*. San Francisco: HarperOne; 1997.
2. Radin D. *Entangled Minds*. New York: Simon & Schuster; 2006.
3. Rao KR. Taxonomy of consciousness. In: Srinivasan N, Gupta AK, Pandey J, eds. *Advances in Cognitive Science*. Vol 1. Los Angeles: Sage; 2008:383-243.
4. Murphy M. *The Future of the Body: Explorations into the Further Evolution of Human Nature*. New York: Tarcher (Penguin); 1993.
5. Jacobsen KA. Yoga powers and religious traditions. In: Jacobsen KA, ed. *Yoga Powers: Extraordinary Capacities Attained Through Meditation and Concentration*. Leiden, The Netherlands: Koninklijke Brill; 2012.
6. Lama D. *Freedom in Exile: The Autobiography of the Dalai Lama*. San Francisco: HarperOne; 1990.
7. Gross PR, Levitt N, Lewis MW, eds. *The Flight from Science and Reason*. New York: New York Academy of Sciences; 1996. Annals of the New York Academy of Sciences; No. 775.
8. Clay, A. Feet of clay: A study of gurus. Free Press Paperbacks, 1996.
9. Broad WJ. *The Science of Yoga*. New York: Simon & Schuster,; 2012.
10. Criswell E. *How Yoga Works: An Introduction to Somatic Yoga*. Novato, CA: Freeperson Press; 1989.
11. McIntyre D, Sauter M, Stockdale C. Top 10 things Americans waste the most money on. 2011; http://www.topstockanalysts.com/index.php/2011/02/28/top-10-things-americans-waste-the-most-money-on/, accessed February 18, 2012.
12. World Health Organization. *Global Status Report on Alcohol and Health*. 20 Avenue Appia, 1211 Geneva 27, Switzerland: WHO Press, World Health Organization; 2011.
13. Distilled Spirits Council of the United States. *Economic Contributions of the Distilled Spirits Industry*; http://www.discus.org/economics/, accessed February 18, 2012.
14. Guilfoyle J. *Campaign for Tobacco-Free Kids*. September 16, 2011; http://www.tobaccofreekids.org/, accessed February 18, 2012.

15. Bharati SV. *Yoga Sutras of Patajali*. Vol II. Delhi: Motilal Banarsidass; 2001.

16. Desai YA. *Amrit Yoga and the Yoga Sutras*. Rhinebeck, NY: Red Elixir; 2010.

17. Satchidananda SS. *The Yoga Sutras of Patanjali*. 16th printing ed. Yogaville, VA: Integral Yoga Publications; 2011.

18. Simon D. *The Yoga Sutras of Patanjali As-It-Is: Introduction, Commentaries, and Translation*. 2011; http://www.rainbowbody.net/HeartMind/Yogasutra.htm., accessed May 18, 2011.

19. Shearer A. *Effortless Being: The Yoga Sutras of Pantanjali*. London: Wildwood House Limited; 1982.

20. Wallace BA. *Hidden Dimensions: The Unification of Physics and Consciousness*. New York: Columbia University Press; 2007.

21. Haraldsson E. Representative national surveys of psychic phenomena: Iceland, Great Britain, Sweden, USA and Gallup's multinational survey. *J Soc Psych Res*. 1985;53(801):145-158.

22. Martin DB. *Inventing Superstition : from the Hippocratics to the Christians*. Cambridge MA: Harvard University Press; 2004.

23. Michel J-B, Shen YK, Aiden AP, et al. Quantitative analysis of culture using millions of digitized books. *Science*. (Published online ahead of print: December 16, 2010).

24. Bardach AL. What did J.D. Salinger, Leo Tolstoy, and Sarah Bernhardt have in common? *Wall Street Journal*. March 30, 2012;Life and Culture.

25. Macdonald KS. Yoga philosophy: Lectures delivered in New York, winter of 1895-6 by Swami Vivekananda on Raja-Yoga, or conquering the internal nature. *Am J Theol*. 1898;2(2):402-405.

26. Yogananda P. *Autobiography of a Yogi* (reprint of original 1946 edition). Nevada City, CA: Crystal Clarity Publishers; 2003.

27. Love R. *The Great Oom: The Improbable Birth of Yoga in America*. New York: Viking Adult; 2010.

28. Room HoRM. Meditation Room. 1955; http://artandhistory.house.gov/highlights.aspx?action=view&intID=524, accessed February 13, 2012.

29. Lapham LH. There once was a guru from Rishikesh. *The Saturday Evening Post*. May 4, 1968.

30. Meditation clubs flourish from capital to Pentagon for dissolving tension. *New York Times*. October 26, 1976.

31. Bradee R. Hopeful place in Pentagon: Peace meditation room. *The Milwaukee Sentinel*. 1988;Editorial page:5.

32. Bowman JH. Transcendental meditation: Skeptic tries it, comes away a believer. *Los Angeles Times*. June 13, 1973;1973.

33. Drug overdose, not meditation, apparently killed yoga teacher. *Los Angeles Times*. July 2, 1975.

34. Cox H. *Turning East: The Promise and Peril of the New Orientalism*. New York: Simon and Schuster; 1977.

35. Bush M, ed. *Contemplation Nation: How Ancient Practices Are Changing the Way We Live*. Kalamazoo, MI: Fetzer Institute; 2011.

36. Yoga and the devil: Issue for Georgia town.*New York Times*. September 8, 1990.

37. Press A. Southern Baptist leader on yoga: Not Christianity. October 7, 2010; http://www.foxnews.com/us/2010/10/07/southern-baptist-leader-yoga-christianity/, accessed January 14, 2012.

38. Stein J, Bjerklie D, Park A, Biema DV. Just say Om. *Time*. August 4, 2003.

39. Onion T. One in five women training to be yoga instructors. October 19, 2005; http://www.theonion.com/articles/report-one-in-five-women-training-to-be-yoga-instr,5049/, accessed February 11, 2012.

40. Rochman B. Samurai mind training for modern American warriors. *TIME* . September 6, 2009.

41. Mead R. Maharishi prep. *The New Yorker.* March 22, 2004.

42. Cullen LT. How to get Smarter, one breath at a time. *TIME.* January 10, 2006.

43. Cloud J. Losing focus? Studies say meditation may help. *TIME.* August 6, 2010.

44. Park A. Study: Yoga improves quality of life after cancer. *TIME.* May 19, 2010.

45. Oz M. Medical meditation: Say om before surgery. *TIME.* January 20, 2003.

46. Schwartz SA. Meditation—The controlled psychophysical self-regulation process that works. *Explore.* 2011;7(6):348-353.

47. Sedlmeier P, Eberth J, Schwarz M, et al. The psychological effects of meditation: A meta-analysis. *Psychol Bull.* May 14, 2012.

48. Ellison K. Giving meditation a spin. *The Washington Post,* January 23, 2007.

49. Singleton M. *Yoga Body : The Origins of Modern Posture Practice.* Kindle ed. Oxford, UK: Oxford University Press; 2010.

50. Devi I. *Forever Young, Forever Healthy.* Englewood Cliffs, NJ: Prentice-Hall, Inc.; 1953.

51. Goldberg P. *American Veda: From Emerson and the Beatles to Yoga and Meditation How Indian Spirituality Changed the West.* Harmony; 2010.

52. Public Education and Communication Committee. "Neuroscience Core Concepts." In: Society for Neuroscience, ed. *Neuroscience Quarterly.* 2007.

53. Chalmers DJ. *The Conscious Mind : In Search of a Fundamental Theory.* New York: Oxford University Press; 1996.

54. Beauregard M. *Brain Wars: The Scientific Battle Over the Existence of the Mind and the Proof That Will Change the Way We Live Our Lives.* San Francisco: HarperOne 2012.

55. Trimble MR. *Soul in the Brain : The Cerebral Basis of Language, Art, and Belief.* Baltimore, MD: Johns Hopkins University Press; 2007.

56. Urgesi C, Aglioti SM, Skrap M, Fabbro F. The spiritual brain: Selective cortical lesions modulate human self-transcendence. *Neuron.* 2010;65(3):309-319.

57. Ornstein R, Dewan T. *MindReal: How the Mind Creates Its Own Virtual Reality.* Boston: Malor Books; 2008.

58. Begley S. *Train Your Mind, Change Your Brain: How a New Science Reveals Our Extraordinary Potential to Transform Ourselves*. New York: Random House, Inc.; 2008.

59. Kozhevnikov M, Louchakova O, Josipovic Z, Motes MA. The enhancement of visuospatial processing efficiency through Buddhist deity meditation. *Psychol Sci*. 2009;20:645.

60. Feuerstein G. *Yoga: The Technology of Ecstasy*. Los Angeles: Jeremy P. Tarcher, Inc.; 1989.

61. Akiskal HS, Akiskal KK. In search of Aristotle: temperament, human nature, melancholia, creativity and eminence. *J Affect Disord*. June 2007;100(1-3):1-6.

62. Doerr-Zegers O. Phenomenology of genius and psychopathology. *Seishin Shinkeigaku Zasshi*. 2003;105(3):277-286.

63. Strassman R, Wojtowicz S, Luna LE, Frecska E. *Inner Paths to Outer Space: Journeys to Alien Worlds through Psychedelics and Other Spiritual Technologies*. Rochester, VT: Park Street Press; 2008.

64. Walsh R. *The World of Shamanism: New Views of an Ancient Tradition*. Woodbury, MN: Llewellyn Publications; 2007.

65. Schrödinger E. *My View of the World*. Cambridge, UK: Cambridge University Press; 1964.

66. Wilber K, Stein FM. Quantum questions: Mystical writings of the world's great physicists. *Am J Phys*. 1985;53(6):601.

67. Barre WL. Shamanic origins of religion and medicine. *J Psychedelic Drugs*. 1979;11(1-2).

68. Feeney K. Revisiting Wasson's soma: Exploring the effects of preparation on the chemistry of Amanita muscaria. *J Psychoactive Drugs*. December 2010;42(4):499-506.

69. Harner MJ. *Hallucinogens and Shamanism*. London: Oxford University Press; 1973.

70. Herndon CN, Uiterloo M, Uremaru A, Plotkin MJ, Emanuels-Smith G, Jitan J. Disease concepts and treatment by tribal healers of an Amazonian forest culture. *J Ethnobiol Ethnomed*. 2009;5:27.

71. Pinchbeck D. *Breaking Open the Head: A Psychedelic Journey into the Heart of Contemporary Shamanism*. New York: Three Rivers Press; 2002.

72. Griffiths RR, Richards WA, Johnson MW, McCann UD, Jesse R. Mystical-type experiences occasioned by psilocybin mediate the attribution of personal meaning and spiritual significance 14 months later. *J Psychopharmacol*. 2008;22(6):621-632.

73. Coffey M. *Explorers of the Infinite*. New York: Jeremy P. Tarcher/Penguin; 2008.

74. Clark WH. Parapsychology and religion. In: Wolman BB, ed. *Handbook of Parapsychology*. New York: Van Nostrand Reinhold Company; 1977:769-799.

75. Inayat-Khan Z. Islamic and Islamicate contemplative practice in the United States. In: Bush M, ed. *Contemplation Nation*. Kalamazoo, MI: Fetzer Institute; 2011:97-98.

76. Forum P. Pew Forum on Religion & Public Life. 2007; Pew Forum. Available at http://www.pewforum.org/Age/Religion-Among-the-Millennials.aspx, accessed February 18, 2012.

77. Vallee J. *UFO's in Space: Anatomy of a Phenomenon.* New York: Ballantine Books; 1965.

78. Presence R. Real Presence Eucharistic Education and Adoration Association. 2012; http://www.therealpresence.org/eucharst/mir/a3.html, accessed April 4, 2012.

79. Weddle D. *Miracles : Wonder and Meaning in World Religions.* New York: NYU Press; 2010.

80. Kripal JJ. *Authors of the Impossible: The Paranormal and the Sacred.* Chicago: University of Chicago Press; 2010.

81. Einstein A. *The World As I See It.* New York: Philosophical Library; 1949.

82. Anatrella FT. The world of youth today: who are they and what do they seek? 2003;

http://www.vatican.va/roman_curia/pontifical_councils/laity/Colonia2005/rc_pc_laity_doc_20030805_p-anatrella-gmg_en.html, accessed February 12, 2012.

83. James W. *The Varieties of Religious Experience.* 2009.

84. Shook JR. *God Debates : A 21st Century Guide for Atheists and Believers (and Everyone in Between).* Hoboken, NJ: Wiley; 2010.

85. Studstill R. *The Unity of Mystical Traditions: The Transformation of Consciousness in Tibetan and German Mysticism.* Boston: Brill; 2005.

86. Lopez, DS Jr. *Buddhism & Science: A Guide for the Perplexed.* Chicago: University of Chicago Press; 2008.

87. Bhikkhu T. *Iddhipada-vibhanga Sutta: Analysis of the Bases of Power* (SN 51.20), translated from the Pali 2010; http://www.accesstoinsight.org/tipitaka/sn/sn51/sn51.020.than.html, accessed March 24, 2012.

88. Houshmand Z, Livingston RB, Wallace BA, eds. *Consciousness at the Crossroads Conversations with the Dalai Lama on Brain Science and Buddhism.* Ithaca, NY: Snow Lion Publications; 1999.

89. Tucker JB. Children's reports of past-life memories: A review. *Explore.* 2008;4(4):244-248.

90. Gardner R. Miracles of healing in Anglo-Celtic Northumbria as recorded by the Venerable Bede and his contemporaries: A reappraisal in the light of twentieth century experience. *Brit Med J.* 1983;287(24-31):1927-1933.

91. O'Regan B, Hirshberg C. *Spontaneous Remission: An Annotated Bibliography.* Sausalito, CA: Institute of Noetic Sciences; 1993.

92. Aziz MA. *Religion and Mysticism in Early Islam: Theology and Sufism in Yemen.* London and New York: I.B. Tauris, 2011.

93. Hoffman E. *The Way of Splendor: Jewish Mysticism and Modern Psychology.* 25th ed. Lanham, MD: Rowman & Littlefield; 2007.

94. Kaplan A. *Jewish Meditation: A Practical Guide*. New York: Schocken Books; 1985.

95. Cleary T. *The Flower Ornament Scripture: A Translation of the Avatamsaka Sutra*. Boston and London: Shambala; 1993.

96. Summers M. *The Physical Phenomena of Mysticism: With Especial References to the Stigmata, Divine and Diabolic*. London: Rider & Company; 1950.

97. Grosso M. *Wings of Ecstasy: Mind and Body in the Strange Life of Joseph of Copertino*. In preparation.

98. Lamont P. *The First Psychic: The Peculiar Mystery of a Notorious Victorian Wizard*. London: Abacus; 2005.

99. Leuba JH. *The Psychology of Religious Mysticism* (revised ed.). New York: Harcourt, Brace & Company, Inc.; 1929.

100. Hof W, Rosales J. *Becoming the Iceman: Pushing Past Perceived Limits*. Minneapolis: Mill City Pres, Inc.; 2012.

101. International Association of Universities. 2012; http://www.iau-aiu.net/content/list-heis, accessed February 11, 2012.

102. Hill A. *Paranormal Media: Audiences, Spirits and Magic in Popular Culture*. Florence, KY: Routledge; 2010.

103. Kripal JJ. *Mutants and Mystics: Science Fiction, Superhero Comics, and the Paranormal*. Chicago: University of Chicago Press; 2011.

104. Adityanjee, GS R, SK K. Current status of multiple personality disorder in India. *Am J Psychiat*. 1989;146(12):1607-1610.

105. Bliss EL, Jeppsen EA. Prevalence of multiple personality among inpatients and outpatients. *Am J Psychiat*. 1985;142(2):250-251.

106. Baumeister RF, Masicampo EJ, DeWall CN. Prosocial benefits of feeling free: Disbelief in free will increases aggression and reduces helpfulness. *Pers Soc Psychol Bull*. 2009;35:260.

107. Sahdra BK, MacLean KA, Ferrer E, et al. Enhanced response inhibition during intensive meditation training predicts improvements in self-reported adaptive socioemotional functioning. *Emotion*. 2011;11(2):299–312.

108. Eddington SAS. *Science and the Unseen World (Swarthmore Lecture)*. New York: Macmillan; 1929.

109. Josephson B. Personal communication, 2012.

110. McLean CP, Miller NA. Changes in critical thinking skills following a course on science and pseudoscience: A quasi-experimental study. *Teach Psychol*. 2010;37:85-90.

111. Radin DI, Machado F, Zangari W. Effects of distant healing intention through time and space: Two exploratory studies. *Subtle Energies and Energy Med*. 2000;11(3):207-240.

112. Banziger G. Normalizing the paranormal: Short-term and long-term change in belief in the paranormal among older learners during a short course. *Teach Psychol*. 1983;10(3):212-214.

113. Sharps MJ, Matthews J, Asten J. Cognition and belief in paranormal phenomena: Gestalt/feature-intensive processing theory and tendencies toward ADHD, depression, and dissociation. *J Psychol*. 2006;I40(6):579-590.

114. Francis LJ, Williams E, Robbins M. Personality, conventional Christian belief and unconventional paranormal belief: A study among teenagers. *Brit J Relig Educ.* 2010;32(1):31-39.

115. Blagrove M, French CC, Jones G. Probabilistic reasoning, affirmative bias and belief in precognitive dreams. *Appl Cognitive Psychol.* 2006;20:65-83.

116. Roe CA. Critical thinking and belief in the paranormal: A re-evaluation. *Brit J Psychol.* 1999;90:85-98.

117. Manza L, Hilperts K, Hindley L, Marco C, Santana A, Hawk MV. Exposure to science is not enough: The influence of classroom experiences on belief in paranormal phenomena. *Teach Psychol.* 2010;37:165–171.

118. Stanovich KE. *How to Think Straight About Psychology.* 9th ed. Boston: Allyn and Bacon, Pearson Education; 2010.

119. Broad W, Wade N. *Betrayers of the Truth: Fraud and Deceit in the Halls of Science.* New York: Simon & Schuster; 1982.

120. Wiseman R. *Paranormality: Why We See What Isn't There.* London: Spin Solutions Ltd; 2011.

121. Swami V, Pietschnig J, Stieger S, Voracek M. Alien psychology: Associations between extraterrestrial beliefs and paranormal ideation, superstitious beliefs, schizotypy, and the Big Five personality factors. *Appl Cogn Psychol.* 2011;25:647-653

122. Musch J, Ehrenberg K. Probability misjudgment, cognitive ability, and belief in the paranormal. *Brit J Psychol.* 2002;93(169-177).

123. Broad CD. The relevance of psychical research to philosophy. *Philosophy.* 1949;24:291-309.

124. Begley S. Belief in the paranormal reflects normal brain activity carried to an extreme. *Newsweek.* November 3, 2008.

125. Shermer M. *The believing brain: From Ghosts and Gods to Politics and Conspiracies—How We Construct Beliefs and Reinforce Them as Truths*: New York: Times Books; 2011.

126. Sheldrake R. *Dogs That Know When Their Owners Are Coming Home.* Updated rev. ed. New York: Three Rivers Press; 2011.

127. Radin D. A dog that seems to know when his owner is coming home: Effect of environmental variables. *J Sci Explor.* 2002;16(4):579-592.

128. Penman D. Could there be proof to the theory that we're ALL psychic? 2008; http://www.dailymail.co.uk/news/article-510762/Could-proof-theory-ALL-psychic.html, accessed February 17, 2012.

129. Investigations S. Professional materalistic debunkers' concessions on the evidence for psi phenomena and psi research; http://www.skepticalinvestigations.org/Examskeptics/Concessions_debunkers.html, accessed February 17, 2012.

130. Mason R. Bringing Sufi rapid healing methods into the laboratory. *Altern Complem Ther.* 2004(April):90-94.

131. Dyson F. One in a million. *New York Times Review of Books.* March 25, 2004.

132. Shermer M. Miracle on probability street. *Scientific American.* July 26, 2004.

133. Horgan J. Freeman Dyson, global warming, ESP and the fun of being "bunkrapt." *Cross-Check. Sci Am.* 2011;2012.

134. Schiltz M, Wiseman R, Watt C, Radin DI. Of two minds: Skeptic-proponent collaboration within parapsychology. *Brit J Psychol.* 2006;97:313-322.

135. Schmeidler G, Murphy G. The influence of belief and disbelief in ESP upon individual scoring levels. *J Exp Psychol.* 1946;36(3):271-276.

136. Lawrence T. Bringing in the sheep: A meta-analysis of sheet/goal experiments. Paper presented at: Parapsychological Association Annual Conference, 1993; Toronto, Canada.

137. Thalbourne MA. Relation between transliminality and openness to experience. *Psychol Rep.* June 2000;86(3, Pt 1):909-910.

138. Arcangel D. *Afterlife Encounters: Ordinary People Extraordinary Experiences.* Charlottesville, VA: Hampton Roads; 2005.

139. Kennedy JE. Personality and motivations to believe, misbelieve, and disbelieve in paranormal phenomena. *J Parapsychol.* 2005;69:263-292.

140. Deacon TW. *Incomplete Nature: How Mind Emerged from Matter.* New York: Norton; 2011.

141. Tart CT. *The End of Materialism: How Evidence of the Paranormal Is Bringing Science and Spirit Together.* Oakland, CA: New Harbinger Publications/Noetic Books; 2009.

142. Sheldrake R. *Science Set Free.* New York: Crown Publishing; 2012.

143. Noë A. *Out of Our Heads: Why You Are Not Your Brain, and Other Lessons from the Biology of Consciousness.* New York: Hill and Wang; 2010.

144. Lanza R, Berman B. *Biocentrism: How Life and Consciousness Are the Keys to Understanding the True Nature of the Universe* Dallas: BenBella Books; 2010.

145. Rama S. *Living with the Himalayan Masters.* Honesdale, PA: Himalayan Institute Press; 2007.

146. Paranjape ME, Lama DF, eds. *Science, Spirituality and the Modernisation of India.* London, UK: Anthem Press India; 2009.

147. Aharonov Y, Anandan J, Maclay GJ, Suzuki J. Model for entangled states with spin-spin interaction. *Phys Rev A.* 2004;70(052114).

148. Christensen A. General yoga information; http://www.americanyogaassociation.org/general.html, accessed January 14, 2012.

149. Fontana D. *The Meditator's Handbook: A Comprehensive Guide to Eastern and Western Meditation Techniques.* Rockport, MA: Element, Inc.; 1992.

150. Shankman R. *The Experience of Samadhi: An In-Depth Exploration of Buddhist Meditation.* Boston & London: Shambhala; 2008.

151. Ott U. The role of absorption for the study of yoga. *J Meditation and Meditation Res.* 2003;3:21-26.

152. Forman RKC. *Enlightenment Ain't What It's Cracked Up to Be: A Journey of Discovery, Snow and Jazz in the Soul.* Alresford, Hants, UK: O-Books, John Hunt Publishing Ltd.; 2011.

153. Helrich CS. Is there a basis for teleology in physics? *Zygon.* 2007;42(1):97-110.

154. Ma X-s, Zotter S, Kofler J, et al. Experimental delayed-choice entanglement swapping. *Nat Phys.* 2012;advance online publication.

155. Aharanov Y, Tollaksen J. New insights on time-symmetry in quantum mechanics. In: Chiao RY, Cohen ML, Leggett AJ, Phillips WD, C. L. Harper J, eds. *Visions of Discovery: New Light on Physics, Cosmology, and Consciousness.* Cambridge: Cambridge University Press; 2007.

156. Merali Z. Back from the future. 2010; http://discovermagazine.com/2010/apr/01-back-from-the-future/article_view?b_start:int=0&-C=, accessed March 3, 2012.

157. Verschuur GL. *Hidden Attraction: The History and Mystery of Magnetism.* Oxford, UK: Oxford University Press; 1993.

158. Benson H, Lehmann JW, Malhotra, Goldman RF, Hopkins J, Epstein MD. Body temperature changes during the practice of g Tum-mo yoga. *Nature.* 1982;295:234-236.

159. Pickkers P. The effects of concentration/meditation on the innate immune response during human endotoxemia. 2011; http://clinicaltrials.gov/ct2/show/NCT01352871, accessed March 24, 2012.

160. ScienceDaily. Research on 'Iceman' Wim Hof. suggests it may be possible to influence autonomic nervous system and immune response. April 22, 2011; http://www.sciencedaily.com/releases/2011/04/110422090203.htm, accessed February 18, 2012.

161. Scientists baffled by Prahlad Jani, man who doesn't eat or drink. 2012; http://abcnews.go.com/Health/International/man-eat-drink/story?id=10787036, accessed April 1, 2012.

162. Werner M, Stockli T. *Life from Light: Is It Possible to Live Without Food?* Forest Row, England: Clairview Books; 2007.

163. Braud WG. Patañjali yoga and siddhis: Their relevance to parapsychological theory and research. In: K. Ramakrishna Rao, Anand C. Paranjpe, Ajit K. Dalal , ed. *Handbook of Indian Psychology,* Cambridge, UK: Foundation Books, 2008, 217-243. **164.**

Bobrow RS. Paranormal phenomena in the medical literature sufficient smoke to warrant a search for fire. *Med Hypotheses.* June 2003;60(6):864-868

165. Azuma N, Stevenson I. "Psychic surgery" in the Philippines as a form of group hypnosis. *Am J Clin Hypn.* July 1988;31(1):61-67.

166. Storm L, Tressoldi PE, Di Risio L. Meta-analysis of free-response studies, 1992–2008: assessing the noise reduction model in parapsychology. *Psychol Bull.* July 2010;136(4):471-485.

167. Braud WG. Psi conducive conditions: Explorations and interpretations. In: Shapin B, Coly L, eds. *Psi and States of Awareness.* New York: Parapsychology Foundation; 1978.

168. Honorton C. Psi and internal attention states. In: Wolman BB, ed. *Handbook of Parapsychology.* New York: Van Nostrand Rheinhold; 1977:435-472.

169. Roney-Dougal SM, Solfvin J, Fox J. An exploration of the degree of meditation attainment in relation to psychic awareness with Tibetan Buddhists. *J Sci Explor.* 2008;22(2):161-178.

170. Roney-Dougal SM, Solfvin J. Exploring the relationship between Tibetan meditation attainment and precognition. *J Sci Explor.* 2011;25(1):29-46.

171. Crick F. *The Astonishing Hypothesis: The Scientific Search for the Soul.* New York: Touchstone; 1994.

172. LeShan L. Henry Margenau quote. *The Science of the Paranormal: The Last Frontier.* Northamptonshire, UK: Aquarian Press; 1987:118.

173. Dossey L. *The Power of Premonitions.* New York: Dutton Adult; 2009.

174. Wiseman R, Watt C. Belief in psychic ability and the misattribution hypothesis: A qualitative review. *Brit J Psychol.* August 2006;97(Pt 3):323-338.

175. Pratt JG, Rhine JB. *Extra-Sensory Perception After Sixty Years; A Critical Appraisal of the Research in Extra-Sensory Perception.* Boston: Bruce Humphries; 1967.

176. Honorton C. Meta-analysis of psi ganzfeld research: A response to Hyman. *J Parapsychol.* 1985;49:51-92.

177. Honorton C, Ferrari DC. "Future telling": A meta-analysis of forced-choice precognition experiments, 1935-1987. *J Parapsychol.* 1989;53:281-308.

178. Rosenthal R, Rosnow RL. *Essentials of Behavioral Research.* 3rd ed. New York: McGraw-Hill; 2008.

179. Richard FD, Bond CF Jr. , Stokes-Zoota JJ. One hundred years of social psychology quantitatively described. *Rev Gen Psychol.* 2003;7:331-363.

180. Jahn RG, Dunne BJ. *Margins of Reality.* New York: Jovanovich; 1987.

181. Utts J. An assessment of the evidence for psychic functioning. *J Sci Explor.* 1996;10(1):3-30.

182. Dunne BJ, Jahn RG. Information and uncertainty in remote perception research. *J Sci Explor.* 2003;17(2):207-241.

183. Krippner S, Honorton C, Ullman M. An experiment in dream telepathy with "The Grateful Dead." *J Am Soc Psychosom Dent Med.* 1973;20(1):9-17.

184. Radin DI. Unconscious perception of future emotions: An experiment in presentiment. *J Sci Explor.* 1997;11:163-180.

185. Radin DI. Electrodermal presentiments of future emotions. *J Sci Explor.* 2004;18:253-274.

186. Tressoldi P, Martinelli M, Massaccesi S, Sartori L. Heart rate differences between targets and non-targets in intuitive tasks. *Hum Physiol.* 2005;31(6):646-650.

187. McCraty R, Atkinson M, Bradley RT. Electrophysiological evidence of intuition: Part 1. The surprising role of the heart. *J Altern Complem Med.* 2004;10:133-143.

188. Radin D, Borges A. Intuition through time: what does the seer see? *Explore.* 2009;5:200-211.

189. Radin D, Lobach E. Toward understanding the placebo effect: Investigating a possible retrocausal factor. *J Altern Complem Med.* 2007;13(7):733-739.

190. Bierman DJ, Scholte HS. A fMRI brain imaging study of presentiment. *J Int Soc Life Info Sci.* 2002;20(2):380-388.

191. Sequeira H, Hot P, Silvert L, Delplanque S. Electrical autonomic correlates of emotion. *Int J Psychophysiol.* January 2009;71(1):50-56.

192. Bradley MM, Lang PJ. The International Affective Picture System (IAPS) in the study of emotion and attention.In: Coan JA, Allen JJB, eds. *Handbook of Emotion Elicitation and Assessment*. New York: Cambridge University Press; 2007.

193. Gross CG. The fire that comes from the eye. *Neuroscientist*. 1999;5:58-64.

194. Schmidt S, Scheider R, Utts J, Walach H. Distant intentionality and the feeling of being stared at: Two meta-analyses. *Brit J Psychol*. 2004;95:235.

195. Radin DI. The sense of being stared at: A preliminary meta-analysis. *J Conscious Studies*. 2005;12(6):95-100.

196. Bosch H, Steinkamp F, Boller E. Examining psychokinesis: The interaction of human intention with random number generators—a meta-analysis. *Psychol Bull*. 2006;132(4):497.

197. Radin D, Nelson R, Dobyns Y, Houtkooper J. Reexamining psychokinesis: Commentary on the Bösch, Steinkamp and Boller meta-analysis. *Psychol Bull*. 2006:529-532.

198. Titelman GY. *Random House Dictionary of Popular Proverbs and Sayings*. New York: Random House; 1996.

199. Steinhauer SR, Hakerem G. The pupillary response in cognitive psychophysiology and schizophrenia. In: Friedman D, Bruder G, eds. *Psychophysiology and Experimental Psychopathology: A Tribute to Samuel Sutton*. Vol 658. New York: Annals of the New York Academy of Sciences; 1992:182-204.

200. Bitsios P, Szabadi E, Bradshaw CM. The fear-inhibited light reflex: Importance of the anticipation of an aversive event. *Int J Psychophysiol*. 2004; 52:87-95.

201. Loewenfeld IE. *The Pupil: Anatomy, Physiology, and Clinical Applications*. Ames: Iowa State University Press; 1993.

202. Laeng B, Teodorescu D-S. Eye scanpaths during visual imagery reenact those of perception of the same visual scene. *Cognitive Sci*. 2002;26:207-231.

203. Andreassi JL. Pupillary response and behavior. *Psychophysiology: Human Behavior and Physiological Response*. Mahwah, NJ: Lawrence Erlbaum; 2000:218-233.

204. Bacher LF, Smotherman WP. Spontaneous eye blinking in human infants: A review. *Dev Psychobiol*. 2004;44:95-102.

205. Good IJ. Letter to the editor. *J Parapsychol*. 1961;25:58.

206. van Boxtel GJM, Böcker KBE. Cortical measures of anticipation. *J Psychophysiol*. 2004;18:61-76.

207. McCraty R, Atkinson M, Bradley RT. Electrophysiological evidence of intuition: Part 2. A system-wide process? *J Altern Complem Med*. 2004;10:325–336.

208. Cahn R, Polich J. Meditation states and traits: EEG, ERP, and neuroimaging studies. *Psychol Bull*. 2006;132:180-211.

209. Newberg A, Alavi A, Baime M, Pourdehnad M, Santanna J, d'Aquili E. The measurement of regional cerebral blood flow during the complex cognitive task of meditation: A preliminary psychiatry research study. *Neuroimaging*. 2001;106(2):113-122.

210. Josipovic Z. Duality and nonduality in meditation research. *Conscious Cogn*. 2010;19:1119-1121.

211. Wittmann M, van Wassenhove V, Craig AD, Paulus MP. The neural substrates of subjective time dilation. *Front Human Neurosci.* 2010;4:1-9.

212. Woods JH. *The Yoga System of Patanjali.* Cambridge, MA: Harvard University Press; 1927.

213. Woods JH. *The Yoga System of Patanjal.* Delhi: Motilal Banarsidass; 2007.

214. Hartman BO, Secrist GE. Situational awareness is more than exceptional vision. *Aviat Space Envir Med.* 1991;62:1084-1089.

215. Rosen R. *Anticipatory Systems.* New York: Pergamon Press; 1985.

216. Eagleman DM, Sejnowski T. Motion integration and postdiction in visual awareness. *Science.* 2000;287:2036-2038.

217. Wolf FA. The timing of conscious experience: A causality-violating, two-valued, transactional interpretation of subjective antedating and spatial-temporal projection. *J Sci Explor.* 1998;12:511-542.

218. Dennett DC. Temporal anomalies of consciousness. . In: Christen Y, Churchland PS, eds. *Neurophilosophy and Alzheimer's Disease.* Berlin: Springer-Verlag; 1992.

219. Libet B. Unconscious cerebral initiative and the role of conscious will in voluntary action. *Behav Brain Sci.* 1985;8:529-566.

220. Radin DI, Vieten C, Michel L, Delorme A. Electrocortical activity prior to unpredictable stimuli in meditators and non-meditators. *Explore.* 2011;7:286-299.

221. Radin D, Vieten C, Michel L, Delorme A. Electrocortical activity prior to unpredictable stimuli in meditators and non-meditators. *Explore.* In press.

222. Mossbridge J, Tressoldi P, Utts J. Predictive anticipatory activity preceding unpredictable stimuli: A meta-analysis. *Front Percep Sci.* 2012: 3, 1-18.

223. Yagi Y, Ikoma S, Kikuchi T. Attentional modulation of the mere exposure effect. *J Exp Psychol Learn Mem Cogn.* November 2009;35(6):1403-1410.

224. Bem DJ. Feeling the future: Experimental evidence for anomalous retroactive influences on cognition and affect. *J Pers Soc Psychol.* 2011;100(3):407-425.

225. Bem DJ, Utts J, Johnson WO. Must psychologists change the way they analyze their data? *J Pers Soc Psychol.* 2011;101(4):716–719.

226. Camp BH. Statement in notes section. *J Parapsychol.* 1937;1:305.

227. Miller G. ESP paper rekindles discussion about statistics. *Science.* January 21, 2011:331.

228. Holmes B. ESP evidence airs science's dirty laundry. *New Scientist.* January 11, 2012.

229. LeBel E, Peters K. Fearing the future of empirical psychology: Bem's evidence of psi as a case study of deficiencies in modal research practice. *Rev Gen Psychol.* 2011;15(4):371-379.

230. Wagenmakers EJ, Wetzels R, Borsboom D, van der Maas H. Why psychologists must change the way they analyze their data: The case of psi. *J Pers Soc Psychol.* 2011;100:426-432.

231. Galak J, LeBoeuf RA, Nelson LD, Simmons JP. Correcting the past: Failures to replicate psi. *J Pers Soc Psychol.* forthcoming (June 19, 2012).

232. Tributsch H. The bionic anticipation of natural disasters. *J Bionic Eng.* 2005;2(3):123-144.

233. Wildey C. *Impulse Response of Biological Systems.* Arlington: Department of Electrical Engineering, University of Texas; 2001.

234. Alvarez F. Anticipatory alarm behavior in Bengalese finches. *J Sci Explor.* 2010;24(4):599-610.

235. Alvarez F. Higher anticipatory response at 13.5 ± 1 h local sidereal time in Zebra finches. *J Parapsychol.* 2010;72(2):323-334.

236. Radin DI. Predicting the unpredictable: 75 years of experimental evidence. In: Sheehan DP, ed. *Quantum Retrocausation: Theory and Experiment.* Melville, NY: American Institute of Physics; 2011.

237. Sheehan DP. Frontiers of time: Retrocausation experiment and theory. *AIP Conference Proceedings 863.* Melville, NY: American Institute of Physics; 2006.

238. Twain M. Mental telegraphy. A manuscript with a history. *Harper's New Monthly Magazine.* Vol 84. 1891:95-104.

239. Wackermann J, Putz P, Allefeld C. Ganzfeld-induced hallucinatory experience, its phenomenology and cerebral electrophysiology. *Cortex.* November-December 2008;44(10):1364-1378.

240. Delgado-Romero EA, Howard GS. Finding and correcting flawed research literatures. *Humanistic Psychol.* 2005;33(4):293-303.

241. Milton J, Wiseman R. Does psi exist? Lack of replication of an anomalous process of information transfer. *Psychol Bull.* 1999;125:387-391.

242. Goldbert C. Brain scan tests fail to support validity of ESP. *Boston Globe*, January 14, 2008: C1.

243. Moulton ST, Kosslyn SM. Using neuroimaging to resolve the psi debate. *J Cogn Neurosci.* January 2008;20(1):182-192.

244. Standish LJ, Johnson LC, Kozak L, Richards T. Evidence of correlated functional magnetic resonance imaging signals between distant human brains. *Altern Ther.* 2003;9:122-125.

245. Richards TL, Kozak L, Johnson LC, Standish LJ. Replicable functional magnetic resonance imaging. evidence of correlated brain signals between physically and sensory isolated subjects. *J Altern Complem Med.* 2005;11(6):955–963.

246. Achterberg J, Cooke K, Richards T, Standish LJ, Kozak L. Evidence for correlations between distant intentionality and brain function in recipients: A functional magnetic resonance imaging analysis. *J Altern Complem Med.* 2005;11(6):965-971.

247. Venkatasubramanian G, Jayakumar PN, Nagendra HR, Nagaraja D, Deeptha R, Gangadhar BN. Investigating paranormal phenomena: Functional brain imaging of telepathy. *Int J Yoga.* July 2008;1(2):66-71.

248. Bierman D. Presentiment in a fMRI experiment with meditators. *Euro-Parapsychological Association Convention.* Paris, October 28, 2007.

249. Bem DJ, Honorton C. Does psi exist? Replicable evidence for an anomalous process of information transfer. *Psychol Bull.* 1994;115:4-18.

250. Storm L, Ertel S. Does PSI Exist? Comments on Milton and Wiseman's (1999) meta-analysis of ganzfeld research. *Psychol Bull.* 2001;127:424-433.

251. Bem DJ, Palmer J, Broughton RS. Updating the ganzfeld database: A victim of its own success? *J Parapsychol.* 2001;65:207-218.

252. Hyman R. The ganzfeld psi experiment: A critical appraisal. *J Parapsychol.* 1985;49:3-49.

253. Tressoldi PE. Extraordinary claims require extraordinary evidence: The case of non-local perception, a classical and Bayesian review of evidences. *Front Psychol.* 2011;2.

254. Jeffreys H. *The Theory of Probability.*, 3rd ed. Oxford: Oxford University Press; 1961.

255. Milton J. Meta-analysis of free-response ESP studies without altered states of consciousness. *J Parapsychol.* 1997;61:279-319.

256. Sheldrake R, Smart P. Experimental tests for telephone telepathy. *J Soc Psych Res.* 2003;67:184-199.

257. Sheldrake R, Smart P. Videotaped experiments on telephone telepathy. *J Parapsychol.* 2003;67:187-206.

258. Sheldrake R, Avraamides L, Novak M. Sensing the sending of SMS messages: An automated test. *Explore: J Sci Heal.* 2009;5:272-276.

259. Sheldrake R, Avraamides L. An automated test for telepathy in connection with emails. *J Sci Explor.* 2009;23(1):29-36.

260. Sheldrake R, Lambert M. An automated online telepathy test. *J Sci Explor.* 2007;21:511-522.

261. Sheldrake R, Beharee A. A rapid online telepathy test. *Psychol Rep.* 2009;104:957-970.

262. Pearson C. *The Complete Book of Yogic Flying.* Fairfield, IA: Maharishi Unviersity of Management Press; 2008.

263. Hagelin JS, Orme-Johnson DW, Rainforth M, Cavanaugh K, Alexander CN. Results of the National Demonstration Project to reduce violent crime and improve governmental effectiveness in Washington, D.C. *Soc Indic Res.* 1999;47:153–201.

264. Lama D, Ekman P. *Emotional Awareness: Overcoming the Obstacles to Psychological Balance and Compassion.* New York: Times Books; 2008.

265. Radin DI, Stone J, Levine E, et al. Compassionate intention as a therapeutic intervention by partners of cancer patients: Effects of distant intention on the patients' autonomic nervous system. *Explore: J Sci Heal.* 2008;4(4):235-243.

266. Barnes P, Powell-Griner E, McFann K, Nahin R. Complementary and alternative medicine use among adults: United States. *CDC Advance Data Report #343.* May 27, 2004.

267. Canda ER, Furman LD. *Spiritual Diversity in Social Work Practice: The Heart of Helping.* New York: Free Press; 1999.

268. Mao JJ, Farrar, J. T., Xie, S. X., Bowman, M. A., & Armstrong, K. Use of complementary and alternative medicine and prayer among a national sample of cancer survivors compared to other populations without cancer. *Complement Ther Med.* 2007;15(1):21-29.

269. Wachholtz A, Sambamoorthi U. National trends in prayer use as a coping mechanism for health concerns: Changes from 2002 to 2007. *Psychol Rel Spirit.* 2011;3(2):67-77.

270. Sloan RP, Ramakrishnan R. The MANTRA II study. *The Lancet.* 2005;366:1769-1770.

271. Walach H. Generalized entanglement: A new theoretical model for understanding the effects of complementary and alternative medicine. *J Alt Comp Med.* 2005;11(3):549-559.

272. Astin JA, Harkness E, Ernst E. The efficacy of "distant healing": A systematic review of randomized trials. *Ann Intern Med.* 2000;132:903-910.

273. Hodge DR. Social justice and people of faith: A transnational prespective. *Social Work.* 2007;52(2):139-148.

274. Cha KYW, D. P. Does prayer influence the success of in vitro fertilization-embryo transfer? Report of a masked, randomized trial. *J Reprod Med.* 2001;46(9):781-787.

275. Masters KS, & Spielmans, G. I. Prayer and health: Review, meta-analysis, and research agenda. *J Beh Med.* 2007;30(4):329-338.

276. Roberts L, Ahmed I, Hall S, Davison A. Intercessory prayer for the alleviation of ill health. *Cochrane Data System Rev.* 2011(3):1-48.

277. Schmidt S. The attention focusing facilitation paradigm: Remote helping for meditation? A meta-analysis. Paper presented at: Parapsychological Association Annual Convention, 2010; Paris.

278. Shen D. Unexpected behavior of matter in conjunction with human consciousness. *J Sci Explor.* 2010;24(1):41-52.

279. Wu B, Zhou L, Luo X. *Introduction to the Science of the Human Body [Chinese].* Cheng Du, China: : Si Chuan University Press; 1998.

280. Farwell L. *How Consciousness Commands Matter: The New Scientific Revolution and the Evidence That Anything Is Possible.* Fairfield, IA: Sunstar Publishing, Ltd.; 1999.

281. Farwell LA, Farwell GW. Quantum-mechanical processes and consciousness. *Bull Am Physical Soc.* 1995;40(2):956-957.

282. Beloff J, Evans L. A radioactivity test of psycho-kinesis. *J Soc Psych Res.* 1961;41:41-46.

283. Schub MH. A critique of the parapsychological random number generator meta-analyses of Radin and Nelson. *J Sci Explor.* 2006;20:402-419.

284. Radin DI, Nelson RD, Dobyns YH, Houtkooper J. Assessing the evidence for mind-matter interaction effects. *J Sci Explor.* 2006;30(3):361-374.

285. Collins HH. *Changing Order: Replication and Induction in Scientific Practice.* Beverly Hills, CA: Sage; 1985.

286. Nelson RD, Radin DI, Shoup R, Bancel P. Correlation of continuous random data with major world events. *Found Phys Lett.* 2002;15(6):537-550.

287. Nelson RD, Jahn RG, Dunne BJ, Dobyns YH, Bradish GJ. FieldREG II: Consciousness field effects: Replications and explorations. *J Sci Explor.* 1998;12(3):425-454.

288. Radin DI. Exploring relationships between random physical events and mass human attention: Asking for whom the bell tolls. *J Sci Explor.* 2002;16(4):533-548.

289. Nelson RD, Jahn RG, Dunne BJ, Dobyns YH, Bradish GJ. FieldREGII: Consciousness field effects: Replications and explorations. *Explore.* 2007;3(3):279-293.

290. Atwater FH. Accessing anomalous states of consciousness with a binaural beat technology. *J Sci Explor.* 1997;11(3):263-274.

291. Brady B, Stevens L. Binaural-beat induced theta EEG activity and hypnotic susceptibility. *Am J Clin Hypn.* July 2000;43(1):53-69.

292. Wahbeh H, Calabrese C, Zwickey H. Binaural beat technology in humans: A pilot study to assess psychologic and physiologic effects. *J Altern Complem Med.* January-February 2007;13(1):25-32.

293. Radin D, Atwater FH. Exploratory evidence for correlations between entrained mental coherence and random physical systems. *J Sci Explor.* 2009;23(3):263–272.

294. Nelson R, Bancel P. Effects of mass consciousness: Changes in random data during global events. *Explore: J Sci Heal.* 2011;7(6):373-383.

295. Houtkooper J. Arguing for an observational theory of paranormal phenomena. *J Sci Explor.* 2002;16(2):171.

296. Feynman RP, Leighton RB, Sands M. *The Feynman Lectures on Physics.* Vol 3. New York: Addison-Wesley; 1965.

297. Juffmann T, Milic A, Müllneritsch M, et al. Real-time single-molecule imaging of quantum interference. *Nat Nanotech.* 2012.

298. Jammer, M. *The Philosophy of Quantum Mechanics.* Wiley: New York; 1974.

299. D'Espagnat B. The quantum theory and reality. *Scientific American.* 1979:158.

300. Neumann JV. *Mathematical Foundations of Quantum Mechanics.* Princeton, NJ: Princeton University Press; 1955.

301. Stapp H. *Mindful Universe: Quantum Mechanics and the Participating Observer.* New York: Springer; 2007.

302. Squires EJ. Many views of one world-an interpretation of quantum theory. *Eur J Physics.* 1987;8(3):171.

303. Goldstein S. Quantum theory without observers, I and II. *Physics Today.* 1998:38.

304. Fuchs C, Peres A. Quantum theory needs no "interpretation." *Physics Today.* 2000;53(3):70.

305. Bell JS. *Speakable and Unspeakable in Quantum Mechanics.* Cambridge: Cambridge University Press; 1987.

306. Zeilinger A. Experiment and the foundations of quantum physics. *Rev Mod Physics.* 1999;71:288-298.

307. d'Espagnat B. Consciousness and the Wigner's friend problem. *Found Physics.* 2005;35(12):1943.

308. Rosenblum B, Kuttner F. *Quantum Enigma: Physics Encounters Consciousness.* Oxford: Oxford University Press; 2006.

309. Bub J. *Interpreting the Quantum World.* Cambridge, UK: Cambridge University Press; 1997.

310. Rosenblum B, Kuttner F. The observer in the quantum experiment. *Found Physics.* 2002;32(8):1273.

311. Johnson G. Here they are, science's 10 most beautiful experiments. 2002, September 24; http://www.nytimes.com/2002/09/24/science/here-they-are-science-s-10-most-beautiful-experiments.html?pagewanted=all&src=pm.

312. TeachSpin I. Two-slit interference, one photon as a time 2012; http://www.teachspin.com/instruments/two_slit/index.shtml.

313. Tittel W, Brendel J, Gisin B, Herzog T, Zbinden H, Gisin N. Experimental demonstration of quantum correlations over more than 10 km. *Phys Rev A.* 1998;57:3229.

314. Freire O Jr. Quantum dissidents: Research on the foundations of quantum theory circa 1970. *Stud Hist Philos Sci Part B: Stud Hist Philos Mod Physics.* 2009;40(4):280.

315. Radin D, Nelson R. Evidence for consciousness-related anomalies in random physical systems. *Found Physics.* 1989;19:1499.

316. Schmidt H. PK tests with pre-recorded and pr-inspected seed numbers. *J Parapsychol.* 1981;45:87.

317. Hall J, Kim C, McElroy B, Shimony A. Wave-packet reduction as a medium of communication. *Found Physics.* 1977;7:759-767.

318. Bierman DJ. Does consciousness collapse the wave-packet? *Mind and Matter.* 2003;2:45-58.

319. Jahn G. The persistent paradox of psychic phenomena: An engineering perspective. *Proc of the IEEE.* 1982;70:136.

320. Ibison M, Jeffers S. A double-slit diffraction experiment to investigate claims of consciousness-related anomalies. *J Sci Explor.* 1998;12:543.

321. Jeffers S, Sloan J. A low light level diffraction experiments for anomalies research. *J Sci Explor.* 1992;6:333.

322. Radin DI. Testing nonlocal observation as a source of intuitive knowledge. *Explore: J Sci Heal.* 2008;4(1):23-35.

323. Radin DI, Michel L, Galdamez K, Wendland P, Rickenbach R, Delorme A. Consciousness and the double-slit interference pattern: Six experiments. *Physics Essays.* 2012;25(2):157-171.

324. Kim YH, Yu R, Kulik SP, Shih Y, Scully MO. Delayed "Choice" quantum eraser. *Phys Rev Lett.* January 3 2000;84(1):1-5.

325. Tellegen A, Atkinson G. Openness to absorbing and self-altering experiences ("absorption"), a trait related to hypnotic susceptibility. *J Abnorm Psychol.* 1974;83:268.

326. Schmeidler G, Murphy G. The influence of belief and disbelief in ESP upon individual scoring levels. *J Abnor Psychol.* 1946;83:268.

327. McMoneagle J. *The Stargate Chronicles: Memoirs of a Psychic Spy.* Charlottesville, VA: Hampton Roads Pub.; 2002.

328. Smith PH. *Reading the Enemy's Mind : Inside Star Gate, America's Psychic Espionage Program.* New York: Tom Doherty Associates; 2005.

329. Targ R. *The Reality of ESP.* Wheaton, IL: Quest Books; 2012.

330. Phillips SM. *Extra-Sensory Perception of Quarks.* Wheaton, IL: Quest Books; 1980.

331. Phillips SM. Extrasensory perception of subatomic particles I. Historical evidence. *J Sci Explor.* 1995;9(4):489-525.

332. Atwater FH. *Captain of My Ship, Master of My Soul : Living with Guidance.* Charlottesville, VA: Hampton Roads Pub.; 2001.

333. Graff DE. *Tracks in the Psychic Wilderness : An Exploration of ESP, Remote Viewing, Precognitive Dreaming and Synchronicity.* London: Vega; 2003.

334. Mayer EL. *Extraordinary Knowing : Science, Skepticism, and the Inexplicable Powers of the Human Mind.* New York: Bantam Books; 2007.

335. Kripal JJ. *Authors of the Impossible : The Paranormal and the Sacred.* Chicago:: University of Chicago Press; 2010.

336. Schmeidler G. High ESP scores after a swami's brief instruction in meditation and breathing. *J Amer Soc Psych Res.* 1970;64:100-103.

337. Schmeidler G. ESP experiments 1978–1992. In: Krippner S, ed. *Advances in Parapsychological Research.* Vol 7. Jefferson, NC: McFarland; 1994:104-197.

338. Rao KR. *Cognitive Anomalies, Consciousness and Yoga.* Vol XVI, Part 1. New Delhi: Matrix Publishers; 2011.

339. Roney-Dougal SM. Taboo and belief in Tibetan psychic tradition. *J Soc Psych Res.* 2006;70.4(885):193-210.

340. Roney-Dougal SM, Solfvin J. Yogic attainment in relation to awareness of precognitive targets. *J Parapsychol.* 2006;70(1):91-120.

341. Solfvin J, Roney-Dougal SM. A re-analysis and summary of data from a study of experienced versus novice yoga practitioners. In: Rao KR, ed. *Yoga and Parapsychology: Empirical Research and Theoretical Studies.* Delhi: Motilal Banarsidass; 2010.

342. Kolodziejzyk G. 2012; http://www.remote-viewing.com/, accessed March 30, 2012.

343. Schwartz S. *Opening to the Infinite.* Buda, TX: Nemoseen Media; 2007.

344. Kolodziejzyk G. Greg Kolodziejzyk's 13 year associative remote viewing experiment results. *J Parapsychol.* In press.

345. Myer-Czetli N. *Silent Witness : The Story of a Psychic Detective.* New York: Carol Pub. Group; 1993.

346. Yeterian D. *Casebook of a Psychic Detective.* New York: Stein and Day; 1982.

347. Leggett AJ. Macroscopic realism: What is it, and what do we know about it from experiment. In: Healey RA, Hellman G, eds. *Quantum Measurement: Beyond Paradox.* Minneapolis: University of Minnesota Press; 1998.

348. Reid MD. Incompatibility of macroscopic local realism with quantum mechanics in measurements with macroscopic uncertainties. *Phys Rev Lett.* March 27 2000;84(13):2765-2769.

349. Groblacher S, Paterek T, Kaltenbaek R, et al. An experimental test of non-local realism. *Nature.* April 19 2007;446(7138):871-875.

350. Scheidl T, Ursin R, Kofler J, et al. Violation of local realism with freedom of choice. *Proc Natl Acad Sci U S A.* November 16 2010;107(46):19708-19713.

351. Walborn SP, Salles A, Gomes RM, Toscano F, Souto Ribeiro PH. Revealing hidden Einstein-Podolsky-Rosen nonlocality. *Phys Rev Lett.* April 1 2011;106(13):130402.

352. Wheeler JA. Information, physics, quantum: The search for links. In: Zurek W, ed. *Complexity, Entropy, and the Physics of Information.* Reading, MA: Addison-Wesley; 1990.

353. Hoffman DD. Conscious realism and the mind-body problem. *Mind and Matter.* 2008;6(1):87–121.

354. Tressoldi PE, Storm L, Radin D. Extrasensory perception and quantum models of cognition. *NeuroQuantology.* 2010;8(4, Suppl 1):S81-87.

355. Anderson M. Is quantum mechanics controlling your thoughts? *Discover.* February 2009.

356. McAlpine K. Nature's hot green quantum computers revealed. *New Scientist.* February 3, 2010.

357. Ball P. Physics of life: The dawn of quantum biology. *Nature.* 2011;474:272-274.

358. Vedral V. Living in a quantum world. *Scientific American.* 2011:38-43.

359. Barreiro JT. Quantum physics: Environmental effects controlled. *Nature Physics.* 2011;7:927-928.

360. Walker EH. The quantum theory of psi phenomena. *Psychoenergetic Systems.* 1979;3:259-299.

361. Jahn RG, Dunne BJ. On the quantum mechanics of consciousness with application to anomalous phenomena *Found Physics.* 1986;16:721-772.

362. Barnosky AD, Hadly EA, Bascompte J, et al. Approaching a state shift in Earth's biosphere. *Nature.* 2012;486(7401):52-58.

363. Abbasi K. Mass extinction of life is imminent. *J R Soc Med.* December 2010;103(12):471-472.

364. Laszlo E. *Quantum Shift in the Global Brain : How the New Scientific Reality Can Change Us and Our World.* Rochester, VT: Inner Traditions; 2008.

365. Laszlo E. *Science and the Akashic Field : An Integral Theory of Everything.* 2nd ed. Rochester, VT: Inner Traditions; 2007.

366. de Quincey C. *Consciousness from Zombies to Angels: The Shadow and the Light of Knowing Who You Are.* Rochester, VT: Park Street Press; 2009.

367. Skokowski P. I, zombie. *Conscious Cogn.* March 2002;11(1):1-9.

368. Mashour GA, LaRock E. Inverse zombies, anesthesia awareness, and the hard problem of unconsciousness. *Conscious Cogn.* December 2008;17(4):1163-1168.

369. Planck M. *The Observer.* January 25, 1931.

370. Pais A. *The Genius of Science: A Portrait Gallery.* Oxford, UK: Oxford University Press; 2000.

371. Linde A. Inflation, quantum cosmology and the anthropic principle. In: Barrow JD, Davies PCW, Jr. CLH, eds. *Science and Ultimate Reality: Quantum Theory, Cosmology and Complexity, Honoring John Wheeler's 80th Birthday*. Cambridge, UK: Cambridge University Press; 2004:451.

372. Wigner E. The unreasonable effectiveness of mathematics in the natural sciences. Richard courant lecture in mathematical sciences delivered at New York University, May 11, 1959. *Comm Pure Appl Math*. 1960;13(1).

373. Penrose R. What is reality? *New Scientist*. November 18, 2005.

374. Laszlo E. *Science and the Akashic Field*. Rochester, VT: Inner Traditions; 2004.

375. Radin D. Intention and reality: The ghost in the machine returns. *SHIFT: At the Frontiers of Consciousness*. Vol 15. Petaluma, CA: Institute of Noetic Sciences; 2007.

376. Dolan RM. *UFOs and the National Security State: Chronology of a Coverup, 1941–1973*. Charlottesville, VA: Hampton Roads; 2002.

377. Dolan RM. *The Cover-Up Exposed, 1973–1991 (UFOs and the National Security State, Vol. 2)*. Rochester, NY: Keyhole Publishing; 2009.

378. Vallee J. *Wonders in the Sky: Unexplained Aerial Objects from Antiquity to Modern Times*. New York: Tarcher; 2010.

379. Story about an airship. *New York Times*. April 28, 1897.

380. Topics of the times. That mysterious airship. *New York Times*. March 19, 1987.

381. Jung CG. *Flying Saucers: A Modern Myth of Things Seen in the Skies*. London, UK: Harcourt, Brace; 1959.

382. Thompson K. *Angels and Aliens*. New York: Ballantine Books; 1993.

383. Bullard TE. *The Myth and Mystery of UFOs*: Lawrence: University Press of Kansas; 2010.

384. Harman WW. *Global Mind Change: The Promise of the 21st Century*. San Francisco: Berrett-Koehler; 1998.

TABLE DES MATIÈRES

Deuxième partie

... À LA SCIENCE MODERNE

Troisième partie

... ET AU-DELÀ

L'INREES se veut un nouvel espace de référence, d'information et de développement autour de l'extraordinaire. Son objectif est en effet d'aider à faire avancer les connaissances sur ces sujets méconnus, et souvent mal compris. Magazine, grandes conférences, espace internet, livres, télévisions ; en étant présent sur tous ces terrains, l'INREES change les termes du débat entourant l'extraordinaire en France.

L'INREES est aujourd'hui le seul organisme à aborder ces sujets avec autant de professionnalisme. Parce que nous sommes en ces temps où des champs nouveaux de connaissances émergent, l'INREES offre ainsi un cadre sérieux pour parler de science et spiritualité, des dernières recherches sur la conscience, de la vie, de la mort, et rapprocher de manière scientifique et rigoureuse le monde visible du monde invisible. Sans tabous, sans préjugé, avec rigueur et ouverture.

Plus d'information sur : www.inrees.com

HENRY VIGNAUD
Préface de Stéphane Allix
En contact avec l'invisible
Témoignage d'un médium sur l'au-delà
NOUVELLES ÉVIDENCES
Un médium vous parle
InterEditions
INREES

Sous la direction de
Stéphane ALLIX et Paul BERNSTEIN
Expériences extraordinaires
Le Manuel clinique
NOUVELLES ÉVIDENCES
Le livre référence
InterEditions
INREES

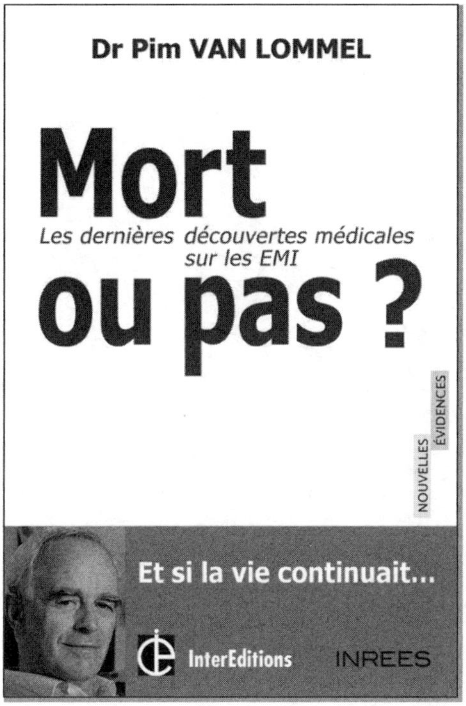
Dr Pim VAN LOMMEL
Mort
Les dernières découvertes médicales sur les EMI
ou pas ?
NOUVELLES ÉVIDENCES
Et si la vie continuait...
InterEditions
INREES

MARIO BEAUREGARD
Les pouvoirs de la conscience
NOUVELLES ÉVIDENCES
Comment nos pensées influencent la réalité
InterEditions
INREES

901386 - (I) - (3) - OSB 80° - PCA - AMX

JOUVE
1, rue du Docteur Sauvé, 53100 MAYENNE
N° 2149017E
Dépôt légal : mars 2014

Imprimé en France